21世纪高职高专精品教材
财务会计类

KUAIJI XINXIHUA SHICAO

会计信息化实操

张立伟 赵金燕 主 编

于 蕾 梁 雪 张开宇 副主编

东北财经大学出版社
Dongbei University of Finance & Economics Press

大连

图书在版编目（CIP）数据

会计信息化实操 / 张立伟，赵金燕主编 . —大连 ： 东北财经大学出版社，2017.1（2018.1重印）

（21世纪高职高专精品教材·财务会计类）

ISBN 978-7-5654-2609-4

Ⅰ . 会 …　Ⅱ .① 张 …　② 赵 …　Ⅲ . 会计信息 - 财务管理系统 - 高等职业教育 - 教材　Ⅳ .F232

中国版本图书馆CIP数据核字（2016）第301961号

东北财经大学出版社出版

（大连市黑石礁尖山街217号　邮政编码　116025）

网　　　址：http ://www.dufep.cn

读者信箱：dufep@dufe.edu.cn

大连图腾彩色印刷有限公司印刷　　东北财经大学出版社发行

幅面尺寸：185mm×260mm　　字数：433千字　　印张：18.75　　插页：1

2017年1月第1版　　　　　　　　　2018年1月第2次印刷

责任编辑：张旭凤　郭海雷　　　　　　责任校对：惠恩乐

封面设计：冀贵收　　　　　　　　　　版式设计：钟福建

定价：36.00元

为了认真贯彻落实《国务院关于加快发展现代职业教育的决定》、教育部等六部委《现代职业教育体系建设规划（2014—2020年）》，根据财政部《全面推进会计信息化工作的指导意见》和《企业会计信息化工作规范》，以财政部2007年实施的《企业会计准则》和2014年新制定和修订的部分会计准则及有关财经法规为依据，结合为适应新形势下高等职业教育教学改革所做的一些探索，我们组织高校教师与企业界人士共同编写了本书。

本书以"用友ERP-U8 V10.1"为蓝本，在对制造企业财务及业务部门相关岗位主要工作任务进行分析的基础上，结合教学规律编写而成。本书由导论和八个模块构成，具体内容包括：会计电算化概述、系统管理、企业应用平台与基础设置、总账系统、UFO报表系统、固定资产系统、薪资管理系统、应收款管理系统、应付款管理系统。每个模块包括具体的任务名称、任务材料、任务要求和操作示范等栏目。

本书旨在培养信息化背景下高端技能型会计人才，具有很强的针对性和实用性，主要特点如下：

第一，以综合职业能力培养为目标。会计核算的是企业的经济业务，会计人员要对企业发生的各项交易和事项有清楚的认识，必须与企业业务部门进行有效的沟通和协调，因此，会计人员不仅需要具有精湛的会计专业知识，还需要掌握一定的相关业务知识。

第二，以完成典型工作任务应具备的知识与技能确定教学内容。本书的每一个模块都由若干个工作任务组成，每一个知识点的讲解均从一项具体的工作任务出发。教学过程既是基本知识与理论学习的过程，也是实训指导过程，还是工作任务完成的过程。

本书由张立伟、赵金燕主编，于蕾、梁雪、张开宇任副主编，鲁秋玲参加编写。为了让本书反映更加真实的企业应用环境，我们还邀请了金丽巍（新道科技股份有限公司）、白敬忠（吉林正则会计师事务所有限公司）、吴海英（吉林省生物研究所）直接参与编写和审定。本书的具体分工如下：吴海英负责编写导论；赵金燕、梁雪、鲁秋玲负责编写模块一；于蕾、金丽巍负责编写模块二；张开宇、白敬忠、张立伟负责编写模块三；于蕾、吴海英负责编写模块四；、张立伟、鲁秋玲负责编写模块五；张立伟、赵金燕负责编写模块六和综合实训；张立伟、张开宇负责编写模块七；赵金燕、吴海英、梁雪负责编写模块八。全书由张立伟总纂定稿。另外，我们还特邀吉林拓亚科技有限公司资深实施顾问吴言连进行实务指导，并由其提供企业真实案例资料，这使得本书更具有针对性和实用性。在本书的编写过程中，得到了各院校有关领导和同志的大力支持，在此一并表示感谢。

虽然在编写过程中我们付出了很多努力，进行了探索，由于编者水平有限，书中难免有错漏之处，敬请广大读者批评指正。

编　者

2017年1月

目　录

会计电算化概述

随着计算机技术的飞速发展，信息处理领域已发生革命性的变化，在会计领域，将计算机技术用于会计工作已成为历史的必然，会计信息化已成为现代会计发展的必然趋势。

一、会计电算化的概念

会计信息系统（Accounting Information System，AIS）是经济业务处理和财务处理一体化的处理系统，具有数据采集、存储、处理，信息传输和输出等功能，是会计、管理和信息技术的综合系统。它采用现代信息技术，系统地、连续地、综合地反映企业经营活动的全过程，以达到客观地反映过去、实时地控制现在、准确地预测未来的目的。把会计信息系统作为企业管理信息系统的一部分来认识和剖析，更能反映会计为企业经营管理决策服务的本质特征。

1981年8月，在财政部、原机械工业部和中国会计学会的支持下，长春市第一汽车制造厂召开了在财务、会计、成本管理中应用电子计算机的专题学术讨论会，将电子计算机在会计中的应用定义为会计电算化（Accounting Computerization）。会计电算化是会计、管理、计算机、网络和信息技术相结合的边缘性学科。在实践过程中，延伸出多个相同或相似的概念，如电脑会计、会计软件、计算机会计信息系统、电子数据处理（EDP，Electronic Data Processing）会计和电算化会计等。会计电算化以电子计算机为主，将电子技术和信息技术应用到会计实务中，是一个应用电子计算机实现的会计信息系统。

会计信息系统的基本构成包括硬件、软件、人员和信息等资源，是一个庞大的系统工程。软件要素包括系统软件和会计软件，会计软件是会计信息系统工作的核心部分。会计软件集成在管理软件中，使会计工作具备了更强的管理职能。在会计处理和业务处理一体化软件中，较成熟的是ERP软件。ERP（Enterprise Resource Planning）即企业资源计划，它是体现以市场为导向开展经营管理活动的管理软件，能够将企业内部所有资源整合在一起，对采购、生产、成本、库存、分销、运输、财务、人力资源进行规划，从而达到最佳资源组合，取得最佳效益。ERP应用成功的标志是系统运行集成化，软件的运作跨越多个部门；业务流程合理化，各级业务部门根据完全优化后的流程重新构建；绩效监控动态化，绩效系统能即时反馈以便纠正管理中存在的问题；管理改善持续化，企业建立一个可以不断自我评价和不断改善管理的机制。

因单位规模和会计信息系统建设水平不同，会计信息系统人员构成也存在差异，其基本人员一般由系统管理员、维护员、操作员、审核员和档案管理员等构成。会计信息系统建设的瓶颈是人才培养，会计工作涉及的电子数据、法规制度、会计规范等信息资源是会计信息系统建设的重要保障。

二、会计电算化的发展历程

会计电算化条件下的会计信息系统产生于20世纪50年代。1954年10月，美国通用电气公司开始尝试利用电子计算机处理本单位职工工资，开创了电子计算机在会计工作中应用的新领域。经过不断实践和创新，会计电算化条件下的会计信息系统在提高会计工作效率、工作质量、人员素质和促进会计理论发展方面具有重要作用。国外会计信息系统从20世纪50年代开始每隔10年左右进入一个新的发展阶段，主要经历了单项业务处理、综合业务处理和系统业务处理三个阶段。

我国会计电算化条件下的会计信息系统建设起步较晚，1979年，长春第一汽车制造厂在有关部门支持下，从原联邦德国进口电子计算机，在会计工作中进行尝试使用。

1983年，国务院成立电子振兴领导小组，会计电算化应用的进程加快。1988年12月，首家专业从事商品化会计软件开发与推广的企业"用友财务软件服务社"成立，此后多家专门从事商品化会计软件开发、销售及相关工作的公司成立。1989年12月，财政部颁布了我国第一个会计电算化管理办法《会计核算软件管理的几项规定》，同年，先锋集团公司的凯利·先锋CP-800通用财会软件系统第一个通过财政部评审。

财政部颁布了多部与会计电算化管理有关的法规。例如，1994年7月1日起施行的《会计电算化管理办法》《商品化会计核算软件评审规则》《会计核算软件基本功能规范》，1996年7月1日起施行的《会计电算化工作规范》《会计基础工作规范》，1999年1月起执行的《会计档案管理办法》。

2001年7月，用友正式推出用友ERP-U8/伟库分销管理软件，该软件以"集中管理，异地监控"为核心理念，为多分支机构企业及组织提供分销和电子商务管理系统和最新的客户解决方案。

2006年2月，我国新的《企业会计准则》颁布，准则中引入了会计专业判断。2006年7月，企业内部控制标准委员会成立。2008年6月28日，财政部、证监会、审计署、银监会、保监会联合发布了《企业内部控制基本规范》，2009年7月1日起在上市公司范围内施行，鼓励非上市的其他大中型企业执行。

2008年以后，独立的会计核算软件品种更加丰富，在满足行业或特殊需要方面做得越来越精细，同时，企业ERP应用进入了一个新的阶段。全国有数百家公司提供ERP产品，国内产品如用友、金蝶、金思维、金算盘、安易、通软、新中大、浪潮通软、深圳天思、神州数码等，国外产品如SAP、ORACLE、ROSS、People Soft、SSA、ASW和QAD等。

2008年11月，中国会计信息化委员会暨XBRL中国地区组织成立。2010年7月15日，中国会计信息化委员会发布《基于企业会计准则的可扩展商业报告语言（XBRL）通用分类标准（征求意见稿）》（财办会〔2010〕16号），全面推进我国会计标准化和信息化工作。

我国会计信息系统从会计电算化初期模拟手工记账探索起步，经过与其他业务结合推广发展，再到引入会计专业判断的渗透融合，并且与内部控制相结合建立ERP系统集成管理，整个发展过程可以划分为缓慢发展阶段（1983年以前）、自发发展阶段（1983—1986年）、有组织有计划发展阶段（1986—1992年）和成熟阶段（1992年至今）。

我国会计信息系统未来的发展趋势，主要是充分利用各种移动通信技术、网络技术和云技术，融合电子商务活动，使会计业务与经营管理紧密结合，全面实现会计信息系统的网络化、标准化、信息化目标。

三、会计电算化的特征

会计信息系统实现了数据处理的自动化、信息化。会计信息系统的建立是会计电算化发展史上的一次重大革命，是促进会计基础工作规范化和提高经济效益的重要手段和有效措施，是建立现代企业制度和提高会计工作质量的一项重要工作。

会计电算化条件下的会计信息系统与手工会计信息系统相比，两者目标一致，需要遵守的会计准则和会计制度、基本会计理论和会计方法相同，会计数据处理流程大体一致。但是，两者会计核算工具、会计信息载体不同，记账规则不完全相同，账务处理流程类型存在差别，内部控制方式也不同。

1. 会计核算工具是计算机系统设备

会计电算化条件下的会计信息系统工具主要是计算机系统中的硬件系统和软件系统、网络通信设备和存储设备等。这些设备与人协同工作，可靠高效地完成会计业务处理工作。为了正确使用这些新型工具，需要会计人员具备计算机操作知识，了解计算机基本原理及操作方法。

2. 会计信息载体是数字化加工和存储设备

会计电算化条件下的会计信息系统核心设备以无纸化方式工作，会计软件及会计数据均为电子数据。会计信息存储介质主要有磁介质、光介质等，存储设备包括计算机的内存设备，一般以半导体材料制成；外存储设备，如固定或移动磁盘、光盘、U盘等。这些光、电、磁信号看不见，摸不着，带来了一定的保管风险，需要时，应该通过输出设备，转化为纸质材料。财政部、国家档案局2015年年底修订的《会计档案管理办法》对会计数据的保存提出了严格的规定。

3. 记账规则与计算机程序自动化工作相适应

会计电算化条件下的会计信息系统工作的基础会计数据正确录入以后，数据的处理由会计核算软件按事先设计好的程序自动完成，不存在人为的随机性错误问题。记账规则与手工方式对比有所调整，如总分类账和明细分类账可以同时登记或者分别登记，可以在同一个功能模块中登记或者在不同功能模块中登记，通过软件内部设置的控制程序，可以保证账实相符。

4. 账务处理流程以一种简单处理程序为主，支持其他账务处理程序

在会计电算化条件下，企业规模、日常业务量大小不再影响会计业务处理效率，只需要在会计核算软件内部设置一种简单的账务处理流程，如记账凭证账务处理程序，利用软件的强大功能，可以向操作者提供需要的任何手工账务处理程序资料。从会计人员角度看，会计核算软件支持所有手工的账务处理程序。从会计核算软件内部看，会计数据处理具有集中化、统一化、共享化特点，与形式上的手工账务处理方式不同。

5. 内部控制的重点是数据的输入环节

会计电算化条件下的会计信息系统内部控制可以分为一般控制和应用控制两种基本类

型。一般控制是不同品牌的会计核算软件需要共同遵守的控制原则，如硬件控制、软件控制等，不同软件应用控制方式可能不同。应用控制中的输入控制是所有会计核算软件内部控制的重点，输入控制涉及人的因素，只有操作人员正确输入基础数据，才能保证会计核算软件的对会计数据的正确加工处理。软件内部的处理和输出控制是事先设计好不能更改的程序，如凭证记账前必须审核，审核的凭证不能修改，当月结账后不能再发生该月份新的业务。总之，会计电算化的内部控制是人工控制和软件控制相结合的综合控制。

典型案例

多数开发和销售商品化会计核算软件的公司，一般会将产品试用版放到公司网站上，允许用户下载和试用。初次学习或开展会计电算化工作，可以先下载几款软件进行试验和对比，并可结合本章介绍的软件功能规范知识和质量评价标准对所用软件进行评价。如果是公司实际应用，在试用效果较理想的情况下，就可以与开发会计核算软件的公司或销售代理商进一步商谈购买事项。

案例分析

独立的会计核算软件安装包较小，容易取得和安装，可以通过查看软件帮助或者实际操作软件窗口中各项功能，体会软件的正确性、可靠性、可移植性、可测试性和易操作性。

课堂讨论

开展会计电算化条件下的会计信息系统工作时，如何确定选用独立或非独立的会计核算软件？

系统管理

职业能力目标

专业能力：

运用系统管理模块完成企业核算账套的建立、修改、备份和恢复等操作；能够进行操作员的设置，并根据企业岗位分工和岗位职责完成操作员权限的设置；能够对用友 ERP-U8 V10.1 系统使用中出现的系统运行问题进行简单维护。

职业核心能力：

能够根据实训的设计需要查阅有关资料，具有团队合作精神，能完成初始建账工作。

任务一　添加操作员

任务名称

设置吉林东方有限责任公司核算账套的操作员。

任务材料

企业财务及业务部门共有6人：账套主管陈明（口令：001）、出纳王晶（口令：002）、会计马方（口令：003）、采购主管白雪（口令：004）、销售主管王丽（口令：005）、制造中心经理赵亮（口令：006）。

任务要求

完成企业账套操作员的设置。

操作示范

1.启动系统管理

操作步骤：

执行"开始"|"所有程序"|"用友 ERP-U8 V10.1"|"系统服务"|"系统管理"操作，启动系统管理，如图1-1所示。

会计信息化实操

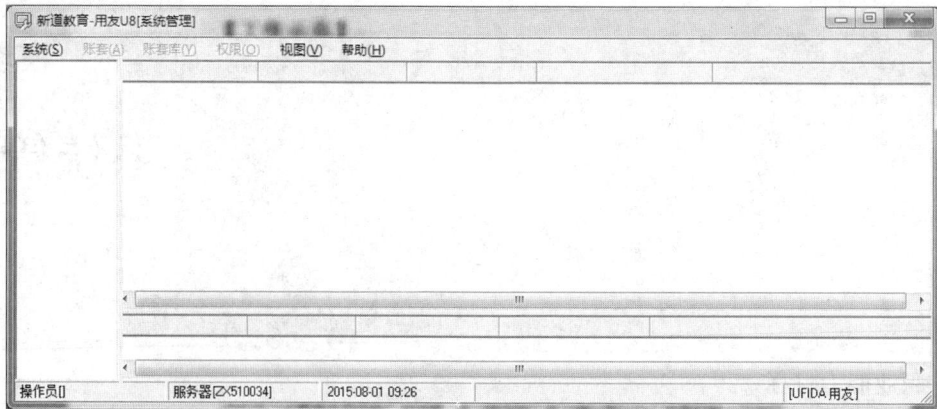

图1-1　系统管理

2.以系统管理员身份登录系统管理

操作步骤：

（1）执行"系统"|"注册"操作，打开系统管理"登录"对话框，如图1-2所示。

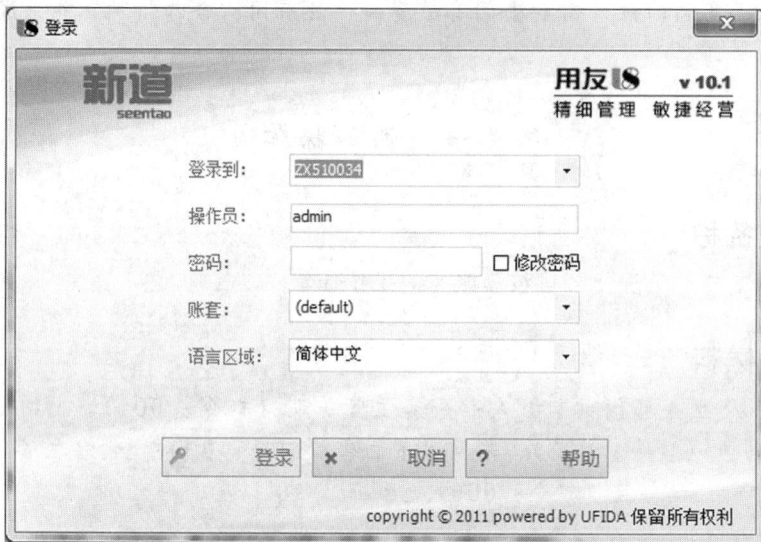

图1-2　系统管理"登录"对话框

（2）系统中预先设定了一个系统管理员admin。第一次运行时，系统管理员密码为空，选择系统默认账套（default），单击"登录"按钮，以系统管理员身份进入系统管理。

注意：

为了保证系统的安全性，在系统管理"登录"对话框中，可以设置或更改系统管理员的密码。

如设置系统管理员密码为"super"，操作步骤如下：

①选中"改密码"复选框和系统默认账套，单击"确定"按钮。

②打开"设置操作员密码"对话框，在"新密码"和"确认新口令"后面的输入区中均输入"super"。

6

③单击"确定"按钮，返回系统管理。

一定要牢记设置的系统管理员密码，否则无法以系统管理员的身份进入系统管理，也就不能执行账套数据的引入和输出。

考虑实际教学环境，建议不要设置系统管理员密码。

3.增加操作员

操作步骤：

（1）执行"权限"|"用户"操作，进入"用户管理"窗口，如图1-3所示。

图1-3 "用户管理"窗口

（2）单击工具栏上的"增加"按钮，打开"操作员详细情况"对话框，输入编号"001"、姓名"陈明"、口令"001"、确认口令"001"，所属部门"财务部"，在所属角色中勾选"账套主管"，单击"增加"按钮保存此用户信息。重复上面的操作步骤继续增加其他用户，如图1-4所示。

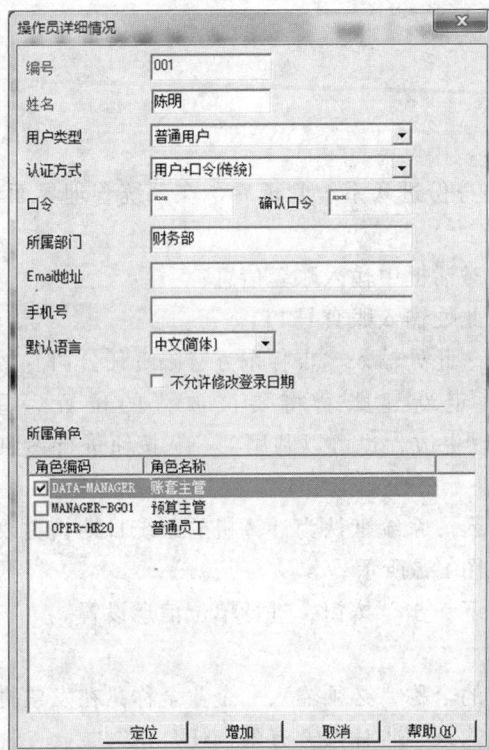

图1-4 "操作员详细情况"对话框

任务二　建立核算账套

任务名称

建立吉林东方有限责任公司核算账套。

任务材料

吉林东方有限责任公司（简称"东方公司"）成立于2006年3月，2015年8月正式启用账套，账套号：111；账套名称：吉林东方有限责任公司；结账时间为每月最后一个自然日。东方公司位于长春市经济开发区信息路999号，是一家主要生产计算机及配套设备的工业企业，法人代表为肖剑，邮政编码为100888，税号为110108200711013。该企业遵循新会计制度设置科目，选择人民币（RMB）为记账本位币，企业类型为工业，行业性质为2007年新会计制度科目，该企业有外币核算，进行经济业务处理时，需要对存货、客户、供应商进行分类。建账时，会计科目编码级次为4-2-2-2，存货分类编码级次为1-2-2-3，客户分类编码级次为1-2-3，供应商分类编码级次为1-2-3，收发类别编码级次为1-2，部门编码级次为1-2-2，结算方式编码级次为1-2，地区分类编码级次为2-2-3，其他编码项目保持不变，数据精度保持默认设置。

任务要求

完成企业核算账套的建立。

操作示范

操作步骤：

（1）以系统管理员的身份进入系统管理后，在系统管理界面单击"账套"|"建立"，打开"创建账套"对话框。

（2）在"账套信息"对话框中输入账套信息：

账套号：必须输入。此处输入账套号111。

账套名称：必须输入。此处输入"吉林东方有限责任公司"。

账套路径：用来确定新建账套将要被放置的位置，系统默认的路径为C:\U8SOFT\Admin，用户可以更改，也可以利用"…"按钮进行参照输入，此处采用系统的默认路径。

启用会计期：必须输入。系统默认为计算机的系统日期，更改为"2015年8月"。

账套信息录入情况如图1-5所示。

输入完成后，单击"下一步"按钮，进行单位信息设置。

（3）输入单位信息：

单位名称：用户单位的全称，必须输入。企业全称只在发票打印时使用，其余情况全部使用企业的简称。此处输入"吉林东方有限责任公司"。

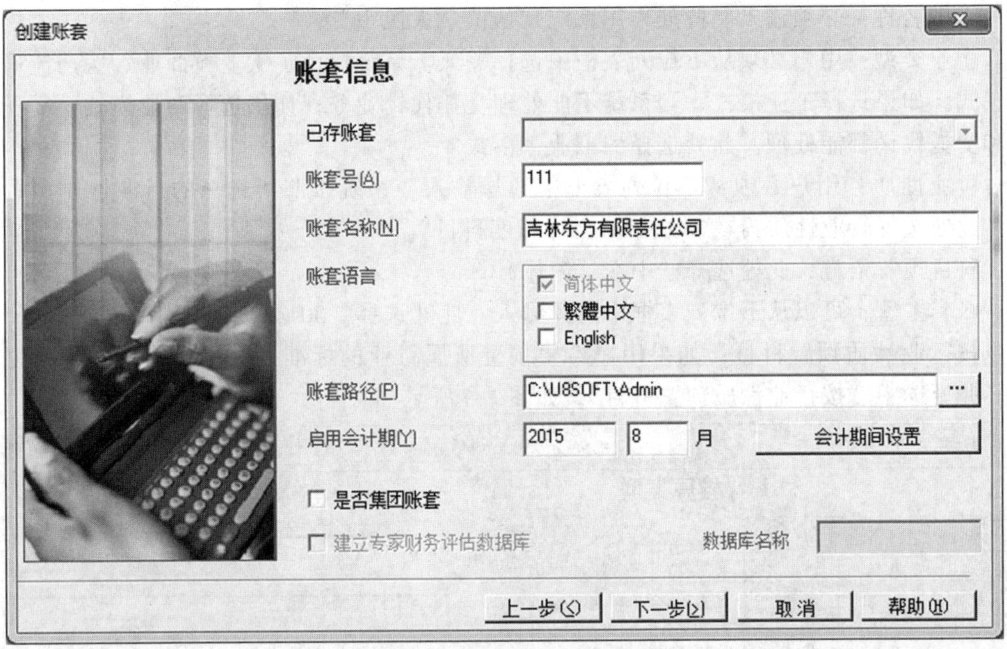

图1-5 "创建账套"对话框（1）

单位简称：用户单位的简称，最好输入。此处输入"东方公司"。

其他栏目都属于任选项，参照实训资料输入即可，如图1-6所示。

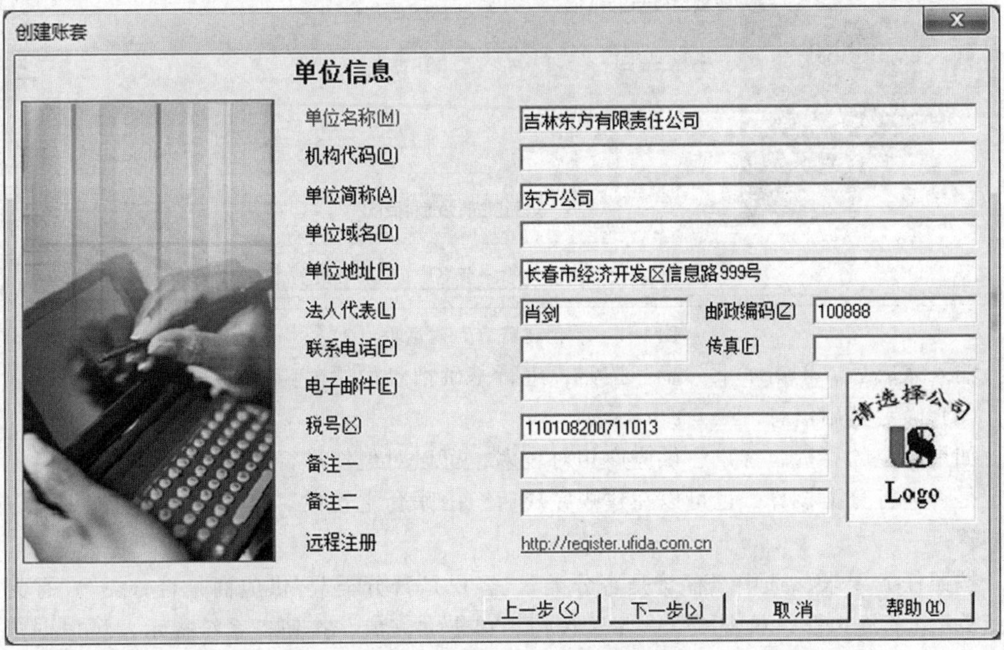

图1-6 "创建账套"对话框（2）

输入完成后，单击"下一步"按钮，进行核算类型设置。

（4）输入核算类型：

本币代码：必须输入。此处采用系统默认值"RMB"。

本币名称：必须输入。此处采用系统默认值"人民币"。

企业类型：用户必须从下拉列表框中选择输入。系统提供了工业、商业、医药流通三种模式。如果选择工业模式，则系统不能处理受托代销业务；如果选择商业模式，委托代销和受托代销都能处理。此处选择"工业"模式。

行业性质：用户必须从下拉列表框中选择输入，系统按照所选择的行业性质预置科目。此处选择行业性质为"2007年新会计制度科目"。

科目预置语言：此处选择"中文（简体）"。

账套主管：可以从下拉列表框中选择输入。此处选择"001陈明"。

按行业性质预置科目：如果用户希望预置所属行业的标准一级科目，则选中该复选框。此处选中"按行业性质预置科目"，如图1-7所示。

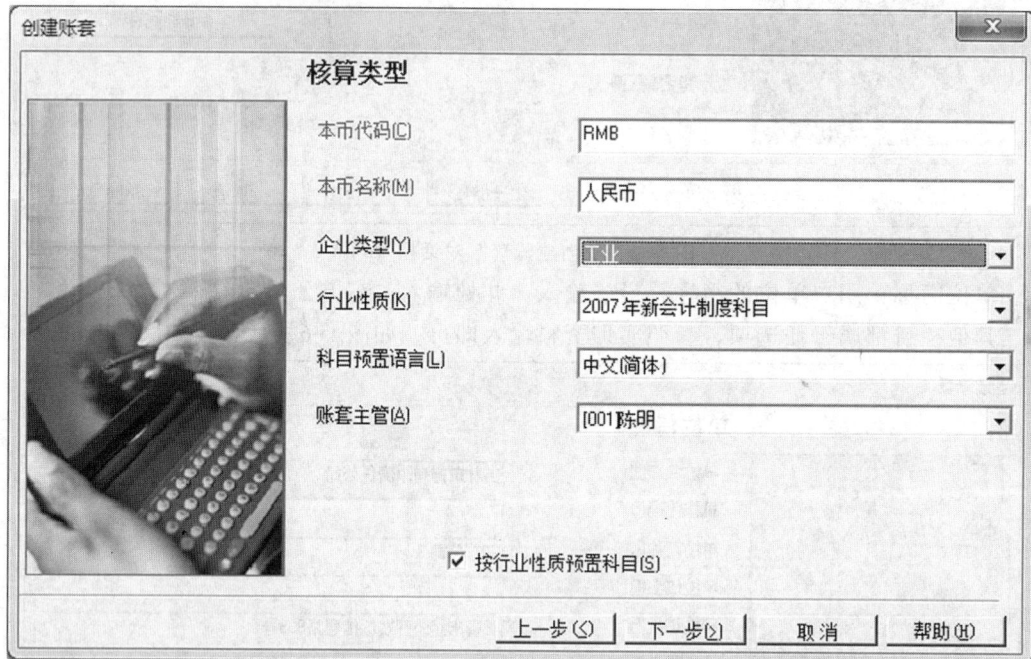

图1-7 "创建账套"对话框（3）

输入完成后，单击"下一步"按钮，进行基础信息设置。

（5）确定基础信息。

如果单位的存货、客户、供应商相对较多，可以对他们进行分类核算。如果此时不能确定是否进行分类核算，也可以在建账完成后，由账套主管在"修改账套"功能中设置分类核算。

按照任务要求，选中"存货是否分类""客户是否分类""供应商是否分类""有无外币核算"4个复选框，单击"下一步"按钮，单击"完成"按钮，系统提示"可以创建账套了吗？"，单击"是"按钮，稍候，系统打开"编码方案"对话框，如图1-8、图1-9、图1-10所示。

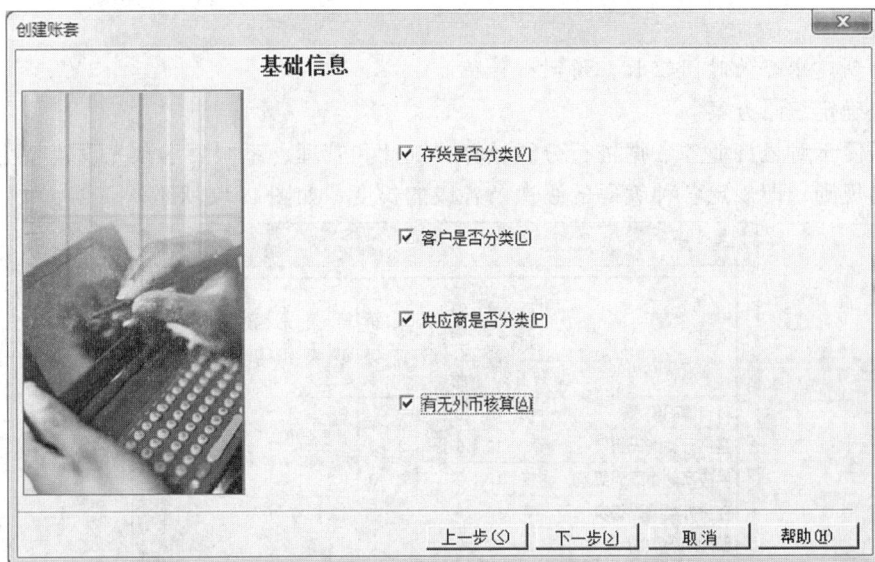

图1-8 "创建账套"对话框（4）

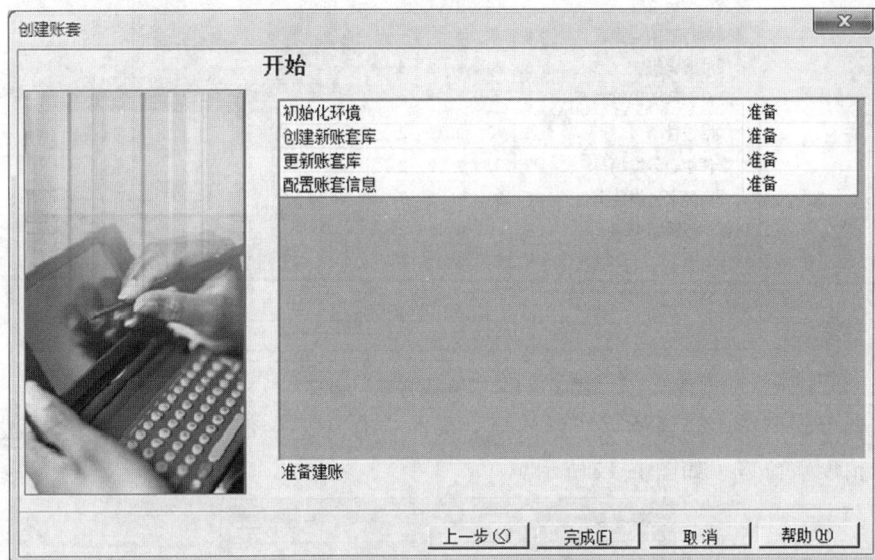

图1-9 "创建账套"对话框（5）

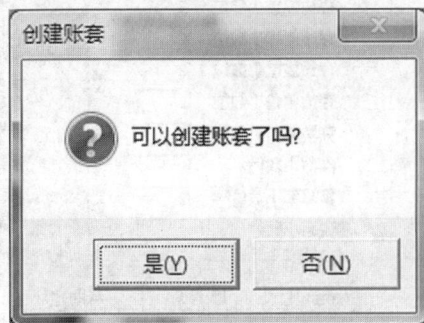

图1-10 "创建账套"对话框（6）

注意：

此处创建账套的时间较长，请耐心等待。

（6）确定编码方案。

为了便于对经济业务数据进行分级核算、统计和管理，系统要求预先设置某些基础档案的编码规则，即规定各种编码的级次及各级的长度，如图1-11所示。

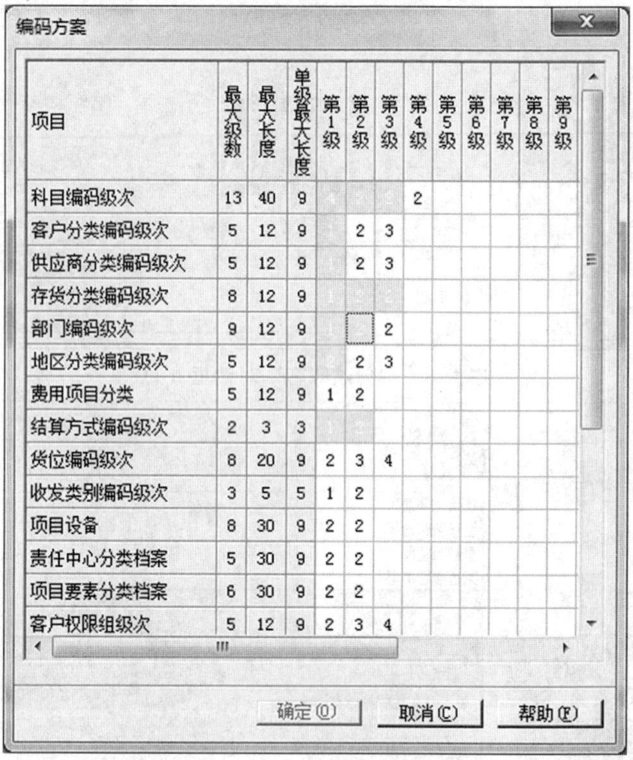
编码方案
确定(O)
取消(C)
帮助(F)

项目	最大级数	最大长度	单级最大长度	第1级	第2级	第3级	第4级	第5级	第6级	第7级	第8级	第9级
科目编码级次	13	40	9				2					
客户分类编码级次	5	12	9		2	3						
供应商分类编码级次	5	12	9		2	3						
存货分类编码级次	8	12	9									
部门编码级次	9	12	9			2						
地区分类编码级次	5	12	9		2	3						
费用项目分类	5	12	9	1	2							
结算方式编码级次	2	3	3									
货位编码级次	8	20	9	2	3	4						
收发类别编码级次	3	5	5	1	2							
项目设备	8	30	9	2	2							
责任中心分类档案	5	30	9	2	2							
项目要素分类档案	6	30	9	2	2							
客户权限组级次	5	12	9	2	3	4						

图1-11 “编码方案”窗口

按实训资料所给内容修改系统默认值，单击“确定”按钮，再单击“取消”按钮，打开“数据精度”窗口，如图1-12所示。

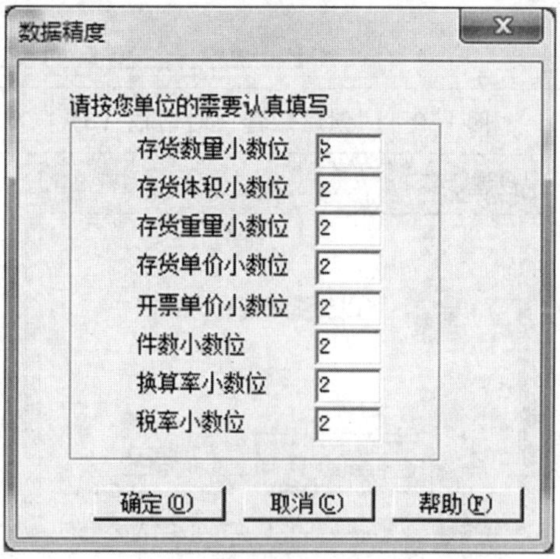
数据精度
请按您单位的需要认真填写
存货数量小数位 2
存货体积小数位 2
存货重量小数位 2
存货单价小数位 2
开票单价小数位 2
件数小数位 2
换算率小数位 2
税率小数位 2
确定(O)
取消(C)
帮助(F)

图1-12 “数据精度”窗口

（7）数据精度定义。

数据精度是指定义数据的小数位数，如果需要进行数量核算，需要认真填写该项。此处采用系统默认值，单击"确定"按钮，再单击"取消"按钮，系统弹出"创建账套"系统提示对话框，单击"否"按钮，暂不进行系统启用的设置。系统提示"请进入企业应用平台进行业务操作！"，单击"确定"按钮返回，如图1-13、图1-14所示。

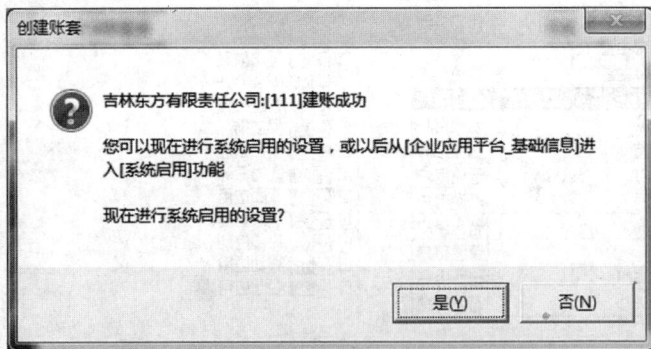

图1-13　系统启用提示

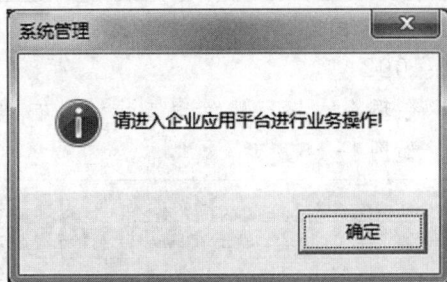

图1-14　系统管理提示

（8）退出。单击工具栏上的"退出"按钮，返回系统管理。

注意：

编码方案、数据精度、系统启用项目可以由账套主管在"企业应用平台"｜"设置"｜"基本信息"中进行修改。

任务三　设置操作员权限

任务名称

设置吉林东方有限责任公司核算账套的操作员权限。

任务材料

吉林东方有限责任公司财务及业务部门分工如下：

（1）001　陈明（口令：001）。

角色：账套主管。他负责财务业务一体化管理系统运行环境的建立，以及各项初始设置工作；负责软件的日常运行管理工作，监督并保证系统的有效、安全、正常运行；负责

会计信息化实操

总账管理系统的凭证审核、记账、账簿查询、月末结账工作；负责报表管理及财务分析工作。他具有系统所有模块的全部权限。陈明权限设置如图1-15所示。

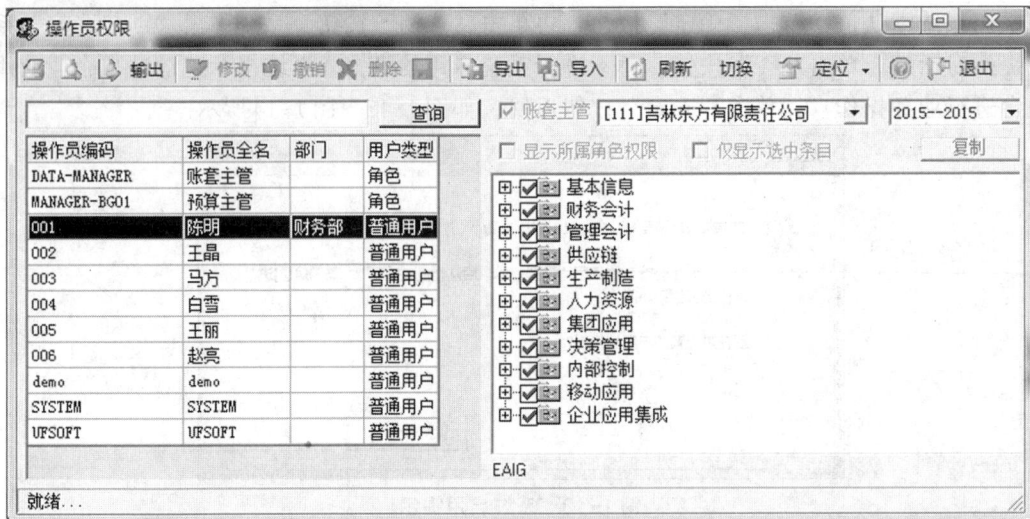

图1-15 陈明权限设置

（2）002 王晶（口令：002）。

角色：出纳。她负责库存现金、银行账管理工作，具有"总账—凭证—出纳签字""总账—出纳"的操作权限，如图1-16所示。

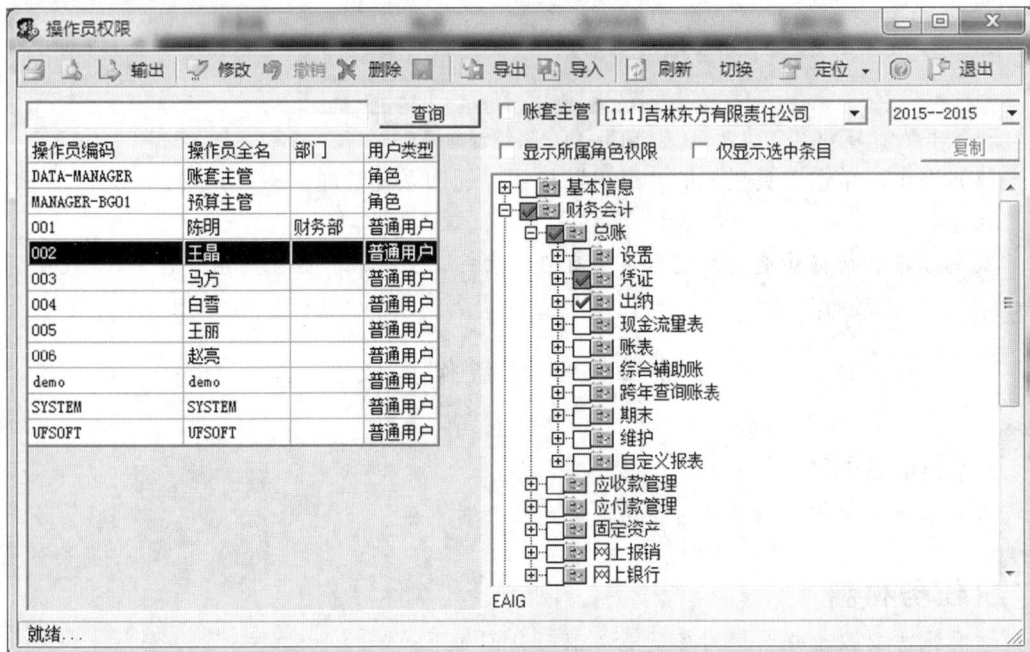

图1-16 王晶权限设置

（3）003 马方（口令：003）。

角色：总账会计、应收会计、应付会计。他负责总账系统的凭证管理工作以及客户往来和供应商往来管理工作，具有公用目录设置、总账管理、应收款管理、应付款管理的全部操作权限。

（4）004　白雪（口令：004）。

角色：采购主管。她主要负责采购业务处理，具有公共单据、公用目录设置、应付款管理、总账管理、采购管理、库存管理、存货核算的全部操作权限。

（5）005　王丽（口令：005）。

角色：销售主管。她主要负责销售业务处理，具有公共单据、公用目录设置、应收款管理、总账管理、销售管理、库存管理、存货核算的全部操作权限。

（6）006　赵亮（口令：006）。他主要负责库存业务处理，具有库存管理日常业务中的领料申请单的操作权限。

注意：

以上权限设置只是为了实训中的学习，与企业实际分工可能有所不同，企业相关操作员比较多，分工比较细致。

任务要求

根据吉林东方有限责任公司的财务及业务分工正确设置操作员权限。

操作示范

操作步骤：

（1）以系统管理员的身份进入系统管理后，在系统管理界面单击"权限"|"权限"，进入"操作员权限"窗口。

（2）选择"111"账套、"2015"年度。

（3）从窗口左侧操作员列表中选择"001陈明"，选中"账套主管"复选框，确定陈明具有账套主管权限。

注意：

由于在增加用户和建立账套时已设定"陈明"为账套主管，此处无须再设置。如果在建账时未设定陈明为账套主管，可以在此处进行指定。

一个账套可以设定多个账套主管。账套主管自动拥有该账套的所有权限。

（4）选择"王晶"，选择"111"账套。单击工具栏上的"修改"按钮，打开"增加和调整权限"对话框，选中"GL总账"前的"+"图标，展开"总账""凭证"项目，选中"出纳签字"权限，再选中"总账"下的"出纳"权限，单击"确定"按钮返回。

（5）同理，设置其他用户的操作权限。单击工具栏上的"退出"按钮，返回系统管理。

任务四　账套数据的备份与恢复

任务名称

对吉林东方有限责任公司账套数据进行备份与恢复。

会计信息化实操

任务材料

吉林东方有限责任公司账套每周末进行自动数据备份，每月结账后将当月账套进行手工数据备份，并根据工作需要将备份数据恢复到用友系统中。

任务要求

正确设置账套自动备份计划，会进行账套手工备份与恢复。

操作示范

1.设置自动备份计划

操作步骤：

（1）以系统管理员和账套主管的身份进入系统管理后，单击"系统"｜"设置备份计划"，打开"备份计划设置"界面。

（2）单击"增加"按钮，打开"备份计划详细情况"对话框，输入具体的备份计划信息。计划编号：001；计划名称：周备份计划；备份类型：账套备份；发生频率：每周；发生天数：1；开始时间：12：00：00；有效触发：2小时；保留天数：7。备份计划详细情况如图1-17所示。

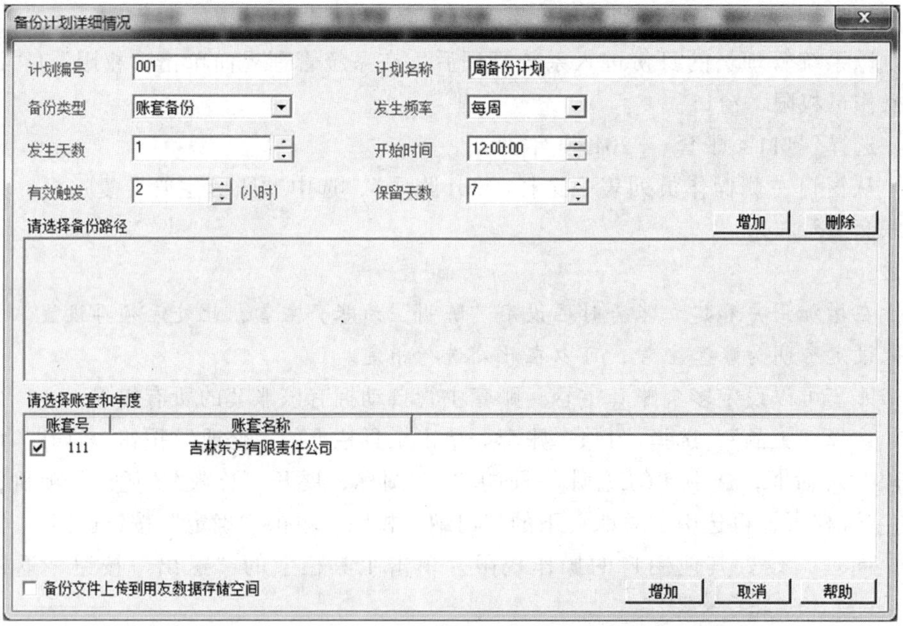

图1-17　备份计划详细情况

2.手工进行账套备份

操作步骤：

以系统管理员的身份进入系统管理后，单击"账套"｜"输出"，打开"账套输出"

对话框，选择需要输出的账套"［111］吉林东方有限责任公司"，单击"确认"按钮，稍候，系统提示"请选择账套备份路径"对话框，如图1-18所示。

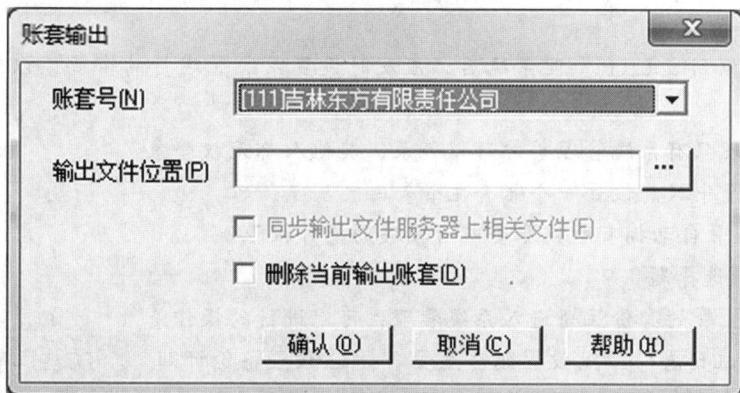

图1-18　账套输出

选择需要将账套数据输出的驱动器及所在目录，单击"确定"按钮。

备份完成后，系统弹出"输出成功"信息提示对话框，单击"确定"按钮返回。

3.账套数据的恢复

操作步骤：

（1）以系统管理员的身份进入系统管理后，单击"账套"｜"引入"，打开"请选择账套备份文件"对话框。

（2）选择要引入的账套数据备份文件后单击"确定"按钮，选择账套引入目录。

（3）单击"是"，开始引入账套，稍后系统提示"账套引入成功!"。

重点难点

重点：账套的建立、用户的增加、操作员权限设置。

难点：操作员权限设置。

同步测试

（一）判断题

1.在用友ERP管理系统中，引入账套时只能按系统默认路径引入，不能自由选择。
（　　）

2.如果在角色或用户管理中已将"用户"归属于"账套主管"角色，则该操作员即已定义为系统内所有账套的账套主管。（　　）

3.系统管理是用友ERP管理系统的运行基础，它为其他子系统提供了公共的账套、年度账及其他相关基础数据，各子系统的操作员也需要在系统管理中统一设置并分配权限。（　　）

4.用户自动拥有所属角色所拥有的所有权限，同时可以额外增加角色中没有包含的权限。（　　）

5.单位名称是区分系统内不同账套的唯一标志。　　　　　　　　　　（　　）

6.操作员如果以其身份进入系统进行操作后，系统管理员则没有权力修改其口令。

　　　　　　　　　　　　　　　　　　　　　　　　　　　　　　（　　）

7.企业安装用友ERP管理系统后，应及时设置系统管理员的密码，以保障系统的安全性。　　　　　　　　　　　　　　　　　　　　　　　　　　　　（　　）

8.系统管理只有系统管理员才可以登录，其他人都无权登录。　　　　（　　）

9.一个账套中只能设置一个账套主管。　　　　　　　　　　　　　　（　　）

10.账套主管自动拥有所辖账套所有模块的操作权限。　　　　　　　　（　　）

(二) 单项选择题

1.以账套主管的身份注册进入系统管理，可以进行的操作是（　　）。

A.查看上机日志　　　B.设置账套主管　　　C.设置备份计划　　　D.建立账套

2.年度账的输出和引入，是指（　　）数据的备份和恢复。

A.某月账套数据　　　　　　　　　　　B.整个账套数据

C.某个核算单位账套数据　　　　　　　D.某年账套数据

3.建账的内容一般不包括（　　）。

A.操作人员　　　B.单位基本信息　　　C.核算方法　　　D.编码规则

4.账套建立以后如果需要修改，可以由账套主管来进行，但（　　）不能修改。

A.会计科目　　　B.启用会计日期　　　C.科目余额　　　D.操作人员

5.在用友ERP管理系统中，系统管理员不能进行（　　）操作。

A.清除异常任务　　　　　　　　　　　B.设置自动备份计划

C.账套建立　　　　　　　　　　　　　D.账套修改

6.（　　）有权在系统中建立企业账套。

A.账套主管　　　B.企业老总　　　C.系统管理员　　　D.销售总监

7.关于用户与角色，以下说法中错误的是（　　）。

A.用户和角色的设置可以不分先后顺序

B.一个用户也可以分属于多个不同的角色

C.一个角色可以拥有多个用户

D.为了保证系统安全，必须为用户和角色设置密码

8.操作员初始密码由（　　）指定。

A.账套主管　　　B.企业老总　　　C.操作员本人　　　D.系统管理员

(三) 多项选择题

1.账套管理包括（　　）。

A.账套输出　　　B.账套修改　　　C.账套建立　　　D.账套引入

2.对于设置操作员密码，以下说法中正确的有（　　）。

A.可以输入数字　　　B.必须输入两次　　　C.不能修改　　　D.不能为空

3.系统管理员可以进行的操作有（　　）。

A.创建账套　　　B.修改账套　　　C.增加用户　　　D.进行系统启用

4.账套主管可以进行的操作有（　　）。

A.创建账套　　　　B.修改账套　　　　C.增加用户　　　　D.进行系统启用

5.账套创建过程中必须输入的项目有（　　）。

A.账套名称　　　　B.单位名称　　　　C.单位简称　　　　D.本币名称

6.用户的设置包括（　　）等内容。

A.编号　　　　B.姓名　　　　C.密码　　　　D.权限

7.账套创建过程中，基础信息设置中包括的分类信息有（　　）。

A.地区分类　　　　B.客户分类　　　　C.存货分类　　　　D.部门分类

同步实训

【实训要求】

本次实训内容涉及系统管理员和账套主管两个工作岗位，采用学生分组训练的形式，每组4人，选举产生组长，组长分配组员岗位，阐明岗位分工及职责。

【情境引例】

1.吉林科宏实业股份有限公司财务人员信息一览表（见表1-1）

表1-1　　　　吉林科宏实业股份有限公司财务人员信息一览表

编号	姓名	口令	所属部门	角色	权限
201	曹玲佳	1	财务部	账套主管	账套主管的全部权限
202	张子强	2	财务部	总账会计、固定资产管理	总账（除GL0209恢复记账前状态权限在内）、固定资产管理、公共目录设置
203	陈景彤	3	财务部	出纳	出纳签字（GL0203）、出纳（GL04）所有权限
204	李文乐	4	财务部	应收、应付会计、采购主管、材料会计	应收、应付往来管理、采购主管、存货核算处理

2.公司核算信息如下

账套号：411

账套名称：科宏实业

单位名称：吉林科宏实业股份有限公司

单位简称：吉林科宏公司

单位地址：吉林省长春市经开八区183号

法人代表：高海英

邮政编码：130031

税号：100011010255669

启用会计期：2017年1月1日

本币名称：人民币

企业类型：工业

行业性质：2007新会计制度科目；按行业性质预置科目

账套主管：曹玲佳

基础信息：对客户、供应商、存货进行分类，本企业无外币交易

编码方案：科目编码级次为4-2-2-2；客户编码、供应商编码均为1-2-3；存货编码为1-2-2；部门编码为1-2-2；收发类别和结算方式编码均为1-2

核算精确：数量精确到两位小数，单价设置两位小数

【工作任务】

1.系统管理员建立账套、增加操作员并进行权限设置。

2.账套主管对账套信息进行修改。

企业应用平台与基础设置

职业能力目标

专业能力：

运用企业应用平台模块完成企业基本信息、基础档案和数据权限的设置操作；能够进行数据精度、编码方案和各子模块启用的设置，能够进行部门、职员、存货、客户、供应商等分类或档案的设置；能够在用友ERP-U8 V10.1企业应用平台中进行数据权限设置。

职业核心能力：

能根据实训的设计需要查阅有关资料、相关案例，明确企业应用平台的设计理念，在团队合作基础上完成企业基本信息、基础档案和数据权限设置工作。

实训一　　　　　　　基本信息设置

任务　系统启用

任务名称

启用吉林东方有限责任公司总账系统。

任务材料

启用总账系统。

任务要求

完成企业总账系统的启用。

操作示范

操作步骤：

（1）登录企业应用平台。

企业应用平台是用友ERP-U8管理软件的唯一入口，实现了用友ERP-U8管理软件各

会计信息化实操

产品统一登录、统一管理的功能。操作员的角色及权限决定了其是否有权登录系统，是否可以使用企业应用平台中的各功能单元。

单击"开始"|"程序"|"用友ERP-U8 V10.1"|"企业应用平台"，打开"登录"对话框。输入操作员"001"或"陈明"；输入密码"001"；在"账套"下拉列表框中选择"111吉林东方有限责任公司"；更改"操作日期"为"2015-08-01"；单击"登录"按钮，进入"UFIDA-ERP-［工作中心］"窗口，如图2-1所示。

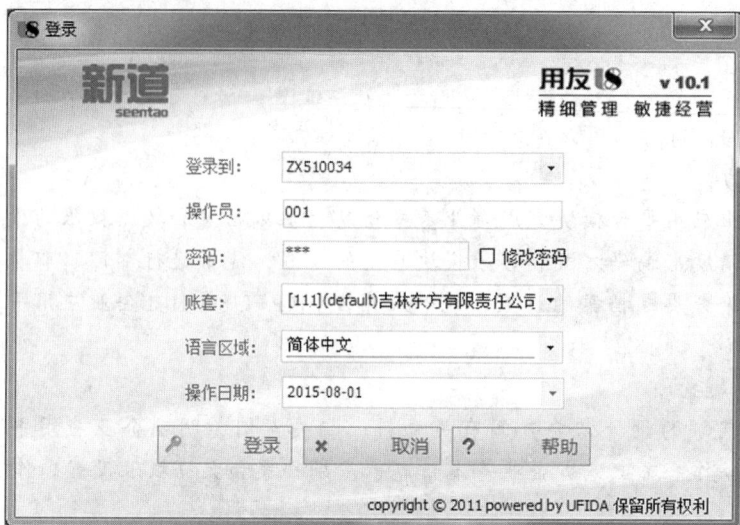

图2-1　登录企业应用平台

（2）系统启用。

在企业应用平台中，单击"基础设置"|"基本信息"|"系统启用"选项，打开"系统启用"对话框，如图2-2所示。启用总账，启用日期为"2015-08-01"，如图2-3、图2-4所示。

图2-2　系统启用

图 2-3　系统启用时间设置

图 2-4　系统启用提示

实训二　　基础档案设置

任务一　企业机构基础信息档案

任务名称

对吉林东方有限责任公司的企业机构基础档案进行设置。

任务材料

设置部门档案、人员类别、人员档案。

任务要求

根据企业实际情况将规范的企业机构基础信息档案录入系统。

操作示范

1. 录入部门档案（见表 2-1）

表 2-1　　　　　　　　　　　　部门档案

部门编码	部门名称	部门属性
1	管理中心	管理部门
101	总经理办公室	综合管理
102	财务部	财务管理
2	供销中心	供销管理
201	销售部	市场营销
202	采购部	采购供应
3	制造中心	生产部门
301	一车间	生产制造
302	二车间	生产制造

操作步骤：

（1）以账套主管陈明身份进入"企业应用平台"｜"基础信息"｜"基础档案"｜"机构人员"｜"部门档案"，打开"部门档案"窗口。

（2）单击"部门档案"窗口上方的"增加"按钮。

（3）依次录入部门编码、部门名称。

（4）单击"保存"按钮保存，如图2-5所示。

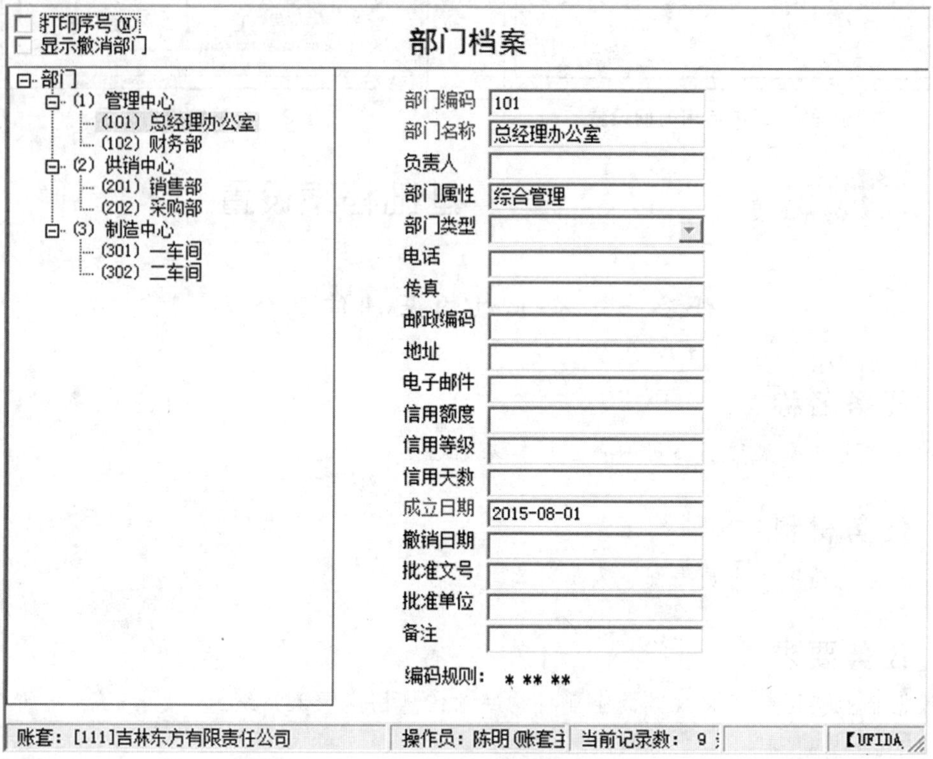

图2-5 部门档案录入

2. 录入人员类别（见表2-2）

表2-2 人员类别

分类编码	分类名称
1011	企业管理人员
1012	经营人员
1013	车间管理人员
1014	生产人员

操作步骤：

执行"基础档案"｜"机构人员"｜"人员类别"操作，打开"人员类别"窗口，如图2-6所示。

图2-6 人员类别

单击选择"正式工",单击"增加"按钮,打开"增加档案项"窗口,如图2-7所示。

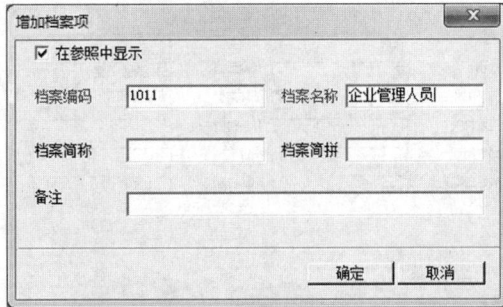

图2-7 增加档案项

在"增加档案项"窗口,依次录入人员类别数据。单击"确定"按钮保存。

3.录入人员档案（见表2-3）

表2-3 人员档案

人员编号	人员姓名	性别	行政部门	人员类别	是否业务员	是否操作员	对应操作员编码
101	肖剑	男	总经理办公室	企业管理人员	否	否	
102	陈明	男	财务部	企业管理人员	是	是	001
103	王晶	女	财务部	企业管理人员	是	是	002
104	马方	女	财务部	企业管理人员	是	是	003
201	王丽	女	销售部	经营人员	是	是	005
202	孙健	男	销售部	经营人员	否	是	
211	白雪	女	采购部	经营人员	是	是	004
212	李平	男	采购部	经营人员	否	是	
301	赵亮	男	一车间	企业管理人员	是	是	006
302	周月	男	一车间	车间管理人员	否	否	
303	孟强	男	一车间	生产人员	否	否	
311	罗江	男	一车间	生产人员	否	否	
321	刘青	女	二车间	生产人员	否	否	

会计信息化实操

操作步骤：

（1）执行"基础档案"|"机构人员"|"人员档案"操作，打开"人员档案"窗口。

（2）单击选择"财务部"，单击"增加"按钮。

（3）在"人员档案"窗口，依次录入人员编码、人员姓名、性别、行政部门、人员类别、是否业务员、是否操作员、对应操作员编码等，如图2-8所示。

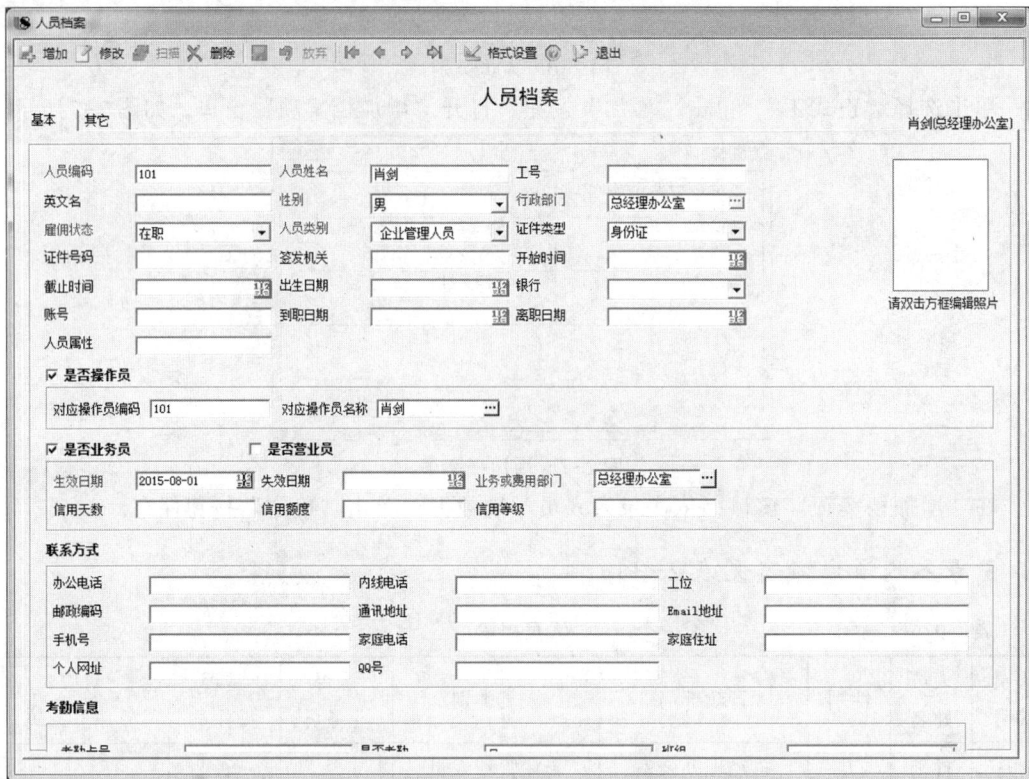

图2-8　"人员档案"录入窗口

单击"保存"按钮，继续输入其他人员档案信息。

任务二　往来单位基础信息档案

任务名称

对吉林东方有限责任公司的往来单位基础信息档案进行设置。

任务材料

设置地区分类、供应商分类、客户分类、供应商档案和客户档案。

任务要求

根据企业实际情况将规范的往来单位基础信息档案录入系统。

操作示范

1. 录入地区分类（见表2-4）

表2-4   地区分类

地区分类	分类名称
01	东北地区
02	华北地区
03	华东地区
04	华南地区
05	西北地区
06	西南地区

操作步骤：

（1）以账套主管陈明身份进入"企业应用平台"|"基础信息"|"基础档案"|"客商信息"|"地区分类"，打开"地区分类"窗口。

（2）单击"地区分类"窗口上方的"增加"按钮。

（3）依次录入地区分类编码和分类名称，如图2-9所示。

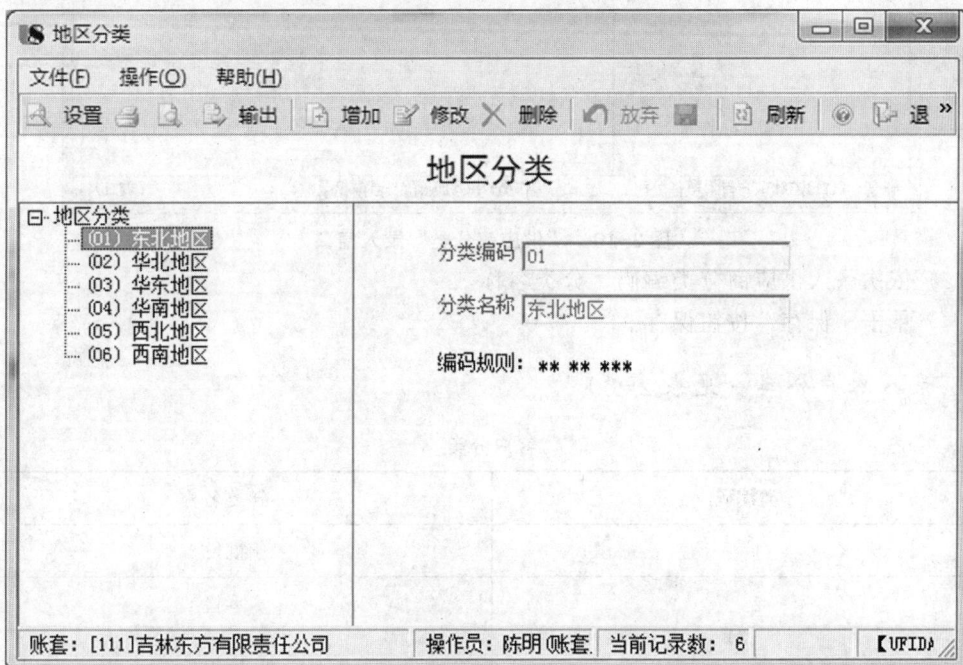

图2-9　"地区分类"录入窗口

会计信息化实操

（4）单击"保存"按钮保存。

2. 录入供应商分类（见表2-5）

表2-5 供应商分类

分类编码	分类名称
1	原料供应商
2	成品供应商

操作步骤：

（1）执行"基础档案"｜"客商信息"｜"供应商分类"操作，打开"供应商分类"窗口。

（2）单击"供应商分类"窗口上方的"增加"按钮，如图2-10所示。

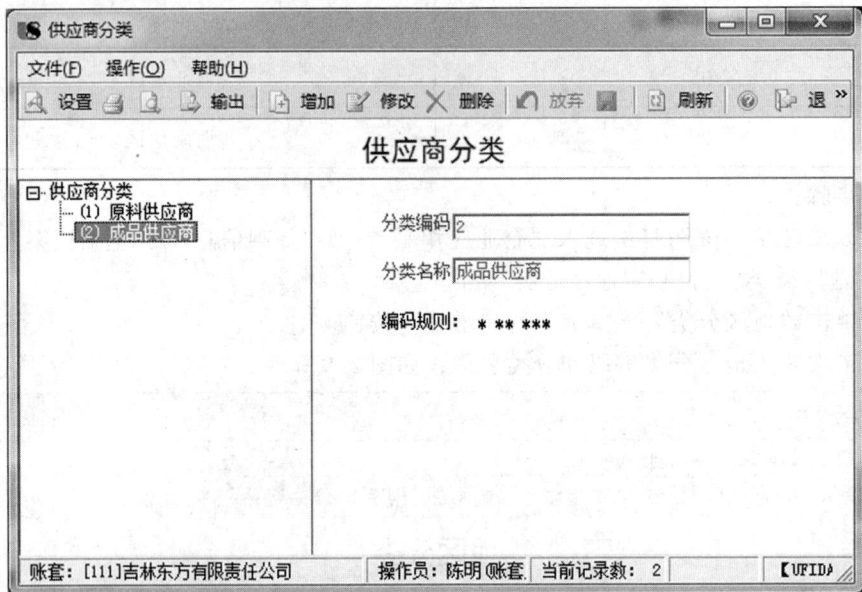

图2-10 "供应商分类"录入窗口

（3）依次录入供应商分类编码、分类名称。

（4）单击"保存"按钮保存。

3. 录入客户分类（见表2-6）

表2-6 客户分类

分类编码	分类名称
1	批发
2	零售
3	代销
4	专柜

操作步骤：

（1）执行"基础档案"｜"客商信息"｜"客户分类"操作，打开"客户分类"窗口。

（2）单击"客户分类"窗口上方的"增加"按钮。

（3）依次录入客户分类编码和分类名称，如图2-11所示。

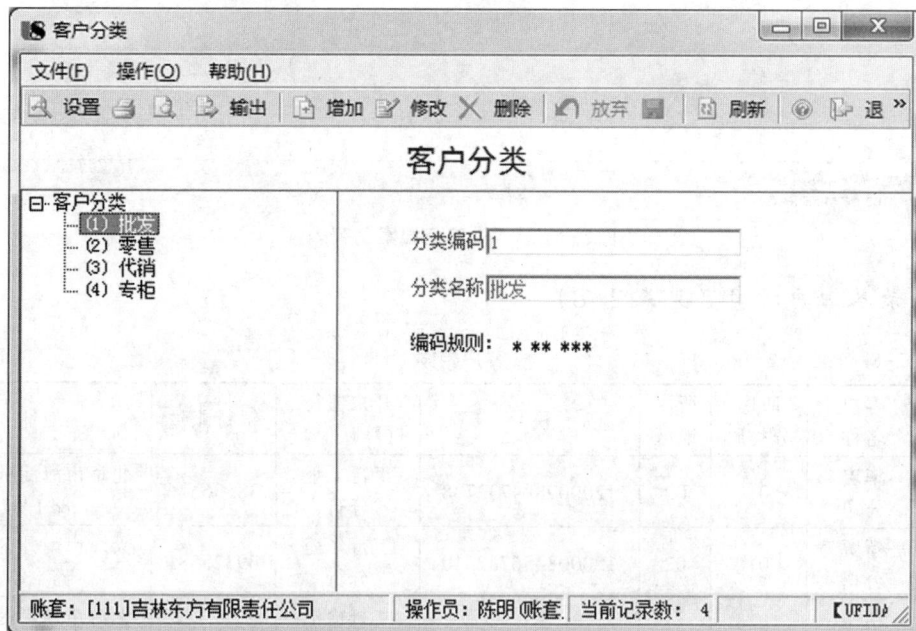

图2-11　"客户分类"录入窗口

（4）单击"保存"按钮保存。

4.录入供应商档案（见表2-7）

表2-7　　　　　　　　　　　　供应商档案

供应商编号	供应商名称	所属分类码	所属地区	税号	开户银行	银行账号
001	兴华公司	1	02	110567453698462	中行	1307310182600029635
002	建昌公司	1	02	110479865267583	中行	6222620185300025987
003	泛美商行	2	03	320888465372657	工行	6871620185600025361
004	艾德公司	2	03	310103695431012	工行	7563000233385115076

操作步骤：

（1）执行"基础档案"｜"客商信息"｜"供应商档案"操作，打开"供应商档案"窗口。

（2）单击"增加"按钮，打开"供应商档案"对话框，输入相应的数据，单击"保存"按钮，如图2-12所示。

会计信息化实操

图2-12 "供应商档案"列表

5.录入客户档案（见表2-8）

表2-8 客户档案

客户编号	客户名称	所属分类码	所属地区	税号	开户银行（默认值）	银行账号	地址
001	华宏公司	01	02	120009884732788	工行上地分行	38536546	北京市海淀区上地路1号
002	昌新贸易公司	01	02	120008456732310	工行华苑分行	69325581	天津市南开区华苑路1号
003	精益公司	04	03	310106548765432	工行徐汇分行	36542234	上海市徐汇区天平路8号
004	利氏公司	03	01	108369856003251	中行平房分行	43810548	哈尔滨市平房区和平路116号
005	星海公司	04	01	108369856003256	中行平房分行	43810549	哈尔滨市平房区和平路200号

操作步骤：

（1）执行"基础档案"｜"客商信息"｜"客户档案"操作，打开"客户档案"窗口。

（2）单击"增加"按钮，打开"客户档案"对话框，输入相应的数据，单击"保存"按钮，如图2-13所示。

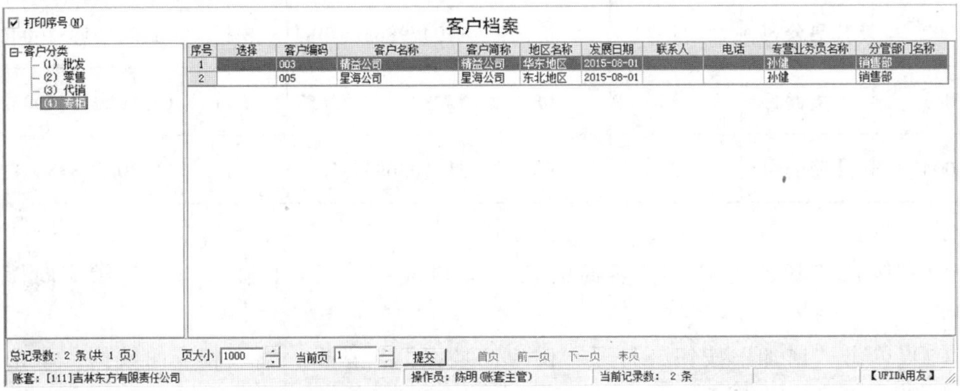

图2-13 "客户档案"列表

任务三　存货基础信息档案

任务名称

对吉林东方有限责任公司的存货基础信息档案进行设置。

任务材料

设置存货分类、计量单位、存货档案。

任务要求

根据企业实际情况将规范的存货基础信息档案录入系统。

操作示范

1.设置存货分类（见表2-9）

表2-9　　　　　　　　　　　　　　存货分类

分类编码	分类名称
1	外购品
101	芯片
102	硬盘
103	显示器
104	键盘
105	鼠标
2	产成品
201	计算机
3	配套用品
301	配套材料
302	配套硬件
30201	打印机
30202	传真机
303	配套软件
9	应税劳务

会计信息化实操

操作步骤：

（1）以账套主管陈明身份进入"企业应用平台"｜"基础信息"｜"基础档案"｜"存货"｜"存货分类"，打开"存货分类"窗口。

（2）单击"存货分类"窗口上方的"增加"按钮。

（3）依次录入存货分类编码和分类名称，如图2-14所示。

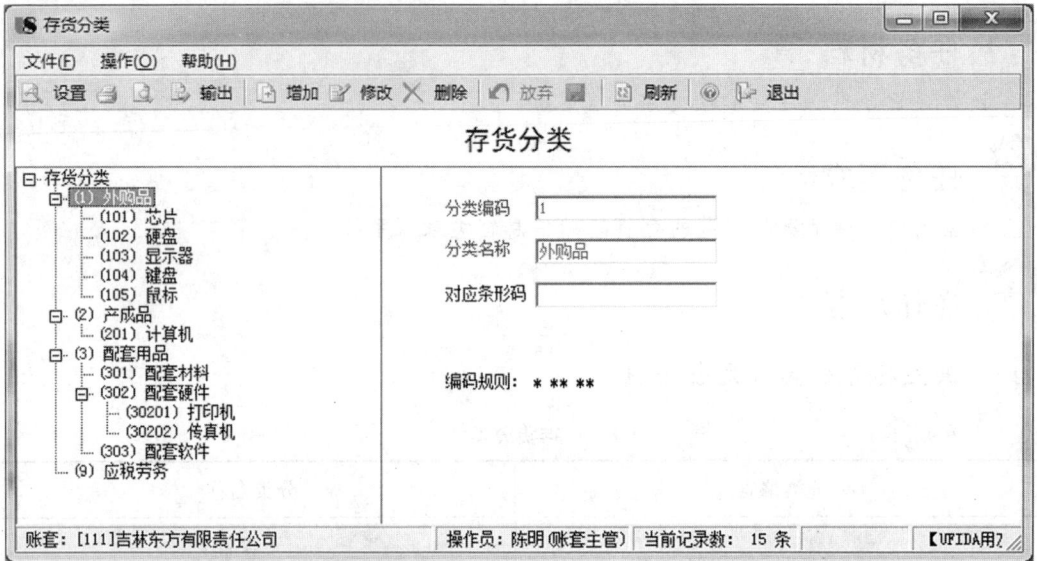

图2-14 "存货分类"录入窗口

（4）单击"保存"按钮保存。

2.录入计量单位（见表2-10、表2-11）

表2-10   计量单位组

计量单位组编号	计量单位组名称	计量单位组类别
01	无换算关系	无换算

表2-11   计量单位

计量单位编号	计量单位名称	所属计量单位组名称
01	盒	无换算关系
02	台	无换算关系
03	只	无换算关系
04	个	无换算关系
05	元	无换算关系

操作步骤：

（1）执行"基础档案"｜"存货"｜"计量单位"操作，打开"计量单位"窗口。

（2）单击"分组"按钮，打开"计量单位组"窗口。

（3）单击"增加"按钮，录入计量单位信息，如图2-15所示。

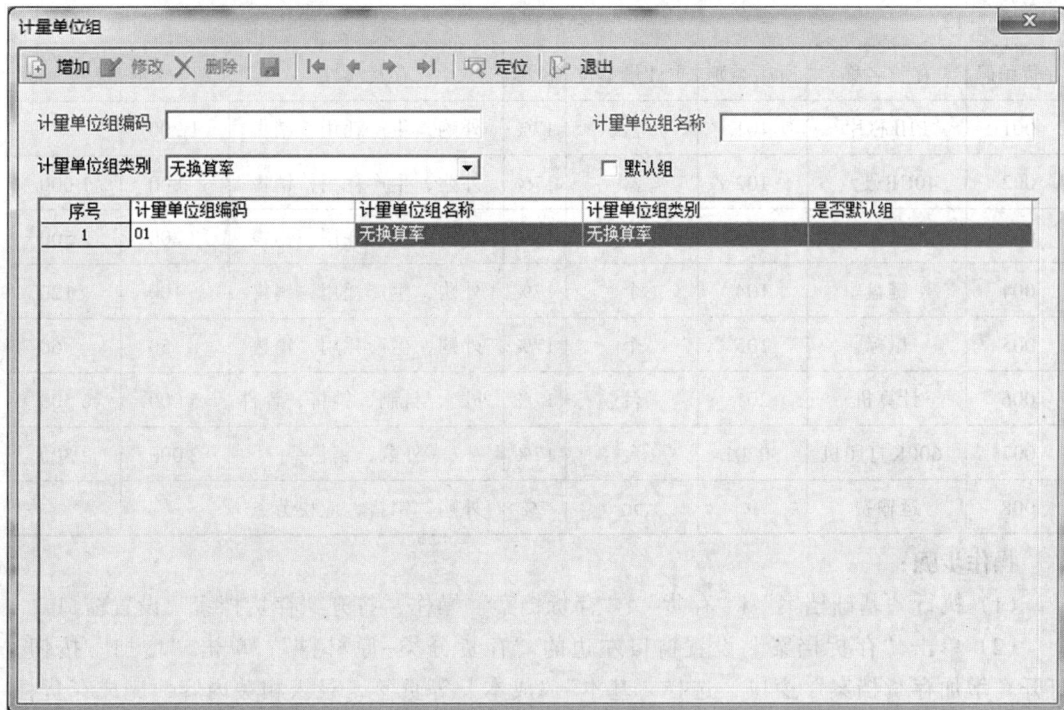

图2-15　计量单位组

（4）单击"保存"按钮保存，单击"退出"按钮，返回"计量单位"窗口。

（5）单击"单位"按钮，打开"增加计量单位"窗口。

（6）单击"增加"按钮，依次录入计量单位编码信息并依次"保存"，完成计量单位增加的设置，如图2-16所示。

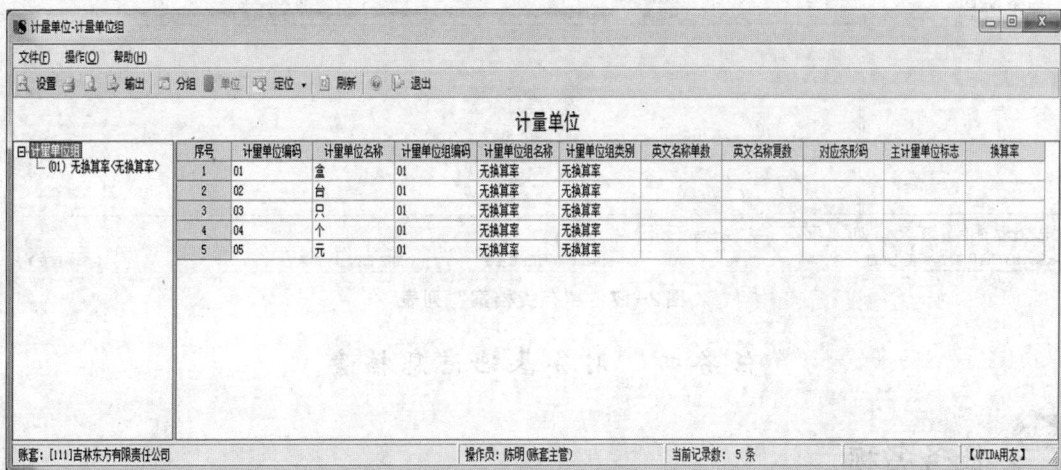

图2-16　"计量单位"列表

3. 录入存货档案（见表2-12）

表2-12   **存货档案**   金额单位：元

存货编码	存货名称	所属类别	主计量单位	税率	存货属性	参考成本	参考售价
001	PIII芯片	101	盒	17%	外购，生产耗用，销售	1 200	
002	40GB硬盘	102	盒	17%	外购，生产耗用，销售	800	1 000
003	17英寸显示器	103	台	17%	外购，生产耗用，销售	2 200	2 500
004	键盘	104	个	17%	外购，生产耗用，销售	100	120
005	鼠标	105	个	17%	外购，生产耗用，销售	50	60
006	计算机	201	台	17%	外购，自制，销售，计件	5 000	6 500
007	1600K打印机	30201	台	17%	外购，销售	2 000	2 300
008	运输费	9	元	7%	外购，销售，应税劳务		

操作步骤：

（1）执行"基础档案"|"存货"|"存货档案"操作，打开"存货档案"设置窗口。

（2）单击"存货档案"设置窗口左边的"存货分类-原材料"，单击"增加"按钮，打开"增加存货档案"窗口，选择"基本""成本"等页签，录入相关内容，完成存货档案的录入，如图2-17所示。

图2-17 "存货档案"列表

任务四 财务基础信息档案

任务名称

对吉林东方有限责任公司的财务基础信息档案进行设置。

🏠 任务材料

设置外币核算、会计科目、凭证类别、项目目录。

🏠 任务要求

根据企业实际情况将规范的财务基础信息档案录入系统。

🏠 操作示范

1.外币设置

币符：USD；币名：美元；固定汇率：1：8.275（此汇率只供演示使用）。

操作步骤：

（1）以账套主管陈明身份进入"企业应用平台"｜"基础信息"｜"基础档案"｜"财务"｜"外币设置系统"，打开"外币设置"窗口。

（2）输入币符：USD；币名：美元；系统默认汇率小数位5位，最大误差0.00001；折算方式选择第一种："外币*汇率=本位币"。

（3）单击"确认"按钮。

（4）选择"固定汇率"。

（5）在中间窗口的记账汇率的8月份单元格中输入8.275，如图2-18所示。

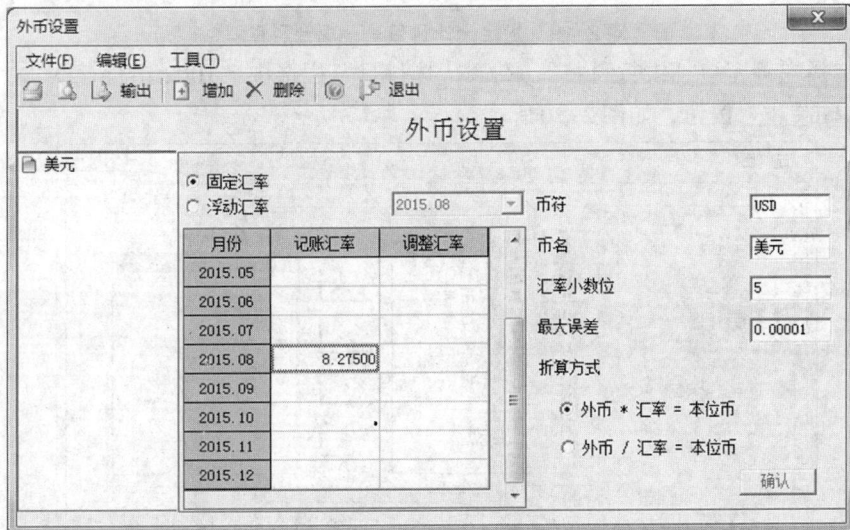

图2-18 外币设置-记账汇率

（6）单击"退出"按钮。

（7）单击"是"按钮，返回"外币设置"窗口。

2.指定会计科目

指定"1001库存现金"为现金总账科目，"1002银行存款"为银行总账科目。

操作步骤：

（1）执行"基础档案"I"财务"I"会计科目"操作，打开"会计科目"窗口。

（2）在"会计科目"窗口中，单击"编辑"菜单下的"指定科目"功能。

（3）打开"指定科目"窗口。

（4）选择左侧窗口"现金科目"，在"待选科目"栏选中"1001 库存现金"。

（5）单击">"按钮，如图2-19所示。

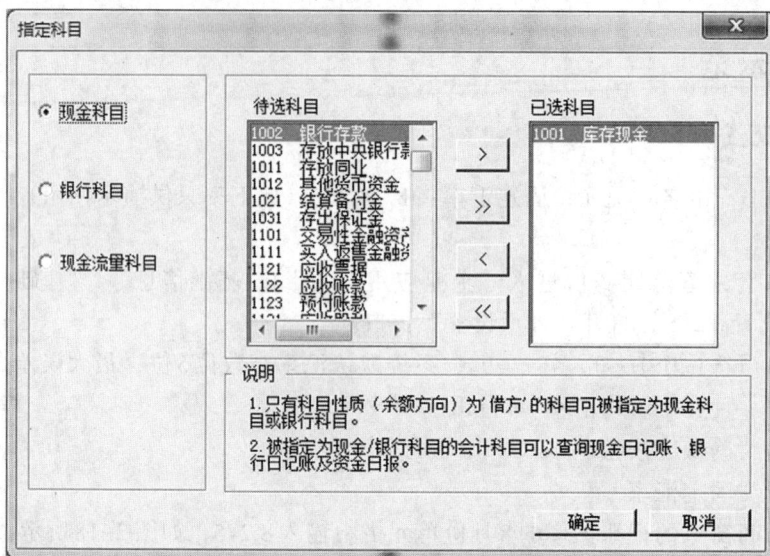

图2-19 指定会计科目——现金科目

（6）选择左侧窗口"银行科目"，在"待选科目"栏选中"1002 银行存款"。

（7）单击">"按钮，如图2-20所示。

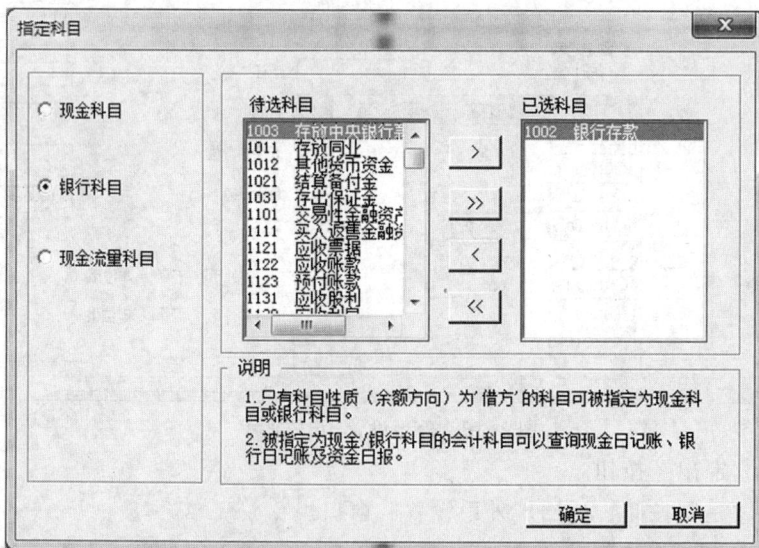

图2-20 指定会计科目——银行科目

（8）单击"确定"按钮，完成科目指定任务。

3.修改会计科目（见表2-13）

表2-13 　　　　　　　　　　　　　修改会计科目

科目编码	科目名称	辅助核算	受控系统
1001	库存现金	日记	无
1002	银行存款	银行日记	无
1121	应收票据	客户往来	无
1122	应收账款	客户往来	无
1123	预付账款	供应商往来	无
2201	应付票据	供应商往来	无
2202	应付账款	供应商往来	无
2203	预收账款	客户往来	无
5001	生产成本	项目核算	无

操作步骤：

（1）执行"基础档案"｜"财务"｜"会计科目"操作，打开"会计科目"窗口。

（2）在"会计科目"窗口中，双击要修改的会计科目"1121 应收票据"，或选中"1121 应收票据"会计科目，单击"修改"按钮，进入"会计科目-修改"窗口。

（3）选中窗口右侧辅助核算的"客户往来"复选框。

（4）取消窗口右下方受控系统默认的"应收款管理系统"选项，使得本栏目为空白，如图2-21所示。

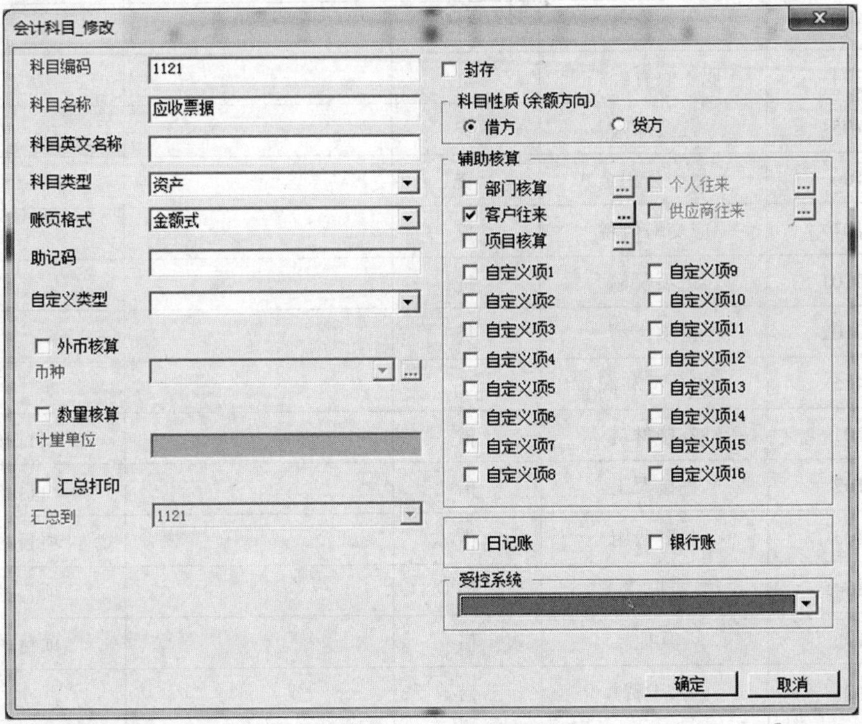

图2-21　修改会计科目

（5）单击"确定"按钮，单击"返回"按钮，完成"1121应收票据"科目的修改。

（6）按实训资料要求，修改其他会计科目的辅助核算项，并返回到"会计科目"窗口。

4.增加会计科目（见表2-14）

表2-14　　　　　　　　　　　　　　　增加会计科目

科目编码	科目名称	方向	外币币别/计量单位	辅助核算
100201	工行存款	借		银行日记
100202	中行存款	借	美元	银行日记
122101	应收单位款	借		客户往来
122102	应收个人款	借		个人往来
140301	生产用原材料	借	盒	数量核算
160401	人工费	借		项目核算
160402	材料费	借		项目核算
160403	其他	借		项目核算
221101	工资	贷		
221102	职工福利	贷		
221103	工会经费	贷		
221104	职工教育经费	贷		
221105	社会保险	贷		
221106	住房公积金	贷		
222101	应交增值税	贷		
22210101	进项税额	贷		
22210102	销项税额	贷		
410415	未分配利润	贷		
500101	直接材料	借		项目核算
500102	直接人工	借		项目核算
500103	制造费用	借		项目核算
500104	折旧费	借		项目核算
500105	其他	借		项目核算
510101	人工费	借		
510102	折旧费	借		

科目编码	科目名称	方向	外币币别/计量单位	辅助核算
660201	工资	借		部门核算
660202	福利费	借		部门核算
660203	办公费	借		部门核算
660204	差旅费	借		部门核算
660205	招待费	借		部门核算
660206	折旧费	借		部门核算
660207	其他	借		部门核算
660301	利息支出	借		
660302	汇兑损益	借		

操作步骤：

（1）单击"基础设置"菜单，执行"基础档案"I"财务"I"会计科目"操作，打开"会计科目"窗口，系统自动显示已经预置好的所有会计科目。

（2）单击"增加"按钮，进入"新增会计科目"窗口。

（3）输入编码"100201"，输入科目"工行存款"，如图2-22所示。科目类型系统自动默认"资产"；账页格式选择"金额式"；选中"日记账"和"银行账"两个复选框；其他默认。

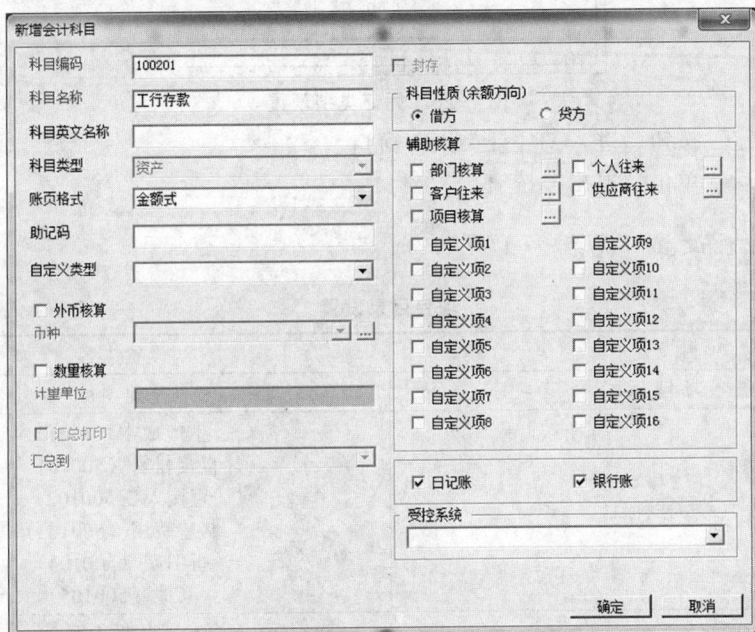

图2-22 新增会计科目

（4）单击"确定"按钮，完成"100201 工行存款"科目的增加。同理，完成其他新增科目的设置。

（5）在"新增会计科目"窗口中，单击"关闭"按钮，回到"会计科目"窗口，所有新增的会计科目都会在"会计科目"窗口列示。

（6）单击"退出"按钮。

5.凭证类别设置（见表2-15）

表2-15 凭证类别设置

凭证类别	限制类型	限制科目
记账凭证	无限制	

操作步骤：

在企业应用平台"基础设置"选项卡中，执行"基础档案"|"财务"|"凭证类别"操作，打开"凭证类别预置"对话框。选中"记账凭证"前的复选框，如图2-23所示。

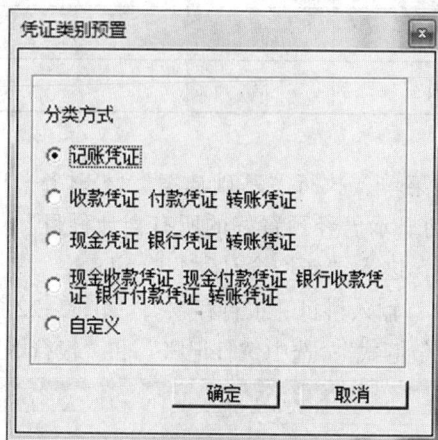

图2-23 凭证类别预置

单击"确定"按钮，进入"凭证类别"窗口。

设置完成后，单击"退出"按钮。

6.项目目录设置（见表2-16）

表2-16 项目目录设置

项目设置步骤	设置内容
项目大类	基建项目
核算科目	生产成本（5001） 直接材料（500101） 直接人工 500102） 制造费用（500103） 折旧费（500104） 其他（500105）
项目分类定义	1.自营工程 2.出包工程
项目目录	001 设备安装　　所属分类码：1 002 厂房改扩建　　所属分类码：2

操作步骤：

（1）在企业应用平台"基础设置"选项卡中，执行"基础档案"|"财务"|"项目目录"操作，进入"项目档案"窗口，如图2-24所示。

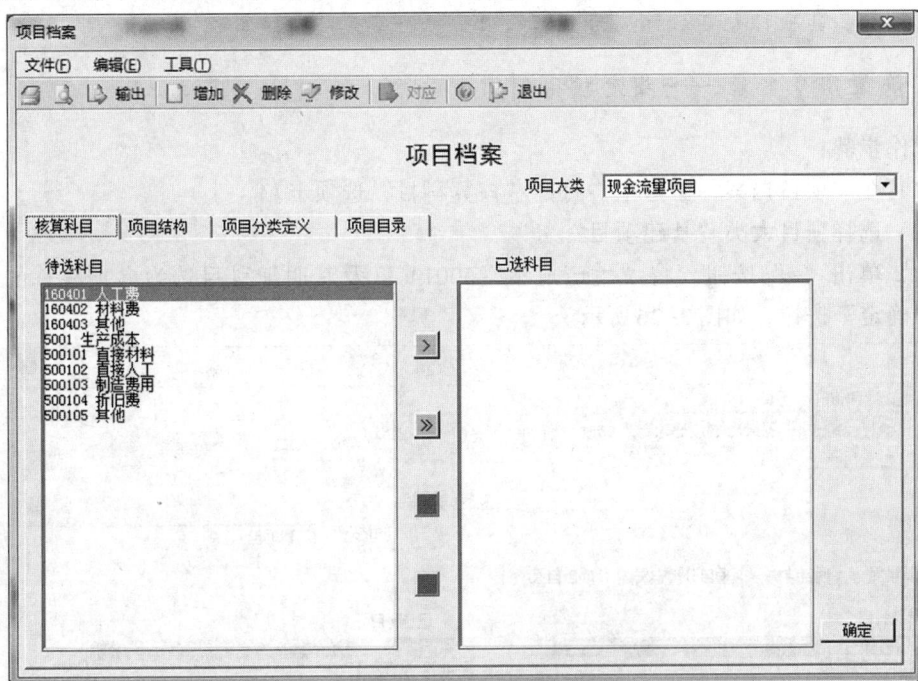

图2-24　项目档案

（2）单击"增加"按钮，打开"项目大类定义_增加"对话框。

（3）输入新项目大类名称"基建项目"，如图2-25所示。

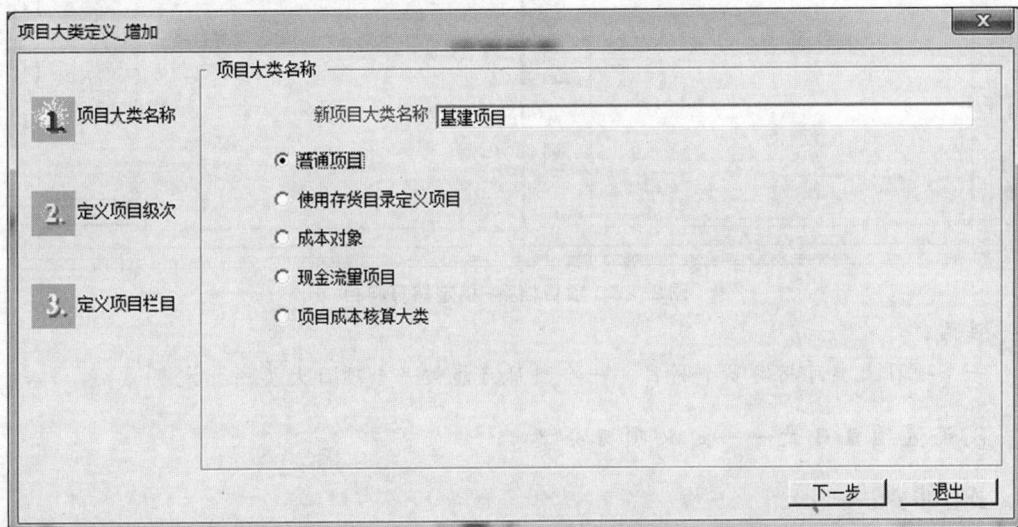

图2-25　项目大类定义_增加

（4）单击"下一步"按钮，输入要定义的项目级次，此处采用系统默认值。

（5）单击"下一步"按钮，输入要修改的项目栏目，此处采用系统默认值。

（6）单击"完成"按钮，返回"项目档案"窗口。

注意：

项目大类的名称是该类项目的总称，而不是会计科目名称。例如，在建工程按具体工程项目核算，其项目大类名称应为"工程项目"而不是"在建工程"。

7.设置项目目录——指定核算科目

操作步骤：

（1）在"项目档案"窗口中，打开"核算科目"选项卡。

（2）选择项目大类"基建项目"。

（3）单击">"按钮，将"生产成本（5001）"及其明细科目选为参加核算的科目，单击"确定"按钮，如图2-26所示。

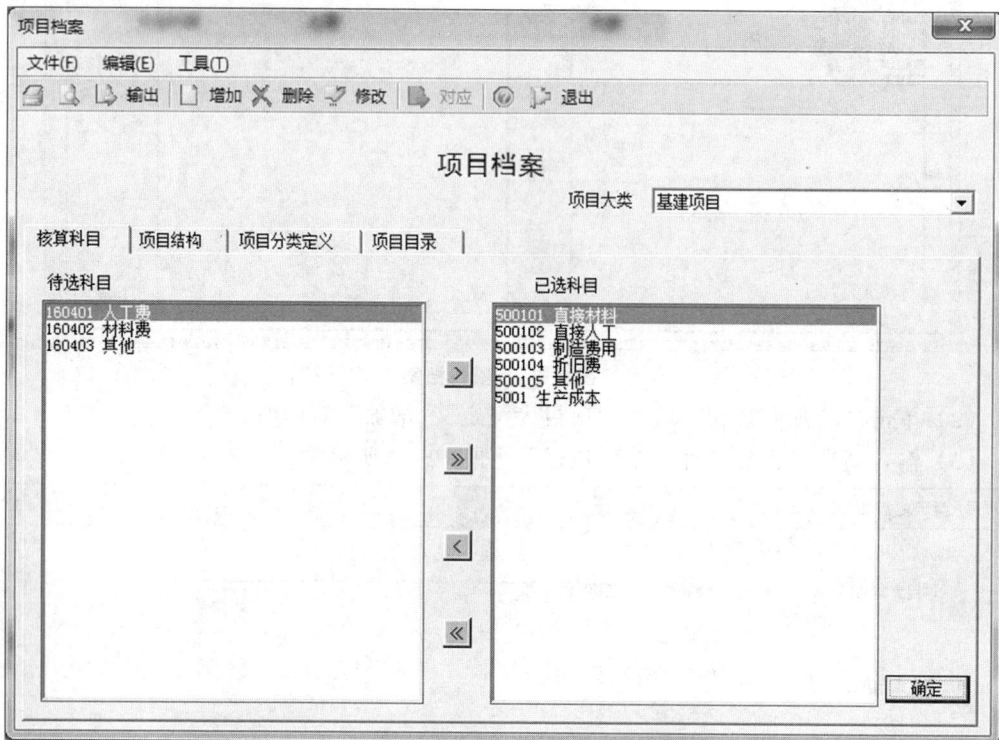

图2-26 项目档案-指定核算科目

注意：

一个项目大类可指定多个科目，一个科目只能被一个项目大类所指定。

8.设置项目目录——定义项目分类

操作步骤：

（1）在"项目档案"窗口中，打开"项目分类定义"选项卡。

（2）单击右下角的"增加"按钮，输入分类编码"1"，输入分类名称"自营工程"，单击"确定"按钮。同理，定义"2"为"出包工程"项目分类，如图2-27所示。

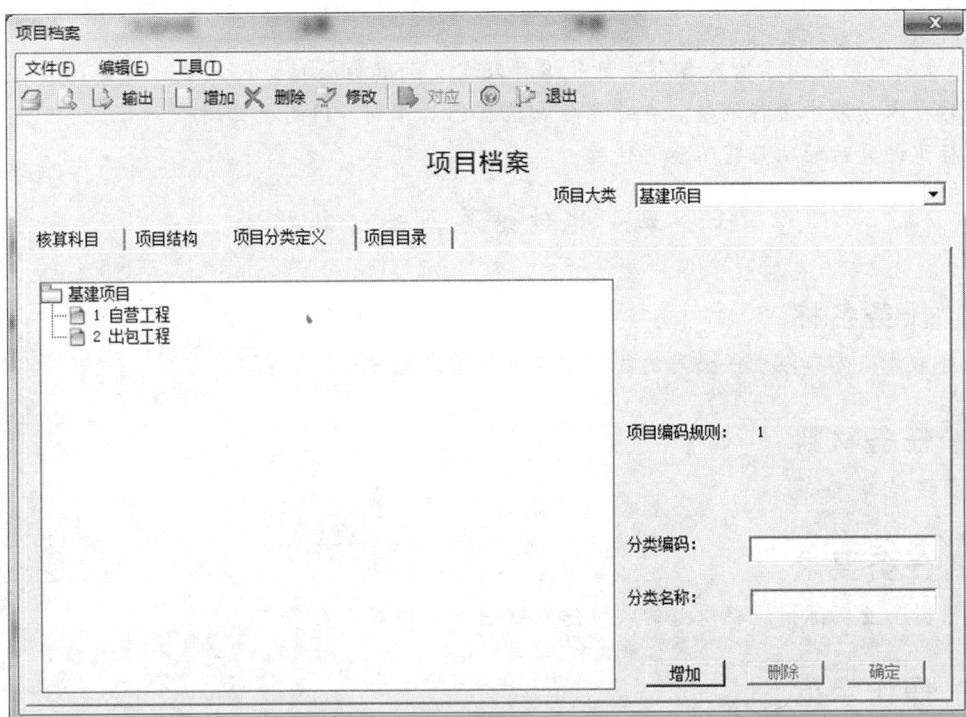

图2-27 项目档案-项目分类列表

注意：

为了便于统计，可对同一项目大类下的项目进一步划分，即定义项目分类。若无分类，也必须定义项目分类为"无分类"。

9.设置项目目录——定义项目目录

操作步骤：

（1）在"项目档案"窗口中，打开"项目目录"选项卡。

（2）单击右下角的"维护"按钮，进入"项目目录维护"窗口。

（3）单击"增加"按钮，输入项目编号"001"；输入项目名称"设备安装"；选择所属分类码"1"。

（4）同理，继续增加"002厂房改扩建"项目档案，如图2-28所示。

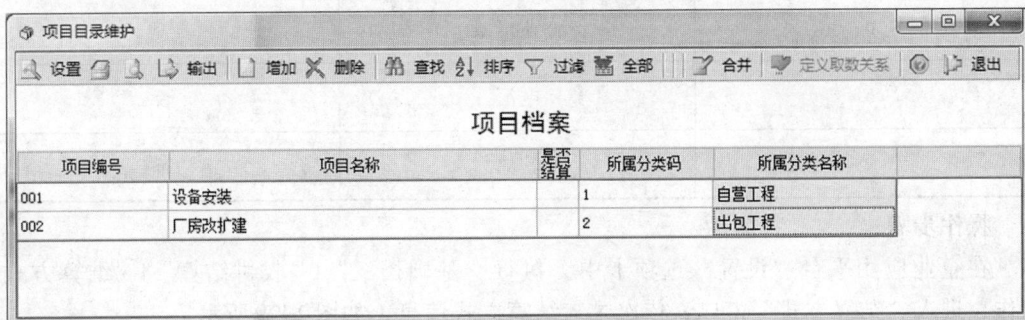

项目编号	项目名称	是否结算	所属分类码	所属分类名称
001	设备安装		1	自营工程
002	厂房改扩建		2	出包工程

图2-28 项目档案-项目目录维护

注意：

"维护"功能用于输入各个项目的名称及定义的其他数据，因此平时项目目录有变动应及时在本功能中进行调整。在每年年初应将已结算或不用的项目删除。

标识结算后的项目将不能再使用。

任务五　收付结算基础信息档案

任务名称

对吉林东方有限责任公司的收付结算基础信息档案进行设置。

任务材料

设置结算方式。

任务要求

根据企业实际情况将规范的收付结算基础信息档案录入系统。

操作示范

录入结算方式（见表2-17）。

表2-17　　　　　　　　　　　　结算方式

结算方式编码	结算方式名称	票据管理
1	现金结算	否
2	支票结算	否
201	现金支票	是
202	转账支票	是
3	银行汇票	否
4	商业汇票	否
5	电汇	否
9	其他	否

操作步骤：

在企业应用平台"设置"选项卡中，执行"基础档案"|"收付结算"|"结算方式"操作，进入"结算方式"窗口，依次录入结算方式信息，如图2-29所示。

单击"退出"按钮。

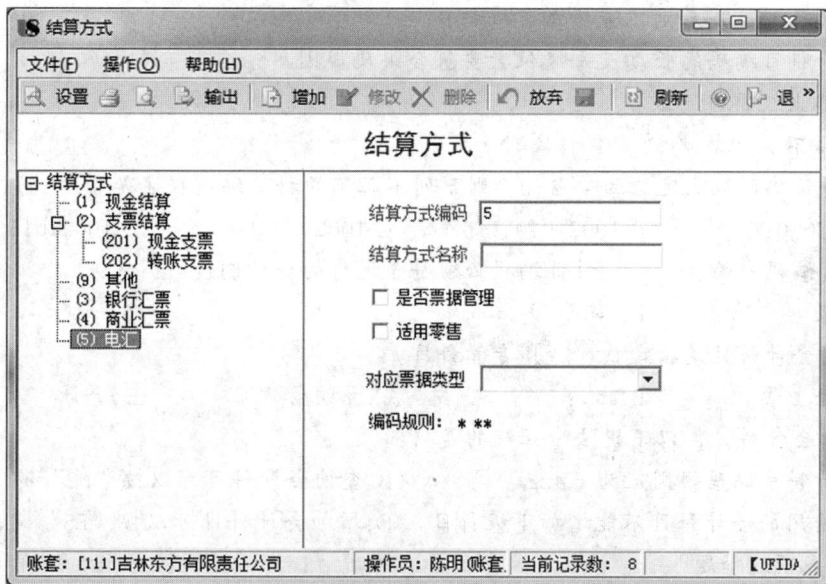

图 2-29　结算方式列表

注意：

支票管理是系统为辅助银行出纳对银行结算票据的管理而设置的功能，类似于手工系统中的支票登记簿的管理方式。若需实施票据管理，则选中"是否票据管理"复选框。

重点难点

重点：系统启用、基础档案设置。

难点：计量单位设置、项目目录设置。

同步测试

（一）判断题

1.总账系统中已设定并使用的凭证类别不能删除，但可以修改其类别字。　　（　　）

2.只有在"会计科目"功能下通过"指定科目"预先设定的现金科目，才可以通过"现金日记账"功能查询其日记账。　　（　　）

3.在项目目录设置功能中，已定义下级科目目录的项目分类不能直接删除，但可以再定义下级分类。　　（　　）

4.在项目目录设置功能中指定项目核算科目之前，必须先将该科目的辅助核算属性定义为项目核算。　　（　　）

5.建立科目编码时，应先建立下级科目，再建立上级科目。　　（　　）

6.删除会计科目，应先删除上一级科目，然后再删除本级科目。　　（　　）

7.科目一经使用，就不能再增设同级科目，只能增加下级科目。　　（　　）

（二）单项选择题

1.增加会计科目时，以下说法中错误的是（　　）。

A.科目已经使用后则不能增加下级科目

B.会计科目编码的长度及每级位数要符合编码规则

C.先建上级再建下级

D.编码不能重复

2.若科目编码级次定义为4-2-2，则下列不正确的科目编码描述是（　　　）。

A.10020101　　　　B.10021010　　　　C.100201001　　　　D.10021011

3.科目编码中的（　　）科目编码必须符合现行的会计制度。

A.二级　　　　　　B.各级　　　　　　C.明细　　　　　　D.一级

4.指定会计科目是指定（　　）专管科目。

A.账套主管　　　　B.出纳　　　　　　C.系统管理员　　　　D.会计

5.关于会计科目，以下说法中正确的是（　　　）。

A.会计科目编码规则应为"422"　　　　B.查询会计科目可以按"F2"键

C.已使用的会计科目不能增加下级科目　　D.增加会计科目可以按"F5"键

（三）多项选择题

1.企业在"项目目录"功能中可以进行下列（　　　）等多项操作。

A.定义项目目录　　　　　　　　　　　B.定义项目大类

C.制定项目核算科目　　　　　　　　　D.定义项目分类

2.下列会计科目中，适合进行分部门辅助核算的有（　　　）。

A.银行存款　　　　B.应收账款　　　　C.固定资产　　　　D.管理费用

3.用户可以根据本单位需要对记账凭证进行分类，系统提供的常用凭证分类方式有（　　　）。

A.收款，付款，转账凭证　　　　　　　B.现金，银行，转账凭证

C.现金收款，现金付款，银行收款，银行付款，转账凭证

D.记账凭证

4.用户可以通过"设置|会计科目"功能实现对会计科目的下列（　　　）操作。

A.修改　　　　　　B.插入　　　　　　C.打印　　　　　　D.查询

5.往来辅助核算包括（　　　）。

A.部门往来　　　　B.个人往来　　　　C.供应商往来　　　　D.客户往来

同步实训

【实训要求】

本次实训内容只涉及账套主管工作岗位，其具体工作又可分为企业机构基础信息档案设置、往来单位基础信息档案设置、存货基础信息档案设置、财务基础信息档案设置、结算方式基础信息档案设置。采用学生分组训练的形式，每组5人，选举产生组长，组长分派组员开展具体的岗位工作，阐明工作分工及职责。

【情境引例】

吉林科宏实业股份有限公司（吉林科宏公司）的账套主管曹玲佳启用总账系统，启用时间为2017年1月1日，公司组织机构、职员、往来单位、存货、会计科目体系等情况

如下：
1. 部门档案（见表2-18）
表2-18 部门档案

部门编码	部门名称
1	人事部
2	财务部
3	供销中心
301	采购部
302	销售部
4	生产车间

2. 人员类别及人员档案

在职人员分为：1011企业管理人员、1012经营人员、1013生产人员。

人员档案见表2-19。

表2-19 人员档案

人员编码	人员姓名	性别	人员类别	行政部门	是否业务员	是否操作员
101	高海英	女	企业管理人员	人事部	是	否
201	曹玲佳	女	企业管理人员	财务部	是	是
202	张子强	男	企业管理人员	财务部	是	是
203	陈景彤	女	企业管理人员	财务部	是	是
204	李文乐	男	企业管理人员	财务部	是	是
301	周莹	女	经营人员	销售部	是	否
302	张建平	男	经营人员	采购部	是	否
401	马文杰	男	生产人员	生产车间	是	否
402	刘士奇	男	生产人员	生产车间	是	否

3. 客户分类（见表2-20）
表2-20 客户分类

客户分类编码	客户分类名称
1	批发商
2	代理商
3	零散客户

4.客户档案（见表2-21）

表2-21 客户档案

客户编码	客户名称/简称	所属分类	税号	开户银行	账号	分管部门	业务员
001	天益公司	1	110320104320012	工行北京分行	11015893249	销售部	周莹
002	立邦公司	1	210003232432247	工行上海分行	22100032341	销售部	周莹
003	明兴公司	2	120456486329565	工行鞍山支行	10210499855	销售部	周莹
004	维达公司	3	550438888288425	工行重庆分行	51019345637	销售部	周莹

5.供应商分类（见表2-22）

表2-22 供应商分类

类别编码	类别名称
1	主料供应商
2	辅料供应商

6.供应商档案（见表2-23）

表2-23 供应商档案

供应商编码	供应商名称/简称	所属分类	税号	开户银行	账号	分管部门	业务员
001	大发公司	1	110321124320456	工行北京分行	11027893470	采购部	张建平
002	光华公司	1	120347684358901	工行长春分行	22145089522	采购部	张建平
003	前进公司	2	220845306830059	工行天津分行	10324688659	采购部	张建平

7.会计科目

（1）指定"1001 现金"为现金总账科目，指定"1002 银行存款"为银行总账科目。

（2）增加会计科目（见表2-24）。

表2-24 增加会计科目

科目编码	科目名称	辅助账类型
100201	工行存款	日记账、银行账
122101	应收职工借款	个人往来
140301	原材料——主原材料	
14030101	钢材	数量金额核算 吨
14030102	电动机	数量金额核算 台

科目编码	科目名称	辅助账类型
140302	原材料——辅原材料	
14030201	油漆	数量金额核算 桶
140501	甲产品	数量金额核算 台
140502	乙产品	数量金额核算 台
221101	应付职工薪酬——工资	
221102	应付职工薪酬——福利费	
221103	应付职工薪酬——工会经费	
500101	生产成本——直接材料	
500102	生产成本——直接人工	
600101	甲产品	数量金额核算 台
600102	乙产品	数量金额核算 台
660101	销售费用——办公费	
660102	销售费用——差旅费	
660103	销售费用——工资	
660104	销售费用——折旧费	
660105	销售费用——福利费	
660106	销售费用——其他	
660201	管理费用——办公费	部门核算
660202	管理费用——差旅费	部门核算
660203	管理费用——工资	部门核算
660204	管理费用——折旧费	部门核算
660205	管理费用——福利费	部门核算
660206	管理费用——其他	部门核算
222101	应交增值税	
22210101	进项税额	
22210102	销项税额	

（3）会计科目修改。

"1121 应收票据""1122 应收账款""1123 预收账款"科目辅助类型为"客户往来"。

"2201 应付票据""2202 应付账款""2203 预付账款"科目辅助类型为"供应商往来"。

8.计量单位（见表2-25）

表2-25　　　　　　　　　　　　　　　　计量单位

计量单位组	计量单位
基本计量单位（无换算率）	1.吨
	2.台
	3.桶
	4.公里

9.存货分类（见表2-26）

表2-26　　　　　　　　　　　　　　　　存货分类

存货分类编码	存货分类名称
1	主原材料
2	辅原材料
3	库存商品
4	应税劳务

10.存货档案（见表2-27）

表2-27　　　　　　　　　　　　　　　　存货档案

存货编码	货物名称	存货分类码	计量单位	税率（%）	存货属性	参考成本
1001	钢材	1	吨	17	外购、生产耗用	1 000
1002	电动机	1	台	17	外购、生产耗用	803
2001	油漆	2	桶	17	外购、生产耗用	100
3001	甲产品	3	台	17	自制、销售	1 500
3002	乙产品	3	台	17	自制、销售	

【工作任务】

1.账套主管根据资料设置部门档案、职员档案。

2.账套主管根据资料设置客户分类、客户档案。

3.账套主管根据资料设置供应商分类、供应商档案。

4.账套主管根据资料设置计量单位分组、计量单位。

5.账套主管根据资料设置存货分类、存货档案。

6.账套主管根据资料设置会计科目及辅助核算属性。

7.账套主管制定出纳科目。

8.账套主管设置凭证类别及限制科目。

9.自行练习以上设置的修改、撤销（或删除）等操作。

总账系统

职业能力目标

专业能力：

运用总账系统完成企业总账初始化设置、凭证处理、出纳管理、账表管理、期末处理等操作；能够根据财务制度和企业管理需求进行总账参数设置，按照企业岗位分工和岗位职责完成总账初始化设置和总账日常业务及期末业务，并能灵活处理各种业务中出现的问题。

职业核心能力：

能根据掌握的知识进行独立思考和学习，具有团队合作精神，顺利完成总账系统的各项工作。

实训一　　总账系统初始设置

任务一　设置系统参数

任务名称

设置吉林东方有限责任公司核算账套中的总账系统参数。

任务材料

完成了基础档案设置以后，账套主管陈明登录总账系统，进行总账系统参数设置。

根据公司财务制度和总账系统默认参数，账套主管陈明将总账系统参数设置为支票控制，不允许修改或废除他人填制的凭证，凭证审核控制到操作员，出纳凭证必须经由出纳签字，凭证必须经主管会计签字，其他均按系统默认值进行设置。

任务要求

完成总账系统参数的设置。

操作示范

操作步骤:

(1) 单击"开始"按钮,执行"程序"|"用友 ERP-U8 V10.1"|"企业应用平台"操作,打开"登录"对话框。

(2) 输入操作员"001":输入密码"001";选择账套"111 吉林东方有限责任公司";输入操作日期"2015-08-01",单击"确定"按钮。

(3) 在"业务"选项卡中,单击"财务会计"|"总账"选项,展开总账下级菜单。

(4) 在总账管理系统中,执行"设置"|"选项"操作,打开"选项"对话框。

(5) 单击"编辑"按钮,进入选项编辑状态。

(6) 分别打开"凭证"和"权限"选项卡,按照任务材料的要求进行相应的设置。

(7) 设置完成后,单击"确定"按钮,如图3-1所示。

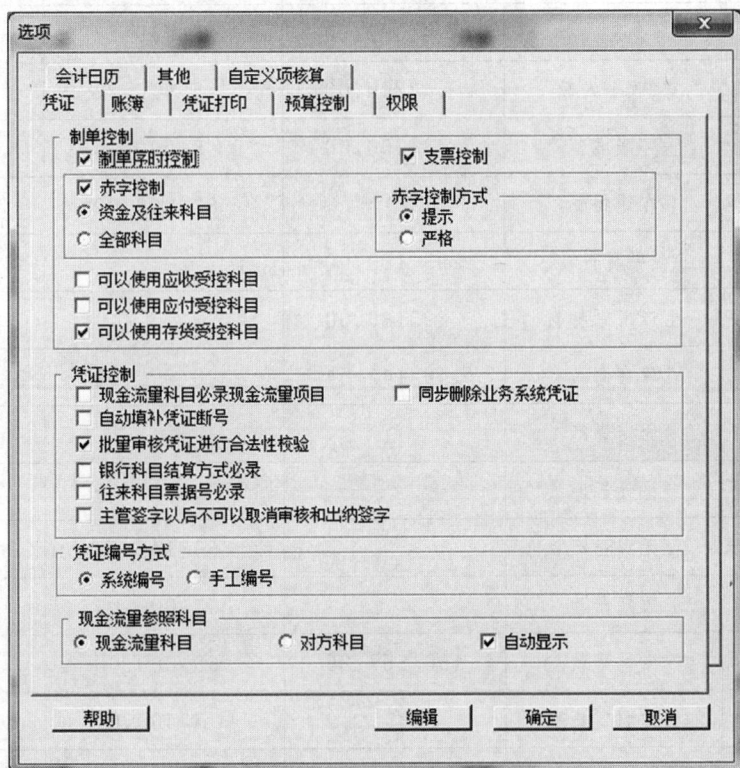

图3-1 "凭证"页签

任务二 录入期初余额

任务名称

整理公司期初数据,录入总账系统的期初余额。

任务材料

账套主管陈明录入期初余额，并进行了试算平衡。经过整理后，期初余额依据的数据见表3-1至表3-5。

表3-1 　　**吉林东方有限责任公司2015年7月31日科目余额表**　　　　单位：元

科目编码	科目名称	累计借方发生额	累计贷方发生额	期初余额
1001	库存现金	18 889.65	18 860.65	6 875.70
1002	银行存款	469 251.88	370 000.35	511 057.16
100201	工行存款	469 251.88	370 000.35	511 057.16
1122	应收账款	60 000.00	20 000.00	157 600.00
1221	其他应收款	4 200.00	5 410.27	3 800.00
122102	应收个人款	4 200.00	5 410.27	3 800.00
1231	坏账准备	3 000.00	6 000.00	10 000.00
1402	在途物资		80 000.00	−80 000.00
1403	原材料	293 180.00		1 004 000.00
140301	生产用原材料	293180.00		1 004 000.00
1405	库存商品	140 142.54	90 000.00	2 554 000.00
1601	固定资产			260 860.00
1602	累计折旧		39 511.89	47 120.91
1701	无形资产		60 142.00	60 142.00
2001	短期借款		200 000.00	200 000.00
2202	应付账款	150 557.26	60 000.00	276 850.00
2211	应付职工薪酬		3 400.00	8 200.00
221103	工会经费		2 500.00	5 000.00
221104	职工教育经费		900.00	3 200.00
2221	应交税费	36 781.37	15 581.73	−16 800.00
222101	应交增值税	36 781.37	15 581.73	−16 800.00
22210101	进项税额	36 781.37		−33 800.00
22210102	销项税额		15 581.73	17 000.00

科目编码	科目名称	累计借方发生额	累计贷方发生额	期初余额
2501	其他应付款		2 100.00	2 100.00
4001	实收资本			2 609 052.00
4103	本年利润			1 478 000.00
4104	利润分配	13 172.74	9 330.55	−119 022.31
410415	未分配利润	13 172.74	9 330.55	−119 022.31
5001	生产成本	8 711.37	8 121.64	17 165.74
500101	直接材料	4 800.00	5 971.00	10 000.00
500102	直接人工	861.00	900.00	4 000.74
500103	制造费用	2 850.00	1 050.00	2 000.00
500104	折旧费	200.37	200.64	1 165.00
6001	主营业务收入	350 000.00	350 000.00	
6051	其他业务收入	250 000.00	250 000.00	
6401	主营业务成本	300 000.00	300 000.00	
6402	税金及附加	8 561.28	8 561.28	
6403	其他业务成本	180 096.55	180 096.55	
6601	销售费用	5 000.00	5 000.00	
6602	管理费用	23 221.33	23 221.33	
660201	工资	8542.96	8 542.96	
660202	福利费	1 196.01	1 196.01	
660203	办公费	568.30	568.30	
660204	差旅费	5 600.23	5 600.23	
660205	招待费	4 621.56	4 621.56	
660206	折旧费	2 636.27	2 636.27	
660207	其他	56.00	56.00	
6603	财务费用	8 000.00	8 000.00	
660301	利息支出	8 000.00	8 000.00	

表3-2　　　　　吉林东方有限责任公司2015年7月31日应收账款明细余额表　　　　　单位：元

日期	凭证号	客户	摘要	方向	金额	业务员	票号	票据日期
2015-06-25	记-118	华宏公司	销售商品	借	99 600	孙健	P111	2015-06-25
2015-07-10	记-15	昌新贸易公司	销售商品	借	58 000	孙健	Z111	2015-07-10

表3-3　　　　　吉林东方有限责任公司2015年7月31日其他应收款明细余额表　　　　　单位：元

日期	凭证号	部门	个人	摘要	方向	期初余额
2015-07-26	记-119	总经理办公室	肖剑	出差借款	借	2 000.00
2015-07-27	记-156	销售部	孙健	出差借款	借	1 800.00

表3-4　　　　　吉林东方有限责任公司2015年7月31日应付账款明细余额表　　　　　单位：元

日期	凭证号	供应商	摘要	方向	金额	业务员	票号	票据日期
2015-05-20	记-45	兴华公司	购买原材料	贷	276 850	李平	C001	2015-05-20

表3-5　　　　　吉林东方有限责任公司2015年7月31日项目核算期初余额表　　　　　单位：元

科目名称	设备安装	厂房改扩建	合计
直接材料（500101）	4 000.00	6 000.00	10 000.00
直接人工（500102）	1 500.00	2 500.74	4 000:74
制造费用（500103）	800.00	1 200.00	2 000.00
折旧费（500104）	500.00	665.00	1 165.00
合计	6 800.00	10 365.74	17 165.74

任务要求

完成期初余额的录入，并进行试算平衡。

操作示范

操作步骤：

（1）在总账管理系统中，执行"设置"|"期初余额"操作，进入"期初余额录入"窗口。

（2）直接输入末级科目（底色为白色）的累计发生额和期初余额，上级科目的累计发生额和期初余额自动填列。

（3）设置了辅助核算的科目底色显示为浅黄色，其累计发生额可直接输入，但期初余额的录入要到相应的辅助账中进行。其操作方法是：双击设置了辅助核算属性的科目的期初余额栏，进入相应的辅助账窗口，按明细输入每笔业务的金额，完成后单击"退出"按钮，辅助账余额自动转到总账。

输完所有科目余额后，单击"试算"按钮，打开"期初余额试算平衡表"对话框，如图3-2所示。

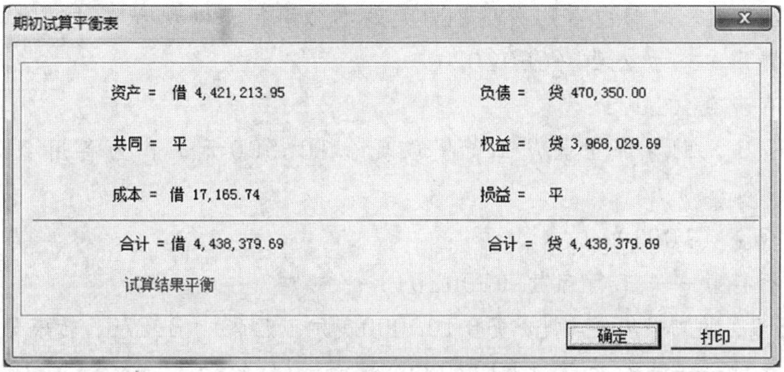

图3-2 期初试算平衡表

若期初余额不平衡，则修改期初余额；若期初余额试算平衡，单击"确定"按钮退出。

注意:

期初余额试算不平衡，将不能记账，但可以填制凭证。

已经记过账，则不能再输入、修改期初余额，也不能执行"结转上年余额"功能。

实训二　　　　　　　　　　凭证处理

任务一　填制凭证

任务名称

总账会计马方设置常用摘要和常用凭证，填制8月份发生的所有总账业务凭证。

任务材料

1. 设置常用摘要和常用凭证（见表3-6和表3-7）

表3-6　　　　　　　　　　　　常用摘要

编码	内容	编码	内容
01	报销差旅费	03	采购材料
02	收回货款	04	销售产品

表3-7　　　　　　　　　　　　常用凭证

编码: 001; 说明: 提取现金; 凭证类别: 记; 附单据数: 1

	摘要	科目编码	借方金额	贷方金额
详细信息	提取现金	1001	10 000	
		100201（结算方式202）		10 000

2.2015年8月份公司发生的经济业务

（1）8月2日，采购部白雪购买了200元的办公用品，以现金支付，附单据1张。

借：管理费用——办公费（660203）　　　　　　　　　　　　　　200

　　贷：库存现金（1001）　　　　　　　　　　　　　　　　　　　　　200

（2）8月3日，财务部王晶从工行提取现金10 000元，作为备用金，现金支票号XJ001。

借：库存现金（1001）　　　　　　　　　　　　　　　　　　　10 000

　　贷：银行存款——工行存款（100201）　　　　　　　　　　　　10 000

（3）8月5日，收到兴华公司投资资金10 000美元，汇率1∶8.275，转账支票号ZZW001。

借：银行存款——中行存款（100202）　　　　　　　　　　　82 750

　　贷：实收资本（4001）　　　　　　　　　　　　　　　　　　　82 750

（4）8月8日，采购部白雪采购PIII芯片10盒，每盒1 200元，芯片直接入库，货款以银行存款支付，转账支票号ZZR001。

借：原材料——生产用原材料（140301）　　　　　　　　　　12 000

　　贷：银行存款——工行存款（100201）　　　　　　　　　　　　12 000

（5）8月12日，销售部王丽收到华宏公司转来一张转账支票，金额99 600元，用以偿还前欠货款，转账支票号ZZR002。

借：银行存款——工行存款（100201）　　　　　　　　　　　99 600

　　贷：应收账款（1122）　　　　　　　　　　　　　　　　　　　99 600

（6）8月14日，采购部白雪从兴华公司购入40GB硬盘100盒，单价800元/盒，货税款暂欠，商品已验收入库，适用税率17%。

借：库存商品（1405）　　　　　　　　　　　　　　　　　　80 000

　　应交税费——应交增值税（进项税额）　　　　　　　　　　13 600

　　贷：应付账款（2202）　　　　　　　　　　　　　　　　　　　93 600

（7）8月16日，总经理办公室支付业务招待费1 200元，转账支票号ZZR003。

借：管理费用——招待费（660205）　　　　　　　　　　　　　1 200

　　贷：银行存款——工行存款（100201）　　　　　　　　　　　　1 200

（8）8月18日，总经理办公室肖剑出差归来，报销差旅费2 000元，交回现金200元。

借：管理费用——差旅费（660204）　　　　　　　　　　　　　1 800

　　库存现金（1001）　　　　　　　　　　　　　　　　　　　　　200

　　贷：其他应收款——应收个人款（122102）　　　　　　　　　　2 000

（9）8月20日，一车间领用PIII芯片5盒，单价1 200元/盒，用于设备安装工程的生产。

借：生产成本——直接材料（500101）　　　　　　　　　　　　6 000

　　贷：原材料——生产用原材料（140301）　　　　　　　　　　　6 000

（10）8月28日，取得银行短期借款100 000元，转账支票号ZZR004。

借：银行存款——工行存款（100201）   100 000

贷：短期借款（2001）   100 000

任务要求

总账会计马方设置常用摘要和常用凭证，并完成所有总账凭证的填制。

操作示范

1. 设置常用摘要和常用凭证

操作步骤：

业务1：常用摘要的设置

（1）以总账会计马方的身份登录"企业应用平台"，操作日期为"2015-08-31"，单击"确定"按钮进入"企业应用平台"窗口。

（2）在"业务导航图"中，选择"基础设置"，单击"基础档案"|"其他"，然后双击"常用摘要"，进入"常用摘要"设置对话框。

单击"增加"按钮，新增一条常用摘要，在"摘要编码"栏中输入"01"，在"摘要名称"栏中输入"报销差旅费"。第一行设置完成后，单击"增加"按钮，进行下一个常用摘要的设置，如图3-3所示。

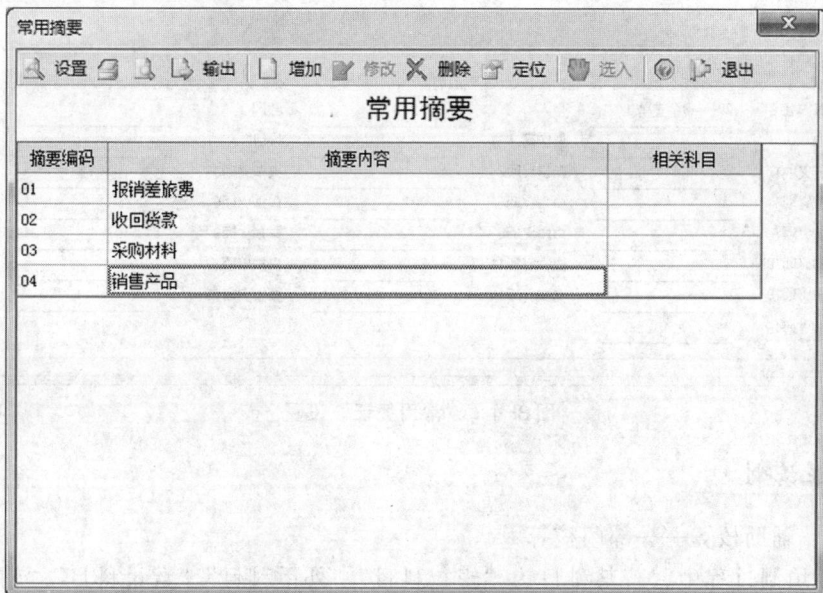

摘要编码	摘要内容	相关科目
01	报销差旅费	
02	收回货款	
03	采购材料	
04	销售产品	

图3-3　"常用摘要"设置

业务2：常用凭证的设置

（1）在"业务导航图"中，选择"业务工作"，单击"总账"|"凭证"，然后双击"常用凭证"，进入"常用凭证"设置对话框。

（2）单击"增加"按钮，新增一条常用凭证，在"编码"栏中输入"01"，在"说明"栏中输入"提取现金"。在"凭证类别"栏中选择"记账凭证",在"附单据数"栏中输入"1"。

（3）单击"详细"按钮,进入凭证分录定义窗口,进行详细设置。

（4）单击"增分"按钮,在"科目编码"栏中输入或选择"1001"科目,然后在"借方金额"栏中输入"10 000",回车。

（5）输入贷方信息,单击"增分"按钮,在"科目编码"栏中输入或选择"100201"科目,然后回车,系统自动弹出"辅助信息"对话框,在"结算方式"栏中选择"201 现金支票"。

（6）单击"确定"按钮返回,在"贷方金额"栏中输入"10 000"。完成提取现金的常用凭证设置,如图3-4所示。

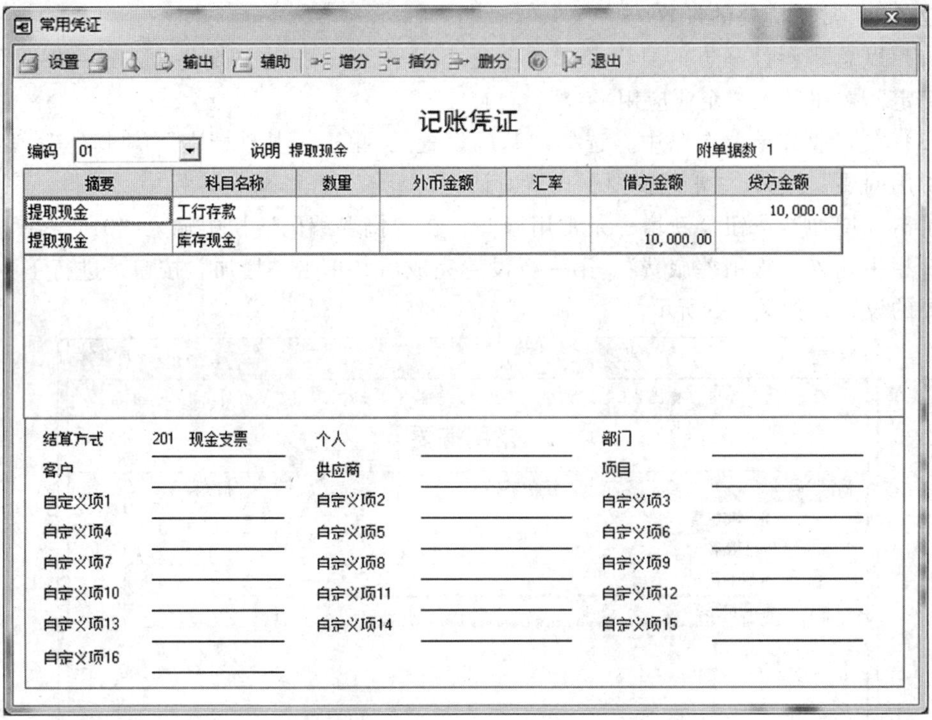

图3-4　"常用凭证"设置

2.凭证填制

业务1:辅助核算——部门核算

在凭证填制过程中,若某科目为"银行科目""外币科目""数量科目""辅助核算科目",输完科目名称后,则需继续输入该科目的辅助核算信息。

操作步骤:

（1）执行"凭证"|填制凭证"操作,进入"填制凭证"窗口。

（2）单击"增加"按钮,增加一张空白凭证。

（3）输入制单日期"2015-08-02";输入附单据数"1"。

（4）输入摘要"购买办公用品"；输入科目名称"660203"，按 Enter 键，弹出"辅助项"对话框。输入部门"采购部"，单击"确认"按钮，输入借方金额"200"，按 Enter键；摘要自动带到下一行，输入科目名称"1001"，贷方金额"200"，单击"保存"按钮，系统弹出"凭证已成功保存！"信息提示框，单击"确定"按钮，如图 3-5 所示。

记 账 凭 证

记 字 0001		制单日期：2015.08.02	审核日期：			附单据数：1	
摘 要		科目名称			借方金额		贷方金额
购买办公用品		管理费用/办公费			20000		000
购买办公用品		库存现金					20000
票号 日期		数量 单价		合 计	20000		20000
备注	项 目		部 门 采购部				
	个 人		客 户				
	业务员						
记账		审核	出纳			制单 马方	

图 3-5 记账凭证填制

注意：

录入该笔分录的借方或贷方本位币发生额，金额不能为零，但可以是红字，红字金额以负数形式输入。如果方向不符，可按空格键调整方向。

（1）增加一张新凭证，除了单击"增加"按钮还可以按"F5"键。

（2）输入凭证分录的摘要，按"F2"键重建或参照按钮输入常用摘要，但常用摘要的选入不会清除原来输入的内容。

（3）末级科目可以手工输入，也可以参照按钮输入，还可以按"F2"键参照录入。

（4）"CTRL+S"键：录入、查询辅助核算（只对总账凭证有效）。

（5）"F4"键：调用常用凭证。

（6）在金额处按"="键，系统将根据借贷方差额自动计算此笔分录的金额。例如，填制某张凭证时，前两笔分为借"100"，借"200"，在录入第三笔分录的金额时，将光标移到贷方，按下"="键，系统自动填写"300"。

（7）保存凭证可以按"保存"按钮，还可以按"F6"键保存。

业务 2：调用常用凭证、辅助核算——银行科目

操作步骤：

（1）执行"凭证"|"填制凭证"操作，进入"填制凭证"窗口，单击工具栏上的"常用凭证"按钮右边的下三角，选择"调用常用凭证"，系统弹出"调用常用凭证"对话框，如图 3-6 所示。

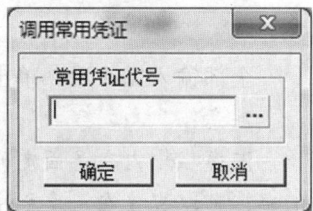

（2）单击"…"按钮，系统弹出"常用凭证"对话框。

（3）选中编码"01"所在行，单击"选入"按钮，系统将

图 3-6 调用常用凭证

"提取现金"凭证自动调入。

(4) 将"制单日期"修改为"2015-08-03"。

(5) 选中银行科目"100201 银行存款/工行存款"科目所在行,然后同时按下"CTRL"键和"S"键(或者在凭证体"票号日期"区域双击,也可以双击凭证右下角"辅助项"按钮),进入"辅助项"对话框。

(6) 输入结算方式"201",票号"XJ001",发生日期"2015-08-03",单击"确定"按钮。

(7) 凭证输入完成后,若此张支票未登记,则系统弹出"此支票尚未登记,是否登记?"对话框。

(8) 单击"是"按钮,弹出"票号登记"对话框。

(9) 输入领用日期"2015-08-03",领用部门"财务部",姓名"王晶",限额"10 000",用途"备用金",单击"确定"按钮。

(10) 单击"保存"按钮,保存该凭证。

注意:

选择支票控制,即该结算方式设为支票管理,银行账辅助信息不能为空,而且该方式的票号应在支票登记簿中有记录。

业务3:辅助核算——外币科目

操作步骤:

在填制凭证过程中,输完外币科目"100202",系统会弹出"辅助项"输入窗口,输入外币金额"10 000",根据自动显示的外币汇率8.275,自动算出并显示本位币金额为82 750元,如图3-7所示。

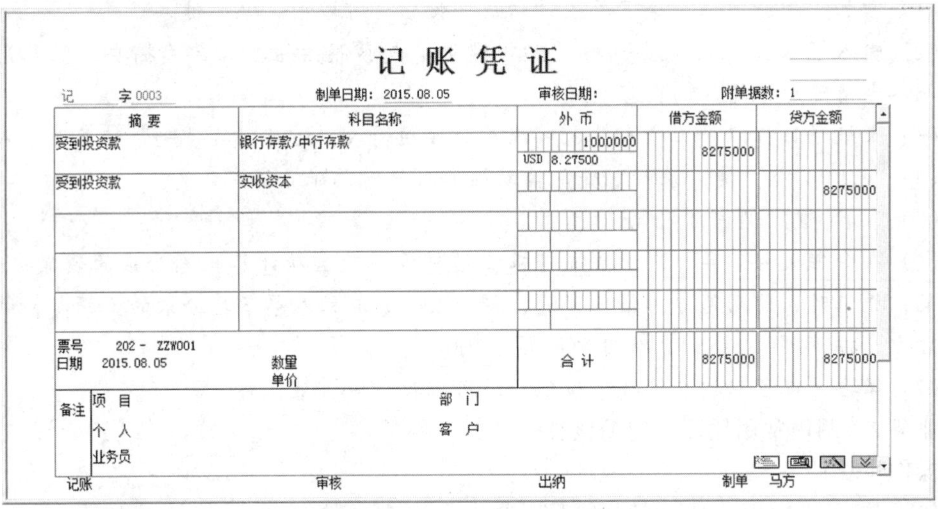

图3-7 "记账凭证"辅助核算

全部输入完成后,单击"保存"按钮,保存凭证。

注意:

汇率栏中内容是固定的,不能输入或修改。如使用浮动汇率,汇率栏中显示最近一次汇率,可以直接在汇率栏中修改。

业务 4：辅助核算——数量科目

操作步骤：

（1）在填制凭证过程中，输入数量科目"140301"，弹出"辅助项"对话框。

（2）输入数量"10"，单价"1 200"，单击"确认"按钮。

业务 5：辅助核算——客户往来

操作步骤：

（1）在填制凭证过程中，输入客户往来科目"1122"，弹出"辅助项"对话框。

（2）输入客户"华宏公司"，发生日期"2015-08-12"。

注意：

如果往来单位不属于已定义的往来单位，则要正确输入新往来单位的辅助信息，系统会自动追加到往来单位目录中。

业务 6：辅助核算——供应商往来

操作步骤：

（1）在填制凭证过程中，输入供应商往来科目"2202"，弹出"辅助项"对话框。

（2）输入供应商"兴华公司"，发生日期"2015-08-14"。

（3）单击"确认"按钮。

业务 7：辅助核算——部门核算

操作步骤：

（1）在填制凭证过程中，输入部门核算科目"660205"，弹出"辅助项"对话框。

（2）输入部门"总经理办公室"，单击"确认"按钮。

业务 8：引入常用摘要、辅助核算科目——个人往来

操作步骤：

（1）在填制凭证过程中，在"摘要"栏单击"多选"按钮，系统进入"常用摘要"对话框，单击"报销差旅费"这一行，然后在工具栏单击"选入"按钮，常用摘要选入完成。

（2）输入借方科目，输入贷方个人往来科目"122102"后，系统将弹出"辅助项"对话框。

（3）输入部门"总经理办公室"，个人"肖剑"，发生日期"2015-08-18"。

（4）单击"确认"按钮。

注意：

在输入个人信息时，若不输入"部门名称"只输入"个人名称"时，系统将根据所输入个人名称自动输入其所属的部门。

业务 9：辅助核算科目——项目核算

操作步骤：

（1）在填制凭证过程中，输入项目核算科目"500101"，弹出"辅助项"对话框。

（2）输入项目名称"设备安装工程"，单击"确认"按钮。

注意：

系统根据"数量×单价"自动计算出金额，并将金额先放在借方，如果方向不符，可将光标移动到贷方，按Space（空格）键即可调整金额方向。

任务二　审核凭证

任务名称

对8月份凭证进行出纳签字、主管签字和审核凭证。

任务材料

1．对8月份出纳凭证进行出纳签字。

2．对8月份所有凭证进行主管签字。

3．对8月份所有凭证进行审核，发现2015年8月14日购买硬盘的业务凭证有错，原始单据日期为"2015年8月13日"，现要求凭证日期也应为"2015年8月13日"，进行标错处理，其他凭证进行审核签字。

任务要求

8月31日，出纳王晶对所有出纳凭证进行签字，账套主管陈明对所有凭证进行主管签字和审核签字。

操作示范

1．出纳签字

操作步骤：

（1）在"企业应用平台"窗口，执行左上角"重注册"操作，打开"登录"对话框。

（2）以出纳王晶的身份登录进入"企业应用平台"，再进入总账管理系统。

（3）执行"凭证"|"出纳签字"操作，打开"出纳签字"查询条件对话框。

（4）单击"确认"按钮，进入"出纳签字"的凭证列表窗口。

（5）双击某一要签字的凭证或者单击"确定"按钮，进入"出纳签字"的窗口。

（6）单击"签字"按钮，凭证底部的"出纳"位置被自动签上出纳人姓名，如图3-8所示。

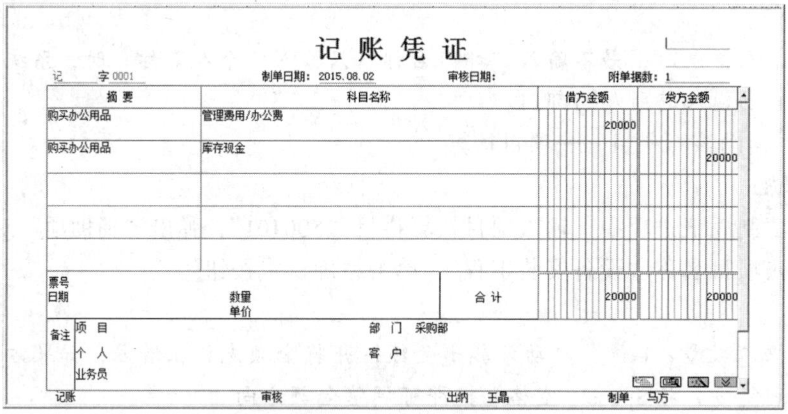

图3-8　出纳签字

单击"下张"按钮，对其他凭证签字，最后单击"退出"按钮。

注意：

凭证填制人和出纳签字人可以为不同的人，也可以为同一个人。

按照会计制度规定，凭证的填制与审核不能是同一个人。

在进行出纳签字和审核之前，通常需先更换操作员。

涉及指定为现金科目和银行科目的凭证才需出纳签字。

凭证一经签字，就不能被修改、删除，只有取消签字后才可以修改或删除，取消签字只能由出纳自己进行。

凭证签字并非审核凭证的必要步骤。若在设置总账参数时，不选择"出纳凭证必须经由出纳签字"，则可以不执行"出纳签字"功能。

可以执行"出纳"|"成批出纳签字"功能对所有凭证进行出纳签字。

2. 主管签字

操作步骤：

（1）以账套主管陈明的身份登录系统，操作日期为"2015-08-31"，单击"总账"|"凭证"，然后双击"主管签字"。

（2）系统弹出"主管签字"对话框，单击"确定"按钮，如图3-9所示。

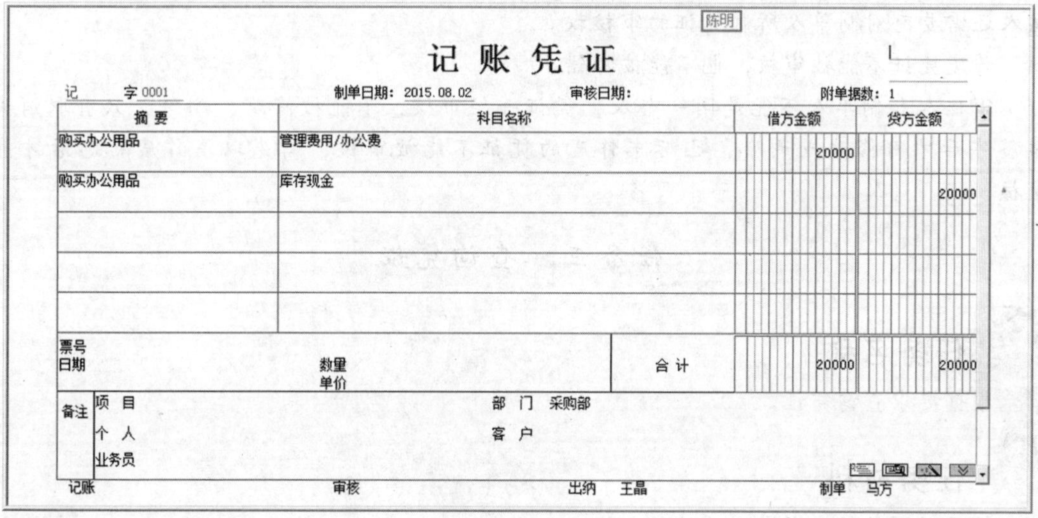

图3-9　主管签字

3. 审核凭证

以账套主管陈明的身份重新登录"企业应用平台"。

操作步骤：

（1）执行"凭证"|"审核凭证"操作，打开"凭证审核"查询条件对话框。

（2）输入查询条件，单击"确认"按钮，进入"凭证审核"的凭证列表窗口。

（3）双击要审核的凭证或单击"确定"按钮，进入"凭证审核"的审核凭证窗口。

（4）检查要审核的凭证，发现8月14日购买硬盘的业务凭证有错，单击工具栏"标错"按钮，系统弹出"填写凭证错误原因"对话框，在对话框输入"原始单据日期与凭证填制日期不符"，单击"确定"按钮，如图3-10所示。

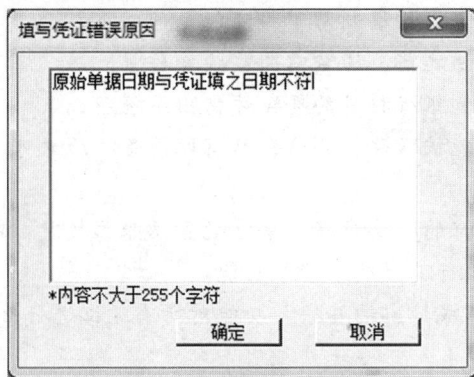

图3-10 填制凭证错误原因提示

单击"下张"按钮，确认无误后，单击"审核"按钮，凭证底部的"审核"处自动签上审核人姓名。以同样方式对其他凭证进行签字，最后单击"退出"按钮退出。

注意：

审核人必须具有审核权。如果在"选项"中设置了"凭证审核控制到操作员"时，审核人还需要有对制单人所制凭证的审核权。

作废凭证不能被审核，也不能被标错。

审核人和制单人不能是同一个人，凭证一经审核，不能被修改、删除，只有取消审核签字后才可修改或删除，已标志作废的凭证不能被审核，需先取消作废标志后才能审核。

任务三 查询凭证

任务名称

根据要求查询凭证。

任务材料

按照以下条件分别进行凭证的查询。

1. 查询8月1—10日所有未记账的凭证。

2. 查询带有银行存款科目的所有凭证。

3. 查询和华宏公司有关联的所有凭证，并联查明细账。

4. 查询带有错误标志的凭证。

任务要求

8月31日，账套主管陈明按照管理需求进行凭证查询。

操作示范

操作步骤:

(1) 以账套主管陈明的身份登录系统,执行"凭证"|"查询凭证"操作,打开"凭证查询"对话框。

(2) 输入查询条件,"记账范围"选择"未记账凭证",在"凭证类别"栏中选择"记账凭证","日期"为"2015-08-01"至"2015-08-10",然后单击"确定"按钮,如图3-11所示。

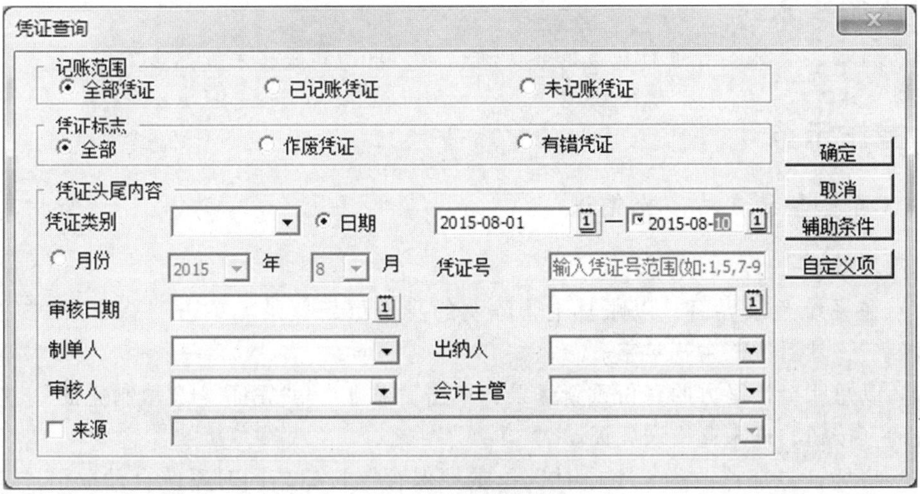

图 3-11 凭证查询

(3) 系统进入"查询凭证"一览表,单击"确定"按钮,将符合条件的凭证调入进行查询。

(4) 在"凭证查询"条件对话框中,单击"辅助条件"按钮,凭证体内容设置显示出来,在"科目"栏中选择"1002(银行存款)"。

(5) 单击"确定"按钮,进入"查询凭证一览表"窗口,然后再单击"确定"按钮,进行查询即可。

(6) 在"凭证查询"条件对话框中,单击"辅助条件"按钮,"客户"栏中选择"华宏公司",然后再单击"确定"按钮,系统进入与华宏公司相关联的所有凭证界面。

(7) 单击"确定"按钮,在任意一张凭证编辑界面,单击工具栏的"联查"按钮,系统联查到与华宏公司相关的"应收账款"明细账。

(8) 查询退出后,在"凭证查询"条件对话框中,"凭证标志"选项选择"有错凭证",然后单击"确定"按钮,系统进入带有错误标志的凭证一览表。

(9) 单击"确定"按钮,进行有错凭证查询。

任务四　修改和删除凭证

任务名称

修改和删除凭证。

任务材料

按照以下条件分别进行凭证的修改或删除。

1. 对带有"错误"标志的凭证（记账凭证0006号）进行修改，将凭证日期修改为8月13日。

2. 将8月28日取得的银行短期借款的业务凭证进行作废、删除。

任务要求

8月31日，总账会计进行凭证的修改和删除，出纳和账套主管配合工作。

操作示范

1. 取消签字再直接修改凭证

操作步骤：

（1）在系统登录界面，以账套主管陈明的身份重新登录。单击"总账"|"凭证"|"主管签字"，然后取消主管签字。

（2）以总账会计马方的身份重新登录，单击"总账"|"凭证"|"填制凭证"，然后单击"查询"按钮，进入此错误凭证。

（3）将凭证日期修改为8月13日，单击"保存"按钮，同时系统自动取消"有错"标志。

（4）账套主管陈明登录系统，对修改后的凭证进行主管签字和审核。操作方法同前。

2. 作废并删除凭证

操作步骤：

（1）以账套主管陈明的身份重新登录系统，通过"查询"进入8月28日取得银行短期借款的业务凭证，取消主管签字。操作方法同前。

（2）在"系统"界面，以出纳王晶的身份重新登录系统，登录日期为"2015-08-31"。通过"查询"进入8月28日取得银行短期借款的业务凭证，取消签字。

（3）以总账会计马方的身份重新登录系统，双击"填制凭证"，通过"查询"进入8月28日取得银行短期借款的业务凭证，单击菜单"制单"下的"作废/恢复"，凭证左上角显示"作废"字样，表示该凭证作废。

（4）单击菜单"制单"下的"整理凭证"，系统进入"凭证期间选择"对话框，选择"2015.08"。

单击"确定"按钮，进入"作废凭证表"。在"删除"栏中，双击要彻底删除的凭证。

单击"确定"按钮，系统给出"是否还需要整理凭证断号"提示对话框，选择"按凭证号重排"。

（5）单击"是"按钮，系统将作废凭证彻底从系统删除，并且自动整理凭证编号。

任务五　凭证记账

任务名称

凭证记账和反记账。

任务材料

1．对所有凭证进行记账。

2．对所有记账后的凭证进行反记账。

3．对所有的凭证再次进行记账。

4．将8月20日领用材料的业务凭证进行冲销。

任务要求

8月31日，总账会计进行凭证记账和红字冲销操作，账套主管进行反记账操作。

操作示范

1．对所有凭证进行记账

操作步骤：

以总账会计马方的身份登录"企业应用平台"，操作日期为"2015-08-31"，单击"总账"|"凭证"，然后双击"记账"按钮，系统弹出"记账选择"对话框，单击"记账"按钮，系统自动记账，如图3-12所示。记账过程中出现"期初试算平衡表"。

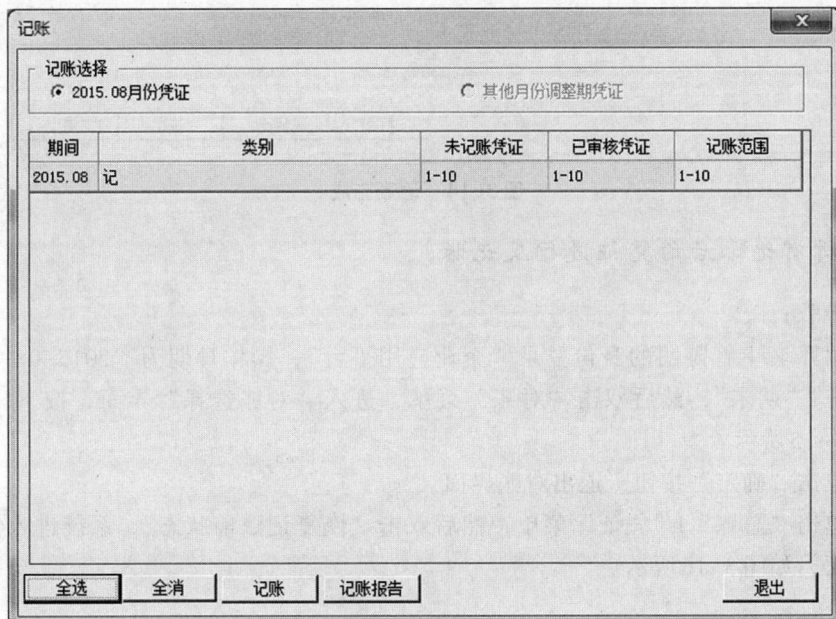

图3-12　凭证记账

单击"确定"按钮，系统自动记账完毕，如图3-13、图3-14所示。

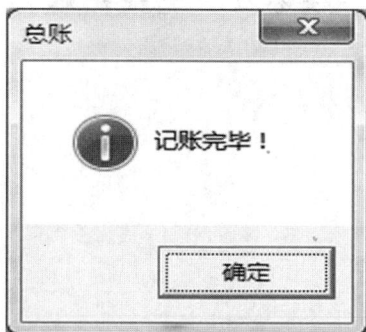

图3-13　系统记账完毕

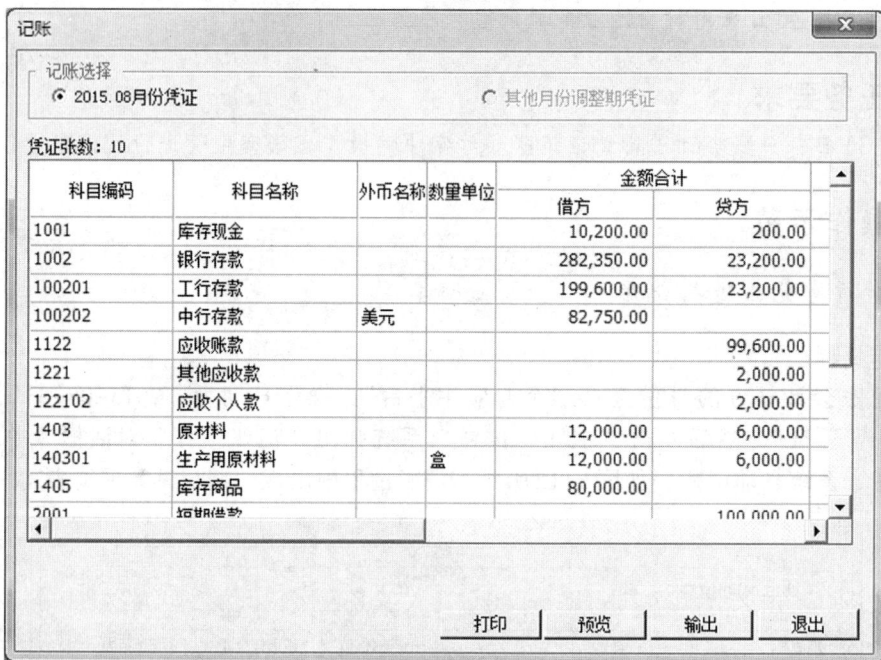

图3-14　记账完成

2.对所有记账后的凭证进行反记账

操作步骤：

（1）以账套主管陈明的身份登录"企业应用平台"，操作日期为"2015-08-31"，单击"总账"|"期末"，然后双击"对账"菜单，进入"对账选择"界面，按下"Ctrl+H"键，如图3-15所示。

（2）单击"确定"按钮，退出对账界面。

（3）单击"总账"|"凭证"菜单，然后双击"恢复记账前状态"，系统进入恢复记账前状态界面，如图3-16所示。

图 3-15　激活恢复记账前状态

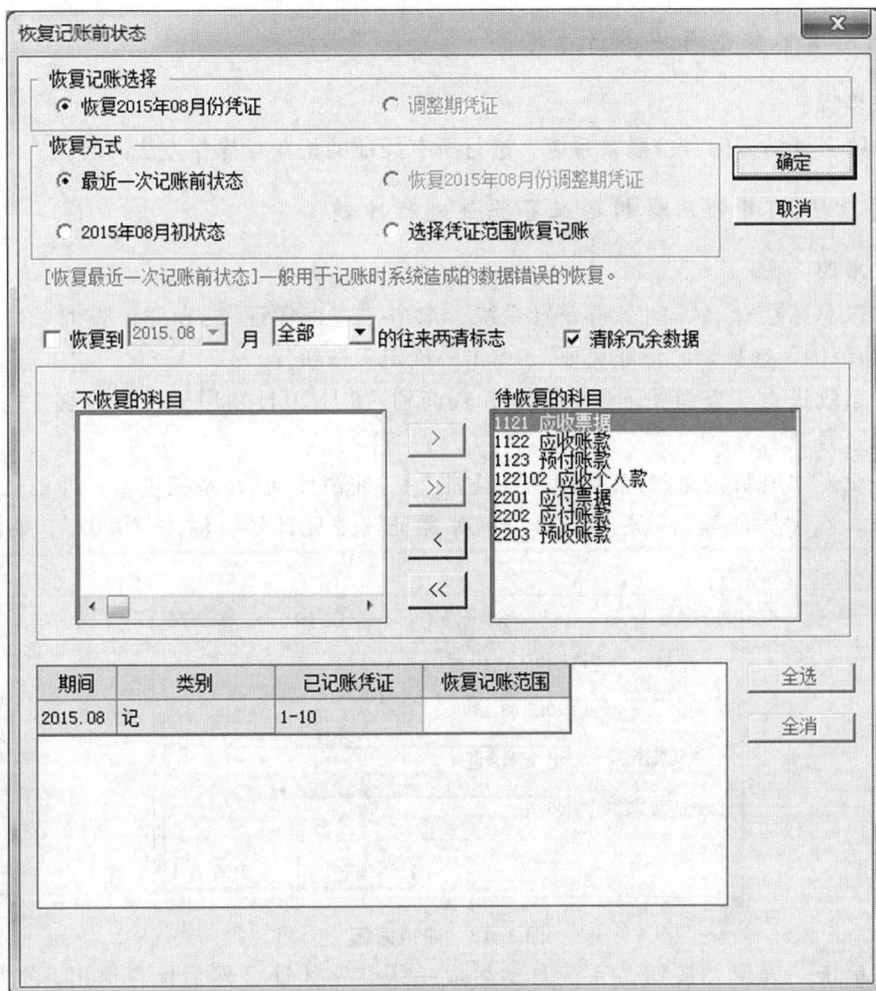

图 3-16　恢复记账前状态

（4）"恢复记账选择"选择"恢复 2015 年 08 月份凭证"，"恢复方式"选择"最近一次记账前状态"，然后单击"确定"按钮，系统要求输入口令，如图 3-17 所示。

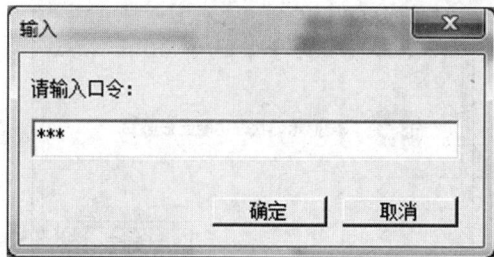

图 3-17 输入口令

输入主管口令后，单击"确定"按钮，完成反记账。

3.对所有的凭证再次进行记账

操作步骤：

以总账会计马方的身份登录系统，进行所有凭证的记账。操作方法同前。

4.将8月20日领用材料的业务凭证进行冲销

操作步骤：

（1）以总账会计马方的身份登录系统，双击"查询凭证"，在凭证查询条件对话框中，"记账范围"选择"已记账凭证"，单击"确定"按钮。

（2）系统进入"查询凭证"一览表，查询到"8月20日领用材料"的业务凭证号为"记-0002"号。

（3）双击"填制凭证"，然后单击"凭证"|"冲销凭证"，系统进入"冲销凭证"选择对话框，在"凭证类别"栏中选择"转账凭证"，"凭证号"输入"0002"，如图3-18所示。

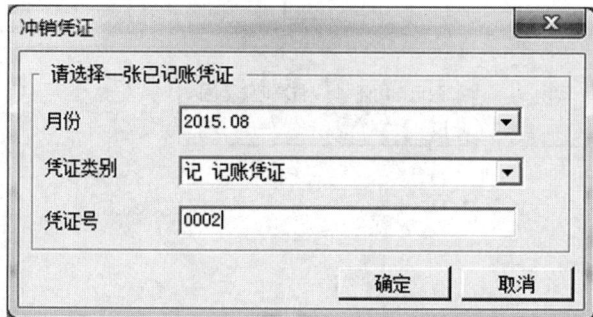

图 3-18 冲销凭证

（4）单击"确定"按钮，系统自动生成一张红字凭证，然后保存退出，如图3-19所示。

（5）出纳王晶登录系统，对红字凭证进行出纳签字。操作方法同前。

（6）账套主管陈明登录系统，对红字凭证进行主管签字和审核凭证的操作。操作方法同前。

（7）总账会计马方登录系统，对红字凭证进行记账。操作方法同前。

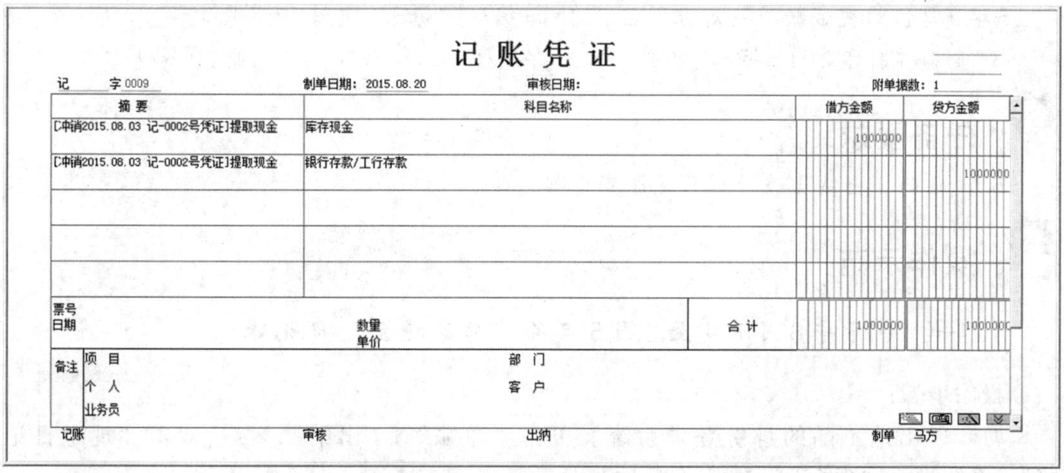

记 账 凭 证

记 字 0009　　制单日期：2015.08.20　　审核日期：　　附单据数：1

摘要	科目名称	借方金额	贷方金额
[冲销2015.08.03 记-0002号凭证]提取现金	库存现金	1000000	
[冲销2015.08.03 记-0002号凭证]提取现金	银行存款/工行存款		1000000
票号 日期	数量 单价 合计	1000000	1000000

备注　项目　部门

个人　客户

业务员

记账　审核　出纳　制单 马方

图3-19　红字凭证

注意：

记账凭证经审核签字后，即可用来登记总账和明细账、日记账、部门账、往来账、项目账以及备查账等。本系统记账采用向导方式，使记账过程更加明确。

记账是由具备记账权限的操作员发出指令，计算机自动、成批地进行合法性检验、登记账簿系列操作。记账必须满足以下条件：

（1）期初余额必须试算平衡。

（2）凭证必须审核。

（3）上月凭证必须记账。

（4）上月必须结账。

反记账即记账的逆向操作，或者说取消记账的操作。该操作需要由具备反记账权限的操作员（例如账套主管）来执行。具体程序是，在“期末”|“对账”界面使用“CTRL+H”组合键，进入“恢复记账前状态”菜单。

实训三　出纳管理

任务一　日记账管理

任务名称

日记账查询和打印。

任务材料

出纳王晶按照以下条件进行日记账查询和打印。

1.查询2015年8月1日至8月5日的“库存现金”日记账。

2.在“我的账簿”查账工具中增加“三季度现金账”，条件是：2015年7月份至

会计信息化实操

2015年9月份的现金账、按对方科目"名称+编码"展开、包含未记账凭证。

3.查询并打印2015年8月份的"银行存款——工行存款"日记账。

任务要求

8月31日，出纳王晶进行日记账查询和打印。

操作示范

1.查询2015年8月1日至8月5日的"库存现金"日记账

操作步骤：

（1）以出纳王晶的身份登录系统。单击"总账"|"出纳"，然后双击"现金日记账"，系统进入"现金日记账查询条件"对话框。

（2）在"现金日记账查询条件"对话框中，选择"按日查"，时间为"2015-08-01"至"2015-08-05"。

（3）单击"确定"按钮，进入库存现金日记账查询窗口。

（4）单击"退出"按钮，退出查询窗口。

2.在"我的账簿"查账工具中增加"8—10月份现金账"

操作步骤：

（1）在"现金日记账查询条件"对话框中，选择"按月查"，时间为"2015.08"至"2015.10"，"对方科目显示"选择"名称+编码"一级科目，同时选中"是否按对方科目展开"和"包含未记账凭证"两个复选框，如图3-20所示。

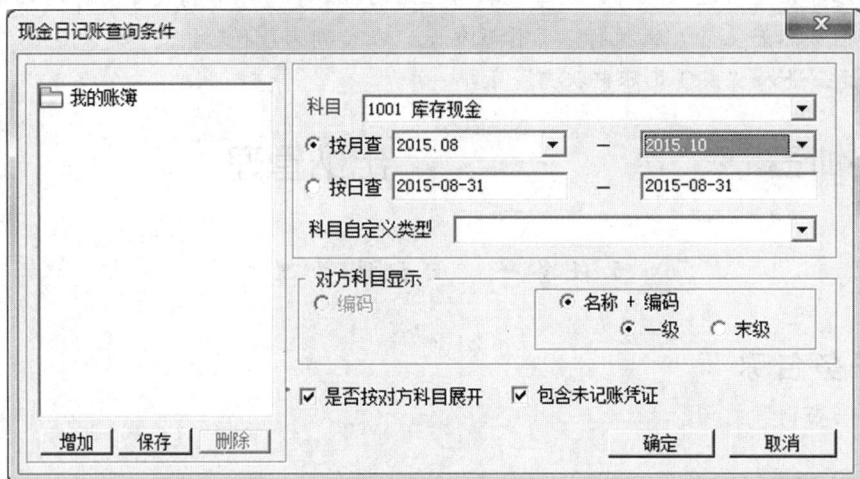

图3-20　"现金日记账查询条件"窗口

（2）设置条件完成后，单击左下角的"保存"按钮，系统弹出"我的账簿"增加对话框，输入"8—10月份现金账"。

（3）单击"确定"按钮返回，如图3-21所示。

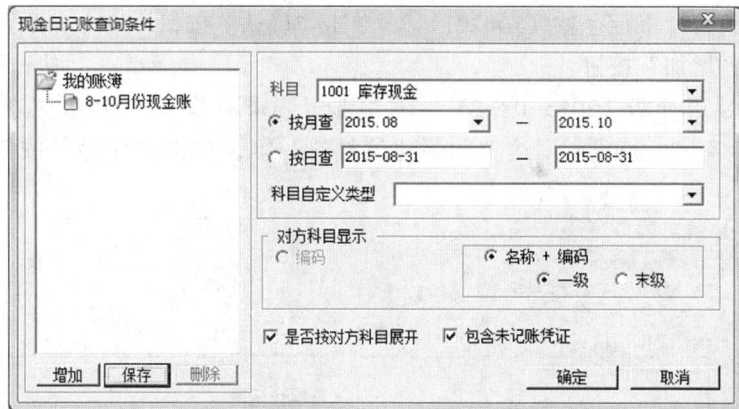

图 3-21 保存查询条件

（4）单击"确定"按钮，进入"8—10月份现金账"窗口。

（5）单击"退出"按钮，退出查询窗口。

3.查询并打印2015年8月份的"银行存款——工行存款"日记账

操作步骤：

（1）查询方法同前。

（2）单击"出纳" | "账簿打印"，然后双击"银行日记账"，系统进入"银行日记账打印"对话框，"科目"选择"工行存款"至"工行存款"。

（3）单击"预览"，可以进行查看。

（4）单击"退出"按钮，退出"预览和查询"窗口。

任务二　支票登记簿

任务名称

支票登记簿管理。

任务材料

出纳王晶进行支票登记簿管理。

8月25日，采购部李平借转账支票一张购买建筑材料，票号155，预计金额5 000元，银行账户：6228480631045889923，开户银行名称：工行开发区支行。

任务要求

8月25日，出纳王晶进行支票登记的查询和增加。

操作示范

操作步骤：

（1）执行"出纳" | "支票登记簿"操作，打开"银行科目选择"对话框。

（2）选择科目"工行存款（100201）"，单击"确认"按钮，进入支票登记窗口。

（3）单击"增加"按钮。

（4）输入领用日期"2015-08-25"，领用部门"采购部"，领用人"李平"，支票号"155"，预计金额"5 000"，用途"购买建筑材料"等，单击"保存"按钮，如图3-22所示。

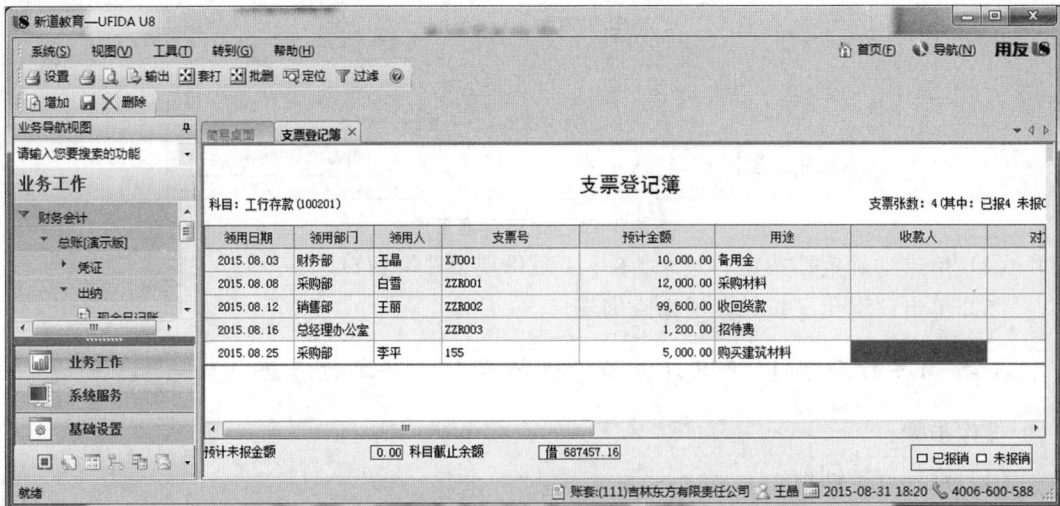

图3-22　支票登记簿

（5）在工具栏上单击"退出"按钮。

注意：

只有在结算方式设置中选择"票据管理标志"功能才能在此选择登记。

领用日期和支票号必须输入，其他内容可输可不输。

报销日期不能在领用日期之前。

已报销的支票可成批删除。

实训四　　账表管理

任务　总账和明细账查询

任务名称

总账和明细账查询。

任务材料

总账会计马方按照以下条件进行总账和明细账查询。

1．查询"6602管理费用"三栏式总账，联查明细账，并联查1号凭证。

2．查询"部门多栏式明细账"，联查某笔业务的凭证。

3.查询部门收支分析。

任务要求

8月31日，总账会计马方进行总账和明细账的查询。

操作示范

以"马方"的身份登录"企业应用平台"进行操作。辅助账的查询只介绍部门账，其他账簿查询同此。

1.查询基本会计核算账簿

操作步骤：

（1）执行"账表"|"科目账"|"总账"操作，可以查询总账，如图3-23所示。

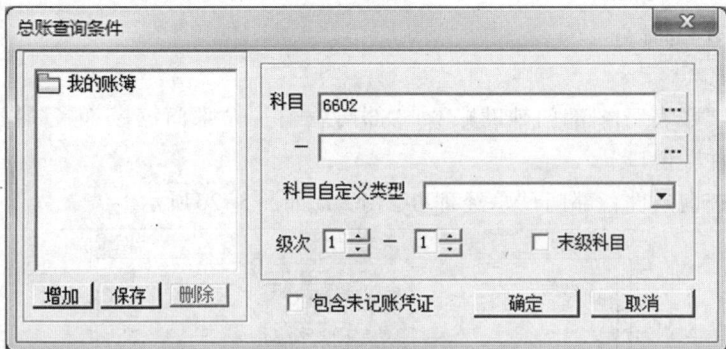

图3-23 查询总账

（2）执行"账表"|"科目账"|"余额表"操作，可以查询发生额及余额表，如图3-24所示。

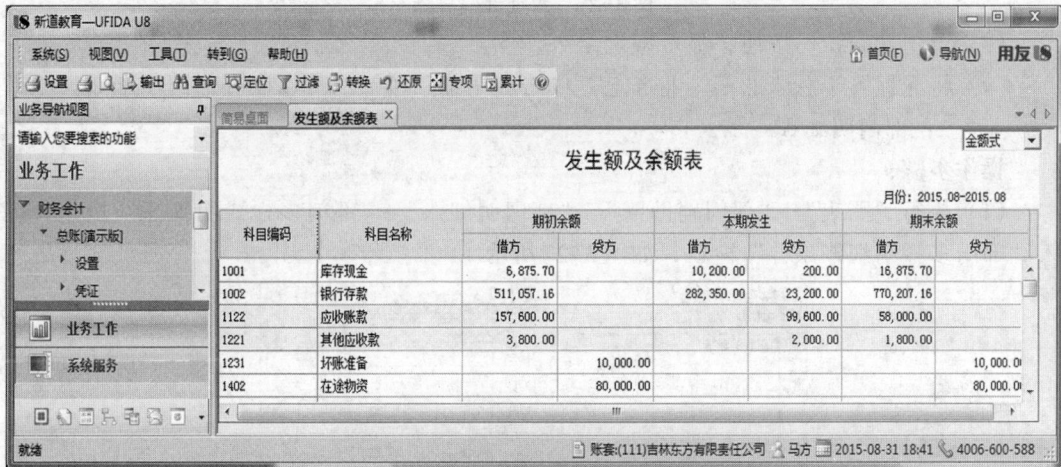

图3-24 发生额及余额表

（3）执行"账表"|"科目账"|"明细账"操作，可以查询月份综合明细账，如"原材料"明细账，如图3-25所示。

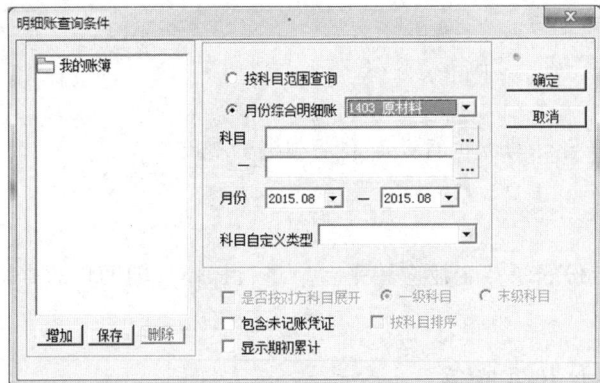

图 3-25　查询明细账

2.部门账

业务1：部门总账

操作步骤：

（1）执行"账表"｜"部门辅助账"｜"部门总账"｜"部门三栏总账"操作，进入"部门三栏总账条件"窗口。

（2）输入查询条件：部门"总经理办公室"，如图3-26所示。

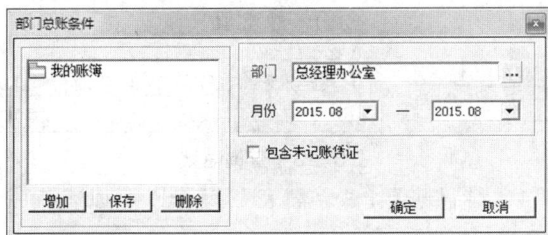

图 3-26　查询部门总账

（3）单击"确认"按钮，显示查询结果。

（4）将光标置于总账的某笔业务上，单击"明细"按钮，可以联查部门明细账。

业务2：部门明细账

操作步骤：

（1）执行"账表"｜"部门辅助账"｜"部门明细账"｜"部门多栏式明细账"操作，进入"部门多栏明细账条件"窗口，如图3-27所示。

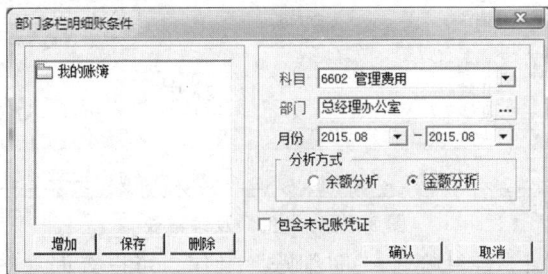

图 3-27　查询部门多栏明细账

（2）选择科目"6602"，部门"总经理办公室"，月份范围"2015-08"至"2015-08"，分析方式"金额分析"，单击"确认"按钮，显示查询结果。

（3）将光标置于多栏账的某笔业务上，单击"凭证"按钮，可以联查该笔业务的凭证。

业务3：部门收支分析

操作步骤：

（1）执行"账表"|"部门辅助账"|"部门收支分析"，进入"部门收支分析条件"窗口。

（2）第一步选择分析科目：选择所有的部门核算科目，单击"下一步"按钮。

（3）第二步选择分析部门：选择所有的部门，单击"下一步"按钮。

（4）第三步选择分析月份：起止月份"2015-08"至"2015-08"，单击"完成"按钮，显示查询结果。

实训五	期末处理

任务一　转账定义

任务名称

进行期末转账定义。

任务材料

总账会计马方进行期末转账定义，具体如下：

1. 进行自定义转账设置：计提短期借款利息，年利率3.25%。

2. 进行销售成本结转。

3. 进行汇兑损益结转，期末调整汇率为8.77255。

4. 进行期间损益结转。

任务要求

按照要求进行期末转账定义。

操作示范

1. 自定义转账设置（计提短期借款利息，年利率3.25%）

操作步骤：

（1）以"马方"的身份登录"企业应用平台"，单击"总账"|"期末"|"转账定义"|"自定义转账"，进入"自定义转账设置"窗口。

（2）单击"增加"按钮，打开"转账目录"设置对话框，"转账序号"栏输入转账序号"0001",转账说明"计提短期借款利息";选择凭证类别"记 记账凭证",单击"确定"按钮,继续定义记账凭证分录信息,如图3-28所示。

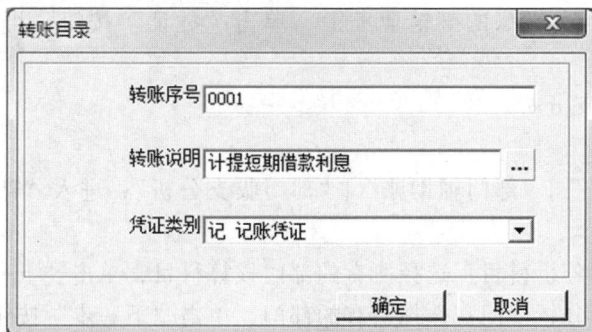

图3-28 转账目录

(3)单击"确定"按钮,在"自定义转账设置"窗口,单击"增行"按钮,"摘要"栏系统自动带出,确定分录的借方信息。选择科目编码"660301(财务费用—利息支出)",方向"借";"金额公式"单击"多选"按钮,系统弹出"公式向导",如图3-29所示。

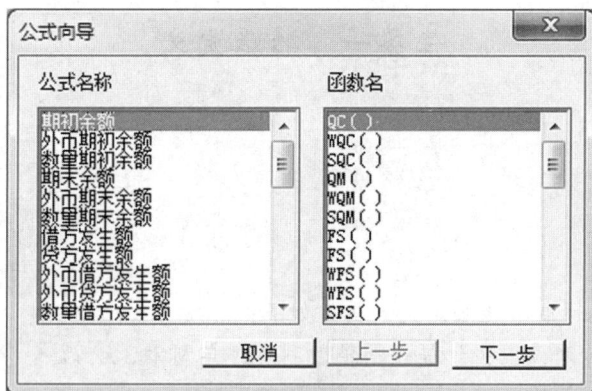

图3-29 公式向导

(4)选择"取对方科目计算结果",如图3-30所示。

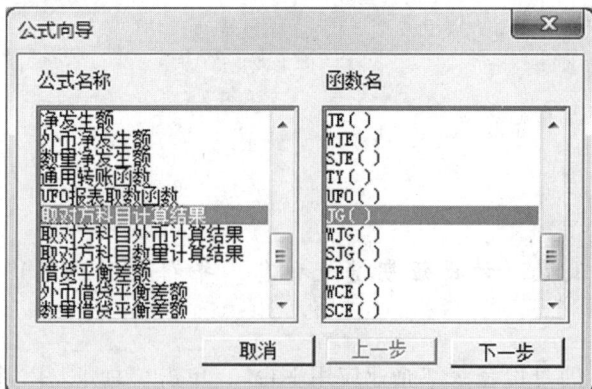

图3-30 公式向导(1)

（5）单击"下一步"按钮，弹出公式向导第二步，如图3-31所示。

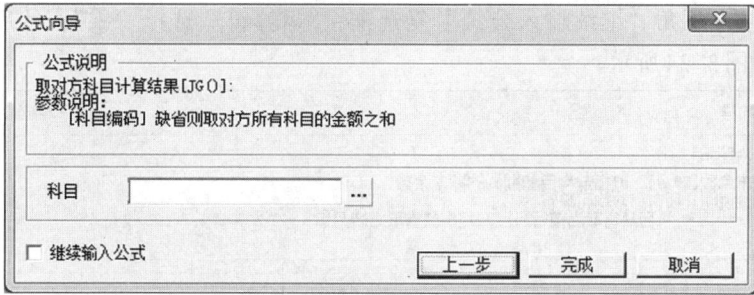

图3-31　公式向导（2）

（6）单击"完成"按钮，返回自定义转账设置窗口，如图3-32所示。

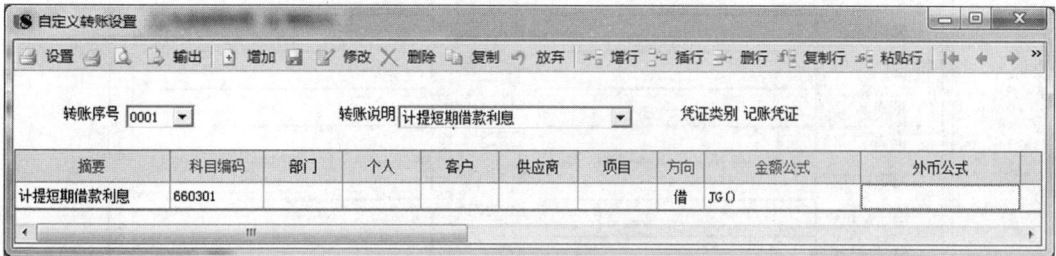

图3-32　借方科目信息录入完成

注意：

转账科目可以为非末级科目，部门可为空，表示所有部门。

如果使用应收款、应付款管理系统，则在总账管理系统中不能按客户、供应商辅助项进行结转，只能按科目总数进行结转。

输入转账计算公式有两种方法：一是直接输入计算公式；二是引导方式录入公式。

JG（）含义为"取对方科目计算结果"，其中的"（）"必须为英文符号，否则系统提示"金额公式不合法，未知函数名"。

（7）单击"增行"按钮。

（8）确定分录的贷方信息。选择科目编码"2231（应付利息）"，方向"贷"；金额公式参照公式向导，选择"期末余额"，如图3-33所示。

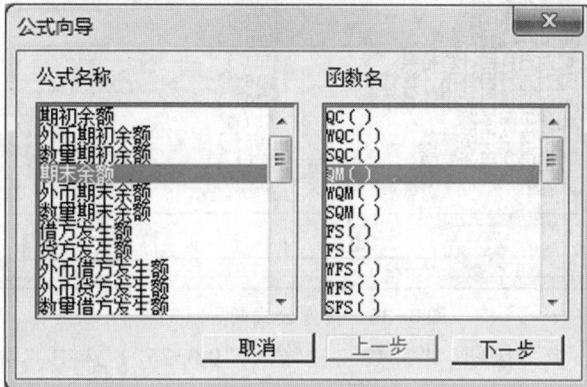

图3-33　贷方公式向导（1）

（9）单击"下一步"按钮，弹出"公式向导"第二步，"科目"栏选择"2001（短期借款）"，选中左下角"继续输入公式"复选框，"运算符"选择"乘"，然后单击"下一步"按钮，如图3-34所示。

图3-34　贷方公式向导（2）

（10）单击"下一步"按钮，"公式名称"选择"常数"，如图3-35所示。

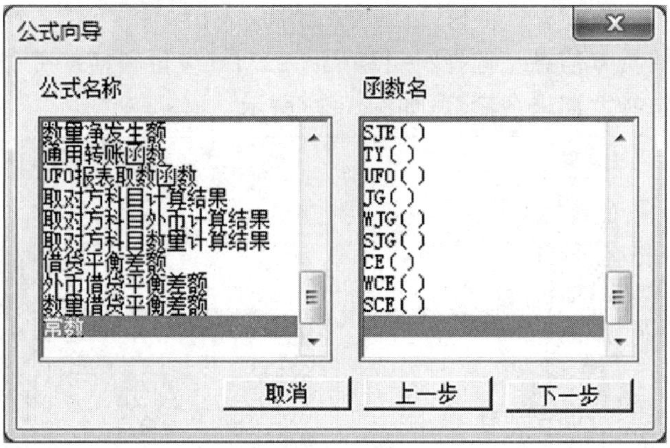

图3-35　贷方公式向导（3）

（11）单击"下一步"按钮，"常数"栏输入"0.0325"，选中"继续输入公式"复选框，"运算符"选择"除"，如图3-36所示。

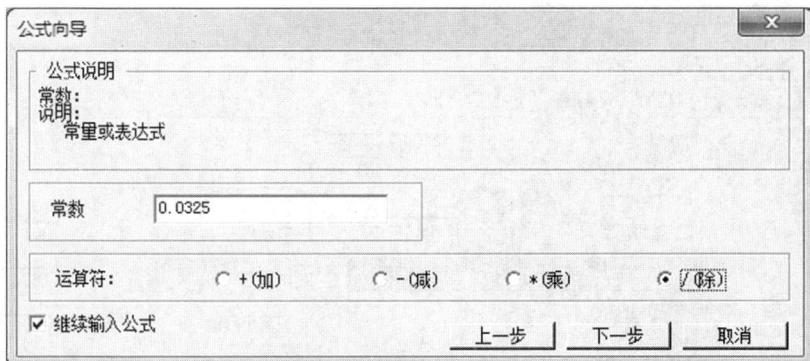

图 3-36　贷方公式向导（4）

（12）单击"下一步"按钮，"公式名称"选择"常数"，在"常数"栏输入"12"，如图 3-37 所示。

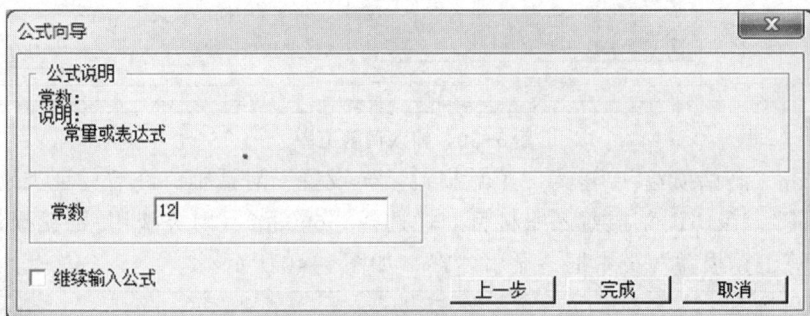

图 3-37　贷方公式向导（5）

（13）单击"完成"按钮，返回"自定义转账设置"窗口，如图 3-38 所示。

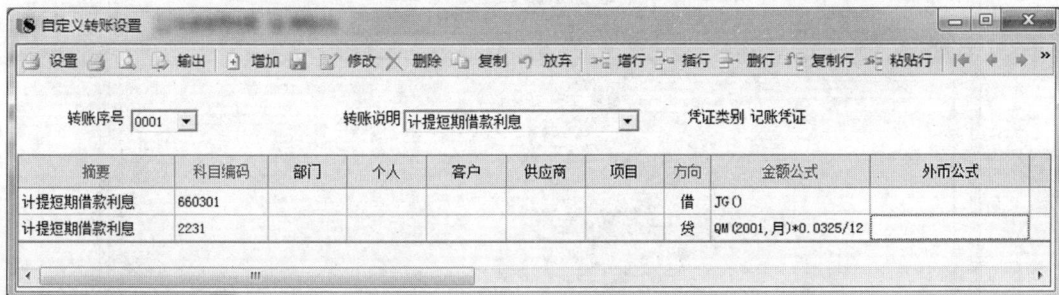

图 3-38　"自定义转账设置"窗口

（14）单击"保存"按钮。

2. 汇兑损益结转（期末调整汇率为 8.77255）

操作步骤：

（1）需要将调整汇率输入"外币设置"中，单击"基础档案"|"财务"，然后双击"外币设置"，在 8 月份调整汇率栏中输入"8.77255"，如图 3-39 所示。

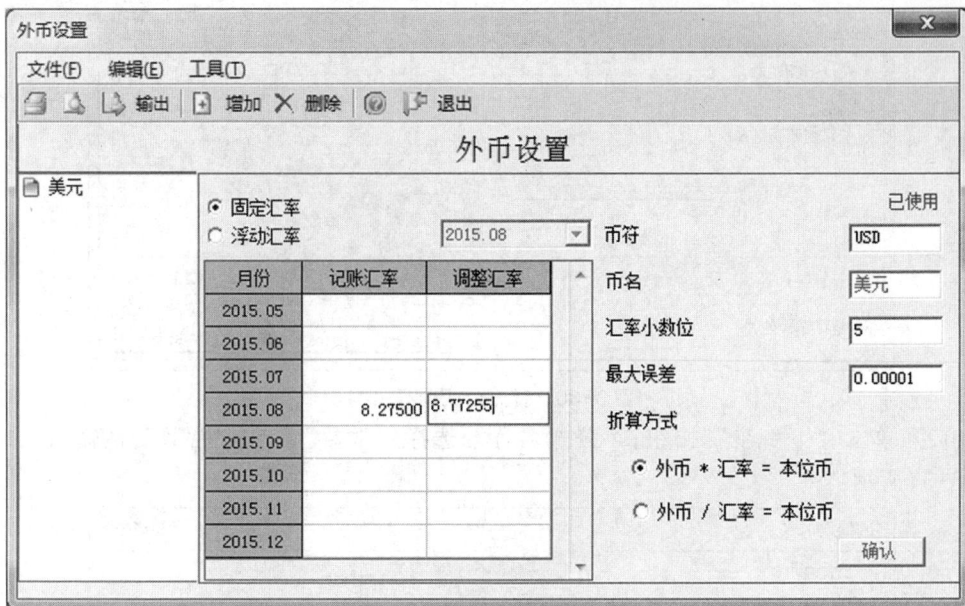

图3-39　输入调整汇率

（2）双击"汇兑损益"，进入"汇兑损益结转设置"对话框，在"凭证类别"栏选择"记 记账凭证"，在"汇兑损益入账科目"栏选择"660302（财务费用-汇兑损益）"，双击"是否计算汇兑损益"文本框，显示"Y"，如图3-40所示。

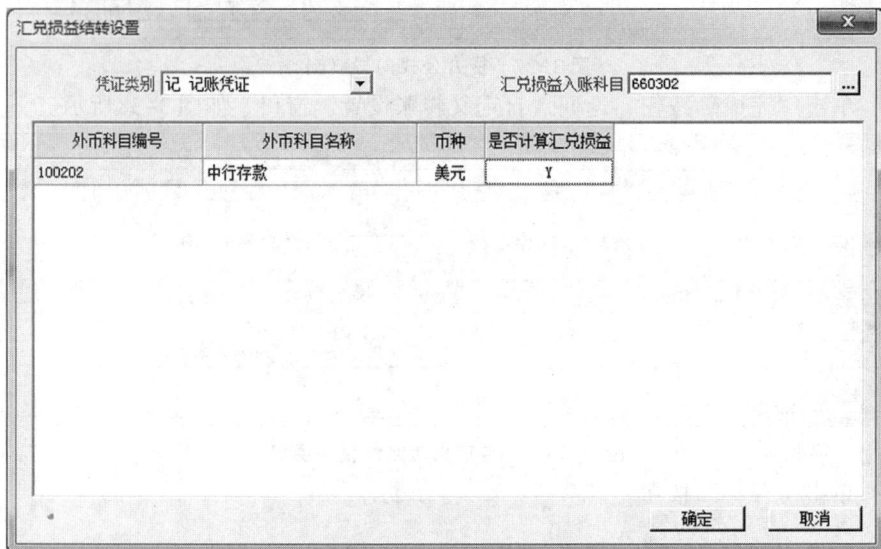

图3-40　汇兑损益结转设置

（3）单击"确定"按钮，完成汇兑损益转账设置。

3. 期间损益结转

操作步骤：

（1）双击"汇兑损益"，进入"汇兑损益结转设置"对话框。

（2）在"凭证类别"栏选择"记 记账凭证"，在"本年利润科目"栏选择"4103（本年利润）"，如图3-41所示。

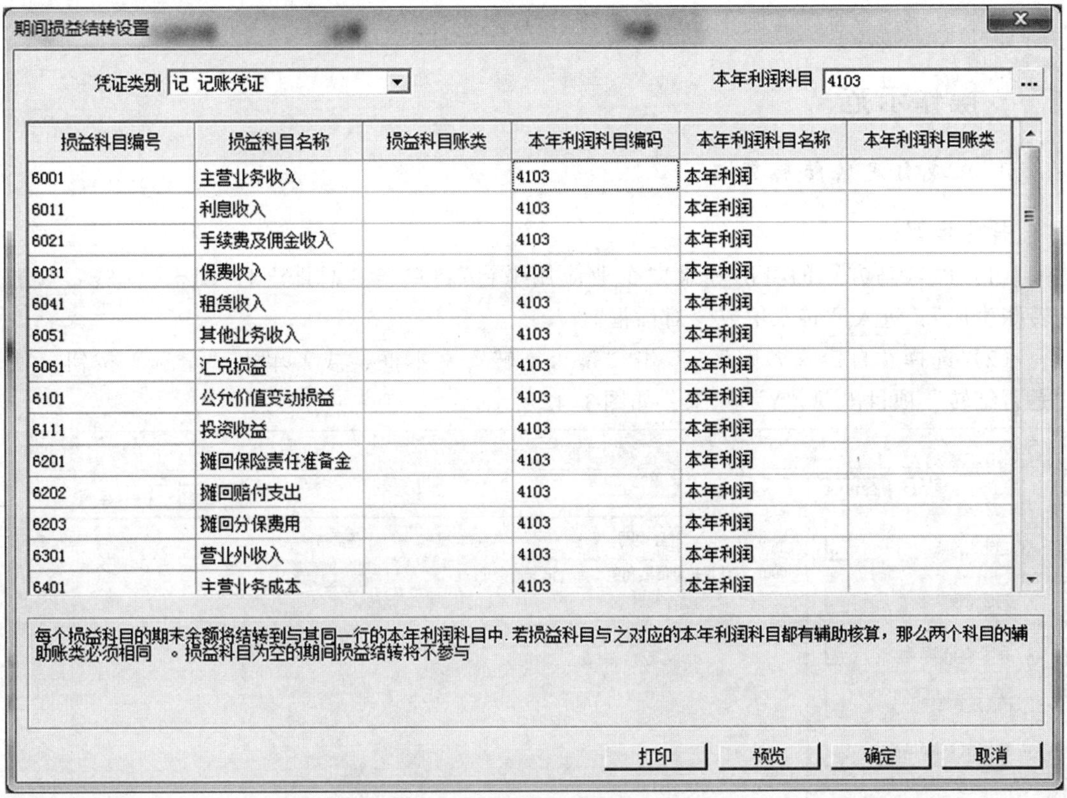

图3-41 期间损益结转设置

（3）单击"确定"按钮，完成期间损益结转设置。

任务二 生成自动转账凭证

任务名称

生成自动转账凭证。

任务材料

总账会计马方进行自动转账凭证的生成和记账，出纳王晶进行签字，账套主管负责签字和审核，具体如下：

1．生成自定义结转凭证。

2．生成汇兑损益结转凭证。

3．对生成的2张机制凭证进行出纳签字、主管签字、审核和记账。

4．生成期间损益结转凭证，然后进行主管签字、审核和记账。

按照要求进行自动转账凭证的生成。

操作示范

1. 生成自定义结转凭证

操作步骤：

（1）以"马方"的身份登录"企业应用平台"，单击"总账"|"期末"，然后双击"转账生成"，进入"转账生成"对话框。

（2）选择"自定义转账"，双击"是否结转"文本框，或者单击"全选"按钮，使"是否结转"项目出现"Y"标志，如图3-42所示。

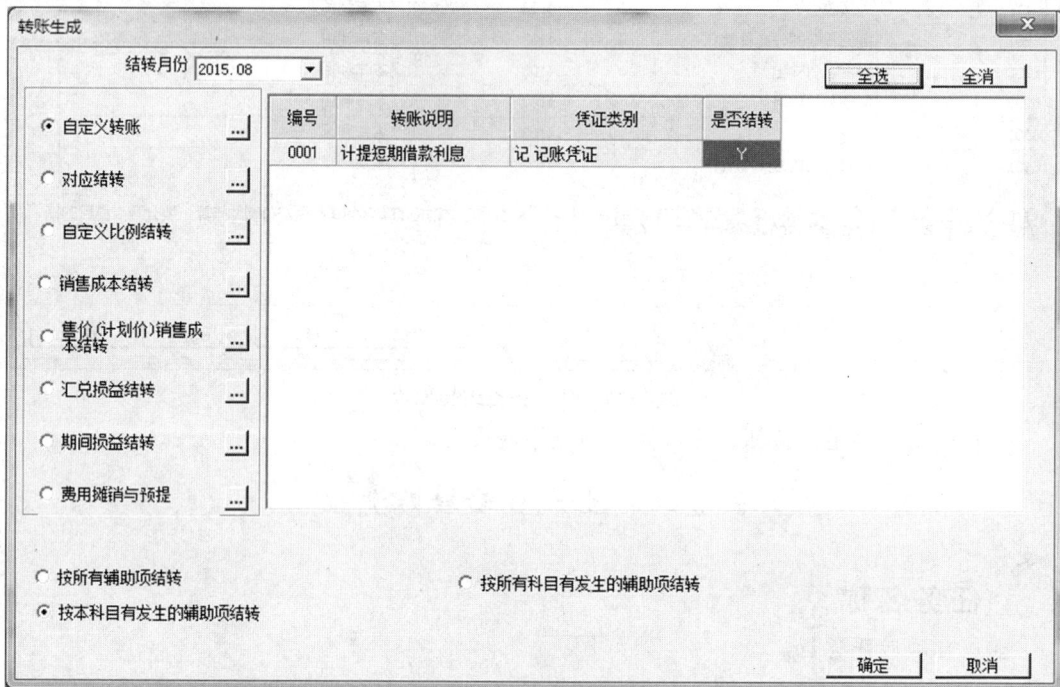

图3-42　自定义转账生成

（3）单击"确定"按钮，系统自动生成结转凭证，如图3-43所示。

（4）单击"退出"按钮，返回"转账生成"对话框。

2. 生成汇兑损益结转凭证

操作步骤：

（1）在"转账生成"对话框中，选择"汇兑损益结转"，"外币币种"选择"美元USD"，双击"是否结转"文本框，出现"Y"标志，如图3-44所示。

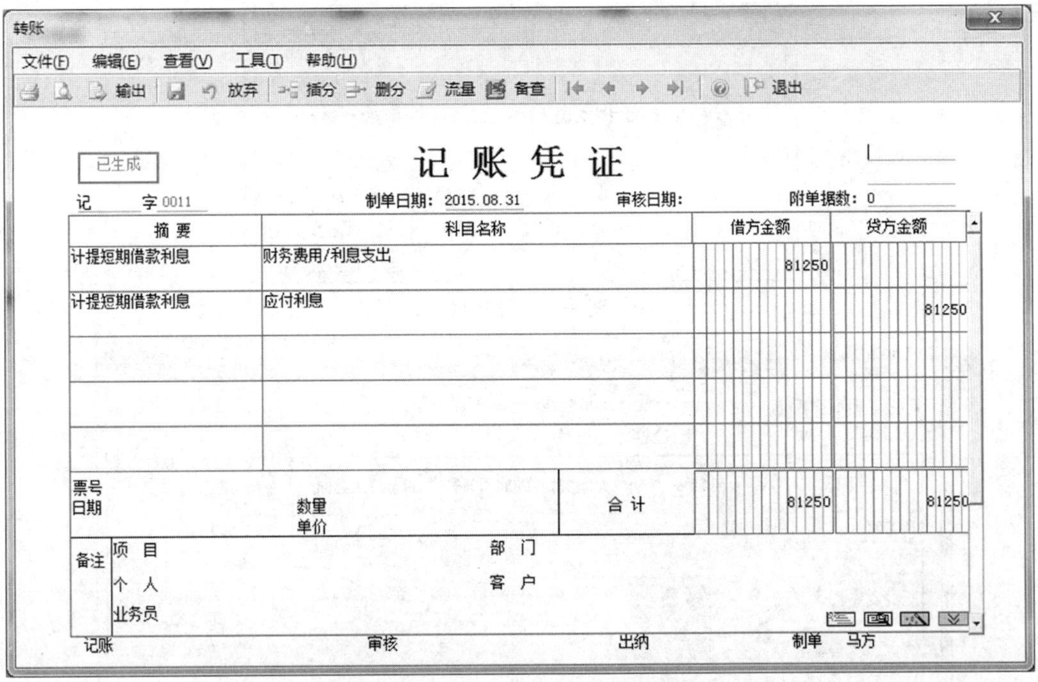

图3-43 计提短期借款利息凭证

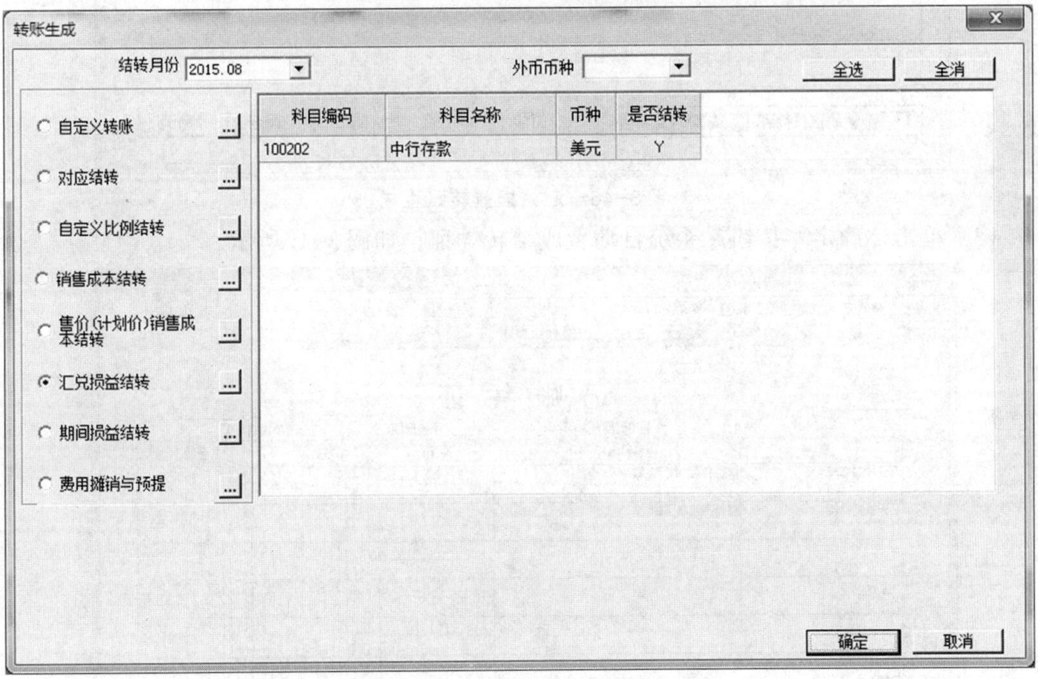

图3-44 汇兑损益转账生成

（2）单击"确定"按钮，系统弹出"2015.08月或之前月有未记账凭证，是否继续结转？"提示，如图3-45所示。单击"是"按钮，系统弹出"汇兑损益试算表"，如图3-46所示。

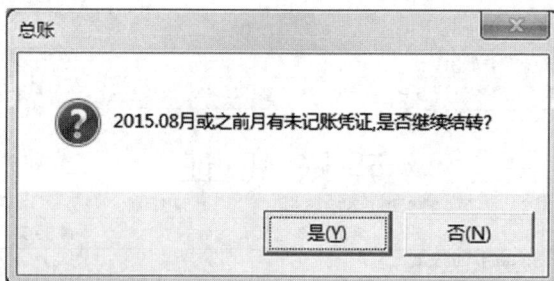

图 3-45   提示框

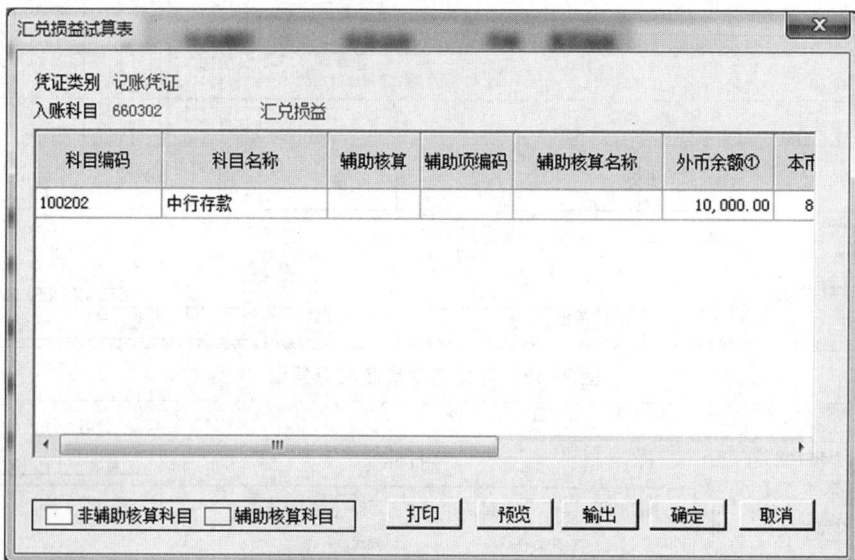

图 3-46   汇兑损益转账生成

（3）单击"确定"按钮，系统自动生成结转凭证，如图 3-47 所示。

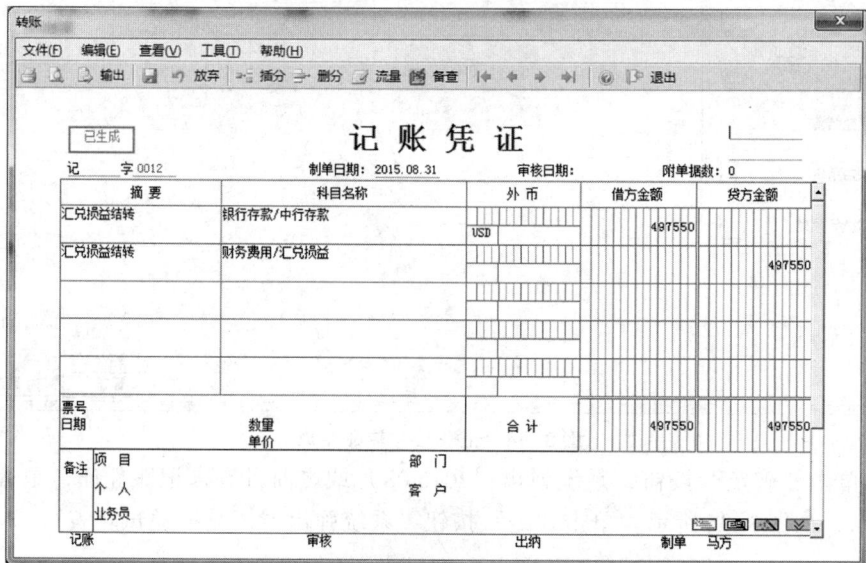

图 3-47   汇兑损益结转凭证

（4）单击"退出"按钮，返回"转账生成"对话框。

3. 对生成的2张机制凭证进行出纳签字、主管签字、审核和记账

操作步骤：

（1）出纳王晶登录系统，进行汇兑损益凭证的签字。方法同前。

（2）账套主管陈明登录系统，进行主管签字和审核。方法同前。

（3）总账会计马方登录系统，进行2张机制凭证的记账。方法同前。

4. 生成期间损益结转凭证，然后进行主管签字、审核和记账

操作步骤：

（1）以"马方"的身份登录"企业应用平台"，单击"总账"|"期末"，然后双击"转账生成"，进入"转账生成"对话框。在"转账生成"对话框中，选择"期间损益结转"，单击"类型"下拉列表框，选择"全部"类，然后单击"全选"按钮，如图3-48所示。

图3-48 结转本年利润

（2）单击"确定"按钮，系统自动生成结转凭证，单击"保存"按钮，如图3-49所示。

（3）单击"退出"按钮。

（4）账套主管陈明登录系统，对期间损益结转的凭证进行主管签字和审核。方法同前。

（5）总账会计马方登录系统，对期间损益结转的凭证进行记账。方法同前。

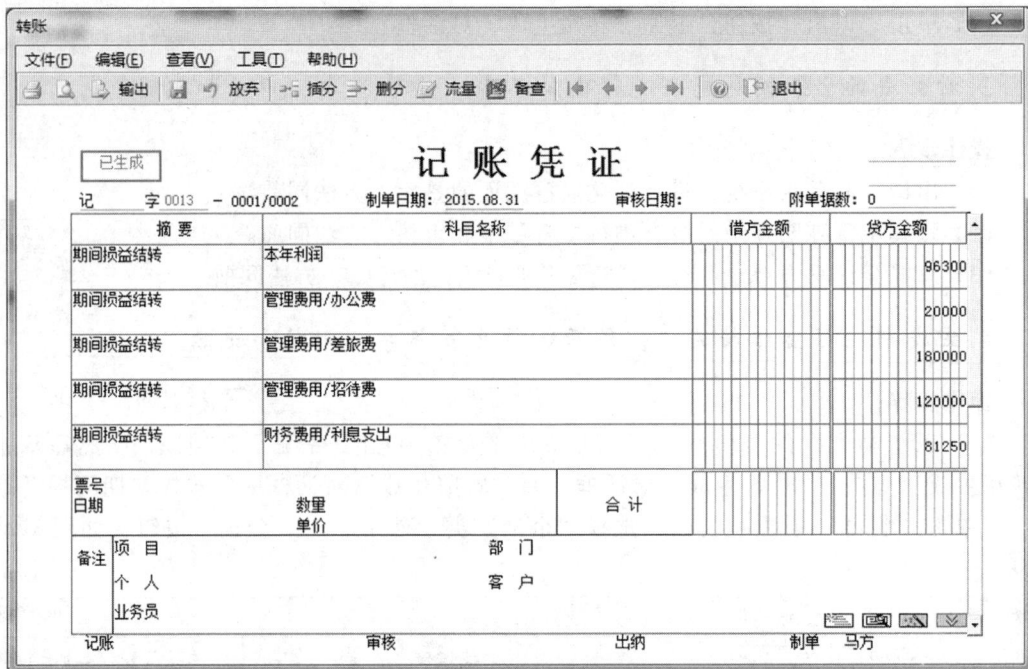

图3-49 本年利润结转凭证

任务三 对账和结账

任务名称

进行期末对账和结账。

任务材料

总账会计马方进行期末对账和结账工作。

1. 进行对账和试算。
2. 进行结账和反结账。

任务要求

按照要求进行期末对账和结账。

操作示范

1.对账和试算

以"马方"的身份重新登录"企业应用平台"。

操作步骤：

（1）执行"期末"|"对账"操作，进入"对账"窗口。

（2）将光标置于要进行对账的月份"2015.08"，单击"选择"按钮，如图3-50所示。

图3-50 对账月份选择

（3）单击"对账"按钮，开始自动对账，并显示对账结果。

（4）单击"试算"按钮，可以对各科目类别余额进行试算平衡。

（5）单击"确认"按钮。

2.结账和反结账

业务1：结账

操作步骤：

（1）以总账会计马方的身份登录系统，执行"期末"|"结账"操作，进入"结账"窗口。

（2）单击要结账月份"2015.08"，单击"下一步"按钮，如图3-51所示。

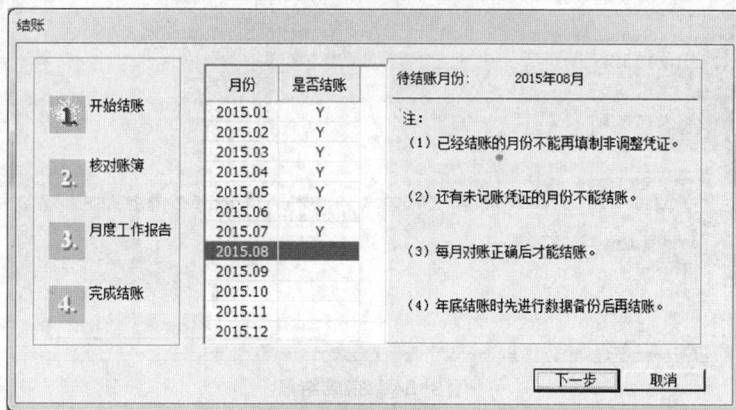

图3-51 选择结账月份

（3）单击"对账"按钮，系统对要结账的月份进行账账核对，如图3-52所示。

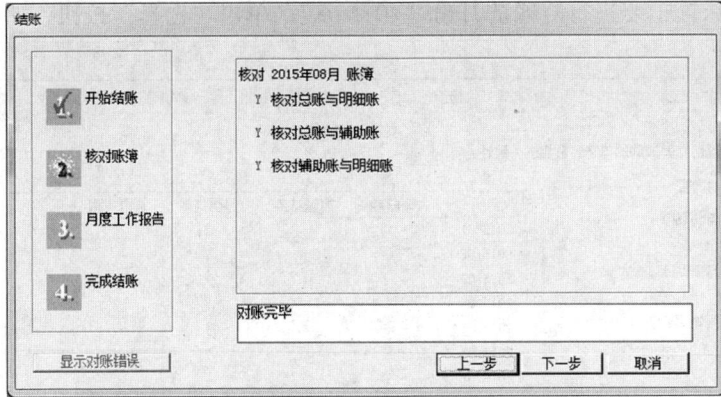

图3-52　核对账簿

（4）单击"下一步"按钮，系统显示"2015年08月工作报告"，如图3-53所示。

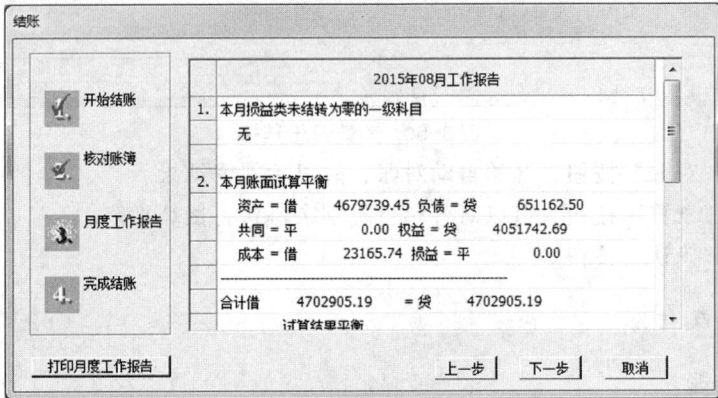

图3-53　月度工作报告

（5）查看工作报告后，单击"下一步"按钮，再单击"结账"按钮，若符合结账要求，系统将进行结账，否则不予结账，如图3-54所示。

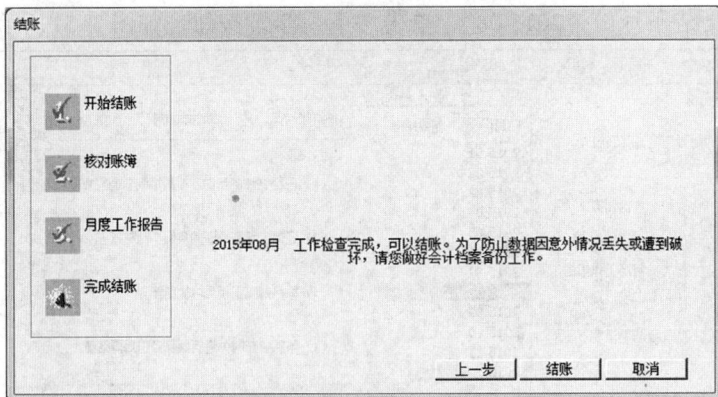

图3-54　完成结账

注意：

结账只能由具有结账权限的人进行。

本月还有未记账凭证时，则本月不能结账。

结账必须按月连续进行，上月未结账，则本月不能结账。

若总账与明细账对账不符，则不能结账。

如果与其他系统联合使用，其他子系统未全部结账，则本月不能结账。

结账前，要进行数据备份。

业务2：取消结账

操作步骤：

（1）如果出现非正常错误，可以进行反结账，以账套主管陈明的身份登录系统，执行"期末"|"结账"操作，进入"结账"窗口。

（2）选择要取消结账的月份"2015-08"，如图3-55所示。

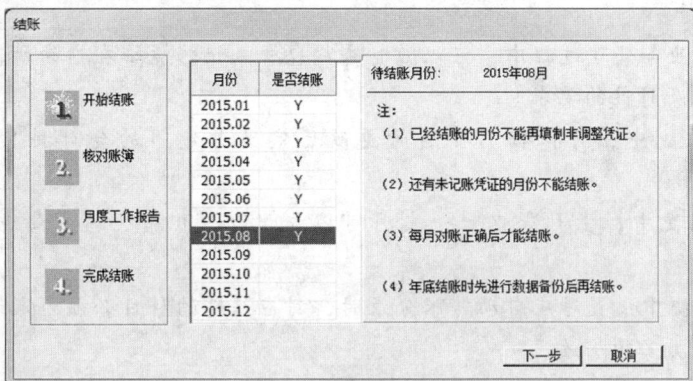

图3-55　选择取消结账月份

（3）按Ctrl+Shift+F6组合键，激活"取消结账"功能，如图3-56所示。

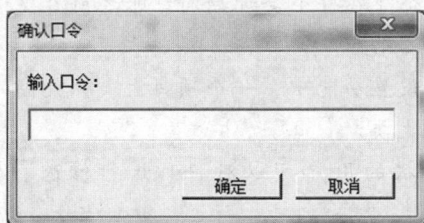

图3-56　反结账

（4）输入口令"001"，单击"确认"按钮，取消结账标志，如图3-57所示。

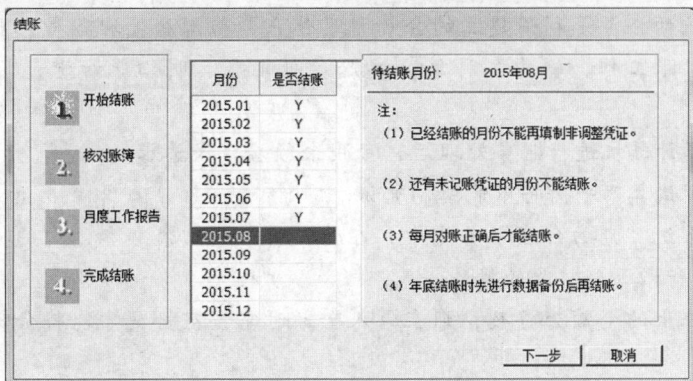

图3-57　取消结账完成

注意：

在结完账后，由于非法操作或计算机病毒或其他原因可能会造成数据被破坏，这时可以在此使用"取消结账"功能。

重点难点

重点：期初余额、凭证处理、出纳管理、账表管理、期末处理。

难点：期末转账定义。

同步测试

(一) 判断题

1.总账系统业务处理过程中，可以随时查询包含未记账凭证在内的所有账表，充分满足管理者对信息及时性的要求。　　　　　　　　　　　　　　　　　　　( )

2.在总账系统中，可根据需要随时更改已定义并使用的会计科目辅助账设置。

( )

3.在总账系统中，上月未记账，本月可以先记账，但若上月未结账，则本月不能记账。　　　　　　　　　　　　　　　　　　　　　　　　　　　　　　( )

4.在总账系统中设置对应自动转账分录时，对应结转的科目必须为末级科目，且其科目结构和辅助账类必须一致。　　　　　　　　　　　　　　　　　　　( )

5.设置科目编码时，各级科目编码必须唯一。　　　　　　　　　　　　( )

6.结账操作可以每月多次进行。　　　　　　　　　　　　　　　　　　( )

7.期末转账业务通常是企业在每个会计期间结账之前都要进行的固定业务。( )

8.上月未结账，本月无法结账。　　　　　　　　　　　　　　　　　　( )

9.在总账系统项目目录设置功能中，一个项目大类只能指定一个核算科目，而一个项目核算科目可对应多个项目大类。　　　　　　　　　　　　　　　　　　( )

10.没有会计科目设置权的用户可以对科目进行修改，但不能增加或删除科目。

( )

11.在总账系统中定义期间损益结转自动转账分录时，若损益科目与本年利润科目都有辅助核算，则其辅助账类必须相同。　　　　　　　　　　　　　　　( )

12.总账系统的任务是利用建立的会计科目体系，输入和处理各种记账凭证，完成记账、结账以及对账工作，输出各种总分类账、日记账、明细账和资产负债表等报表。

( )

13.在实现了计算机进行账务处理后，可用余额表替代总账。　　　　　( )

14.期初余额试算不平衡将不能填制凭证。　　　　　　　　　　　　　( )

15.在总账系统"期初余额"功能中，在输入科目期初余额和方向的同时，可根据需要对会计科目进行增、删、改的操作。　　　　　　　　　　　　　　　( )

16.如果凭证上的金额为负数，则在录入金额时需按空格键才能将金额显示为红字。

( )

17.每个月末，均需要先进行转账定义，再进行转账生成。　　　　　　( )

18.凭证编号既可以按凭证类别按月自动编号，也可以手工编号。（　　）

19.银行对账有两种对账方式，即自动对账和手工对账。（　　）

20.如果某科目已被制过单或已录入期初余额，则不能直接删除该科目。（　　）

21.在总账系统项目目录设置功能中指定项目核算之前，必须先将该科目的辅助核算属性定义为项目核算。（　　）

22.在总账系统中，"银行对账"功能应该与其他账务处理功能同时启用，并于启用时输入企业银行日记账和银行对账单期初未达账项。（　　）

23.凭证上的摘要是对本凭证所反映的经济业务内容的说明，凭证上的每个分录行必须有摘要，且同一张凭证上的摘要应相同。（　　）

24.在总账系统中，期初余额试算不平衡，可以填制凭证，但不能执行记账功能。（　　）

25.凭证上的摘要是对经济业务的说明，其内容应既要能说明问题又要详细充分。（　　）

26.在已使用过的会计科目下增设明细科目时，系统自动将该科目的数据结转到新增加的第一个明细科目上。（　　）

27.总账系统中已设定并使用的凭证类别不能删除，但可以修改其类别字。（　　）

28.在总账系统中录入科目期初余额时，辅助账的期初余额要求在辅助项中输入，其借贷方累计发生额则可以直接输入。（　　）

28.通过总账系统账簿查询功能，既可以实现对已记账经济业务的账簿信息查询，也可以实现对未记账凭证的模拟记账信息查询。（　　）

29.在总账系统中进行银行对账时，由于存在凭证不规范输入等情况，可能会造成一些特殊的已达账项未能被系统自动找出来，这时，为了保证对账彻底、准确，可以通过手工对账进行调整勾销。（　　）

30.如果将总账系统与应付款管理系统集成使用，则在应付款管理系统中的制单日期应该满足总账制单日期序时要求。（　　）

31.在总账系统中，取消出纳凭证的签字既可由出纳员自己进行，也可由会计主管进行。（　　）

32.凭证上的制单人由系统根据当前操作员自动填写。（　　）

33.结账后就不能输入下月凭证。（　　）

34.总账系统"项目目录"功能中，标识已结算的项目不能再继续使用。（　　）

35.在总账系统中建立会计科目时，企业应根据经营管理需要自行设置一级科目及明细科目编码。（　　）

36.在总账系统中录入会计科目期初余额时，如果某科目为外币核算科目，则必须先输入其外币金额再输入本币金额。（　　）

37.在总账系统中，只有在"会计科目"功能下通过"指定科目"预先指定的现金类科目，才能通过"现金日记账"功能查询其日记账。（　　）

38.总账系统"支票登记簿"中已报销的支票由系统自动写上报销日期作为已报销的标志，该标志不可取消。（　　）

39.在总账系统中录入外币业务记账凭证时，如果使用的是变动汇率，汇率栏中将显示最近一次汇率，该汇率不能修改。（   ）

40.在总账系统中填制记账凭证时，凭证一旦保存，其凭证编号和凭证类别不能再进行修改。（   ）

（二）单项选择题

1.下列（   ）是账务系统日常业务处理的内容。

A.凭证类别设置　　　B.期初余额录入　　　C.凭证审核　　　D.会计科目设置

2.（   ）是指制单时，凭证编号必须按日期顺序排列。

A.凭证控制　　　B.资金赤字控制　　　C.制单权限控制　　　D.制单序时控制

3.用户可通过总账系统"个人往来账"功能对与单位内部职工发生的往来业务进行个人往来管理，但必须先在设置会计科目时将相关科目的辅助核算形式设为"个人往来"，下列科目中适合设置为个人往来核算科目的有（   ）。

A.应付账款　　　B.应收账款　　　C.其他应收款　　　D.预付账款

4.在总账系统中，已记账凭证的查询应通过下列（   ）界面进行。

A.凭证/常用凭证　　B.凭证/填制凭证　　C.凭证/查询凭证　　D.账表/科目账

5.关于总账系统记账凭证录入功能，下列说法中不正确的是（   ）。

A.凭证日期应随凭证号递增而递增，并且大于等于业务日期

B.对于定义了辅助核算的科目，应在输入每笔分录时，同时输入辅助核算的内容

C.当前新增分录完成后，按回车键，系统可以将摘要自动复制到下一分录

D.凭证金额合计栏由计算机自动计算借方科目和贷方科目的金额合计数并显示

6.关于摘要的输入，下列说法中错误的是（   ）。

A.可以选择输入常用摘要　　　　B.摘要可以出现在分录的每一行

C.摘要要求简单明了　　　　　　D.摘要只能出现在分录的第一行

7.银行对账是将企业的银行存款日记账和（   ）进行核对，并生成银行存款余额调节表。

A.资金日报表　　　B.银行对账单　　　C.现金日记账　　　D.支票登记簿

8.科目编码中的（   ）科目编码必须符合现行的会计制度。

A.二级　　　B.一级　　　C.各级　　　D.明细

9.（   ）的情况下，可以结账。

A.上月有未记账凭证　　　　　　B.没有未审核凭证

C.没有未记账凭证　　　　　　　D.本月有未记账凭证

10.下列（   ）属于出纳管理的功能。

A.凭证审核　　　B.查询账簿　　　C.银行对账　　　D.凭证输入

11.若凭证类别只设置一种，通常为（   ）。

A.转账凭证　　　B.收款凭证　　　C.记账凭证　　　D.付款凭证

12.（   ）在总账系统中设置转账分录时无须定义。

A.凭证号　　　B.借贷方向　　　C.摘要　　　D.凭证类别

13.在总账系统中录入有数量核算要求的记账凭证时，系统根据"数量×单价"自动

计算出金额，并将金额先放在借方，如果方向不符，用户可以使用（　　）调整金额方向。

  A.F2键   B.回车键   C.空格键   D.Shift键

14.对于总账系统凭证记账功能，下列说法中不正确的是（　　）。

  A.如果有不平衡凭证时不能记账

  B.未审核凭证和作废凭证不能记账

  C.记完账后不能整理凭证断号

  D.第一次记账时，如果期初余额试算不平衡，不能记账

15.下列操作不能由计算机自动进行的是（　　）。

  A.结账过程   B.凭证审核   C.自动结转   D.记账过程

16.只能对（　　）凭证进行记账。

  A.已修改   B.已确认   C.已审核   D.已保存

17.如果在总账中设置了对"资金及往来科目"进行"赤字控制"，则可以控制的科目对象不包括（　　）。

  A.客户往来科目 B.项目核算科目 C.出纳科目 D.个人往来科目

18.对于总账系统"审核凭证"功能，下列说法中错误的是（　　）。

  A.审核人和制单人不能是同一个

  B.对已审核凭证可以由审核人自己或是会计主管取消审核签字

  C.对于错误的记账凭证，可以通过计算机在凭证上标明"有错"字样

  D.作废凭证不能被审核，也不能被标错

19.用友ERP-U8总账系统中，以下关于结账的意义，说法不正确的是（　　）。

  A.结账工作每月进行一次

  B.结账就是终止本月的账务处理工作

  C.结账就是计算和结转各账簿的本期发生额和期末余额

  D.结账就是计算本月各科目的本期借贷方累计发生额和期末余额

20.对于已作废的凭证，下列说法中不正确的是（　　）。

  A.不能审核   B.不能修改   C.可以记账   D.不能查询

21.下列关于结账操作，错误的是（　　）。

  A.上月未结账本月无法结账   B.结账每月只能一次

  C.结账每月可以多次   D.结账在月末进行

22.期初余额不平衡，则不能进行以下（　　）操作。

  A.修改凭证   B.填制凭证   C.记账   D.审核凭证

23.凭证记账后则不能进行以下（　　）操作。

  A.继续填制凭证   B.指定现金及银行科目

  C.修改期初余额   D.设置自定义转账凭证

24.在总账系统中，修改已记账凭证的方法是（　　）。

  A.取消审核后修改   B.由会计主管修改

  C.直接修改   D.红字冲销

（三）多项选择题

1.明光公司财务部于2016年5月启用总账系统，则其建账时需要输入的各个科目期初余额数据有（　　）。

A.2015年全年借、贷累计发生额　　　　　B.2016年1—4月份借、贷方累计发生额

C.2016年年初余额　　　　　　　　　　　D.2016年5月月初余额

2.在总账系统中查询现金日记账时，可以根据需要限定下列（　　）等查询条件选项。

A.是否按对方科目展开　　　　　　　　　B.按月查询

C.是否包含未记账凭证　　　　　　　　　D.按日查询

3.通过总账系统"凭证/查询凭证"功能，可以查询到（　　）。

A.作废凭证　　　　B.有错凭证　　　　C.已记账凭证　　　　D.未记账凭证

4.关于总账系统结账功能，下列说法中正确的有（　　）。

A.结账操作只能由会计主管进行　　　　　B.结账功能每月可根据需要多次进行

C.结账前，一般应进行数据备份　　　　　D.已结账月份不能再填制记账凭证

5.总账系统提供的各科目会计账页格式有（　　）。

A.金额式　　　　B.数量金额式　　　　C.多栏备查式　　　　D.辅助账式

6.在总账系统中，对于定义为部门辅助核算的会计科目，可以进行部门辅助管理。部门辅助管理主要涉及（　　）等方面。

A.部门明细账查询　　　　　　　　　　　B.部门辅助总账查询

C.部门收支分析　　　　　　　　　　　　D.正式账簿打印

7.关于总账系统中出错记账凭证的修改，下列说法中正确的是（　　）。

A.外部系统传过来的凭证发生错误，既可以在总账系统中进行修改，也可以在生成该凭证的系统中进行修改

B.已经输入但尚未审核的机制记账凭证发生错误，可以通过凭证编辑功能直接修改

C.已经记账的凭证发生错误，不允许直接修改，只能采取"红字冲销法"或"补充更正法"进行更正

D.已通过审核的凭证发生错误，只要该凭证尚未记账，可通过凭证编辑功能直接修改

8.在总账系统中，只有经过审核的记账凭证才能作为正式凭证进行记账处理，在这里，审核凭证包括（　　）等方面的工作。

A.主管签字　　　　B.修改标错凭证　　　　C.出纳签字　　　　D.审核员审核凭证

9.由于各会计期间的许多转账和期末业务具有较强的规律性，可以通过设定自动转账分录达到快速生成转账凭证的目的，目前总账系统"转账定义"功能提供（　　）等多种转账定义。

A.对应转账设置　　　　　　　　　　　　B.自动转账定义

C.销售成本结转设置　　　　　　　　　　D.期间损益结转设置

10.已输入期初余额并制单的现金和银行总账科目，不能直接删除，若要删除，必须先执行（　　）操作。

A.删除使用该科目的凭证　　　　　　B.删除其下级科目

C.取消现金银行科目指定　　　　　　D.将该科目及其下级科目余额清零

11.月末处理是指在将本月发生的经济业务全部登记入账后所要做的工作，通过总账系统"月末处理"，用户可以实施（　　）等操作。

A.结账　　　　　B.转账定义　　　　　C.对账　　　　　D.转账生成

12.在总账系统"设置/选项"功能中，可以进行（　　）参数的设置。

A.凭证编号方式　　　　　　B.赤字控制

C.科目级数及每级科目代码长度　　　　D.凭证类别

13.出纳凭证涉及企业现金的收入与支出，所以应对其加强管理，一般而言，企业出纳人员可以通过总账系统"出纳签字"功能完成（　　）等工作。

A.检查核对出纳凭证

B.填补结算方式和票号

C.对认为有错或有异议的凭证，交与填制人员修改后再核对

D.对审核无误的出纳凭证进行出纳签字

14.总账系统"出纳管理"功能是出纳人员进行管理的一套工具，它包括（　　）等功能。

A.支票登记簿管理　　　　　　B.现金和银行存款日记账输出

C.长期未达账审计　　　　　　D.银行对账

15.总账系统"期初余额"功能包括（　　）。

A.修改会计科目设置　　　　　　B.输入科目期初余额

C.核对科目期初余额　　　　　　D.试算平衡

16.在总账系统"期初余额"功能中，下列科目不能直接输入期初余额，需要通过辅助项输入期初数据的有（　　）。

A.往来核算科目　　　B.外币核算科目　　　C.项目核算科目　　　D.数量核算科目

17.在总账系统中填制记账凭证时，"科目名称"栏可选择用（　　）方法输入。

A.输入科目编码　　　　　　B.科目参照选择

C.输入科目名称　　　　　　D.输入科目助记码

18.通过总账系统"银行对账"功能，可以实现（　　）等各项操作。

A.输入银行对账单　　B.银行对账单查询　　C.引入银行对账单　　D.自动银行对账

19.下列（　　）情况要求对凭证进行有痕迹修改。

A.输入后，未审核、未记账的凭证　　　　B.已审核但未记账的凭证

C.经过结账后的凭证　　　　　　D.审核并经过记账的凭证

同步实训

【实训要求】

本次训练内容涉及总账会计、出纳、会计主管和账套主管四个工作岗位，采用学生分组训练的形式，每组4人，选举产生组长，组长分派组员岗位，阐明岗位分工及职责。

会计信息化实操

【情境引例】

1.账套总账系统的参数

（1）制单序时控制；支票控制；赤字控制资金及往来科目并提示；凭证系统编号；超出预算允许保存。

（2）允许修改、作废他人填制的凭证；出纳凭证必须经由出纳签字。

（3）现金流量科目不用必须录入现金流量项目。

（4）数量小数位和单价小数位设置为2位。部门、个人、项目按编码方式排序。

2.2017年1月的期初数据（见表3-8）

表3-8   期初数据

科目名称	期初余额	备注
库存现金	8 000	
银行存款	222 000	
银行存款——工行存款	222 000	
应收账款	15 710	2016年11月12日，天益公司购买甲产品价税合计7 020元，货款未付，发票号78987； 2016年11月18日，明兴公司购买甲产品价税合计7 020元，货款未付，发票号78988； 2016年11月22日，为明兴公司代垫运费500元，票号0060； 2016年11月22日，立邦公司购买乙产品价税合计1 170元，发票号78989
应收职工借款	6 000	2016年12月7日，人事部高海英出差借差旅费6 000元
预付账款	20 000	2016年12月12日，预付北京大发公司货款20 000元
原材料	75 332	
原材料——主原材料	65 332	
钢材	30 000	30吨
电动机	35 332	44台
原材料——辅原材料	10 000	
油漆	10 000	100桶
库存商品	50 000	
甲产品	30 000	20台
乙产品	20 000	80台
固定资产	1 212 000	
累计折旧	155 124	

科目名称	期初余额	备注
短期借款	120 000	
应付账款	87 750	2016 年 12 月 15 日，向北京大发公司购主原材料钢材 38 610 元，票号 3007； 2016 年 12 月 18 日，向前进公司购辅原材料油漆 23 400 元，票号 3008； 2016 年 12 月 23 日，向光华集团购主原材料钢材 25 740 元，票号 3009
预收账款	30 000	2016 年 12 月 26 日，预收维达公司货款 30 000 元
应交税费——应交增值税（进项税额）	3 832（借）	
应交税费——应交增值税（销项税额）	20 000	
长期借款	200 000	
实收资本	1 000 000	

3. 录入结算方式（见表 3-9）

表 3-9　　　　　**结算方式**

结算方式编码	结算方式名称	票据管理
1	现金结算	否
2	支票结算	否
201	现金支票	是
202	转账支票	是
3	票据结算	否
301	银行承兑汇票	否
302	商业承兑汇票	否

4. 设凭证类别为"记账凭证"

5. 2017 年 1 月份发生的经济业务

（1）1 月 4 日，财务部李文乐购买办公用品 200 元，以现金支付，并附单据一张。

借：管理费用——办公费（660201）

　　贷：库存现金（1001）

（2）1 月 5 日，财务部陈景彤从工行提取现金 10 000 元，作为备用金，现金支票

XJ001。

  借：库存现金（1001）

    贷：银行存款——工行存款（100201）

（3）1月5日，人事部高海英出差归来，报销差旅费5 300元，并交回现金700元。

  借：管理费用——差旅费（660202）

    库存现金（1001）

    贷：应收职工借款（122101）

（4）1月8日，以银行存款50 000元（转账支票，票号ZW004）支付销售部广告费。

  借：销售费用——其他（660106）

    贷：银行存款——工行存款（100201）

6.常用凭证——从工行提现

7.对各系统产生的凭证进行审核、记账

8.银行对账

企业日记账余额为222 000元，银行对账期初余额为220 000元。有企业已收而银行未收的未达项2 000元（2016年12月20日）。

现2017年1月银行对账单见表3-10：

表3-10 银行对账单 单位：元

日期	结算方式	票号	借方金额	贷方金额
2017年1月5日	现金支票	XJ001		10 000
2017年1月8日	转账支票	ZW004		50 000
2017年1月15日	转账支票	ZW005	93 600	
2017年1月15日			12 000	
2017年1月24日	转账支票	ZW006		5 850

9.期末结转

（1）自定义结转：

①每年按短期借款期末余额的0.2%计提短期借款利息，平均到每月。转账序号0001。

  借：财务费用（6603）

    贷：应付利息（2231）

②税额结转。转账序号0002。

  借：应交税费——未交增值税（222102）

    贷：应交税费——应交增值税——销项税额（22210102）

（2）期间损益结转：本年利润科目4103，将本月"期间损益"转入"本年利润"。

（3）自动转账生成：生成自定义凭证并审核、记账。

（4）生成期间损益结转凭证，并审核记账。

10.对账、结账

【工作任务】

1.账套主管根据管理要求设置总账系统参数、录入期初余额。

2.总账会计填制记账凭证。

3.总账会计和会计主管查询凭证。

4.账套主管为会计主管授予审核所有人填制凭证的权限。

5.出纳对出纳凭证进行签字。

6.会计主管审核凭证。

7.会计凭证记账。

8.出纳录入银行对账期初数据，核对账单信息、对账并编制工商银行余额调节表。

9.查询库存现金日记账、银行存款日记账。

10.总账会计、会计主管、账套主管定义并查询科目余额表、部门明细账、部门收支分析表、成本项目多栏明细账、存货项目明细账。

11.客户往来两清、账龄分析。

12.定义应交增值税、管理费用多栏账。

13.定义自动转账凭证：

（1）自定义结转。

（2）期间损益结转定义。

14.会计主管、账套主管、出纳按各自工作权限完成如下工作：

（1）生成自定义结转凭证，审核、记账。

（2）生成期间损益结转凭证，审核、记账。

（3）期末对账、结账。

模块四

UFO 报表系统

职业能力目标

专业能力：

运用系统提供的"UFO报表系统"完成报表初始设置、报表生成和报表管理；能够熟练进行报表格式设置、单元公式定义、审核公式和舍位平衡公式，能够进行报表数据处理生成一张完整的报表。为了更好地服务企业管理要求，能够对报表进行管理，完成表页排序、查找和各种形象直观的图表的制作。

职业核心能力：

明确财务报表的核心作用：为企业及其现在和潜在的投资者、债权人以及其他财务会计报告的使用者提供决策的财务信息，促进社会资源的合理配置，为公众的利益服务。能根据实训的设计需要查阅跟踪相关案例资料，在满足企业对报表信息需求的基础上，通过团队合作完成报表初始设置、报表生成和报表管理等工作。

实训一　　　　报表初始设置

任务一　报表格式定义

任务名称

对吉林东方有限责任公司2015年8月31日的货币资金表进行报表格式定义。

任务材料

吉林东方有限责任公司每个月的月末都要求财务部会计编制货币资金表，以及时了解企业货币资金的占用及变化情况（见表4-1）。

提示：

（1）单位名称和年、月、日应设置为关键字。

（2）取数公式定义：单元公式、舍位公式（舍3位）。

（3）报表数据处理。

表4-1 货币资金表

单位名称：吉林东方有限责任公司　　　　年　月　日　　　　　　　　单位：元

项目	行次	期初数	期末数
库存现金	1	QC（"1001"，月）	QM（"1001"，月）
银行存款	2	QC（"1002"，月）	QM（"1002"，月）
工行存款	3	QC（"100201"，月）	QM（"100201"，月）
中行存款	4	QC（"100202"，月）	QM（"100202"，月）
总　　计	5	C4+C5	D4+D5

制表人：

任务要求

货币资金表中的表头：黑体、18号字、上下左右居中；关键字：黑体、10号字；单位：元，右对齐；表体：所有文字都为宋体、10号字；表尾：宋体、10号字。

操作示范

1.报表子系统的启动

操作步骤：

（1）单击桌面上的"企业应用平台"图标或者执行"开始"｜"程序"｜"用友ERP-U8 V10.1"｜"企业应用平台"｜"业务工作"｜"财务会计"｜"UFO报表"操作，打开UFO报表系统，如图4-1所示。

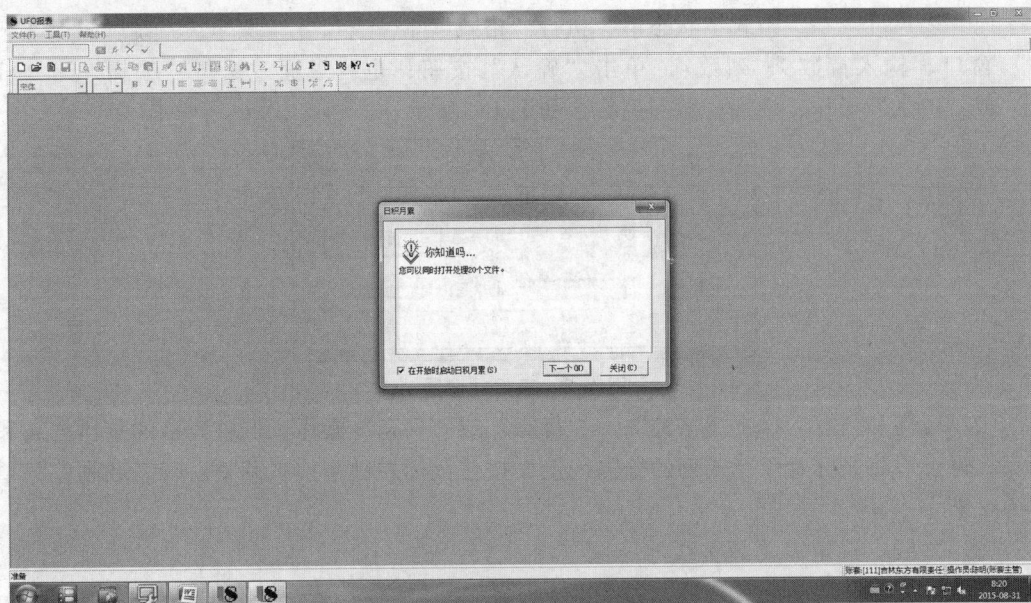

图4-1　UFO报表

（2）执行"文件"｜"新建"操作，建立一张空白报表，报表名默认为report1，如图4-2所示。

图4-2　空白UFO报表

2.自定义一张货币资金表

UFO报表具有"格式"和"数据"两种状态，按报表左下角的"格式/数据"按钮，可以在两种状态下进行切换。在"格式"状态下主要进行格式处理，即报表格式的设计、取数公式的定义等；在"数据"状态下主要进行数据处理，即数据的计算等。

操作步骤：

（1）表尺寸。在"格式"状态下，执行"格式"｜"表尺寸"操作，系统弹出"表尺寸"窗口。输入行数9，列数4，单击"确认"按钮；也可以通过执行"编辑"｜"插入"或"追加"操作，增加行数和列数，如图4-3所示。

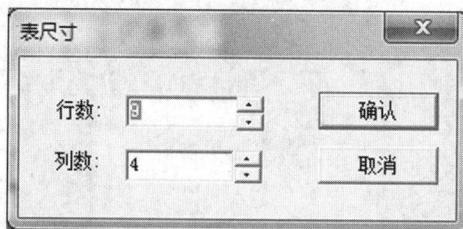

图4-3　表尺寸设置

（2）行高和列宽。执行"格式"｜"行高"或"列宽"操作，调整表格的整体行高和列宽，也可以将光标置于行或列的分隔线上，按住鼠标左键拖拽来调整。行高和列宽的单位为毫米。

（3）画线。选定需要画实线的区域范围，A3：D8。执行"格式"｜"区域画线"操作，系统弹出"区域画线"窗口，如图4-4所示。

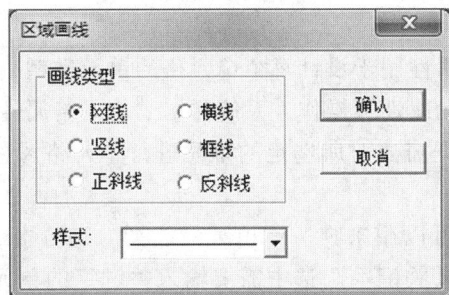

图4-4　区域画线

选择画线类型、线条样式，然后单击"确认"按钮；本例画线类型选择"网线"，样式选择"实线"。

（4）组合单元。选定需要组合单元的区域范围，A1：D1。执行"格式"｜"组合单元"操作，系统弹出"组合单元"窗口，如图4-5所示。

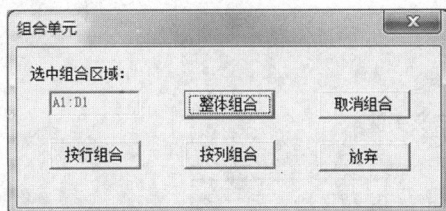

图4-5　区域合并设置

选择组合单元的方式，本例选择"整体组合"或"按行组合"。

同理，定义A2：D2单元为组合单元。

（5）输入报表项目。选中需要输入内容的单元或组合单元，按本例要求输入，如在A1：D1组合单元输入"货币资金表"，如图4-6所示。

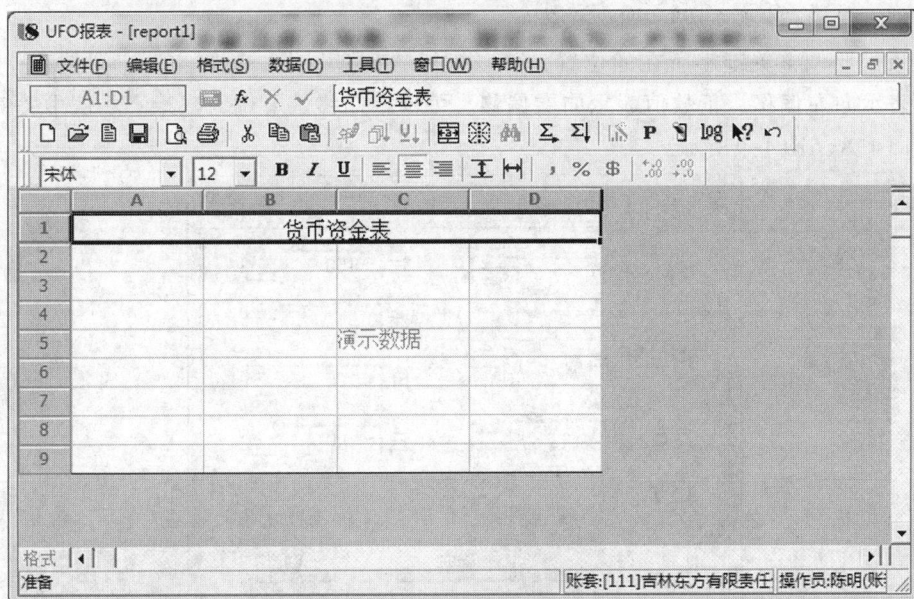

图4-6　报表项目输入

其他项目自行录入。

（6）单元属性。单元属性用于设计每个单元格的单元类型、字体图案、对齐方式和边框。执行"格式"｜"单元属性"操作，系统弹出"单元格属性"窗口。

在此窗口中，可以根据需要对所选定的单元进行单元格风格设置，然后单击"确定"按钮。

（7）关键字。关键字可以用来唯一标识某一表页。UFO报表系统提供了7种关键字，用户也可以根据需要自定义关键字。选中需要输入关键字的单元，本例选中A2：D2组合单元。执行"数据"｜"关键字"｜"设置"操作，系统弹出"设置关键字"窗口。

选中"单位名称"复选框，单击"确定"按钮，如图4-7所示。

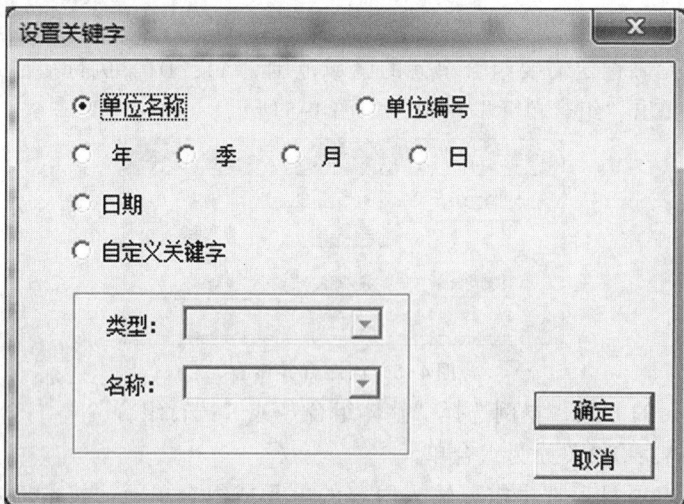

图4-7　设置关键字

同理，设置"年""月""日"关键字。

如果需要调整关键字所在的位置，可以执行"数据"｜"关键字"｜"偏移"操作。负数值表示向左偏移，正数值表示向右偏移。关键字偏移量单位为毫米。本例中关键字的偏移如图4-8、图4-9所示。

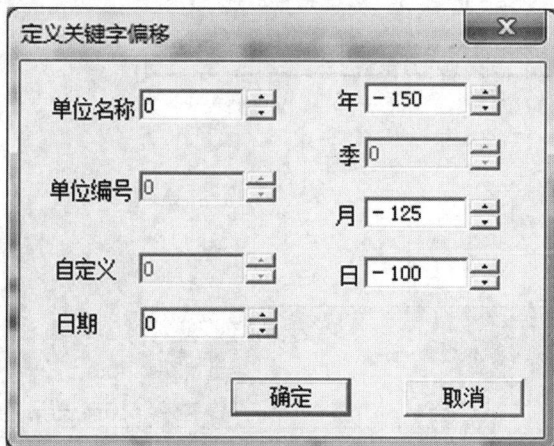

图4-8　关键字偏移

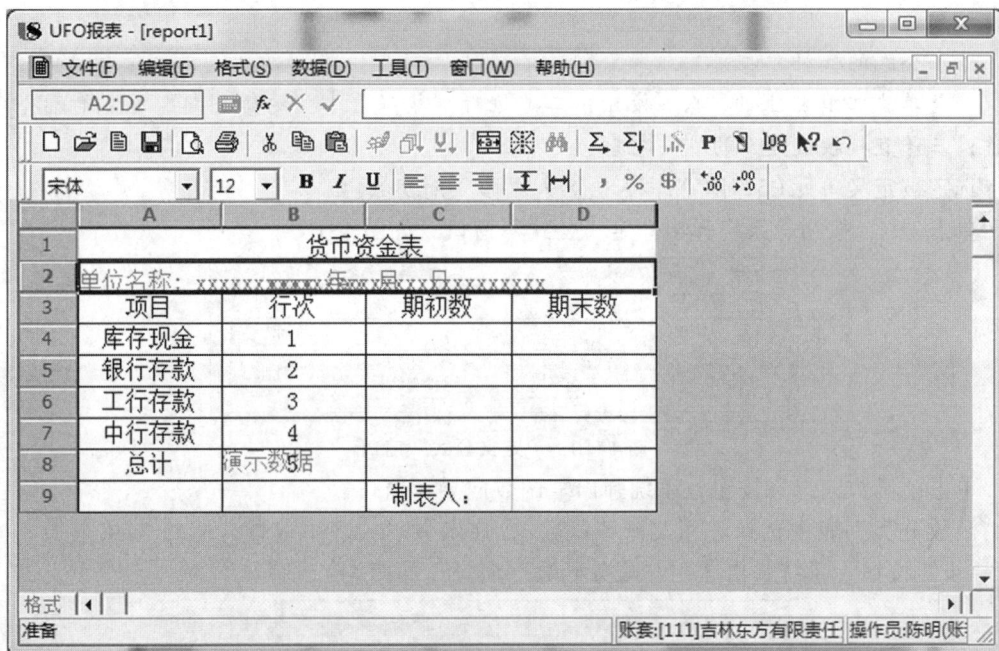

图4-9 关键字偏移设置完成

如果需要取消关键字，可以执行"数据"｜"关键字"｜"取消"操作。

任务二　报表公式定义

🧑 任务名称

对吉林东方有限责任公司2015年8月31日的货币资金表进行报表公式定义，审核公式定义及舍位平衡公式。

🧑 任务材料

定义吉林东方有限责任公司货币资金表中各数据生成的单元公式、审核公式、舍位平衡公式。

🧑 任务要求

完成吉林东方有限责任公司2015年8月31日的货币资金表公式定义，审核公式定义和舍位平衡公式。

🧑 操作示范

1.公式定义

操作步骤：

选定单元之后可以手工输入公式，也可以利用函数向导输入公式。

注意：

输入公式的三种方法：

一是单击工具栏上的"fx"按钮；二是执行"数据"│"编辑公式"│"单元公式"操作；三是直接按键盘上的"="键。

选定被定义单元C5，即"库存现金/人民币"期初数。

单击"fx"按钮，系统弹出"定义公式"窗口，如图4-10所示。

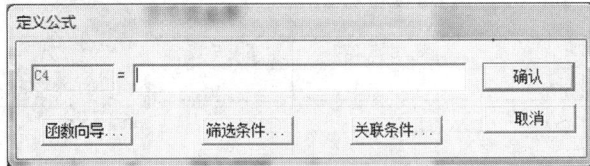

图4-10　"定义公式"窗口

单击"函数向导"按钮，系统弹出"函数向导"窗口。

函数分类列表中选择"用友账务函数"，在函数名列表中选择"期初（QC）"，单击"下一步"按钮，系统弹出"用友账务函数"窗口，如图4-11所示。

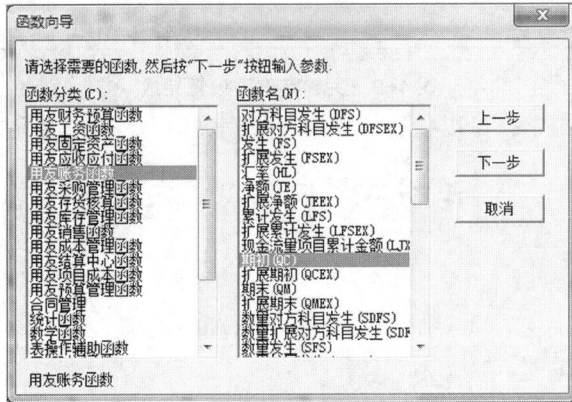

图4-11　定义单元公式-选择函数

单击"参照"按钮，系统弹出"账务函数"窗口。

科目选择"1001"，其余各项采用系统默认，单击"确定"按钮，返回"用友账务函数"窗口，如图4-12所示。

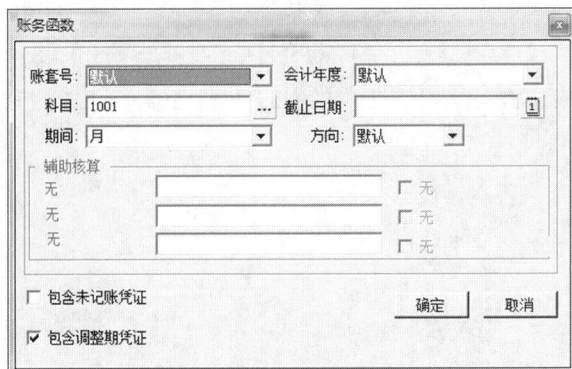

图4-12　定义单元公式-账务函数对话框

单击"确定"按钮，返回"定义公式"窗口，单击"确认"按钮完成定义公式，如图4-13所示。

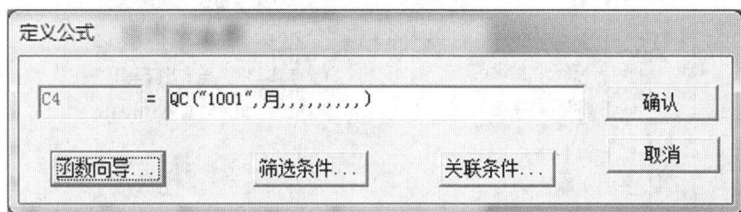

图4-13 完成定义公式

输入其他单元公式，并将报表保存为"货币资金表"，如图4-14所示。

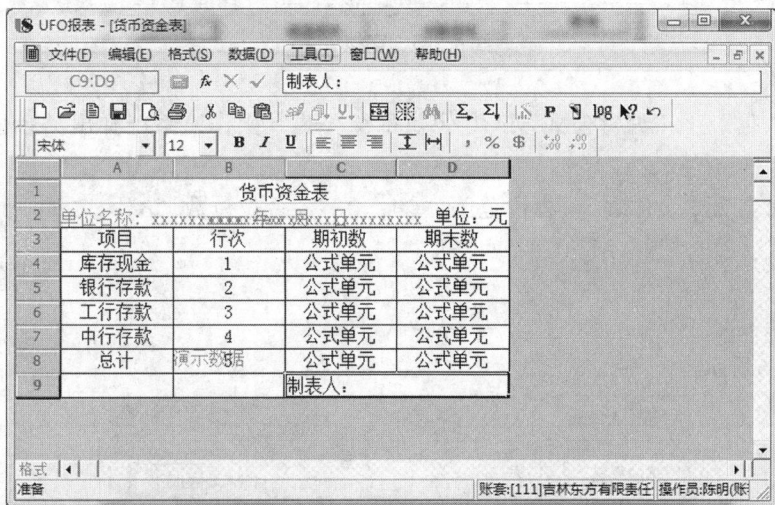

图4-14 货币资金表

2.审核公式定义

操作步骤：

审核公式用于审核报表内部或报表之间勾稽关系是否正确。如资产负债表中的"资产=负债+所有者权益"，可以在报表格式状态下进行审核公式的定义，在数据状态下进行数据审核。

如果要定义审核公式，执行"数据"｜"编辑公式"｜"审核公式"操作。

在"货币资金表"中定义如下审核公式：

C8=C4+C5

mess"C8单元数据错误！"

D8=D4+D5

mess"D8单元数据错误！"

如图4-15所示。

3.舍位平衡公式

舍位平衡公式用于重新调整报表四舍五入后的小数平衡关系。

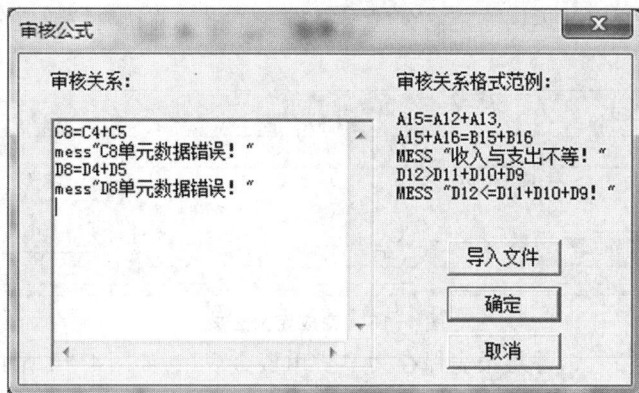

图4-15　审核公式

操作步骤：

执行"数据"｜"编辑公式"｜"舍位平衡公式"操作，系统弹出"舍位平衡公式"窗口。

舍位表命名为"舍位表"，舍位范围"C4：D8"，舍位位数"3"。

平衡公式：

C8=C4+C5,

D8=D4+D5

如图4-16所示。

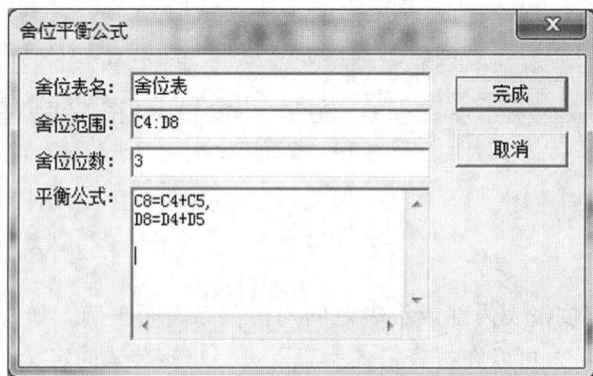

图4-16　舍位平衡公式

单击"完成"按钮。

注意：

各公式之间用"，"（半角）号隔开，最后一个公式不用逗号。

等号左边只能有一个单元（不带页号和表名）。

舍位平衡公式中只能使用"+""-"符号，不能使用其他符号和函数。

4.保存报表格式

操作步骤：

执行"文件"｜"保存"操作，系统弹出"另存为"窗口。

选择目的文件夹，输入报表名"货币资金表"，选择保存类型，后缀为"rep"，单击"保存"按钮。

实训二　　　　　报表生成

任务一　生成货币资金表

任务名称

生成吉林东方有限责任公司的货币资金表。

任务材料

录入不同表页的关键字，生成"货币资金表"。

任务要求

生成货币资金表并保存于D盘，文件名称为"货币资金表.rep"。

操作示范

操作步骤：

（1）执行"文件"｜"打开"操作，选择"货币资金表.rep"存放的文件夹，单击"打开"按钮。单击报表左下角的"格式/数据"按钮，将报表切换到"数据"状态，如图4-17所示。

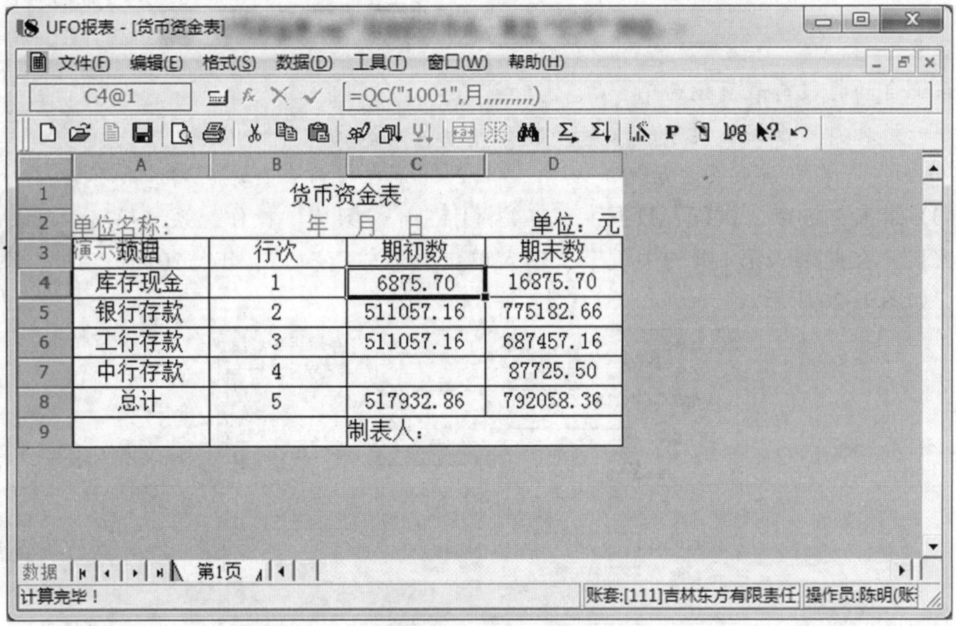

演示项目	行次	期初数	期末数
库存现金	1	6875.70	16875.70
银行存款	2	511057.16	775182.66
工行存款	3	511057.16	687457.16
中行存款	4		87725.50
总计	5	517932.86	792058.36

图4-17　货币资金表

（2）增加表页。执行"编辑"｜"追加"｜"表页"操作，系统弹出"追加表页"窗口。输入需要增加的表页数量"3"，单击"确认"按钮，如图4-18、图4-19所示。

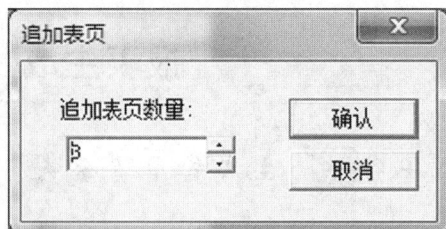

图 4-18　追加表页

图 4-19　追加表页完成

注意：

系统自动将当前表页设为第1页。

每一张表页可根据关键字的录入信息不同而单独取数。

"追加"是在当前表页之后增加表页，"插入"是在当前表页之前增加表页。

（3）录入关键字。执行"数据"｜"关键字"｜"录入"操作，系统弹出"录入关键字"窗口。在此录入第1页的关键字，输入单位名称"1公司"，年"2015"，月"8"，日"31"，如图4-20所示。

图 4-20　录入关键字

单击"确认"按钮，系统提示"是否重算第1页?"，如图4-21所示。

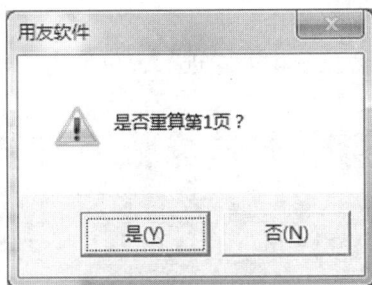

图4-21 报表重算

单击"是"按钮，系统自动按照关键字取8月份的数据进行计算。计算结果出来后，在当前表页的左下角出现"计算完毕"字样。如果数据有误，则切换回"格式"状态进行修改，再切换回"数据"状态进行重算，如图4-22所示。

图4-22 报表数据处理后

执行"文件" | "保存"操作保存当前表页。

同理录入第2表页关键字，单位名称"2公司"，年"2016"，月"4"，日"25"。

同理录入第3表页关键字，单位名称"3公司"，年"2013"，月"10"，日"17"。

同理录入第4表页关键字，单位名称"4公司"，年"2009"，月"2"，日"08"。

注意:

单位名称关键字可以确认报表数据取数的空间范围，日期关键字可以确认报表数据取数的时间范围。

执行"数据" | "整表重算"操作，可以对本表中的所有表页重新进行计算。

执行"数据" | "表页重算"操作，可以对本表中的当前表页重新进行计算。

选定一个有数据的单元，单击鼠标右键，可以"联查明细账"，在明细账中可以联查凭证。

(4)审核报表。单击报表左下角的"格式/数据"按钮，将报表切换到"数据"状态，执行"数据" | "审核"操作。

（5）舍位平衡。单击报表左下角的"格式/数据"按钮，将报表切换到"数据"状态，执行"数据"｜"舍位平衡"操作。

系统自动按照前面定义的舍位平衡公式进行舍位平衡处理，并将舍位平衡后的报表保存在"舍位表.rep"文件中，如图4-23所示。

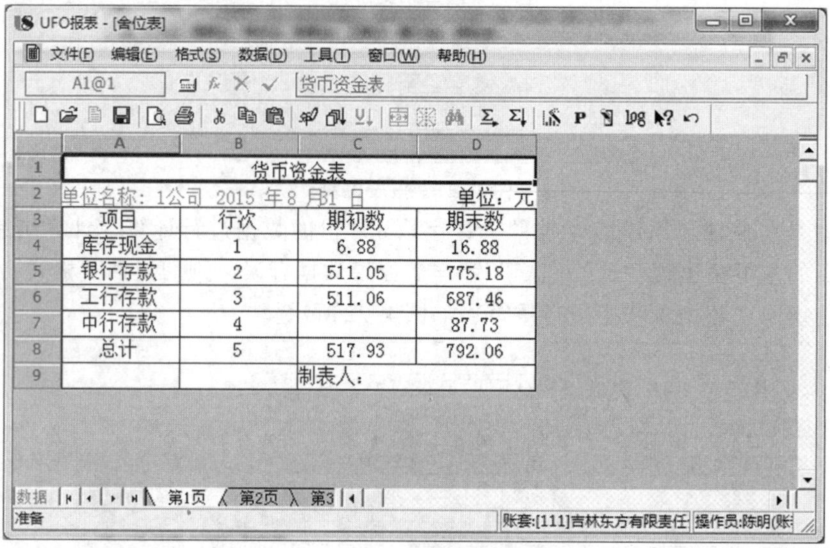

图4-23　舍位平衡处理

打开"舍位表.rep"文件查看舍位平衡后的结果。如果舍位平衡公式有误，则系统左下角提示"无效命令或错误参数！"。

任务二　利用报表模板生成资产负债表

任务名称

生成吉林东方有限责任公司的资产负债表。

任务材料

利用报表模板，生成吉林东方有限责任公司的"资产负债表"。

任务要求

生成年月日分别为"2015""8""31"的资产负债表并保存于D盘，文件名称为"资产负债表.rep"。

操作示范

操作步骤：

（1）以账套主管陈明的身份进入用友UFO报表系统，单击"新建"按钮。

（2）在"格式"状态下，执行"格式"｜"报表模板"操作，系统弹出"报表模板"窗口。您所在的行业选择"2007年新会计制度科目"，财务报表选择"资产负债表"，如

图4-24所示。

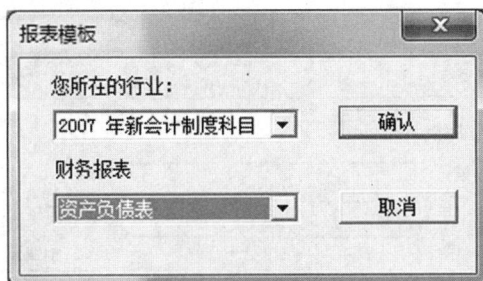

图4-24 报表模板

（3）单击"确认"按钮，系统提示"模板格式将覆盖本表格式！是否继续？"如图4-25所示。

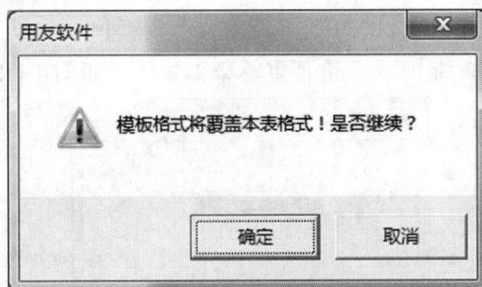

图4-25 模板格式覆盖信息提示

（4）单击"确定"按钮，即打开资产负债表模板。根据实际情况调整报表格式和报表公式并保存调整后的报表模板，如图4-26所示。

A	资产	行次	期末余额	年初余额	负债和所有者权益（或股东权益）	行次	期末余额	年初余额
1				资产负债表				
2								会企01表
3	编制单位：		xxxx 年	xx 月			xx 日	单位:元
6	流动资产：				流动负债：			
7	货币资金	1	公式单元	公式单元	短期借款	32	公式单元	公式单元
8	交易性金融资产	2	公式单元	公式单元	交易性金融负债	33	公式单元	公式单元
9	应收票据	3	公式单元	公式单元	应付票据	34	公式单元	公式单元
10	应收账款	4	公式单元	公式单元	应付账款	35	公式单元	公式单元
11	预付款项	5	公式单元	公式单元	预收款项	36	公式单元	公式单元
12	应收利息	6	公式单元	公式单元	应付职工薪酬	37	公式单元	公式单元
13	应收股利	7	公式单元	公式单元	应交税费	38	公式单元	公式单元
14	其他应收款	8	公式单元	公式单元	应付利息	39	公式单元	公式单元
15	存货	9	公式单元	公式单元	应付股利	40	公式单元	公式单元
16	一年内到期的非流动资产	10	演示数据		其他应付款	41	公式单元	公式单元
17	其他流动资产	11			一年内到期的非流动负债	42		
	流动资产合计	12	公式单元	公式单元	其他流动负债			

图4-26 资产负债表

（5）单击"格式/数据"按钮，切换到"数据"状态。

（6）执行“数据”｜“关键字”｜“录入”操作，系统弹出“录入关键字”窗口，如图4-27所示。

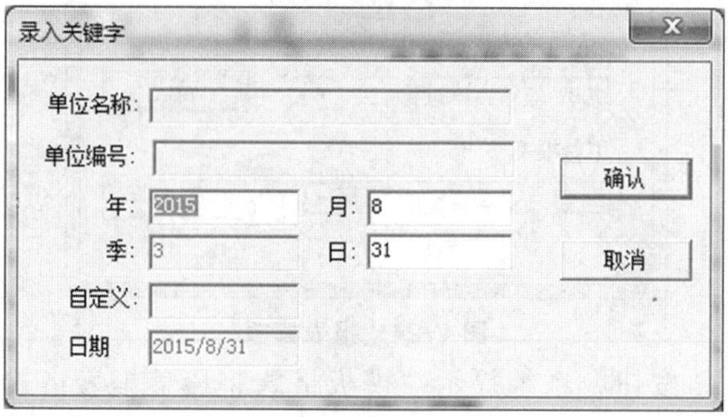

图4-27　录入关键字

输入年“2015”，月“8”，日“31”。

单击“确认”按钮，系统提示“是否重算第1页？”，如图4-28所示。

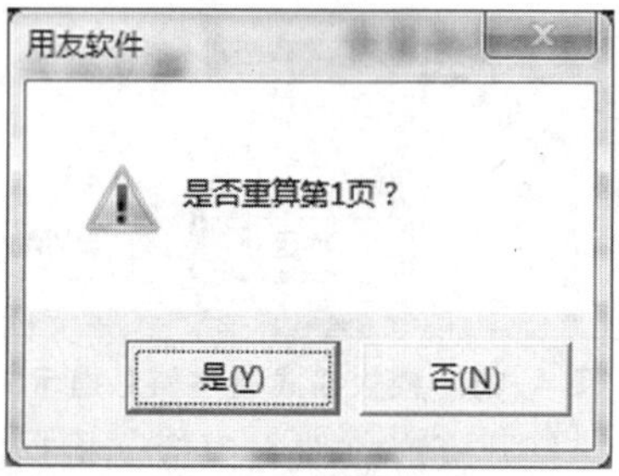

图4-28　报表重算信息提示

单击“是”按钮，系统自动按照关键字取8月份的数据进行计算。

计算结果出来后，在当前表页的左下角出现“计算完毕”字样。如果数据有误，则切换回“格式”状态进行修改，再切换回“数据”状态进行重算，如图4-29所示。

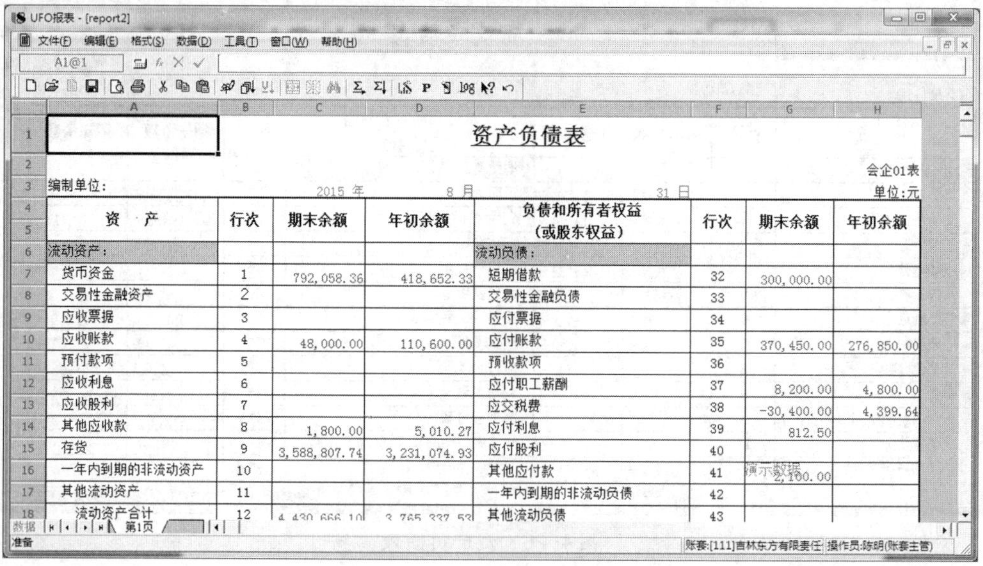

资　产	行次	期末余额	年初余额	负债和所有者权益（或股东权益）	行次	期末余额	年初余额
流动资产：				流动负债：			
货币资金	1	792,058.36	418,652.33	短期借款	32	300,000.00	
交易性金融资产	2			交易性金融负债	33		
应收票据	3			应付票据	34		
应收账款	4	48,000.00	110,600.00	应付账款	35	370,450.00	276,850.00
预付款项	5			预收款项	36		
应收利息	6			应付职工薪酬	37	8,200.00	4,800.00
应收股利	7			应交税费	38	-30,400.00	4,399.64
其他应收款	8	1,800.00	5,010.27	应付利息	39	812.50	
存货	9	3,588,807.74	3,231,074.93	应付股利	40		
一年内到期的非流动资产	10			其他应付款	41	2,100.00	
其他流动资产	11			一年内到期的非流动负债	42		
流动资产合计	12	4,430,666.10	3,765,337.53	其他流动负债	43		

图4-29　报表数据处理后

执行"文件"|"保存"操作，保存当前表页。

任务三　生成利润表

任务名称

生成吉林东方有限责任公司的利润表。

任务材料

利用报表模板，生成吉林东方有限责任公司的"利润表"。

任务要求

生成吉林东方有限责任公司的年和月分别为"2015"和"8"的利润表并保存于F盘，文件名称为"利润表.rep"。

操作示范

操作步骤：

（1）在"格式"状态下，执行"格式"|"报表模板"操作，系统弹出"报表模板"窗口。"您所在的行业"选择"2007年新会计制度科目"，财务报表选择"利润表"，如图4-30所示。

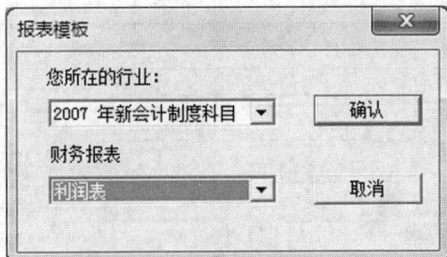

图4-30　报表模板

（2）单击"确认"按钮，系统提示"模板格式将覆盖本表格式！是否继续？",如图4-31所示。

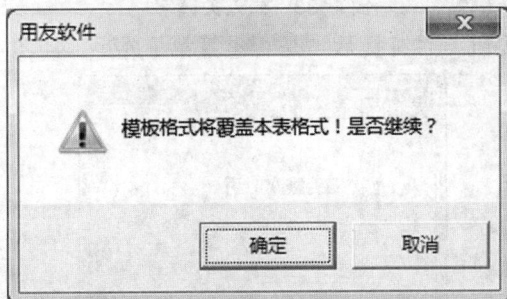

图4-31　模板格式覆盖信息提示

（3）单击"确定"按钮，即打开利润表模板。根据实际情况调整报表格式和报表公式并保存调整后的报表模板，如图4-32所示。

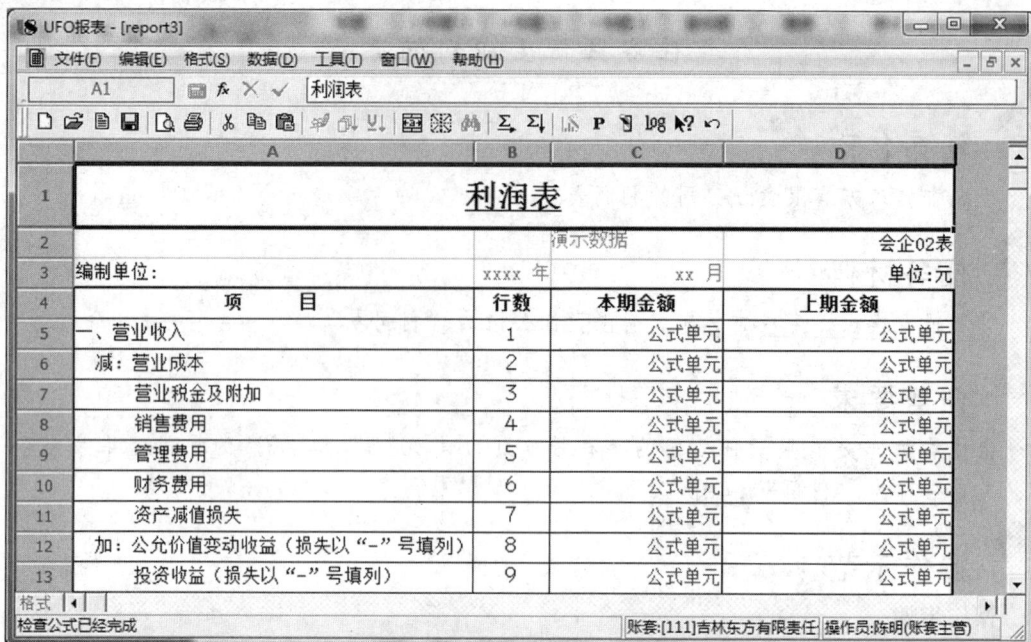

图4-32　检查公式

（4）单击"格式/数据"按钮，切换到"数据"状态。执行"数据"｜"关键字"｜"录入"操作，系统弹出"录入关键字"窗口。输入年"2015"，月"8"，如图4-33所示。

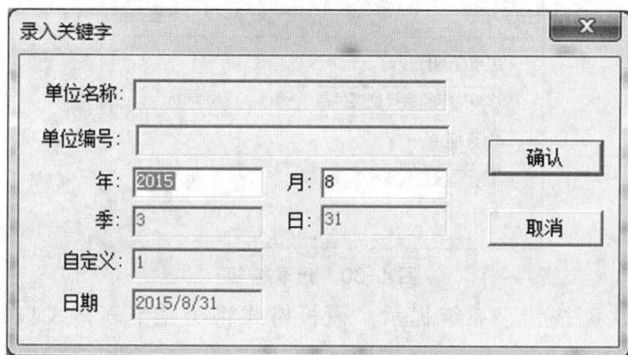

图4-33　录入关键字

（5）单击"确认"按钮，系统提示"是否重算第1页？"，如图4-34所示。

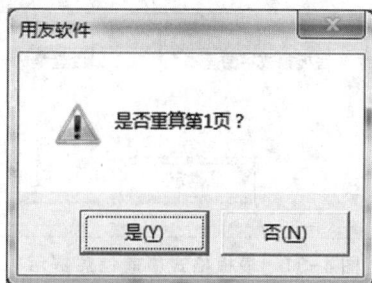

图4-34　报表重算信息提示

（6）单击"是"按钮，系统自动按照关键字取8月份的数据进行计算。

计算结果出来后，在当前表页的左下角出现"计算完毕"字样。如果数据有误，则切换回"格式"状态进行修改，再切换回"数据"状态进行重算，如图4-35所示。

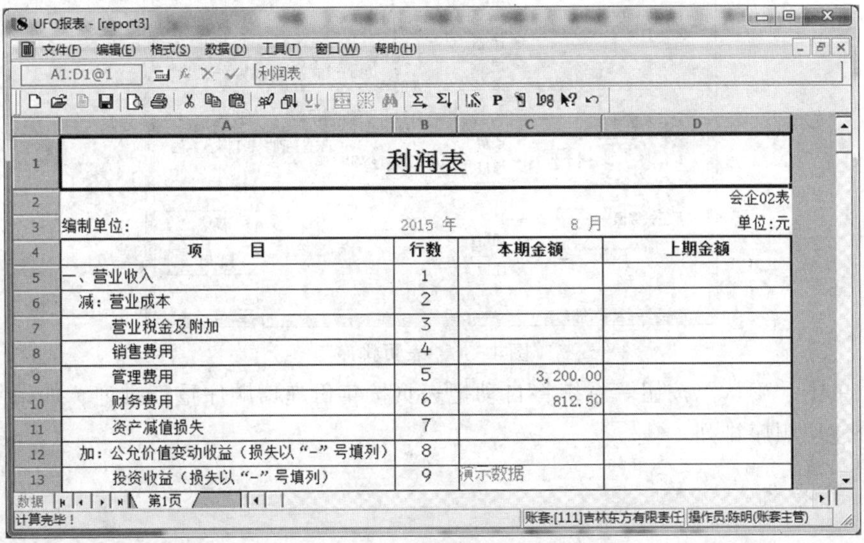

图4-35　报表数据处理后

（7）执行"文件"｜"保存"操作，保存当前表页。

| 实训三 | 报表管理 |

任务一　表页管理

任务名称

查找一张表页。

任务材料

按不同的关键字查找吉林东方有限责任公司的货币资金表中的表页。

任务要求

按照不同的查找条件，查找吉林东方有限责任公司的货币资金表中的表页。

操作示范

1.表页排序

操作步骤：

（1）执行"数据"｜"排序"｜"表页"操作，打开"表页排序"对话框。

（2）确定信息：选择第一关键字"年"，排序方向"递增"；选择第二关键字"月"，排序方向"递增"，如图4-36所示。

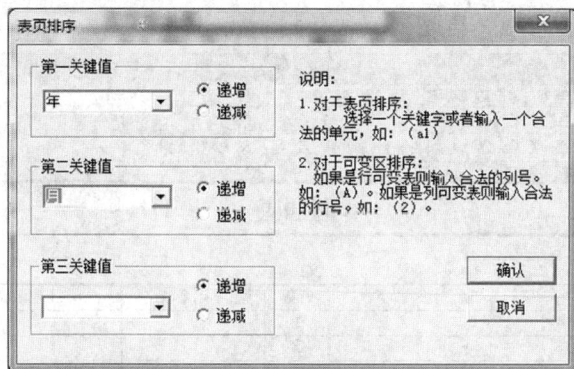

图4-36　表页排序

（3）单击"确认"按钮。系统将自动把表页按年份递增顺序重新排列，如果年份相同则按月份递增顺序排列。

2.表页查找

查找关键字："单位名称=2公司"的表页。

同理查找关键字："月=10"的表页。

同理查找关键字："日=08"的表页。

操作步骤：

（1）执行"编辑"|"查找"操作，打开"查找"对话框。

（2）确定查找内容"表页"，输入不同的查找条件。

（3）单击"查找"按钮，查找到符合条件的表页作为当前表页。

任务二　报表保护

任务名称

进行报表保护设置。

任务材料

对吉林东方有限责任公司的利润表进行格式和文件加锁。

任务要求

格式加锁和文件加锁时各自密码或口令为"1"和"2"。

操作示范

操作步骤：

（1）打开2015年8月"利润表"。

（2）执行"格式"｜"保护"｜"格式加锁"操作，打开"格式加锁"窗口，输入新口令"1"，确认口令输入"1"，如图4-37所示。

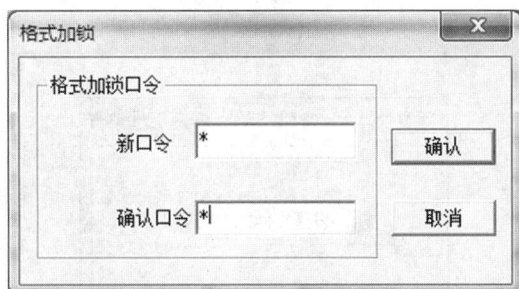

图4-37　格式加锁

（3）单击"确认"按钮，提示"设置格式口令成功！"的对话框，如图4-38所示。

（4）格式加锁后，每次切换到格式状态时需要输入口令"1"，如图4-39所示。

图4-38　设置格式口令成功提示　　　　图4-39　验证格式口令

（5）单击"确认"按钮，进入利润表格式状态窗口，如图4-40所示。

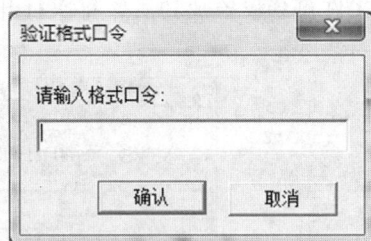

图4-40　利润表

（6）执行"文件"|"文件口令"操作，打开"设置文件口令"窗口，输入新口令"2"，确认新口令输入"2"。

（7）单击"确认"按钮，系统弹出"设置文件口令成功！"提示框，如图4-41所示。

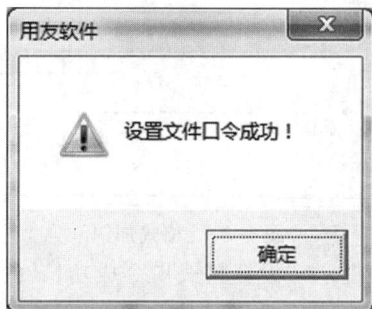

图4-41　设置文件口令成功提示

（8）文件口令设置成功后，每次打开报表文件必须输入口令"2"，才能打开报表，如图4-42所示。

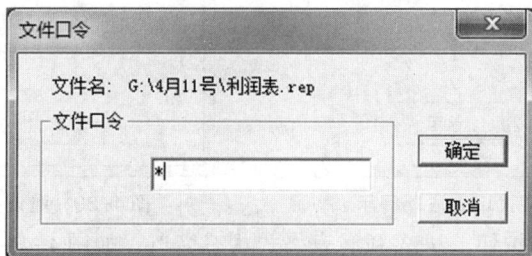

图4-42　文件口令

重点难点

重点：报表公式定义、关键字设置和录入、报表模板调用和修改。

难点：报表公式函数录入、关键字设置。

同步测试

（一）判断题

1.在UFO报表中，关键字的主要作用是标识表页。　　　　　　　　　　　　（　　）

2.UFO报表可直接在"格式"状态下获取总账数据。　　　　　　　　　　　（　　）

3.UFO报表"数据"状态下只需录入单位编码即可完成损益表的计算。　　　（　　）

4.在UFO报表中，报表数据处理不一定要在"数据"状态下进行。　　　　　（　　）

5.在UFO报表的"格式"状态下可以进行删除表页的操作。　　　　　　　　（　　）

6.在UFO报表中只能从总账中提取财务数据。　　　　　　　　　　　　　　（　　）

7.UFO报表的关键字必须由手工键入。　　　　　　　　　　　　　　　　　（　　）

8.在UFO报表的"数据"状态，可以调整报表的行高和列宽。　　　　　　　（　　）

9.在UFO报表中，单元的数据类型只有表样型、数值型和字符型三种。　　（　　）

10.组成报表的基本要素：表头、表体、表尾。 （   ）

11.UFO报表中关键字偏移量为负数，则表示关键字的位置向左偏移的距离。 （   ）

12.执行UFO报表舍位操作后，工作界面展示的报表是生成的舍位报表。 （   ）

13."数据"状态下可以修改UFO报表的审核公式。 （   ）

14.在UFO报表中，单元公式中涉及的符号均为英文全角字符。 （   ）

15.UFO报表的所有数据单元都可以联查明细账。 （   ）

（二）单项选择题

1.报表数据处理中，追加表页是在（   ）追加N张表页。

A.第一张表页后面 B.第一张表页前面

C.当前表页后面 D.最后一张表页后

2.UFO报表中同一报表文件的表页可以是（   ）。

A.不同格式同样数据 B.不同格式不同数据

C.相同格式相同数据 D.相同格式不同数据

3.UFO报表的数据处理能够完成（   ）任务。

A.设置关键字 B.舍位平衡 C.格式排版 D.修改单元公式

4.关于UFO报表系统的操作规定，正确的表述是（   ）。

A.对于报表尺寸、颜色等的设定，将作用于所有表页

B.对于报表尺寸、颜色等的设定，将作用于指定表页

C.对于报表尺寸、颜色等的设定，将不影响表页

D.对于报表尺寸、颜色等的设定，将作用于第一表页

5.在UFO报表中，要想将A1：C4设置成组合单元，应选择的组合方式是（   ）。

A.按行组合 B.取消组合 C.按列组合 D.整体组合

6.在各类报表中，每个数据都有明确的经济含义，并且数据间往往存在着某种对应关系，称为（   ）。

A.函数 B.表达式 C.勾稽关系 D.自变量

7.单元风格是指单元内容的（   ）等设置。

A.字号、字体、字型 B.数字、字符、表样

C.表样、对齐方式、颜色图案 D.数字、字符、字型

8.UFO报表不能导出（   ）文件格式。

A.EXCEL文件（.XLS） B.WORD文件（.DOC）

C.ACCESS数据库文件 D.LOTUS1-2-3

9.在UFO报表的操作窗口内，点击行标和列标相交处的空白格的功能是（   ）。

A.按行划分显示窗口 B.选择全表单元

C.按列划分显示窗口 D.没有任何功能

10.如果发现UFO生成的财务报表中有公式的单元数据错误，可通过（   ）进行修改。

A.直接修改公式 B.返回"格式"状态修改公式

C.返回"格式"状态修改数据 D.直接键入正确的数据

11.下列（　　）不是单元属性的内容。

A.字体颜色　　　　　　B.表线　　　　　　　C.行高　　　　　　　D.对齐方式

12.以下公式中，（　　）是合法的舍位平衡公式。

A.C4=C1+C2-C3　　　　　　　　　　　B.C4=C3+C2/2

C.C4=C4@1+C3　　　　　　　　　　　D.C4=C1*C2-C3

13.选中A1：A5区域进行单元组合操作时，应选择（　　）单元组合方式。

A.按列组合　　　　　　B.按行组合　　　　　C.取消组合　　　　　D.自定义组合

14.报表审核公式主要用于（　　）。

A.报表数据来源定义完成后，审核报表的合法性

B.报表数据生成前，审核报表数据的正确性

C.报表数据来源定义完成后，审核报表的正确性

D.报表数据生成后，审核报表数据的合法性

15.格式正确的审核公式是（　　）。

A.C43=G43 MESS［期初资产总计与负债及权益总计不等！］

B.C43=G43 MESS 期初资产总计与负债及权益总计不等！

C.C43=G43 MESS '期初资产总计与负债及权益总计不等！'

D.C43=G43 MESS "期初资产总计与负债及权益总计不等！"

16.在进行UFO舍位计算时，系统要提示"是否确定全表重算？"，如果选择"是"，会出现的结果是（　　）。

A.生成正确的舍位报表　　　　　　　B.生成未舍位的舍位报表

C.不能生成舍位报表　　　　　　　　D.复制一张报表

17.报表数据处理必须在（　　）状态下进行。

A.数据　　　　　　　　　　　　　　B.格式

C.格式或数据状态均可　　　　　　　D.其他状态

18.在会计报表系统中，（　　）是一种一次设置、长期使用的操作。

A.报表维护　　　　　B.报表编制　　　　　C.报表汇总　　　　　D.报表格式设置

（三）多项选择题

1.数据状态下可以进行以下（　　）操作。

A.汇总表页　　　　　　　　　　　　B.调整关键字位置

C.设置列宽　　　　　　　　　　　　D.审核数据

2.要想改变设置好的UFO报表尺寸，可以选择的方法有（　　）。

A.在"格式"状态下执行追加行或列操作

B.在"数据"状态下执行追加表页操作

C.在"数据"状态下执行插入表页操作

D.在"格式"状态下执行插入行或列操作

3.在报表系统中，报表审核公式运算包括（　　）。

A."/"（除以）　　　B."*"（乘）　　　C.">"（大于）　　　D."+"（加）

4.报表系统中报表公式主要有（　　）。

A.报表单元公式　　　　　　　　B.合并报表公式

C.舍位平衡公式　　　　　　　　D.审核公式

5.以下（　　）是进入编辑单元公式的正确方法。

A.在编辑栏中按"fx"图标

B.在选定的单元双击鼠标左键

C.在选定的单元单击鼠标左键

D.选择数据菜单下的编辑公式–>单元公式

6.有关报表系统中单元属性叙述正确的是（　　）。

A.表样单元输入后对所有表页有效

B."格式"状态下输入内容的单元均默认为表样单元

C.数值单元输入后只对本表页有效

D.字符单元输入后只对本表页有效

7.报表系统中，单元属性主要指的是单元内容的性质，如（　　）。

A.字体　　　　　　　B.字符　　　　　　C.表样　　　　　　D.数字

8.在编制UFO报表时，可用（　　）方式设置表格线。

A.单元属性　　　　B.套用格式　　　　C.区域填充　　　　D.区域画线

9.（　　）是UFO报表的单元类型。

A.逻辑型　　　　　B.数值型　　　　　C.字符型　　　　　D.表样型

10.舍位位数为4表示（　　）。

A.舍位区域中所有数据舍位后保留小数点后4位

B.舍位区域中所有数据保留小数后4位

C.舍位区域中所有数据除以10 000

D.舍位区域中所有数据的小数点向左移动4位

11.下列（　　）方法可以输入单元公式。

A.在编辑框中输入"="和公式　　　B.点击"fx"按钮，输入公式

C.双击单元格输入公式　　　　　　D.按"="键输入公式

12.在UFO系统中，对生成的报表文件可以用（　　）方法进行防止修改的保护。

A.强制备份　　　　　　　　　　B.隐藏文件

C.对格式进行加密　　　　　　　D.对文件进行加密

13.（　　）操作必须在"数据"状态下完成。

A.单元组合　　　　　　　　　　B.设置列宽

C.表页重算　　　　　　　　　　D.审核操作

同步实训

【实训要求】

UFO报表是每个企事业单位定期都要编制的财务报表。要求班级学生采用分组训练的形式，每组5人，选举产生组长，组长分派组员岗位，阐明岗位分工及职责。各组按要求分别编制资产负债表、利润表、管理费用明细表。

会计信息化实操

【情境引例】

1. 自制报表：管理费用明细表（见表4-2）

表4-2

管理费用明细表

单位名称：　　　　　　　　　　　年　月　日　　　　　　　　　　单位：元

项目	行次	借方发生额	贷方发生额
管理费用——办公费	1		
管理费用——差旅费	2		
管理费用——工资	3		
管理费用——折旧费	4		
管理费用——福利费	5		
管理费用——其他	6		
合计	7		

制表人：

说明：①标题"管理费用明细表"为十四号黑体居中。

②单位名称和年、月、日应设为关键字。

③表体文字为十二号宋体居中，制表人：为十一号宋体右对齐，制表人为学生本人。

④相应单元公式及合计数公式学生自行设置。

2. 利用报表模板生成资产负债表

3. 利用报表模板生成利润表

【工作任务】

1. 自制一张管理费用明细表。按照实际工作的报表样式在 UFO 报表子系统中进行报表格式设置（要求：美观实用），并将年、月、日设置为关键字，同时录入管理费用明细表中各单元公式。

2. 定义审核公式和舍位平衡公式（舍位位数为3位）并执行审核和舍位操作。

3. 生成一张管理费用明细表并保存。

4. 调用报表模板创建资产负债表和利润表，按照实际的资产负债表和利润表格式调整报表尺寸（要求：美观实用），修正单元公式。

5. 生成资产负债表和利润表并保存。

6. 为资产负债表和利润表各追加3张表页。

7. 对资产负债表和利润表进行格式加锁，以实施保护。

8. 练习追加、删除表页和插入、删除行及列的操作。

固定资产系统

职业能力目标

专业能力：

能进行固定资产管理系统的初始设置；对日常业务进行适时处理；能顺利完成固定资产月末结账、对账。

职业核心能力：

能根据实训对某企业的固定资产状况进行深入了解，并顺利帮助企业建立起固定资产账套，有效实现对固定资产的增减、变动、折旧、对账、结账等操作工作的控制。

实训一　　固定资产系统初始化

任务一　建立固定资产账套

任务名称

为吉林东方有限责任公司建立专用的固定资产账套。

任务材料

吉林东方有限责任公司为加强对固定资产的核算与管理，物资管理部门的负责人陈明（001）于2015年8月1日启用固定资产管理系统，建立固定资产子账套。财产物资会计马方负责固定资产管理系统的初始设置，同时也负责固定资产日常业务处理及月末处理。账套信息如下：

（1）固定资产折旧信息：采用"平均年限法（一）"计提折旧，按使用部门逐月计提，折旧分配周期为一个月；在固定资产可使用的最后一个月，将剩余折旧全部提足；企业在经营过程中如遇折旧要素发生变动，按变动后的要素计提折旧。

（2）固定资产编码规则：固定资产类别编码方式为2-1-1-2，编码方式采用自动编号（类别编号+序号，序号长度3位）。

（3）固定资产与财务接口：要求与总账系统进行对账，科目为"1601 固定资产"，"1602 累计折旧"。在对账不平衡的情况下允许该系统月末结账。

任务要求

完成吉林东方有限责任公司固定资产专用账套的建立。

操作示范

1.启用固定资产管理系统

操作步骤：

（1）执行"开始"|"程序"|"用友ERP-U8"|"企业应用平台"操作，如图5-1所示。

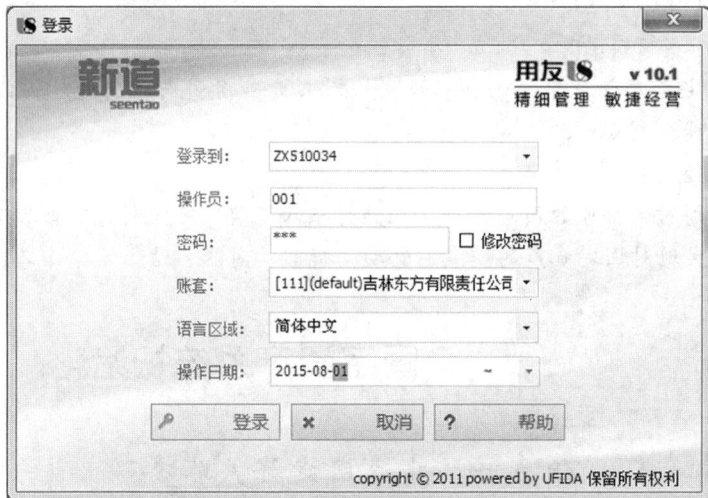

图5-1　登录企业应用平台

（2）执行"设置"|"基本信息"|"系统启用"操作，打开"系统启用"对话框，选中"FA固定资产"复选框，如图5-2所示。弹出"日历"对话框，选择固定资产系统启用日期"2015-08-01"，如图5-3所示。单击"确定"按钮，系统弹出"确实要启用当前系统吗?"信息提示对话框，单击"是"按钮返回。

图5-2　启用固定资产系统

图 5-3　日期设置

（3）在"业务"选项卡中，单击"财务会计"|"固定资产"选项，系统弹出"这是第一次打开此账套，还未进行过初始化，是否进行初始化？"信息提示对话框，单击"是"按钮，打开固定资产"初始化账套向导"对话框，如图 5-4 所示。

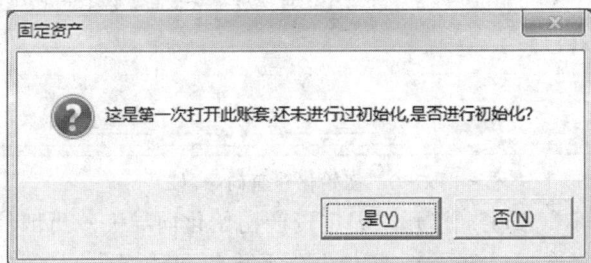

图 5-4　固定资产系统初始化提示窗口

2. 初始设置

操作步骤：

初次启用固定资产管理系统的参数设置：

（1）在"固定资产初始化向导——约定与说明"对话框中，选中"我同意"复选框，如图 5-5 所示。

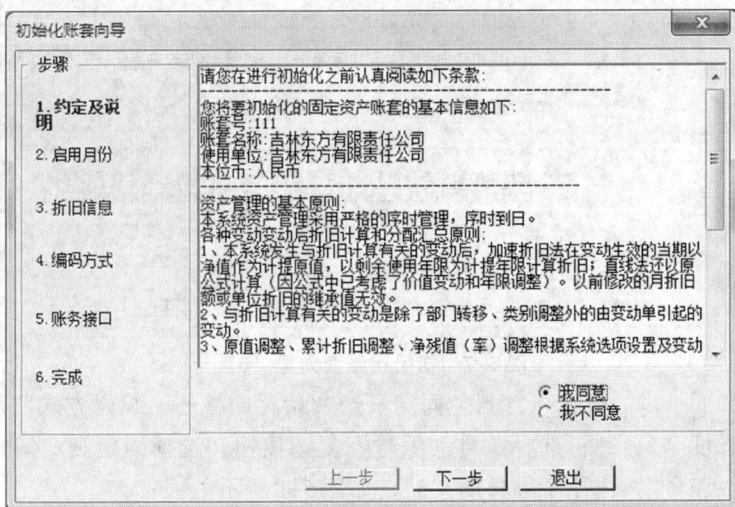

图 5-5　初始化账套向导（1）

（2）单击"下一步"按钮，打开"固定资产初始化向导——启用月份"对话框。选择账套启用月份"2015.08"，如图5-6所示。

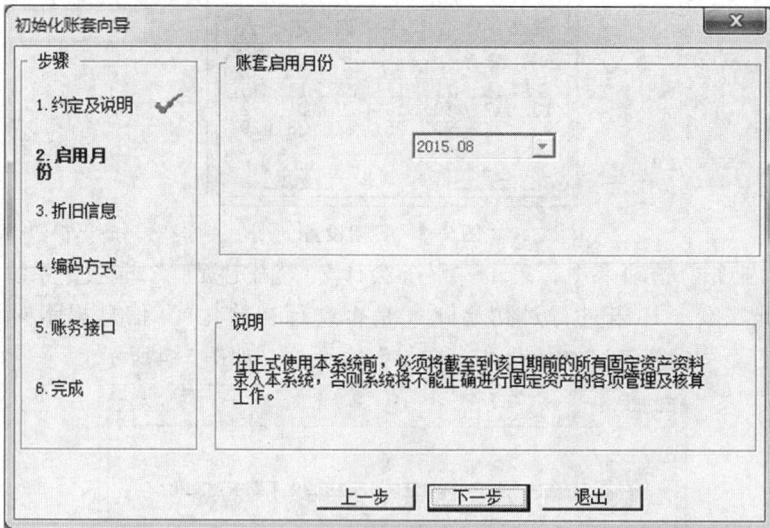

图5-6 初始化账套向导（2）

（3）单击"下一步"按钮，打开"固定资产初始化向导——折旧信息"对话框。选中"本账套计提折旧"复选框；选择折旧方法"平均年限法（一）"，折旧分配周期"1个月"；选中"当（月初已计提月份=可使用月份-1）时将剩余折旧全部提足（工作量法除外）"复选框，如图5-7所示。

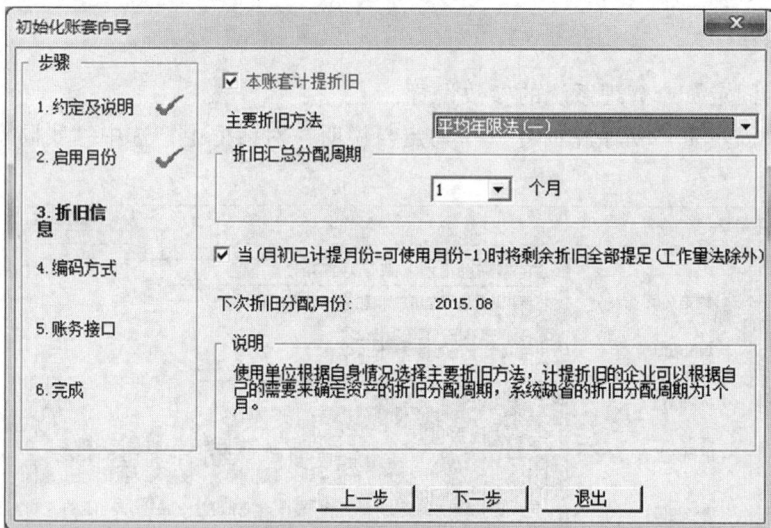

图5-7 初始化账套向导（3）

（4）单击"下一步"按钮，打开"固定资产初始化向导——编码方式"对话框。确定资产类别编码长度"2112"；选择"自动编号"复选按钮，选择固定资产编码方式"类别编号+部门编号+序号"，选择序号长度"3"，如图5-8所示。

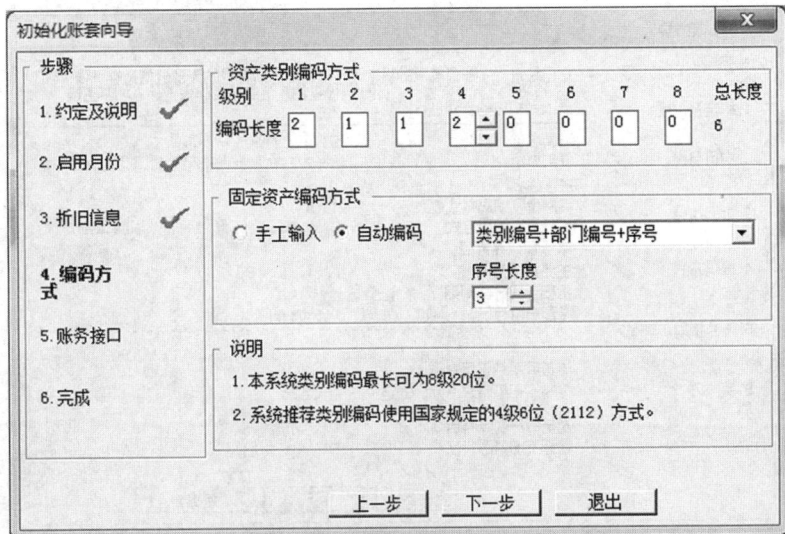

图 5-8　初始化账套向导（4）

（5）单击"下一步"按钮，打开"固定资产初始化向导——财务接口"对话框。选中"与账务系统进行对账"复选框；选择固定资产的对账科目"固定资产（1601）"，累计折旧的对账科目"累计折旧（1602）"，如图 5-9 所示。

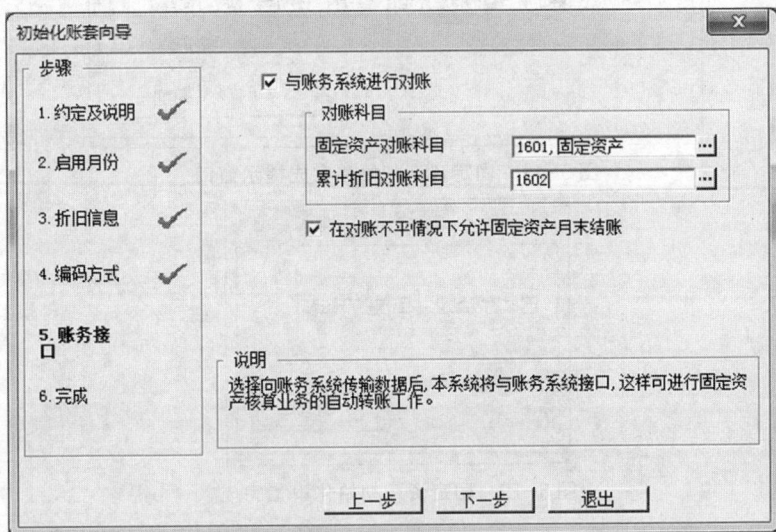

图 5-9　初始化账套向导（5）

（6）单击"下一步"按钮，打开"固定资产初始化向导——完成"对话框，如图 5-10 所示。

（7）单击"完成"按钮，完成本账套的初始化，系统弹出"是否确定所设置的信息完全正确并保存对新账套的所有设置？"信息提示对话框，如图 5-11 所示。

（8）单击"是"按钮，系统弹出"已成功初始化本固定资产账套！"信息提示对话框，单击"确定"按钮，如图 5-12 所示。

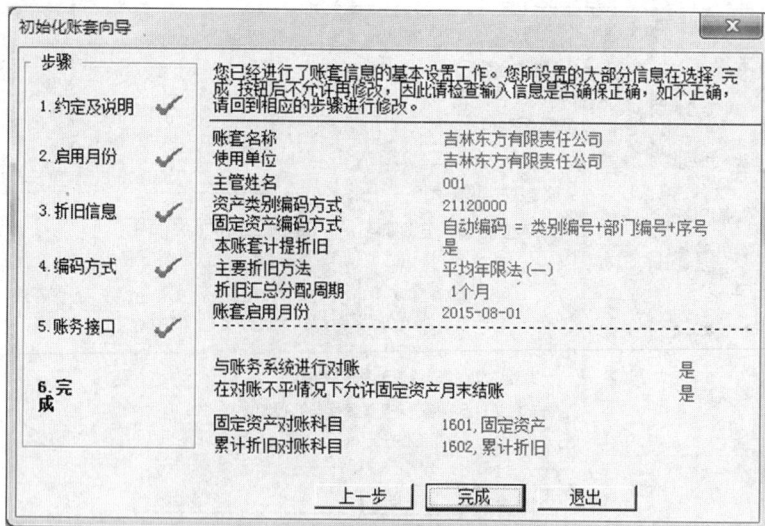

图5-10 初始化账套向导（6）

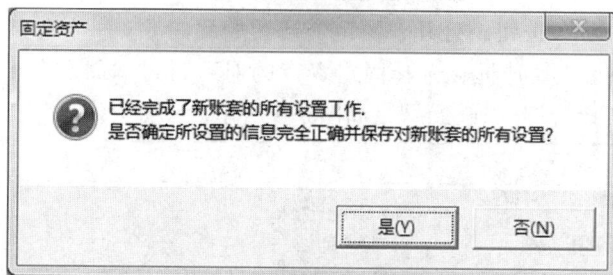

图5-11 固定资产初始化完成提示窗口

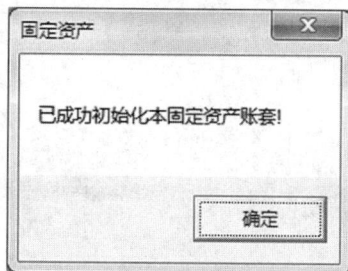

图5-12 固定资产初始化设置完成

任务二 固定资产基础档案设置

任务名称

进行吉林东方有限责任公司固定资产系统基础档案设置。

任务材料

1.选项设置

选项："业务发生后立即制单""月末结账前一定要完成制单登账业务"；固定资产缺

省入账科目"固定资产（1601）"、累计折旧缺省入账科目"累计折旧（1602）"、减值准备缺省入账科目"固定资产减值准备（1603）"、增值税进项税额缺省入账科目"进项税额（22210101）"、固定资产清理缺省入账科目"固定资产清理（1606）"；不勾选"其他"选项卡中的"不允许转回减值准备"选项。

2.卡片项目设置

新增卡片项目："制造厂商"；数据类型："字符型"；字符数："20"。

卡片样式设置：

新建卡片样式1：将"制造厂商"项目在原有"通用样式"基础上加到卡片中，并保存为"我的卡片"。

3.固定资产类别设置（见表5-1）

表5-1 资产类别表

编码	类别名称	使用年限	计提属性	净残值率	折旧方法	卡片样式
01	交通运输设备	10	正常计提	4%	平均年限法（一）	我的卡片
011	经营用设备	10	正常计提	4%	平均年限法（一）	我的卡片
012	非经营用设备	20	正常计提	4%	平均年限法（一）	我的卡片
02	电子设备及其他设备	20	正常计提	4%	平均年限法（一）	我的卡片
021	经营用设备	20	正常计提	4%	平均年限法（一）	我的卡片
022	非经营用设备	10	正常计提	4%	平均年限法（一）	我的卡片

4.部门对应折旧科目设置（见表5-2）

表5-2 部门对应折旧科目

部门	对应折旧科目
管理中心、采购部	管理费用——折旧费（660206）
销售部	销售费用（6601）
制造中心	制造费用——折旧费（510102）

5.固定资产增减方式设置

增减方式的对应入账科目见表5-3。

表5-3 增减方式对应入账科目

增减方式目录	对应入账科目
增加方式	
直接购入	工行存款（100201）
减少方式	
毁损	固定资产清理（1606）

6.折旧方法设置

新增自定义折旧方法，名称：新方法。

计算公式为：

月折旧率＝1÷（使用年限－已计提月份）；月折旧额＝月折旧率×（月初原值－月初累计折旧－月初净残值）。

任务要求

完成固定资产核算账套选项、部门对应科目、资产类别、增减方式、折旧方法等基础档案的设置。

操作示范

1.选项设置

操作步骤：

（1）执行"设置"｜"选项"操作，进入"选项"窗口。

（2）单击"编辑"按钮，打开"与账务系统接口"选项卡。

（3）选中"业务发生后立即制单""月末结账前一定要完成制单登账业务"复选框；选择默认入账科目"1601，固定资产""1602，累计折旧""1603，固定资产减值准备""22210101，进项税额""1606，固定资产清理"，单击"确定"按钮，如图5-13所示。

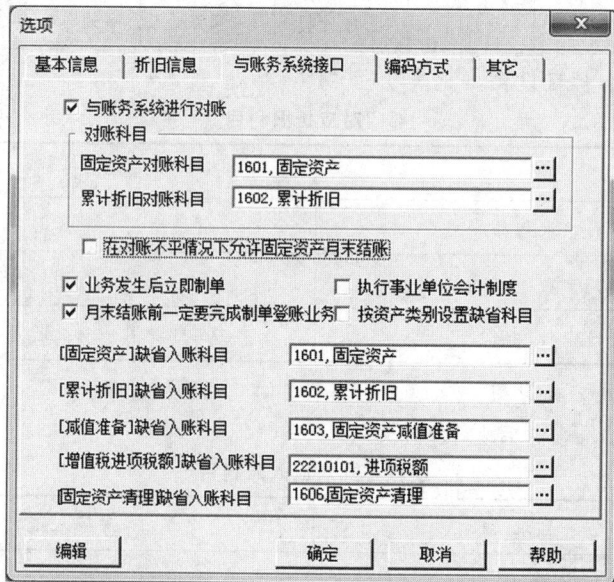

图5-13　与账务系统接口设置

2.卡片项目设置

操作步骤：

（1）执行"卡片"｜"卡片项目"操作，进入"卡片项目定义"窗口，如图5-14所示。

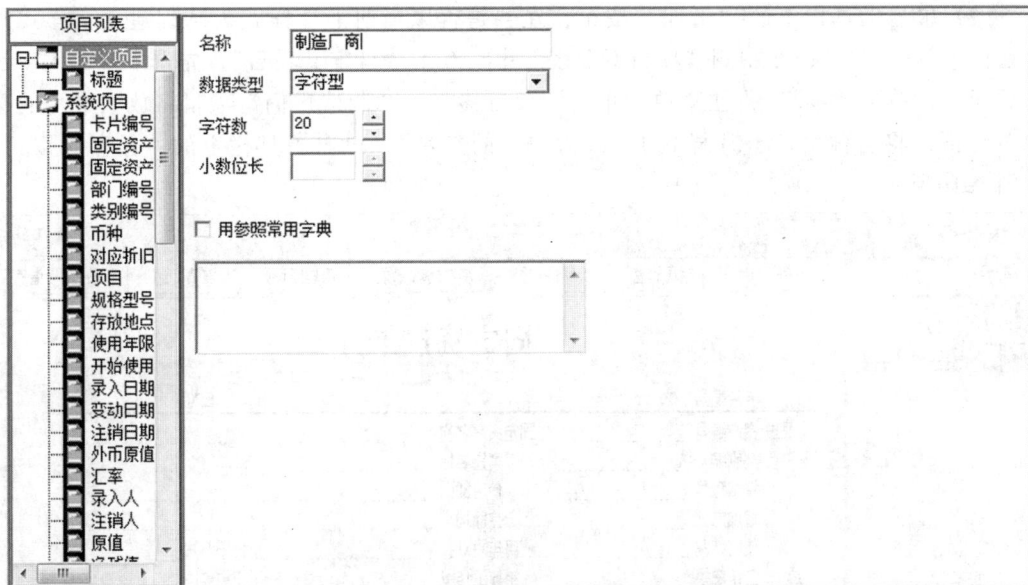

图 5-14　自定义项目

（2）在"项目列表"框中，单击"自定义项目"，单击工具栏上的"增加"按钮。

（3）输入名称"制造厂商"、数据类型"字符型"、字符数"20"，单击工具栏上的"保存"按钮。

3.卡片样式设置

操作步骤：

（1）执行"卡片"｜"卡片样式"操作，进入"卡片样式管理"窗口，如图 5-15 所示。

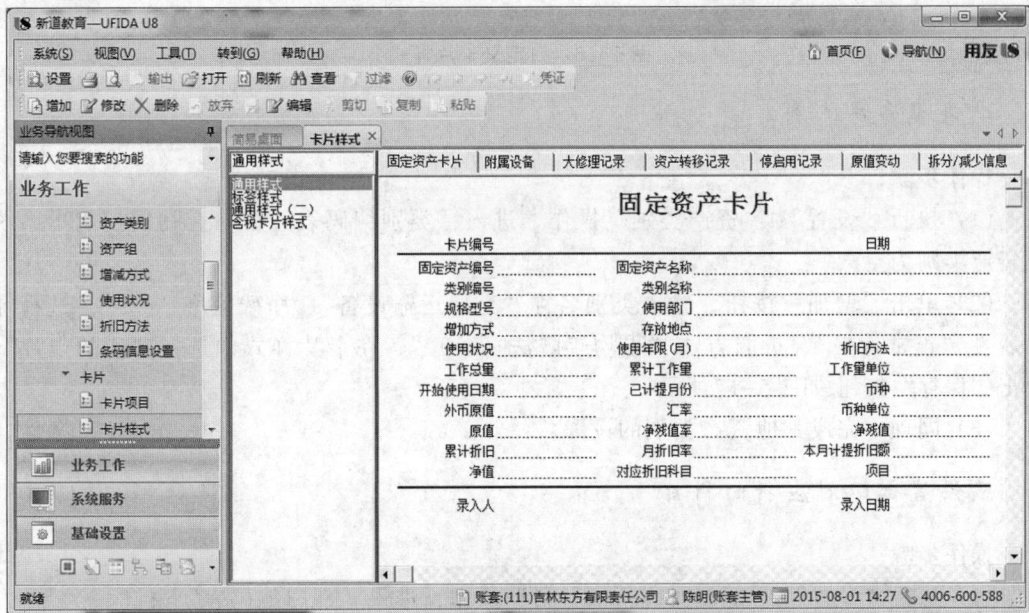

图 5-15　"卡片样式管理"窗口

（2）单击工具栏上的"增加"按钮，在"是否以当前卡片样式为基础建立新样式？"对话框中单击"是"，在左侧"项目对照表"中，双击"自定义项目"，先选中要移入项目的单元格，单击"编辑"，在菜单中单击"项目移入"，"制造厂商"项目将放入卡片的选中单元格，将名称由"卡片样式1"改为"我的卡片"，单击工具栏上的"保存"按钮，如图5-16所示。

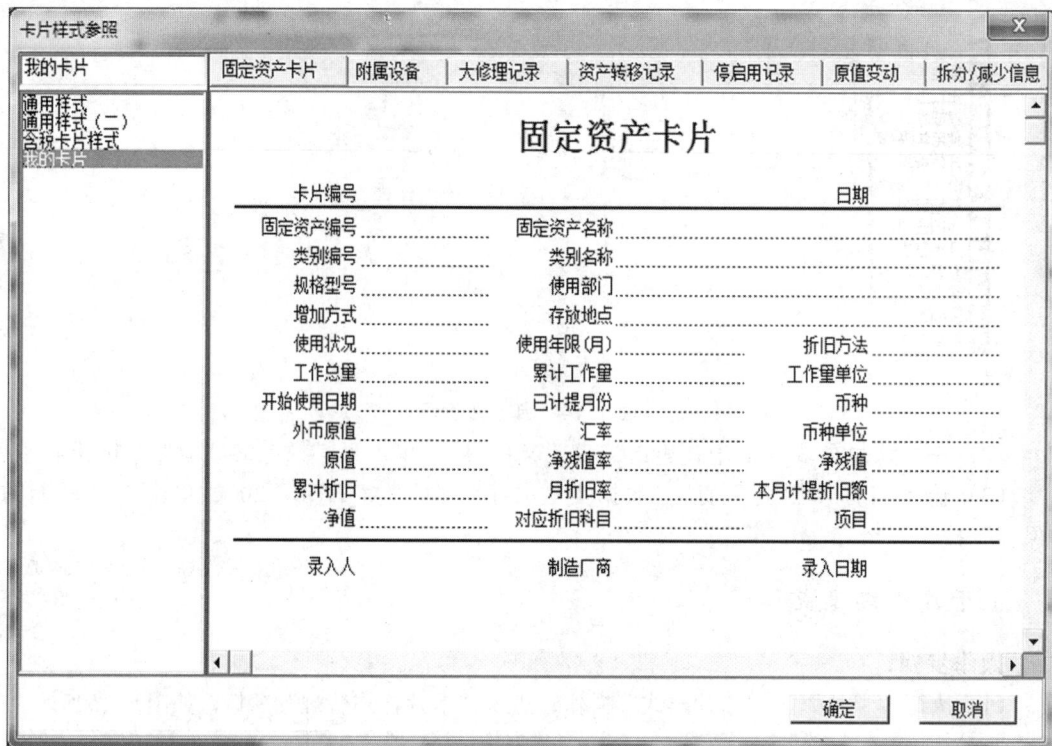

图5-16　自定义卡片样式

4.设置资产类别

操作步骤：

（1）执行"设置"|"资产类别"操作，进入"类别编码表"窗口，初次使用本系统时资产类别为空。

（2）单击"增加"按钮，输入类别名称"交通运输设备"、净残值率"4%"，选择计提属性"正常计提"、折旧方法"平均年限法（一）"，在卡片样式中选择"我的卡片"，单击"保存"按钮,如图5-17所示。

（3）同理，完成其他资产类别的设置。

5.设置部门对应折旧科目

操作步骤：

（1）执行"设置"|"部门对应折旧科目"操作，进入"部门编码表"窗口。

（2）选择部门"管理中心"，单击"修改"按钮。

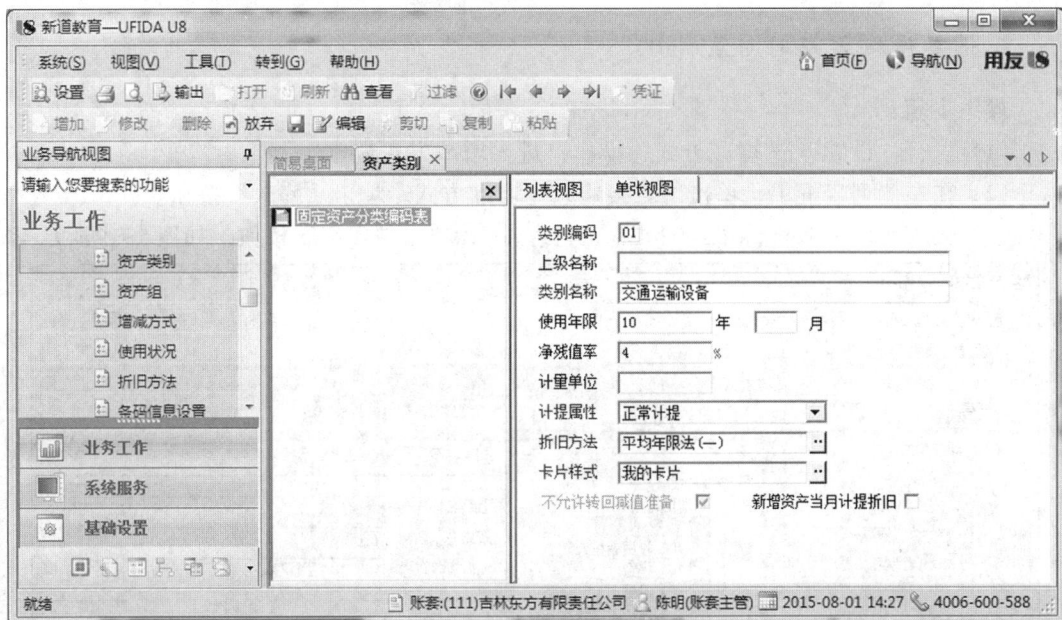

图 5-17　资产类别设置

（3）选择折旧科目"管理费用／折旧费（660206）"，单击"保存"按钮，系统弹出"是否将管理中心部门的所有下级部门的折旧科目替换为［折旧费］？"信息提示对话框，单击"是"按钮。替换之后，可看到管理中心下的总经理办公室、财务部对应折旧科目均修改为"管理费用／折旧费"，如图 5-18 所示。

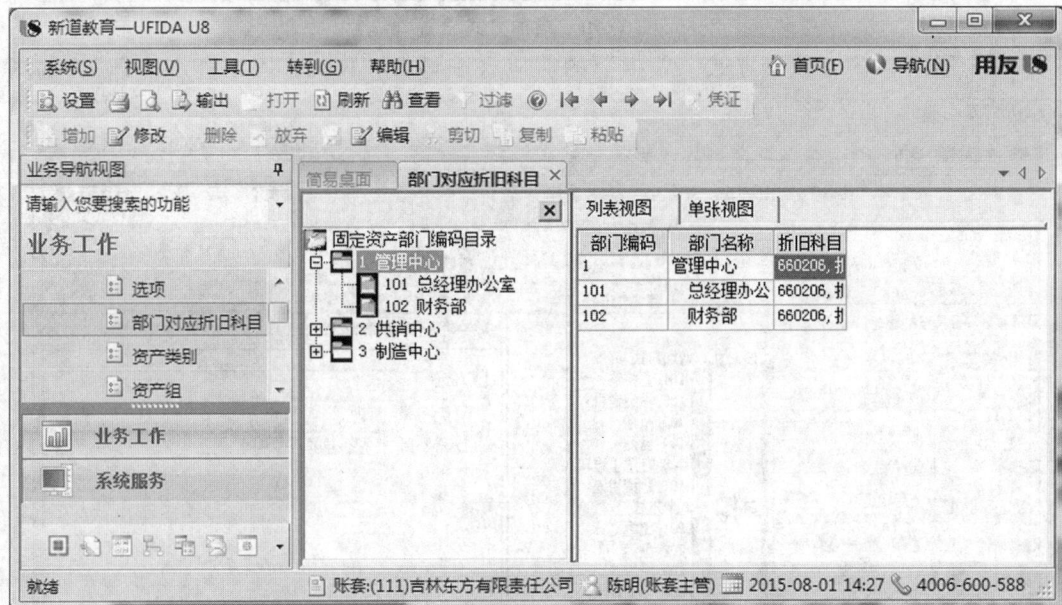

图 5-18　部门对应折旧科目列表视图

（4）同理，完成其他部门折旧科目的设置。

6.设置增减方式的对应科目

操作步骤：

（1）执行"设置"丨"增减方式"操作，进入增减方式窗口。

（2）在左侧列表框中，单击"直接购入"增加方式，单击"修改"按钮。

（3）输入对应入账科目"100201，工行存款"，单击"保存"按钮，如图5-19所示。

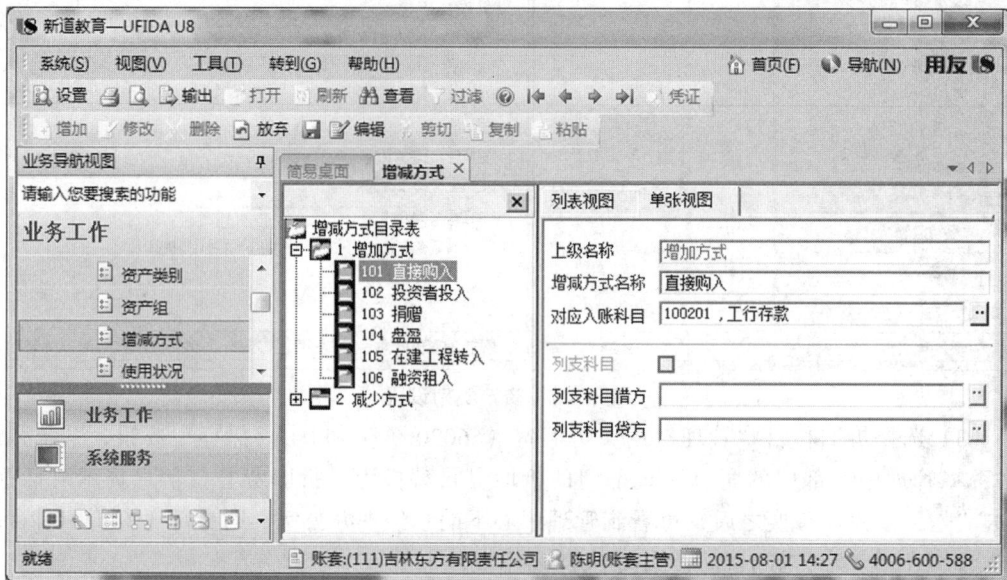

图5-19　增加方式设置

（4）同理，输入减少方式"毁损"的对应入账科目"1606，固定资产清理"，如图5-20所示。

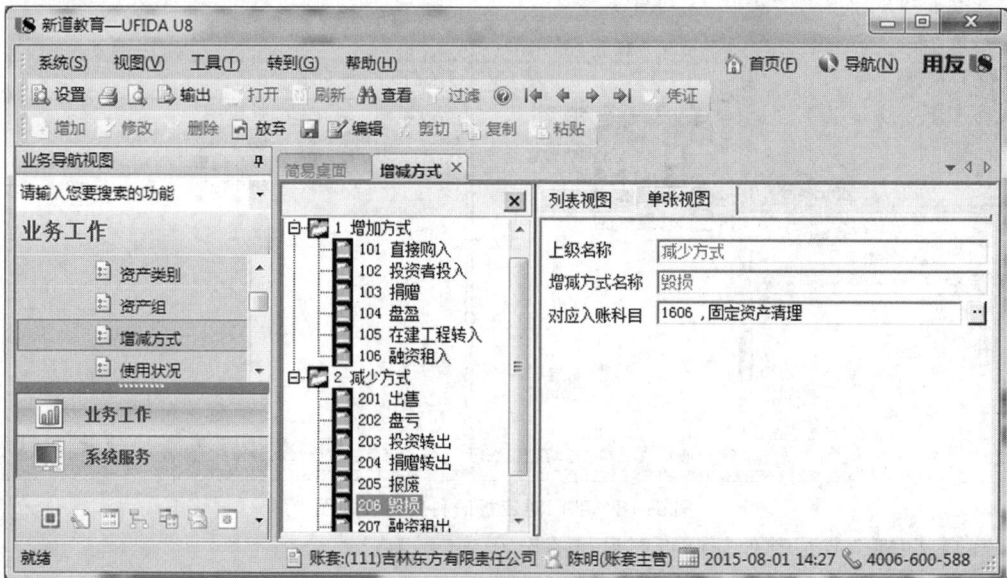

图5-20　减少方式设置

7.折旧方法设置

操作步骤:

(1) 执行"设置" | "折旧方法"操作,进入"折旧方法"窗口,如图5-21所示。

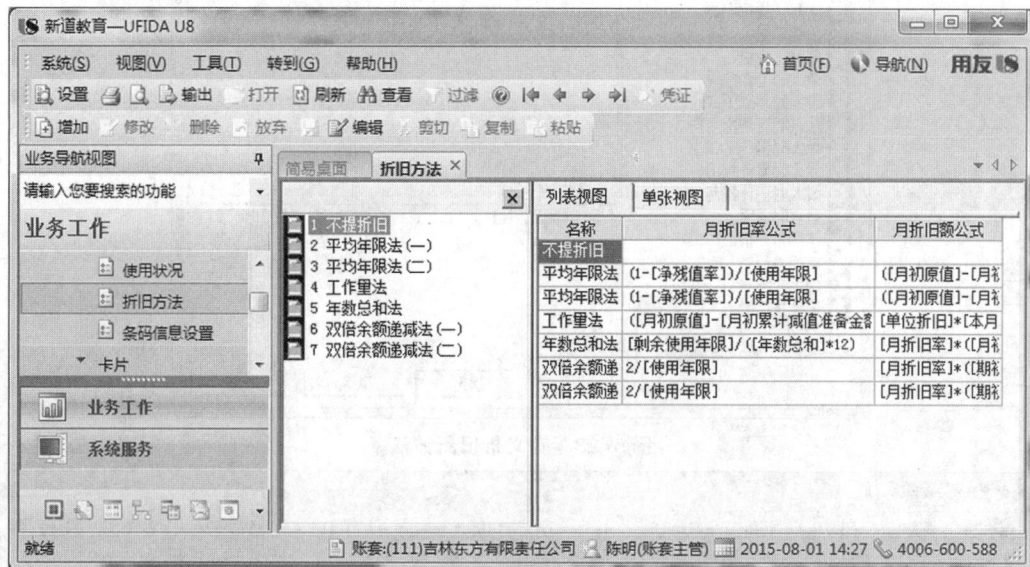

图5-21 折旧方法——列表视图

(2) 单击"增加"按钮,打开"折旧方法定义"窗口,如图5-22所示。

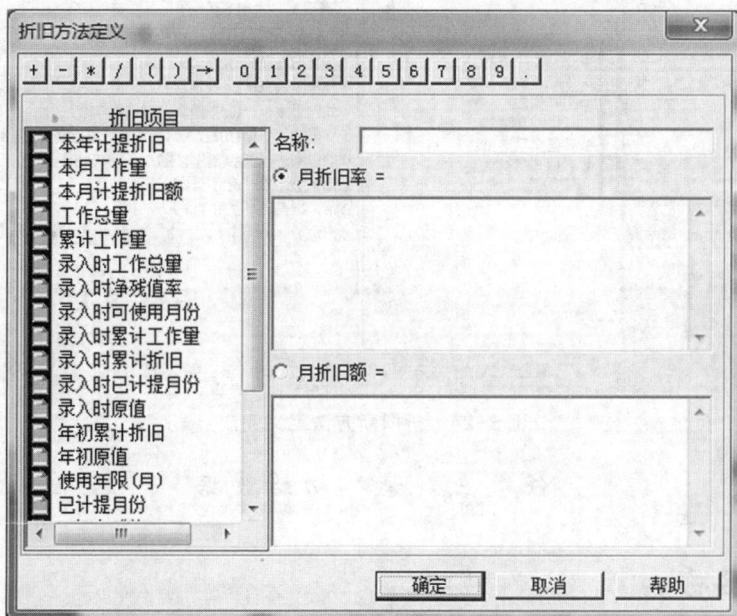

图5-22 "折旧方法定义"窗口

(3) 在名称中输入"新方法",在月折旧率、月折旧额中分别输入公式,单击"确定"按钮,如图5-23、图5-24所示。

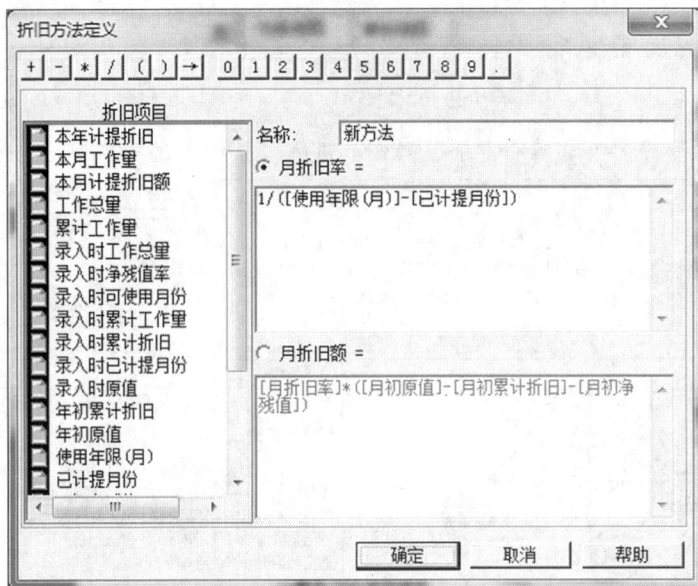

图 5-23　定义折旧新方法

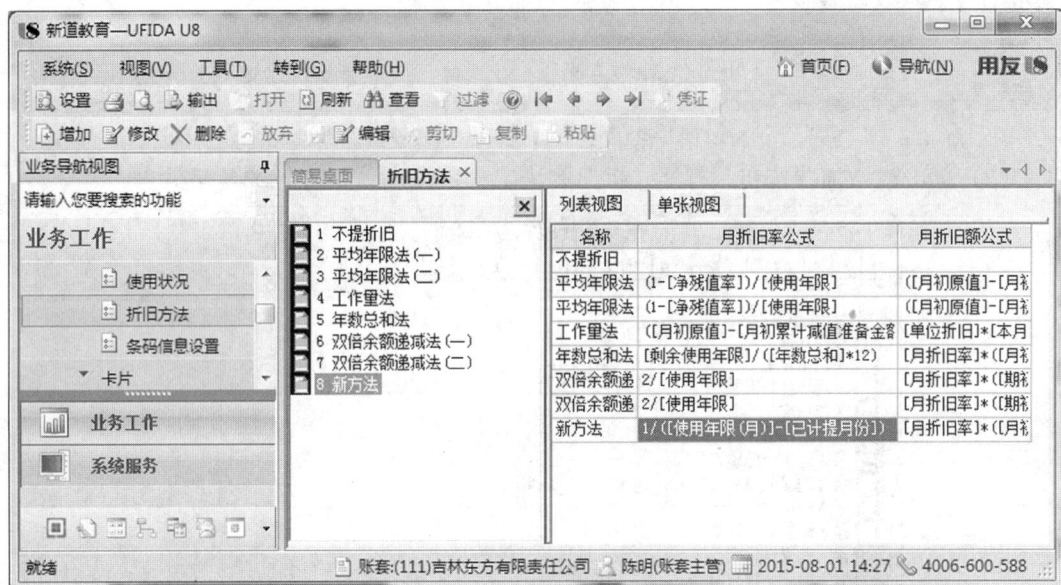

图 5-24　折旧新方法定义完成

任务三　录入初始数据

任务名称

完成吉林东方有限责任公司固定资产卡片初始数据的录入、固定资产与总账对账的设置。

![任务材料图标] **任务材料**

吉林东方有限责任公司的财产物资会计陈明完成了原始卡片录入工作，并实施固定资产系统与总账系统对账，检验两个系统的固定资产和累计折旧是否一致。固定资产原始卡片（使用情况均为在用）见表5-4。

表5-4   **原始卡片表**   金额单位：元

固定资产名称	类别编号	所在部门	增加方式	可使用年限（月）	开始使用日期	原　值	累计折旧	对应折旧科目名称
轿车	012	总经理办公室	直接购入	240	2016-06-01	215 470.00	37 254.75	管理费用/折旧费
笔记本电脑	022	总经理办公室	直接购入	120	2016-07-01	28 900.00	5 548.80	管理费用/折旧费
传真机	022	总经理办公室	直接购入	120	2016-06-01	3 510.00	1 825.20	管理费用/折旧费
微机1	021	一车间	直接购入	240	2016-07-01	6 490.00	1 246.08	制造费用/折旧费
微机2	021	一车间	直接购入	240	2016-07-01	6 490.00	1 246.08	制造费用/折旧费
合　　计						260 860.00	47 120.91	

注：净残值率均为4%，使用状况均为"在用"，折旧方法均采用"平均年限法（一）"。

![任务要求图标] **任务要求**

完成固定资产原始卡片的录入、固定资产与总账对账的设置。

![操作示范图标] **操作示范**

操作步骤：

（1）执行"卡片"|"录入原始卡片"操作，进入"资产类别参照"窗口。

（2）选择固定资产类别"非经营用设备（012）"，单击"确认"按钮，进入"固定资产卡片录入"窗口。

（3）输入固定资产名称"轿车"；双击"部门名称"选择"总经理办公室"，双击"增加方式"选择"直接购入"，双击"使用状况"选择"在用"；输入开始使用日期"2016-06-01"；输入原值"215 470"，累计折旧"37 254.75"，输入可使用年限（月）"240"；其他信息自动算出。

（4）单击"保存"按钮，系统弹出"数据成功保存！"信息提示对话框，单击"确定"按钮，如图5-25所示。

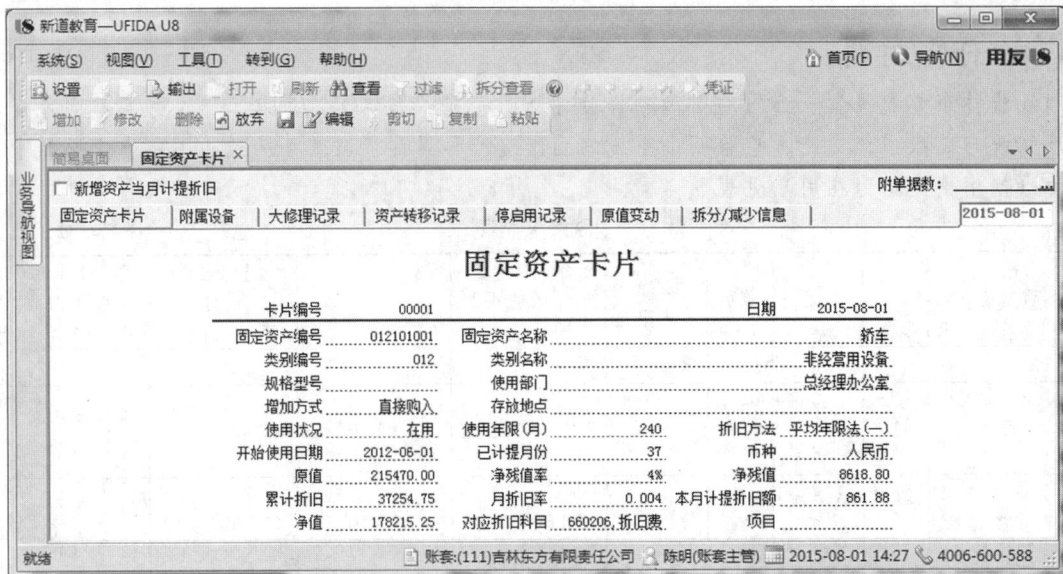

图 5-25　固定资产卡片

（5）同理，完成其他固定资产卡片的录入。

（6）执行"处理"|"对账"操作，系统将固定资产系统录入的明细资料数据汇总并与财务核对，显示与财务对账结果，单击"确定"按钮返回。

注意：

卡片编号：系统根据初始化时定义的编码方案自动设定，不能修改。如果删除一张卡片，又不是最后一张时，系统将保留空号。

已计提月份：系统将根据开始使用日期自动算出，但可以修改，请将使用期间停用等不计提折旧的月份扣除。

月折旧率、月折旧额：与计算折旧有关的项目输入后，系统会按照输入的内容自动算出并显示在相应项目内，可与手工计算的值比较，核对是否有错误。

实训二　固定资产日常业务处理

任务一　固定资产卡片管理

任务名称

对吉林东方有限责任公司的固定资产卡片进行管理。

任务材料

8月10日，根据需要，将"微机2"的使用年限（月）从"240"改为"192"。

任务要求

财产物资会计查询、打印、修改固定资产卡片。

操作示范

1.卡片查询

操作步骤:

(1) 单击"卡片"|"卡片管理",打开"卡片管理"窗口,显示所有固定资产详细信息,如图5-26所示。

图5-26 卡片管理-在役资产

(2) 选择"微机2"所在行,双击打开该固定资产卡片查看单张卡片信息,如图5-27所示。

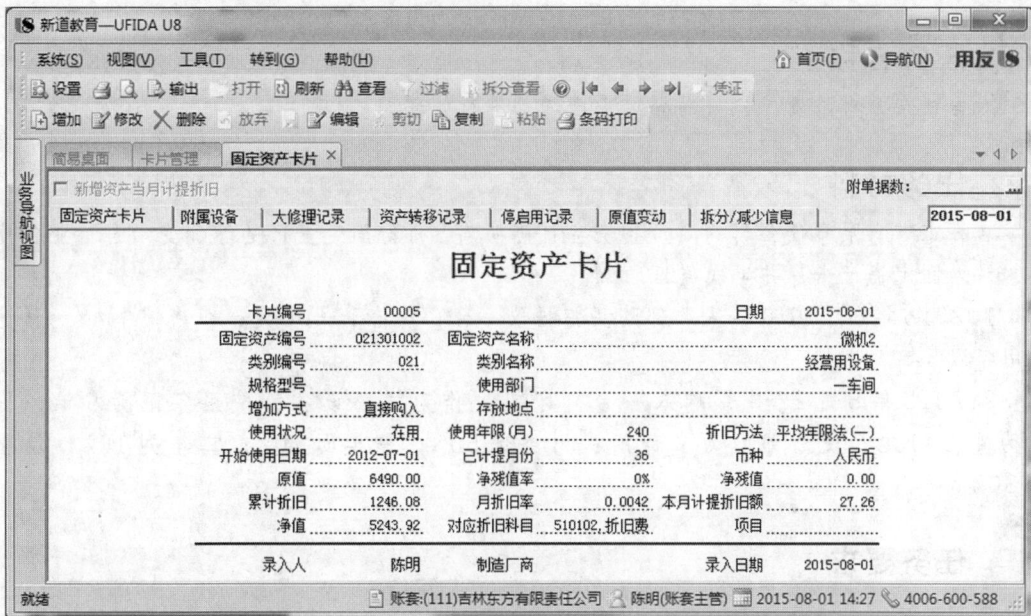

图5-27 查看单张卡片信息

2.卡片的修改与删除

操作步骤：

（1）单击“卡片”|“卡片管理”，打开“卡片管理”窗口，选择“微机2”所在行，双击打开该固定资产卡片。

（2）单击“修改”选项，选项激活要修改的项目，将使用年限（月）从“240”改为“192”，单击“保存”，如图5-28所示。

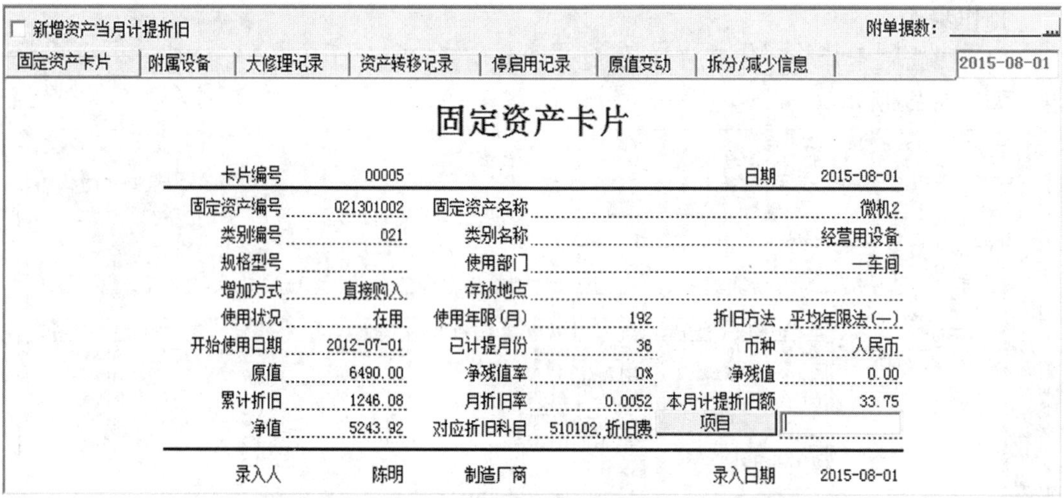

新增资产当月计提折旧　　附单据数：

固定资产卡片 | 附属设备 | 大修理记录 | 资产转移记录 | 停启用记录 | 原值变动 | 拆分/减少信息　　2015-08-01

固定资产卡片

卡片编号	00005			日期	2015-08-01
固定资产编号	021301002	固定资产名称			微机2
类别编号	021	类别名称			经营用设备
规格型号		使用部门			一车间
增加方式	直接购入	存放地点			
使用状况	在用	使用年限(月)	192	折旧方法	平均年限法(一)
开始使用日期	2012-07-01	已计提月份	36	币种	人民币
原值	6490.00	净残值率	0%	净残值	0.00
累计折旧	1246.08	月折旧率	0.0052	本月计提折旧额	33.75
净值	5243.92	对应折旧科目	510102,折旧费	项目	
录入人	陈明	制造厂商		录入日期	2015-08-01

图5-28　修改卡片信息

任务二　固定资产增加业务

任务名称

对吉林东方有限责任公司的固定资产增加进行处理。

任务材料

吉林东方有限责任公司的财产物资会计陈明对8月份固定资产的增加变动进行业务处理，录入固定资产卡片并生成凭证。

1.2015年8月21日，采购部购买扫描仪一台，价值1 500元，净残值率4%，预计使用年限5年。

2.2015年8月22日，购入一台打印机，作为办公设备，使用年限为5年，价值为4 000元。使用部门为多部门：财务部50%；一车间10%；二车间10%，销售部30%。

任务要求

增加固定资产卡片。

操作示范

1.录入第一张卡片

操作步骤:

(1) 执行"卡片"|"资产增加"操作,进入"资产类别参照"窗口。

(2) 选择资产类别:"非经营用设备(022)",单击"确定"按钮,进入"固定资产卡片"窗口。

(3) 输入固定资产名称"扫描仪";双击部门名称弹出"本资产部门使用方式"信息提示对话框,选择"单部门使用"选项,单击"确定"按钮,打开"部门参照"对话框,选择"采购部"选项,双击"增加方式"选择"直接购入",双击"使用状况"选择"在用",输入原值"1 500",可使用年限"60",开始使用日期"2015-08-21",如图5-29所示。

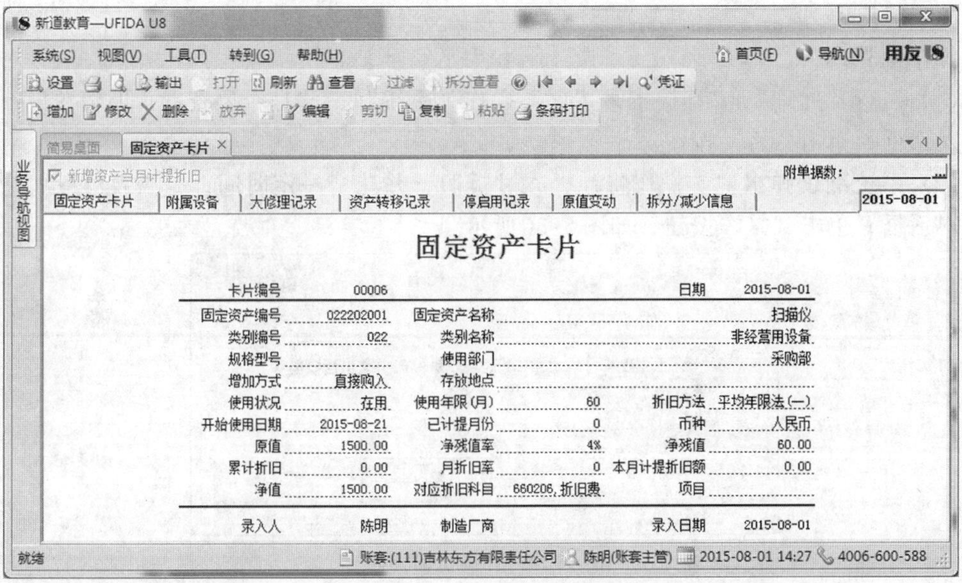

图5-29　完成卡片信息录入

(4) 单击"保存"按钮。

2.录入第二张卡片

操作步骤:

(1) 执行"卡片"|"资产增加"操作,进入"资产类别参照"窗口。

(2) 选择资产类别:"非经营用设备(022)",单击"确定"按钮,进入"固定资产卡片"窗口。

(3) 输入固定资产名称"打印机";双击部门名称弹出"本资产部门使用方式"信息提示对话框,选择"多部门使用"选项,单击"确定"按钮,打开"使用部门"对话框,单击"增加"按钮,在窗口中录入相应内容。

（4）单击"确定"按钮。

任务三　计提固定资产折旧

任务名称

对吉林东方有限责任公司的固定资产计提折旧。

任务材料

财产物资会计陈明计提2015年8月份固定资产折旧并查询折旧清单，生成凭证。

任务要求

计提2015年8月份固定资产折旧，并查看折旧清单，生成凭证。

操作示范

操作步骤：

（1）执行"处理"|"计提本月折旧"操作，系统弹出"是否要查看折旧清单？"信息提示对话框，单击"否"按钮。

（2）系统继续弹出"本操作将计提本月折旧，并花费一定时间，是否要继续？"信息提示对话框，单击"是"按钮，如图5-30所示。

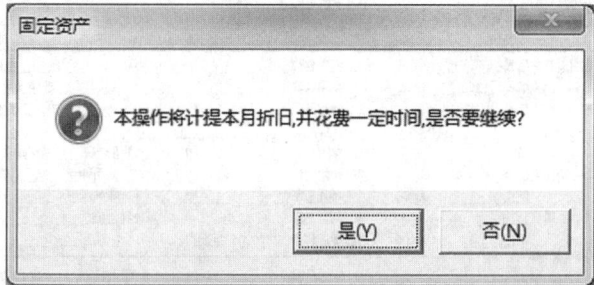

图5-30　计提折旧提示

（3）系统完成计提折旧后，单击"确定"按钮进入"折旧分配表"窗口，如图5-31、图5-32所示。

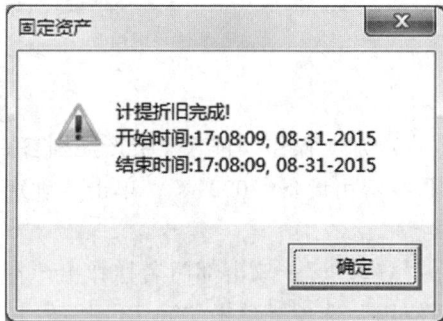

图5-31　完成计提折旧

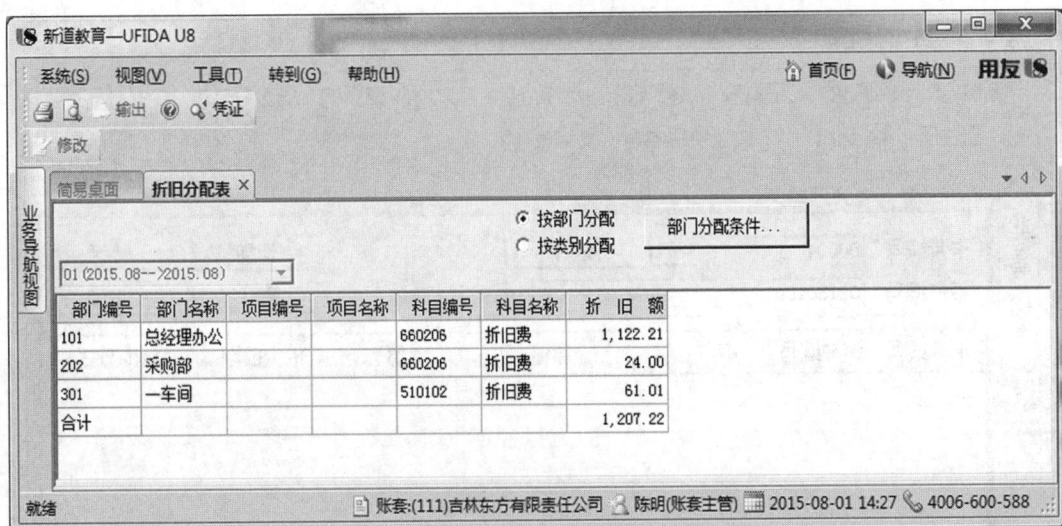

图 5-32　折旧分配表

注意：

如果上次计提折旧已通过记账凭证把数据传递到账务系统，则必须删除该凭证才能重新计提折旧。

计提折旧后又对账套进行了影响折旧计算或分配的操作，必须重新计提折旧，否则系统不允许结账。

任务四　固定资产减少业务处理

任务名称

对吉林东方有限责任公司的固定资产减少进行处理。

任务材料

由于经营需要，出售"微机1"：清理收入－5 000元（不含税）；增值税－850元，减少原因——出售。查询已减少资产。

任务要求

恰当地进行资产减少的业务处理。

操作示范

操作步骤：

（1）执行"卡片"｜"资产减少"操作，进入"资产减少"窗口，如图5-33所示。

（2）选择卡片"微机1"，单击"增加"按钮。

（3）选择减少方式"出售"，单击"确定"按钮，如图5-34、图5-35所示。

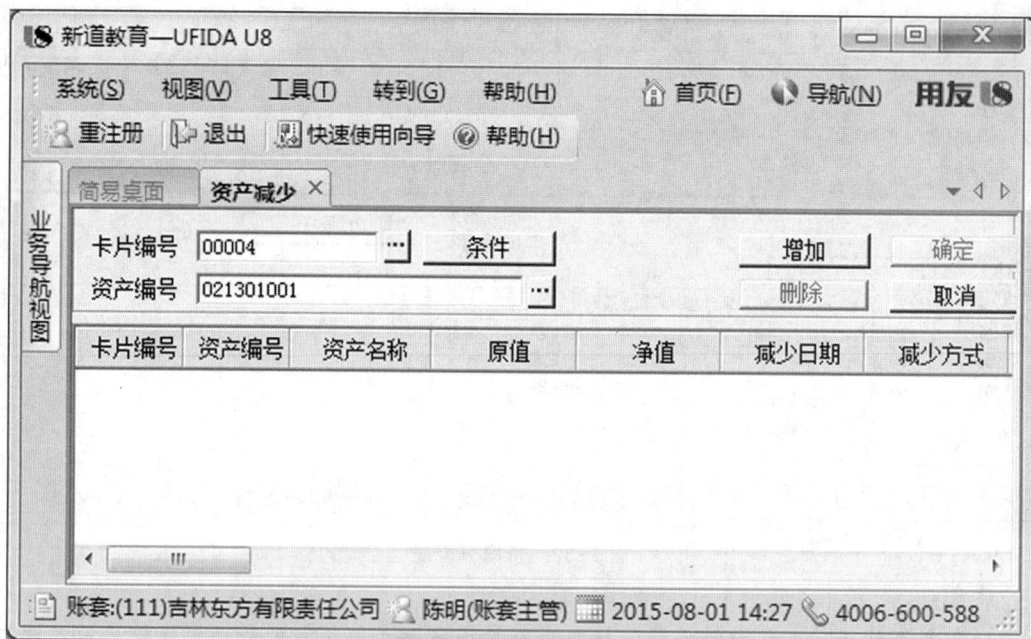

图 5-33　资产减少对话框

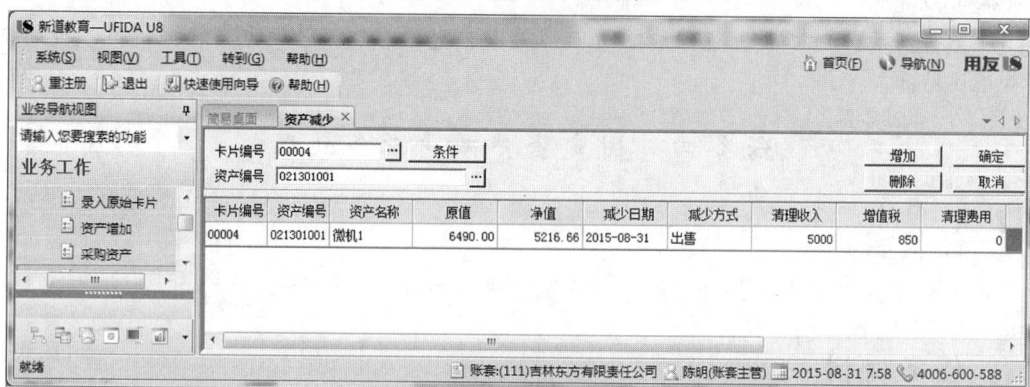

图 5-34　资产减少信息页

图 5-35　资产减少成功

（4）要查询已减少资产，可以在"卡片管理"界面选择"已减少资产"信息行，如图 5-36 所示。

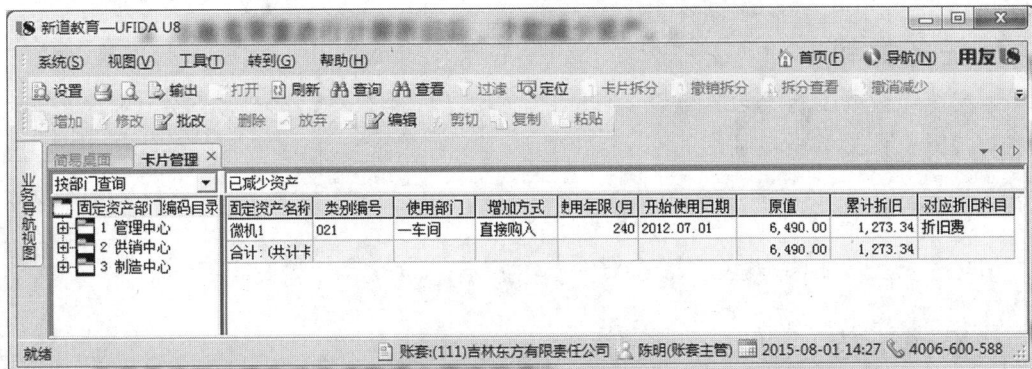

图5-36 查看已减少资产

注意：

本账套需要进行计提折旧后，才能减少资产。

如果要减少的资产较少或没有共同点，则通过输入资产编号或卡片号，单击"增加"按钮，将资产添加到资产减少表中。

如果要减少的资产较多并且有共同点，则通过单击"条件"按钮，输入一些查询条件，将符合该条件的资产挑选出来进行批量减少操作。

特别提示：

（1）针对固定资产清理的各种业务在固定资产系统只能完成以上操作，如上例中，出售时，固定资产减少转入清理，应当借记"固定资产清理"5 216.66元，借记"累计折旧"1 273.34元，贷记"固定资产"6 490元；收到清理收入时，应当借记"银行存款"5 850元，贷记"固定资产清理"5 000元，"应交税费——应交增值税（销项税额）"850元（若发生清理费用，应当借记"固定资产清理"，贷记"库存现金或原材料等"）。

（2）后续进行营业外收支的结转业务均需要到总账系统做补充处理。如上例中，结转营业外支出时，借记"营业外支出"216.66元，贷记"固定资产清理"216.66元，"固定资产清理"账户余额为零（结转营业外收入时，借记"固定资产清理"，贷记"营业外收入"）。

（3）卡片上的清理费用或收入只是一个信息记录。

（4）已做减少操作后如果想撤销"减少"操作，可以在"卡片管理"界面实施。在"卡片管理"界面选择"已减少资产"类别，系统显示已减少资产信息行，选择要撤销的资产所在行，单击工具栏的"撤销减少"按钮，系统弹出"确实要恢复××号卡片的资产吗？"提示框，单击"确定"撤销减少操作，即恢复原来卡片，此时该卡片重新列示在"在役资产"类别中。

任务五　固定资产变动业务处理

任务名称

对吉林东方有限责任公司的固定资产卡片进行变动业务处理。

会计信息化实操

 任务材料

固定资产变动业务处理：假设2015年8月由于工作需要，财产物资会计将总经理办公室的传真机调拨给一车间使用。

 任务要求

固定资产变动业务处理。

 操作示范

操作步骤：

（1）单击"卡片"｜"变动单"｜"部门转移"，进入"固定资产变动单"窗口，如图5-37所示。

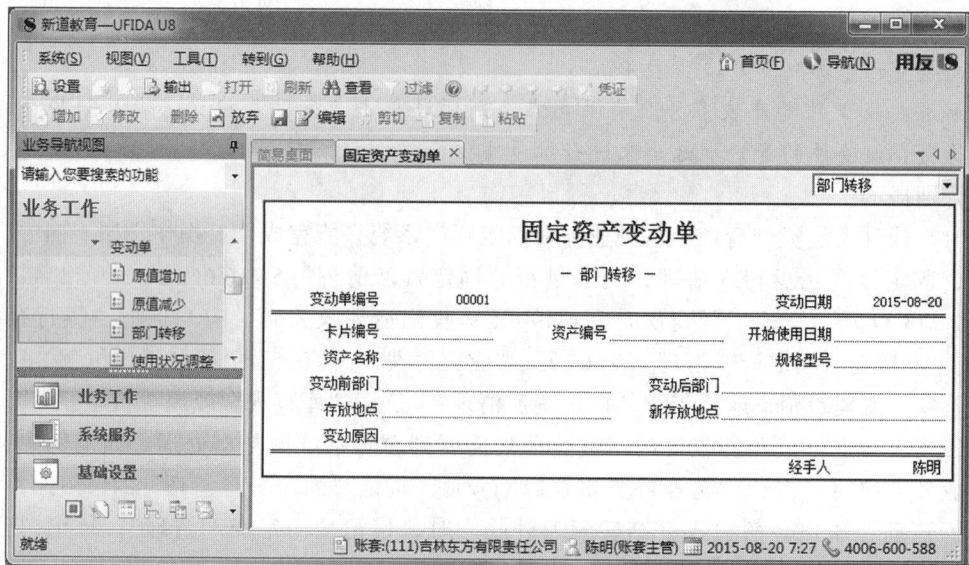

图5-37　固定资产变动单-部门转移

（2）在变动单窗口中，选择"卡片编号"或"固定资产编号"，自动带出卡片参照信息。选择要变动的固定资产，选择"变动后的部门"，输入"变动原因"，如图5-38所示。

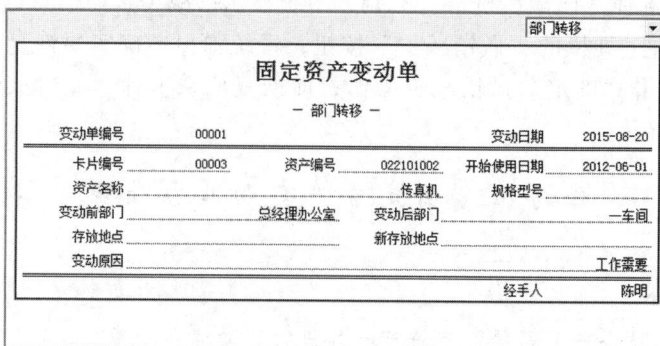

图5-38　录入固定资产变动单

152

（3）单击工具栏中的"保存"按钮，系统弹出保存成功提示框，如图5-39所示。

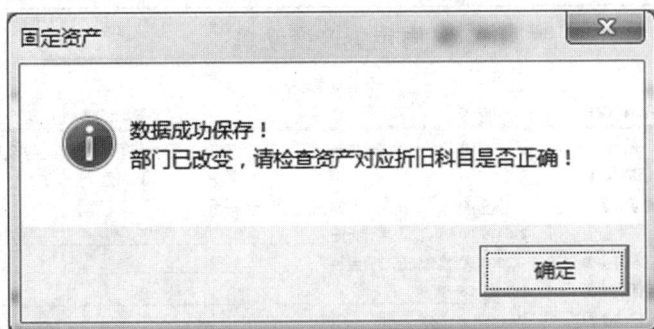

图5-39 保存数据

实训三　　　固定资产期末业务处理

任务一　减值准备处理

任务名称

为吉林东方有限责任公司固定资产计提减值准备。

任务材料

2015年8月末对资产进行检查，发现总经理办公室轿车的可回收金额低于其账面价值1 000元，计提减值准备。

任务要求

在月末进行有关固定资产减值准备处理。

操作示范

操作步骤：

（1）执行"卡片"|"变动单"|"计提减值准备"操作，进入"固定资产变动单-计提减值准备"窗口。

（2）单击"卡片编号"按钮，在"卡片参照"窗口中，选择该资产，单击"确定"按钮，在"减值准备"栏中输入"1 000"。在"变动原因"中输入"市场变化"，如图5-40所示。

（3）单击"保存"按钮。

图 5-40　录入固定资产变动单

任务二　业务制单与凭证查询

任务名称

月末集中制单。

任务材料

财产物资会计对月末未制单的业务单据集中制单。

任务要求

对月末未制单的业务单据集中制单。

操作示范

1.业务制单

操作步骤：

（1）执行"处理"|"批量制单"操作，进入"批量制单"窗口，如图5-41所示。

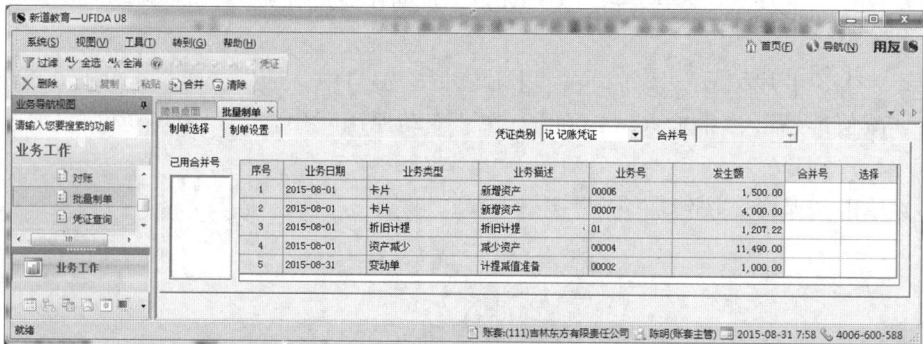

图 5-41　"批量制单"窗口

（2）单击"全选"按钮，如图5-42所示。

序号	业务日期	业务类型	业务描述	业务号	发生额	合并号	选择
1	2015-08-01	卡片	新增资产	00006	1,500.00		Y
2	2015-08-01	卡片	新增资产	00007	4,000.00		Y
3	2015-08-01	折旧计提	折旧计提	01	1,207.22		Y
4	2015-08-01	资产减少	减少资产	00004	11,490.00		Y
5	2015-08-31	变动单	计提减值准备	00002	1,000.00		Y

制单选择｜制单设置　凭证类别 记 记账凭证　合并号

已用合并号

图5-42　批量制单-制单选择

（3）单击"制单设置"选项卡，每笔业务都录入相应科目后，单击"凭证"按钮，进入"填制凭证"窗口，单击"保存"按钮（如：固定资产减少业务），如图5-43、图5-44所示。

制单选择　制单设置　凭证类别 记 记账凭证　合并号 00004资产减少

☑ 方向相同时合并分录　　☑ 借方合并　　☑ 贷方合并　　☑ 方向相反时合并分录

序号	业务日期	业务类型	业务描述	业务号	方向	发生额	科目
1	2015-08-31	资产减少	减少资产	00004	借	1,273.34	1602 累计折旧
2	2015-08-31	资产减少	减少资产	00004	借	5,216.66	1606 固定资产清理
3	2015-08-31	资产减少	减少资产	00004	贷	6,490.00	1601 固定资产
4	2015-08-31	资产减少	减少资产	00004	借	5,000.00	100201 工行存款
5	2015-08-31	资产减少	减少资产	00004	贷	5,000.00	1606 固定资产清理
6	2015-08-31	资产减少	减少资产	00004	借	850.00	100201 工行存款
7	2015-08-31	资产减少	减少资产	00004	贷	850.00	22210102 销项税额

图5-43　批量制单-制单设置

记 账 凭 证

已生成　记 字 0019　制单日期：2015.08.31　审核日期：　附单据数：0

摘 要	科目名称	借方金额	贷方金额
资产减少	固定资产清理	521666	
资产减少 - 累计折旧	累计折旧	127334	
资产减少 - 清理收入	银行存款/工行存款	500000	
资产减少 - 增值税	银行存款/工行存款	85000	
资产减少 - 清理收入	固定资产清理		500000
资产减少 - 原值	固定资产		649000
资产减少 - 增值税	应交税费/应交增值税/销项税额		85000

票号 日期　数量 单价　合 计 1234000 1234000

备注 项目　部门　个人　客户　业务员

记账　审核　出纳　制单 陈明

图5-44　生成凭证

155

（4）重复以上步骤，生成其他业务凭证。

2. 凭证查询

操作步骤：

（1）单击"固定资产"|"处理"|"凭证查询"操作，打开"凭证查询"信息框，如图5-45所示。

期间	2015.08 ▼	---	2015.08 ▼				
业务日期	业务类型	业务号	制单人	凭证日期	凭证号	标志
2015-08-31	变动单	00002	陈明	2015-08-31	记--20 ~	
2015-08-01	卡片	00006	陈明	2015-08-31	记--21	
2015-08-01	卡片	00007	陈明	2015-08-31	记--22	
2015-08-31	折旧计提	01	陈明	2015-08-31	记--23	
2015-08-31	资产减少	00004	陈明	2015-08-31	记--24	

凭证查询中有'-'符号的凭证表示是红字凭证或被冲销凭证

图5-45 "凭证查询"信息框

（2）将光标停留在要查询的凭证信息行，单击工具栏中的"凭证"即可显示凭证。

任务三 固定资产系统与总账系统对账

🏠 任务名称

固定资产系统与总账系统对账。

🏠 任务材料

2015年8月31日，进行期末对账。

🏠 任务要求

总账系统出纳对固定资产系统传来的凭证进行出纳签字。

会计主管进行审核、记账。

财务会计实施对账操作。

🏠 操作示范

操作步骤：

（1）执行"处理"|"对账"操作，打开"与账务对账结果"对话框，如图5-46所示。

（2）单击"确定"按钮。

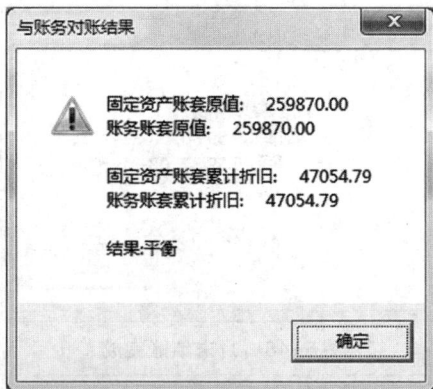

图 5-46　期末对账窗口

任务四　结账与反结账

任务名称

结账与反结账。

任务材料

财产物资会计进行固定资产系统的结账操作。

任务要求

对固定资产系统进行月末结账。

操作示范

操作步骤：

（1）执行"处理"|"月末结账"操作，单击"确定"按钮，如图5-47、图5-48、图5-49所示。

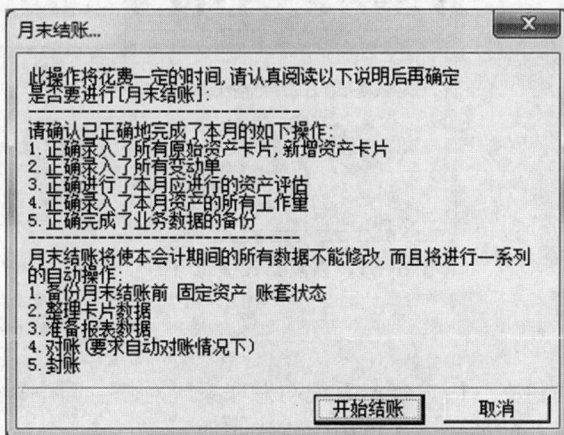

图 5-47　月末结账-开始结账

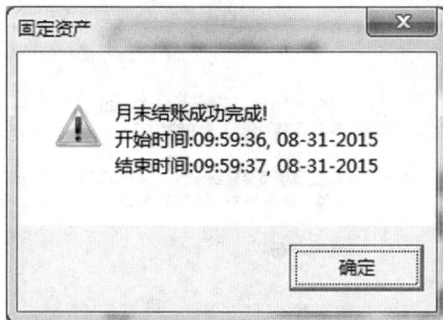

图5-48　月末结账完成

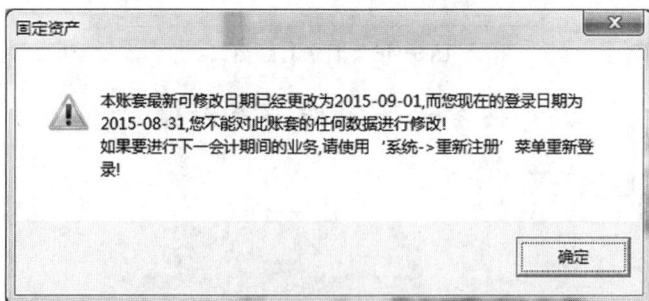

图5-49　注册信息

（2）执行"处理"|"恢复月末结账前状态"操作，如图5-50、图5-51所示。

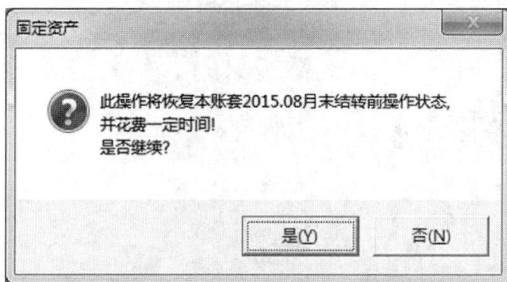

图5-50　恢复结账提示（1）

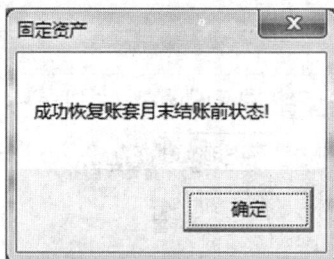

图5-51　恢复结账提示（2）

重点难点

重点：原始卡片的建立、固定资产系统与总账系统对账。

难点：固定资产减少的处理、计提固定资产折旧。

同步测试

（一）判断题

1.固定资产原始卡片的录入任何时候都可以进行。　　　　　　　　　（　　　）

2.对于固定资产管理系统传递到总账中的凭证，若发现该凭证制作错误，在总账中可通过凭证修改功能进行改正。　　　　　　　　　　　　　　　　　　　　　（　　　）

3.设置上级部门的折旧科目，下级部门自动继承，不能选择不同的科目。　（　　　）

4.首次使用固定资产管理系统时，应先选择对账套进行初始化。　　　　（　　　）

5.在固定资产子系统下，单击"设置"|"选项"，可以修改初始化过程中已设置的所有参数。　　　　　　　　　　　　　　　　　　　　　　　　　　　　　　　　（　　　）

6.计提折旧后又改变了某一固定资产的折旧方法，必须重新计提折旧，否则无法结账。　　　　　　　　　　　　　　　　　　　　　　　　　　　　　　　　　　（　　　）

7.在固定资产管理系统初始化过程中，账套启用日期既能查看，也能修改。　（　　　）

8.为避免重复累计，固定资产子系统在一个期间内只能计提一次折旧。　（　　　）

9.在用友ERP固定资产管理系统中，已记账的凭证，不能通过"处理"|"凭证查询"功能删除。　　　　　　　　　　　　　　　　　　　　　　　　　　　　　　　（　　　）

10.在用友ERP固定资产管理系统中，本月录入的卡片和本月增加的资产不能进行变动处理，如需变动可直接修改卡片。　　　　　　　　　　　　　　　　　　　　（　　　）

11.已制作过凭证的固定资产卡片不能被删除。　　　　　　　　　　　　（　　　）

12.已减少的固定资产，其原值、累计折旧等信息无法再看见。　　　　　（　　　）

13.在用友ERP固定资产管理系统中，如果在业务发生时立即制单，凭证的摘要会根据业务情况自动填入。　　　　　　　　　　　　　　　　　　　　　　　　　（　　　）

14.固定资产的自动编码方式只能一种，一经设定，该自动编码方式不得修改。　　　　　　　　　　　　　　　　　　　　　　　　　　　　　　　　　　　（　　　）

15.如某项已计提减值准备的固定资产的价值又得以恢复，应删除原减值准备变动单。　　　　　　　　　　　　　　　　　　　　　　　　　　　　　　　　　　（　　　）

16.固定资产结账必须完成批量制单。　　　　　　　　　　　　　　　　（　　　）

17.当固定资产减少时，相应的固定资产卡片将被系统删除。　　　　　　（　　　）

18.固定资产系统正常运行后，如果发现账套错误很多，或太乱，可以选择"维护"|"重新初始化账套"功能将账套内容全部清空。　　　　　　　　　　　　　　　（　　　）

19.固定资产结账前必须与总账对账一致。　　　　　　　　　　　　　　（　　　）

20.本月发现上月有误减少的固定资产，可以通过"撤销以减少资产"功能进行恢复。　　　　　　　　　　　　　　　　　　　　　　　　　　　　　　　　　　（　　　）

21.在进行资产评估时，如果对所有房屋的原值都要调整，有的增加一倍，有的减少一半，在选择要评估的资产时，可以采用手工选择方式，也可采用条件选择方式。　　　　　　　　　　　　　　　　　　　　　　　　　　　　　　　　　　　　（　　　）

22.某次资产评估决定，对办公楼的原值在原有基础上增加一倍，再选则可评估项目时，则只需选择原值。　　　　　　　　　　　　　　　　　　　　　　　　　（　　　）

23.一项固定资产由多个部门（上限20）使用、分摊的问题，即为一个资产选择多个"使用部门"，并且当资产为多部门使用时，累计折旧可以在多部门之间按设置的比例分摊。（　　）

（二）单项选择题

1.关于固定资产子系统中资产减少功能的运用，下列说法正确的有（　　）。

A.当月减少的固定资产，可在当月恢复

B.上月减少的固定资产，可在本月恢复

C.账套计提折旧前，要减少某项资产，可以通过"资产减少"功能实现

D.账套计提折旧前，要减少某项资产，可以通过"删除卡片"功能实现

2.下列能被直接删除的固定资产卡片有（　　）。

A.2016年6月发现本月录入的有错误的固定资产卡片

B.已制作凭证的卡片

C.2016年6月发现2015年10月录入的有错误的固定资产卡片

D.2016年6月发现本月录入的有错误的固定资产卡片，但已制作变动单

3.本月购进材料一批，会计误作为固定资产，已制作相关凭证。下列能删除该固定资产的方式包括（　　）。

A.删除相关凭证后，再使用固定资产减少功能

B.直接使用固定资产减少功能

C.删除相关凭证后，再删除固定资产卡片

D.直接删除固定资产卡片

4.在固定资产子系统中，为了将一批需要制单的业务连续制作凭证并传输到账务系统，避免多次制单的烦琐，可采用的办法有（　　）。

A.在系统设置的"选项"中，选取"业务发生后立即制单"

B.在业务发生后单击"制单"按钮

C.在系统菜单中单击"处理"｜"批量制单"

D.在系统菜单中单击"处理"｜"月末结账"，系统自动制单

5.若在系统设置的选项中选择了"业务发生后立即制单"，在计提固定资产折旧的时候，依次出现（　　）。

A.折旧分配表—记账凭证—折旧清单　　B.折旧清单—记账凭证—折旧分配表

C.记账凭证—折旧分配表—折旧清单　　D.折旧清单—折旧分配表—记账凭证

6.在固定资产子系统菜单下，（　　）操作具有计提固定资产的减值准备功能。

A.单击"处理"｜"资产减少"

B.单击"处理"｜"计提减值准备"

C.单击"卡片"｜"变动单"｜"计提减值准备"

D.单击"卡片"｜"卡片管理"，对固定资产卡片进行修改

（三）多项选择题

1.（　　）能录入一张新固定资产卡片。

A.一张同样式新卡片录入完成并保存后，自动显示新卡片

B.在对最后一张卡片修改完成并保存后,单击"增加"

C.在固定资产子系统中,单击"卡片"|"录入原始卡片",确定录入卡片所属的资产类别后,进入录入窗口

D.在对最后一张卡片修改完成并保存后,单击"编辑",在下拉窗口中选择"下一个"

2.固定资产管理系统的作用有（　　）。

A.完成企业固定资产日常业务的核算和管理

B.反映固定资产的增加、减少、原值变化及其他变动

C.自动计提折旧

D.生成固定资产卡片

3.企业的一辆汽车,本月发现原值数值过低,要制作一张变动单以调整原值,可采用的方法有（　　）。

A.单击"卡片"|"卡片管理",在固定资产列表中选中该小汽车,单击鼠标右键,在下拉窗口中选择变动单,进入"固定资产变动单"窗口,并在右上角选择"原值增加"

B.单击"卡片"|"变动单"|"变动单管理",进入"固定资产变动单"窗口

C.单击"卡片"|"资产增加",进入"固定资产变动单"窗口

D.单击"卡片"|"变动单"|"原值增加",进入"固定资产变动单"窗口

4.以下（　　）固定资产的卡片能通过"原始卡片录入"功能录入系统。

A.开始使用日期为1999-01-10,录入时间为1999-01-22

B.开始使用日期为1999-01-10,录入时间为1999-02-10

C.开始使用日期为1999-01-10,录入时间为2000-02-10

D.开始使用日期为1999-01-10,录入时间为1998-02-10

5."资产增加"即新增加固定资产卡片,以下说法中正确的有（　　）。

A.因为是资产增加,该资产需要入账,所以可执行制单功能

B.原值录入的一定是卡片录入月月初的价值,否则将会出现计算错误

C.新卡片第一个月不提折旧,折旧额为空或零

D.允许在卡片的规格型号中输入或粘贴如"直径符号"等工程符号

6.企业需要对某项固定资产的净值进行评估,在选择评估项目时,选择（　　）是正确的。

A."净值"　　　　　　　　　　B."原值"和"净值"

C."原值"、"累计折旧"和"净值"　　D."净值"和"累计折旧"

7.系统不允许结账,可能的原因有（　　）。

A.有两项固定资产增加未制单

B.对账不平

C.本月未提折旧

D.提取本月折旧后,又改变了某些固定资产的折旧方法

8.在固定资产子系统中,下列（　　）方法能查看本月固定资产折旧清单。

A.在系统菜单中单击"报表"|"我的账表"|"折旧表"|"固定资产折旧清单表"

B.在系统菜单中单击"处理"|"折旧清单"

C.在系统菜单中单击"报表"|"我的账表"|"账簿"|"固定资产折旧清单表"

D.在系统菜单中单击"处理"|"折旧分配表"

同步实训

【实训要求】

本次实训内容涉及财产物资会计、出纳、财务主管工作岗位，采用学生分组训练的形式，每组3人，选举产生组长，分派组员岗位，阐明岗位分工及职责。

财产物资会计负责固定资产账套的建立、基础设置、日常业务和期末处理。出纳负责对固定资产系统传递到总账系统的凭证进行出纳签字，财务主管负责对固定资产系统传递到总账系统的凭证进行审核和记账。

【情境引例】

(一) 初始设置

1.参数

本账套计提折旧，折旧方法为平均年限法（一），折旧汇总分配周期为一个月，当（月初已计提月份＝可使用月份－1）时，将剩余折旧全部提足。固定资产编码为2-1-1-2；固定资产编码方式为"类别编码+部门编码+序号"自动编码，序号长度为3。与账务系统对账，对账科目为固定资产1601，累计折旧1602。

补充参数：业务发生后立即制单，月末结账前一定要完成制单登账业务，固定资产缺省入账科目1601，累计折旧缺省入账科目1602，固定资产减值准备入账缺省科目1603，增值税进项税额缺省入账科目22210101，固定资产清理缺省入账科目1606。

2.部门对应折旧科目

人事部、财务部对应贷方科目：管理费用——折旧费（660204）；

供销中心——采购部、销售部：销售费用——折旧费（660104）；

生产车间：制造费用5101

3.资产类别（见表5-5）

表5-5   资产类别

类别编码	类别名称	使用年限	净残值率（%）	计提属性	折旧方法	卡片样式
01	房屋及建筑物	30	2	正常计提	平均年限法（一）	通用样式
011	办公楼	30	2	正常计提	平均年限法（一）	通用样式
012	厂房	30	2	正常计提	平均年限法（一）	通用样式
02	机器设备		3	正常计提	平均年限法（一）	通用样式
021	生产线	10	3	正常计提	平均年限法（一）	通用样式
022	办公设备	5	3	正常计提	平均年限法（一）	通用样式

4.固定资产增减方式（见表5-6）

表5-6   固定资产增减方式

增加方式	对应入账科目	减少方式	对应入账科目
直接购入	100201	出售	1606
盘盈	6901	盘亏	1901
投资者投入	4001	投资转出	1531
捐赠	6301	捐赠转出	1606
在建工程转入	1601	报废/损毁	1606

5.固定资产原始卡片（见表5-7）

表5-7   固定资产原始卡片

固定资产卡片名称	1号楼	2号楼	A生产线	B生产线	电脑
所属类别	011	012	021	021	022
所属部门	人事部、财务部、采购部、销售部（2∶4∶2∶2）	生产车间	生产车间	生产车间	财务部
增加方式	在建工程转入	直接购入	在建工程转入	投资者投入	直接购入
使用情况	在用	在用	在用	在用	在用
使用年限（年）	30	30	10	10	5
折旧方法	平均年限法（一）	平均年限法（一）	平均年限法（一）	平均年限法（一）	平均年限法（一）
开始使用时间	2006-09-08	2006-10-10	2006-08-20	2006-12-23	2007-04-05
原值（人民币）	412 000	450 000	150 000	180 000	20 000
累计折旧	37 800	25 515	39 375	45 198	7 236

（二）日常业务

1.2017年1月10日，以银行存款直接购入并交付人事部、销售部各1台电脑，预计使用年限均为5年，每台电脑原值为6 000元，净残值为3%，采用"年数总和法"计提折旧。

2.2017年1月17日，根据实际情况将固定资产A生产线的使用状况修改为"大修理停用"，将固定资产原始卡片中的电脑折旧方法更改为"年数总和法"。

3.2017年1月31日，计提本月折旧。

4.2017年1月31日，供销中心损毁台式计算机1台。

【工作任务】

1.建立固定资产账套。

2.选项设置。

3.设置基础档案。

4.修改固定资产卡片。

5.增加固定资产。

6.计提固定资产折旧。

7.固定资产减少。

8.对账。

9.结账。

10.账表管理。

模块六

薪资管理系统

职业能力目标

专业能力：

能对薪资管理系统进行初始设置；计算员工的薪金报酬并及时发放；

能顺利完成薪资管理系统月末结账和账表查询工作。

职业核心能力：

能根据掌握的知识进行独立思考，具有团队合作精神，顺利完成薪资核算的各项工作。

实训一　　薪资管理系统初始设置

任务一　建立工资核算账套

任务名称

建立吉林东方有限责任公司工资核算账套。

任务材料

吉林东方有限责任公司工资核算分两种类型：临时人员只发放计件工资；正式人员除了基本工资外还发放各种补贴。正式人员工资由中国农业银行代发，临时人员核算计件工资，工资直接发放现金。工资核算本位币为人民币，从工资中代扣个人所得税，人员编码同公共平台中的人员编码保持一致。

任务要求

正确设置工资核算账套。

操作示范

1.在"企业应用平台"中启用薪资管理系统

操作步骤：

（1）执行"开始"丨"所有程序"丨"用友 ERP-U8 V10.1"丨"企业应用平台"操作，

打开"登录"对话框。

（2）输入操作员"001"，输入密码"001"，在"账套"下拉列表框中选择"111吉林东方有限责任公司"，更改操作日期为"2015-08-01"，单击"确定"按钮，进入"企业应用平台"。

（3）执行"基础设置"｜"基本信息"｜"系统启用"操作，打开"系统启用"对话框，选中"WA薪资管理"复选框，弹出"日历"对话框，选择薪资管理系统启用日期"2015-08-01"，单击"确定"按钮，系统弹出"确实要启用当前系统吗？"信息提示对话框，单击"是"按钮返回，如图6-1所示。

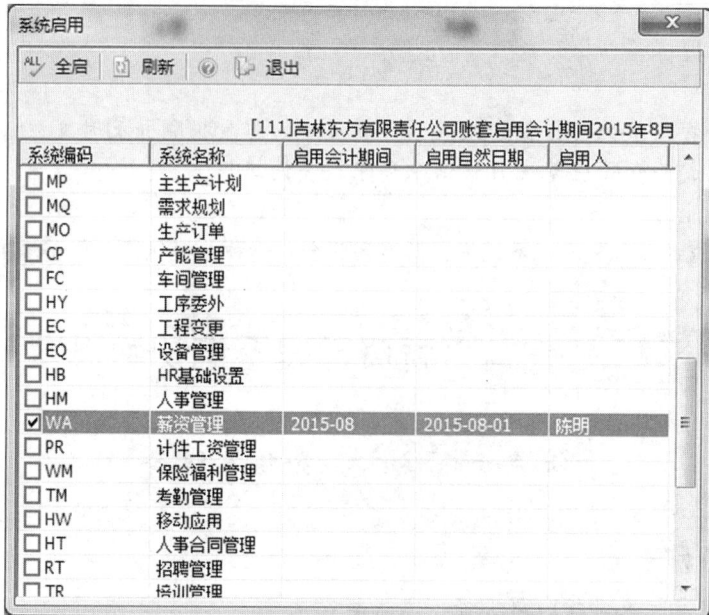

图 6-1　系统启用

（4）使用相同方法同时启用"PR计件工资管理"，启用日期"2015-08-01"，单击"确定"按钮。

（5）进入"企业应用平台"，打开"业务"选项卡，选择"人力资源"中的"薪资管理"选项，打开"建立工资套"对话框。

2.建立工资账套

操作步骤：

（1）在建账第一步"参数设置"中，选择本账套所需处理的工资类别个数"多个"、币别"人民币RMB"，单击"下一步"按钮，如图6-2所示。

（2）在建账第二步"扣税设置"中，选中"是否从工资中代扣个人所得税"复选框，单击"下一步"按钮，如图6-3所示。

（3）在建账第三步"扣零设置"中，直接单击"下一步"按钮，如图6-4所示。

（4）在建账第四步"人员编码"中，系统要求和公共平台中的人员编码保持一致，如图6-5所示。

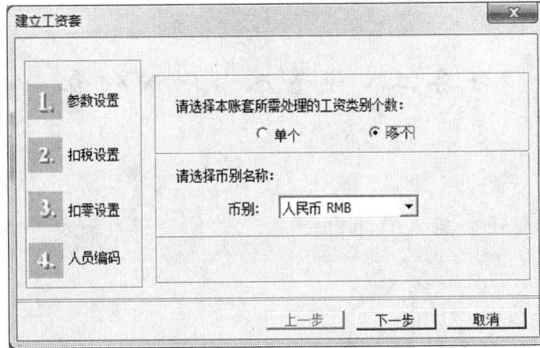

图6-2 参数设置

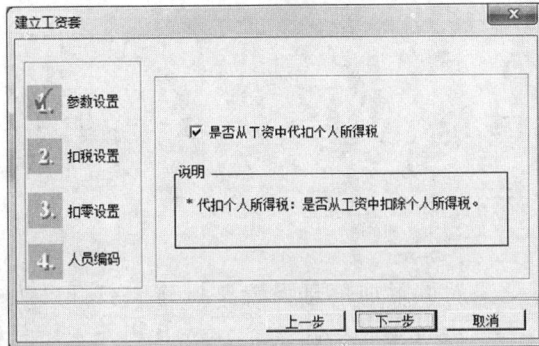

图6-3 扣税设置

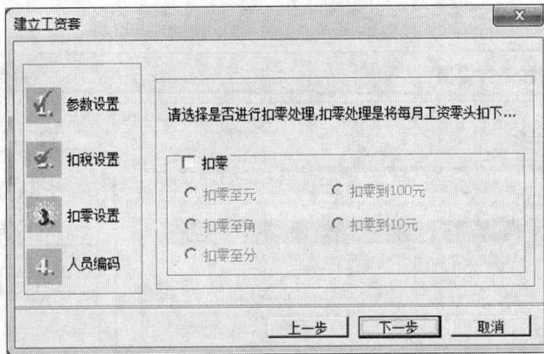

图6-4 扣零设置

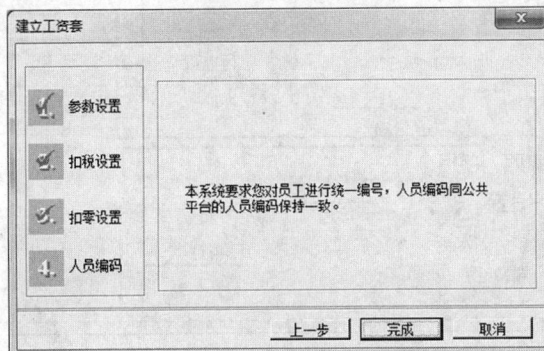

图6-5 人员编码

（5）单击"完成"按钮。

任务二　设置人员附加信息

任务名称

设置吉林东方有限责任公司人员附加信息。

任务材料

吉林东方有限责任公司需要在人员档案中体现员工的学历和性别（男、女）等附加信息。

任务要求

正确设置人员附加信息。

操作示范

操作步骤：

（1）执行"设置"｜"人员附加信息设置"操作，打开"人员附加信息设置"对话框。

（2）单击"增加"按钮，单击"栏目参照"栏的下三角按钮，选择"性别"；同理，增加"学历"，如图6-6所示。

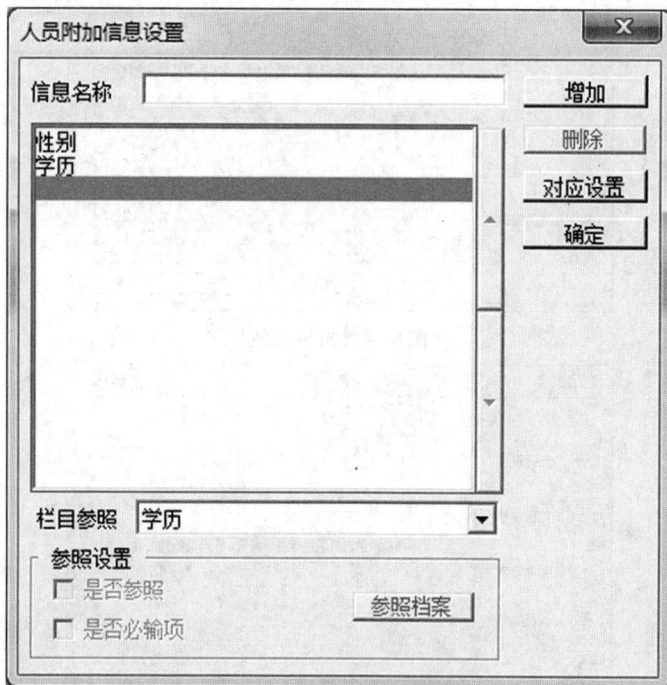

图6-6　人员附加信息设置

任务三　设置银行档案

任务名称

设置吉林东方有限责任公司银行档案。

任务材料

吉林东方有限责任公司正式人员工资由中国农业银行代发，个人账户的账号定长为11位，自动带出账号长度为8位。

任务要求

正确设置代发银行信息。

操作示范

操作步骤：

（1）在"企业应用平台"的"基础设置"选项卡中，执行"基础档案"｜"收付结算"｜"银行档案"操作，打开"银行档案"对话框，如图6-7所示。

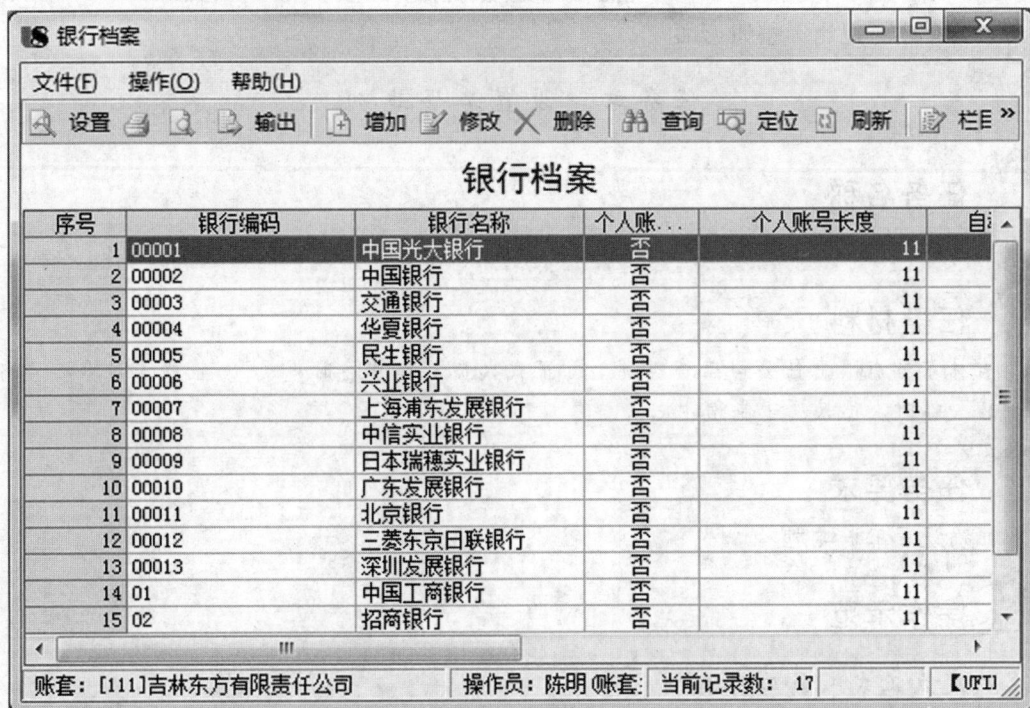

序号	银行编码	银行名称	个人账…	个人账号长度	自…
1	00001	中国光大银行	否	11	
2	00002	中国银行	否	11	
3	00003	交通银行	否	11	
4	00004	华夏银行	否	11	
5	00005	民生银行	否	11	
6	00006	兴业银行	否	11	
7	00007	上海浦东发展银行	否	11	
8	00008	中信实业银行	否	11	
9	00009	日本瑞穗实业银行	否	11	
10	00010	广东发展银行	否	11	
11	00011	北京银行	否	11	
12	00012	三菱东京日联银行	否	11	
13	00013	深圳发展银行	否	11	
14	01	中国工商银行	否	11	
15	02	招商银行	否	11	

账套：[111]吉林东方有限责任公司　操作员：陈明 账套：当前记录数：17　【UFI】

图6-7　银行档案

（2）选中"中国农业银行（04）"，单击"修改"按钮，默认个人账号"定长"，账号长度11位，自动带出个人账号长度8位，如图6-8所示。

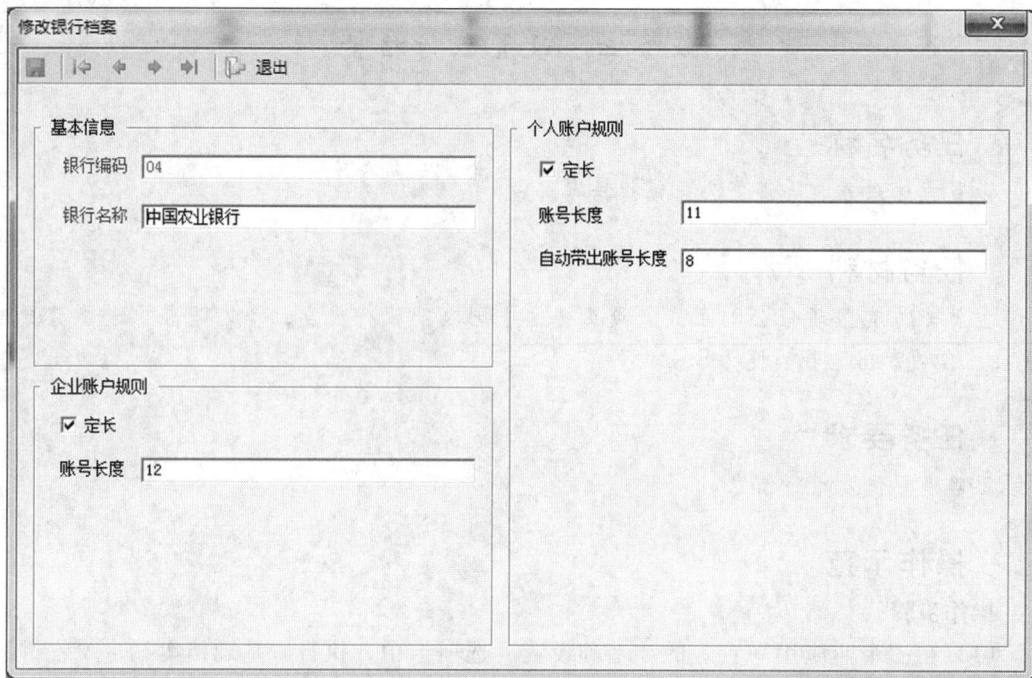

图6-8 修改银行档案

（3）单击"退出"按钮返回。

任务四　设置工资类别

任务名称

设置吉林东方有限责任公司工资类别。

任务材料

吉林东方有限责任公司工资类别为"正式人员"和"临时人员"。正式人员分布在各个部门，临时人员只属于制造中心。

任务要求

正确设置工资类别。

操作示范

1. 建立正式人员工资类别

操作步骤：

（1）在薪资管理系统中，执行"工资类别"|"新建工资类别"操作，打开"新建工资类别"对话框。

（2）在文本框中输入第一个工资类别"正式人员"，单击"下一步"按钮，如图6-9所示。

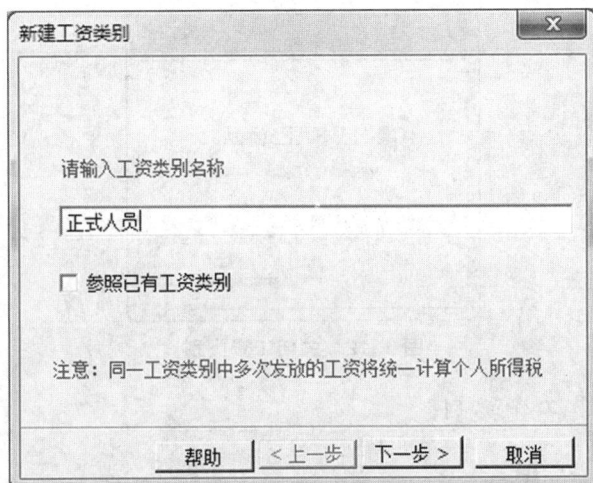

图6-9　新建工资类别

（3）单击"选定全部部门"按钮，如图6-10所示。

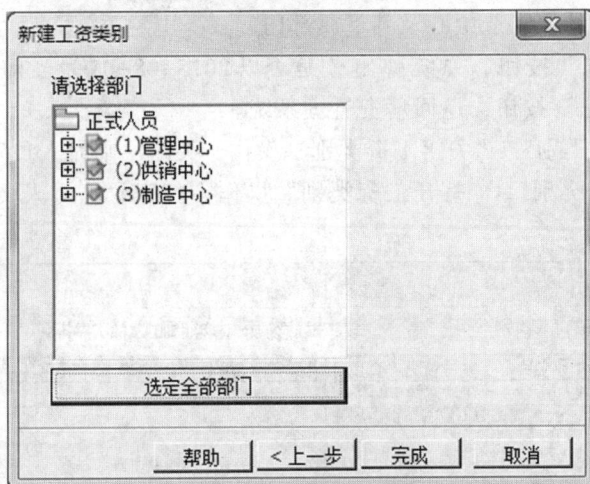

图6-10　选择工资类别包含部门

（4）单击"完成"按钮，系统弹出"是否以2015-08-01为当前工资类别的启用日期?"信息，单击"是"按钮，返回薪资管理系统，如图6-11所示。

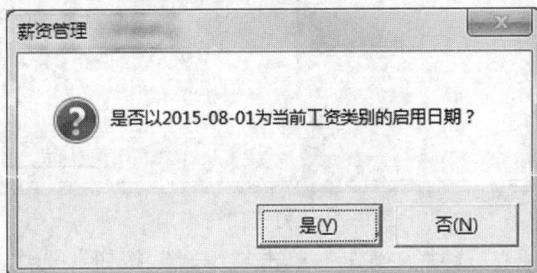

图6-11　确定启用日期

（5）执行"工资类别"|"关闭工资类别"操作，关闭"正式人员"工资类别，如图6-12所示。

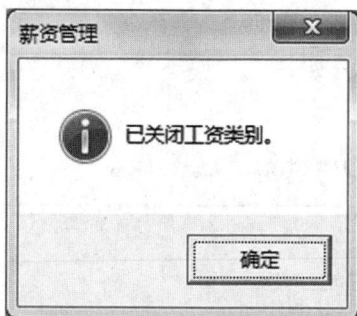

图6-12　关闭工资类别

2. 建立临时人员工资类别

操作步骤：

（1）执行"工资类别"|"新建工资类别"操作，打开"新建工资类别"对话框。

（2）在文本框中输入第二个工资类别"临时人员"，单击"下一步"按钮。

（3）单击鼠标，选取制造中心及其下属部门。

（4）单击"完成"按钮，系统弹出"是否以2015-08-01为当前工资类别的启用日期?"信息，单击"是"按钮，返回薪资管理系统。

（5）执行"工资类别"|"关闭工资类别"操作，关闭"临时人员"工资类别。

（6）执行"工资类别"|"打开工资类别"操作，打开"临时人员"工资类别，如图6-13所示。

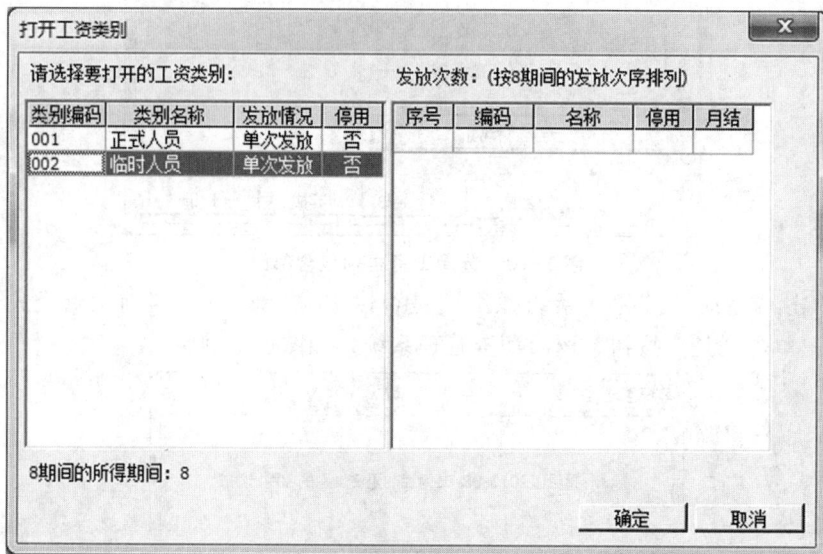

图6-13　打开工资类别

（7）执行"设置"|"选项"操作，单击"编辑"按钮，选中"参数设置"选项卡，勾选"是否核算计件工资"，如图6-14所示。

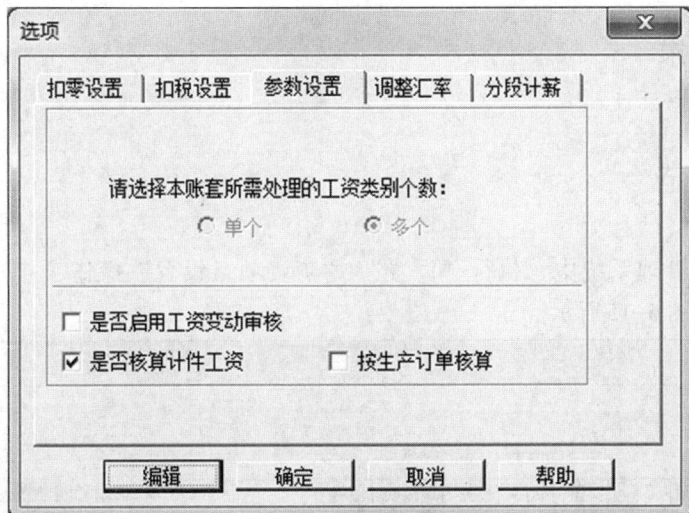

图6-14 修改选项

（8）执行"工资类别"|"关闭工资类别"操作，关闭"临时人员"工资类别。

任务五 设置工资项目

任务名称

设置吉林东方有限责任公司工资项目。

任务材料

工资项目情况见表6-1。

表6-1 工资项目情况

项目名称	类型	长度	小数位数	增减项
基本工资	数字	8	2	增项
职务补贴	数字	8	2	增项
交补	数字	8	2	增项
应发合计	数字	10	2	增项
请假扣款	数字	8	2	减项
养老保险金	数字	8	2	减项
扣款合计	数字	10	2	减项
实发合计	数字	10	2	增项
代扣税	数字	10	2	减项
请假天数	数字	8	2	其他

任务要求

正确设置工资项目。

操作示范

操作步骤:

(1)在薪资管理系统中,执行"设置"|"工资项目设置"操作,打开"工资项目设置"对话框,如图6-15所示。

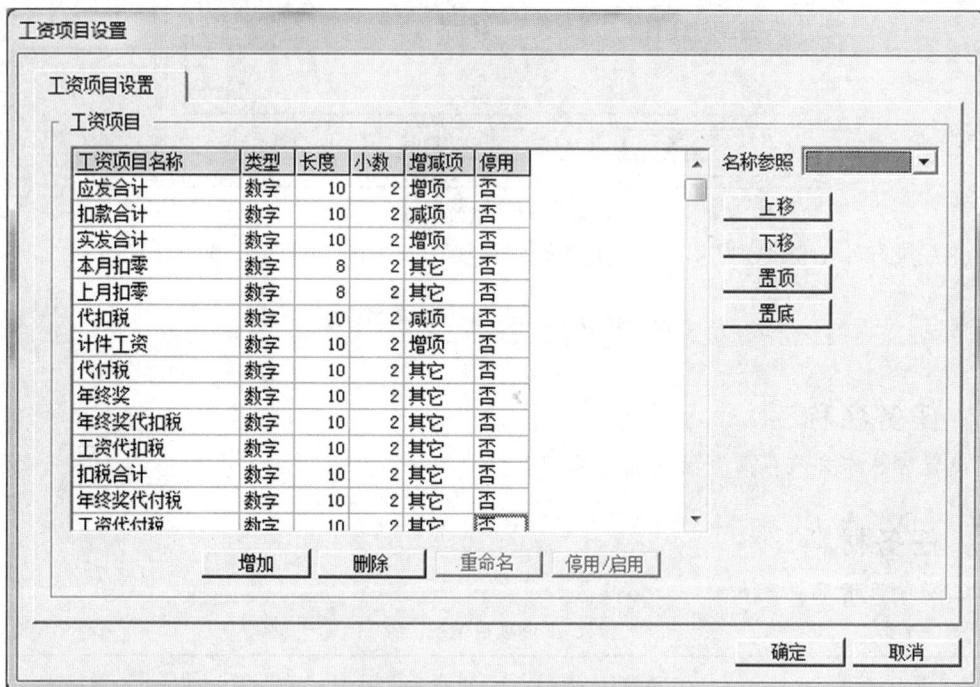

图6-15 工资项目设置

(2)单击"增加"按钮,工资项目列表中增加一空行。

(3)单击"名称参照"下拉列表框,从下拉列表中选择"基本工资"选项。

(4)双击"类型"栏,单击下拉列表框,从下拉列表中选择"数字"选项。

(5)"长度"采用系统默认值"8",双击"小数"栏,单击微调框的上三角按钮,将小数设置为2。

(6)双击"增减项"栏,单击下拉列表框,从下拉列表中选择"增项"选项。

(7)单击"增加"按钮,增加其他工资项目。

(8)单击"确定"按钮,系统弹出"工资项目已经改变,请确认各工资类别的公式是否正确。否则计算结果可能不正确"信息提示对话框,单击"确定"按钮,如图6-16所示。

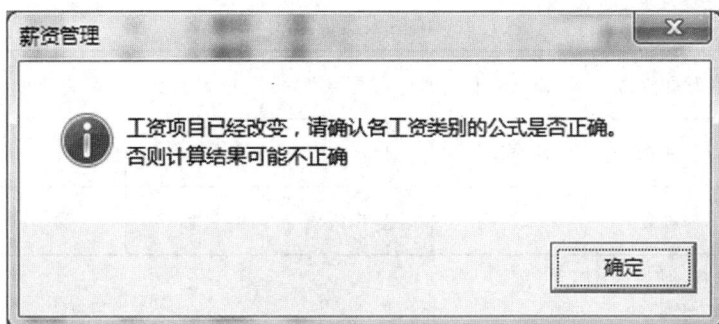

图 6-16　确认公式提示框

任务六　设置人员档案

任务名称

设置吉林东方有限责任公司人员档案。

任务材料

吉林东方有限责任公司人员档案见表 6-2、表 6-3。

表 6-2 正式人员档案

人员编号	人员姓名	部门名称	人员类别	账号	中方人员	是否计税
101	肖剑	总经理办公室	企业管理人员	20150080001	是	是
102	陈明	财务部	企业管理人员	20150080002	是	是
103	王晶	财务部	企业管理人员	20150080003	是	是
104	马方	财务部	企业管理人员	20150080004	是	是
201	王丽	销售部	经营人员	20150080005	是	是
202	孙健	销售部	经营人员	20150080006	是	是
211	白雪	采购部	经营人员	20150080007	是	是
212	李平	采购部	经营人员	20150080008	是	是
301	赵亮	一车间	企业管理人员	20150080009	是	是
302	周月	一车间	生产人员	20150080010	是	是
303	孟强	一车间	生产人员	20150080011	是	是

注：以上所有人员的代发银行均为中国农业银行。

表6-3 临时人员档案

人员编号	人员姓名	部门名称	人员类别	中方人员	是否计税	计件工资
311	罗江	一车间	生产人员	是	是	是
321	刘青	二车间	生产人员	是	是	是

任务要求

正确设置人员档案。

操作示范

薪资管理系统各工资类别中的人员档案一定是来自于在企业应用平台基础档案设置中设置的人员档案。企业应用平台中设置的人员档案是企业全部职工信息；薪资管理系统中的人员档案是需要进行工资发放和管理的人员，它们之间是包含关系。

操作步骤：

（1）在薪资管理系统中，打开"正式人员"工资类别，执行"设置"|"人员档案"操作，进入"人员档案"窗口，如图6-17、图6-18所示。

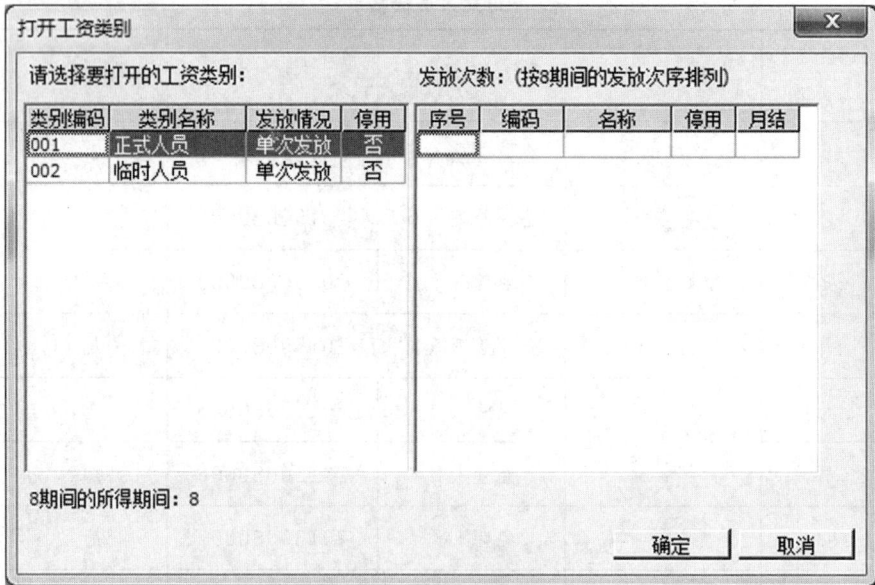

图6-17　打开工资类别

（2）单击工具栏上的"批增"按钮，打开"人员批量增加"对话框，如图6-19所示。

（3）选中左侧的所有部门，单击"查询"、按钮，所有部门下的人员档案出现在下侧列表框中，不选"罗江""刘青"，单击"确定"按钮返回，如图6-20、图6-21所示。

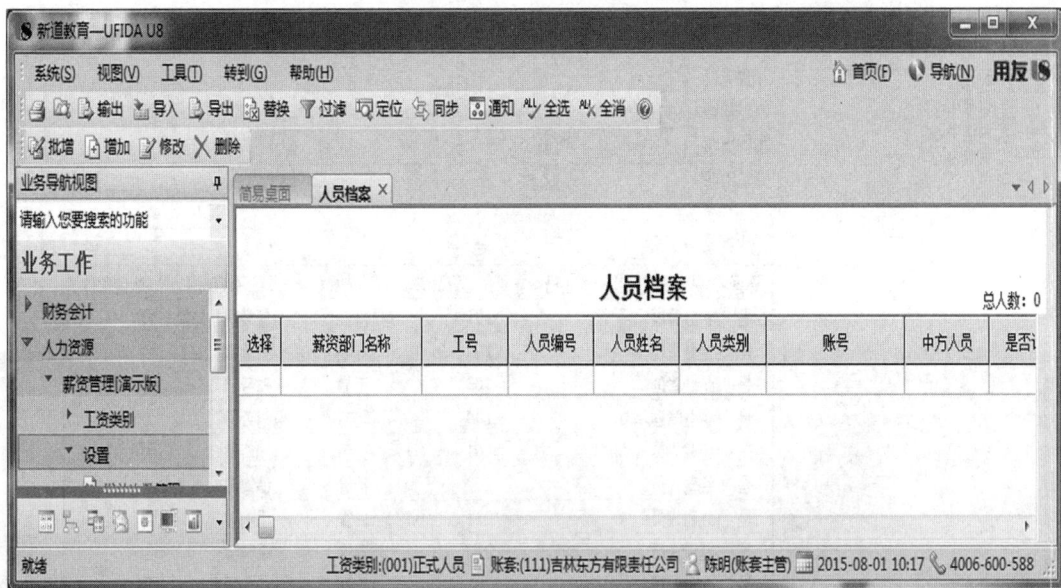

图6-18 人员档案

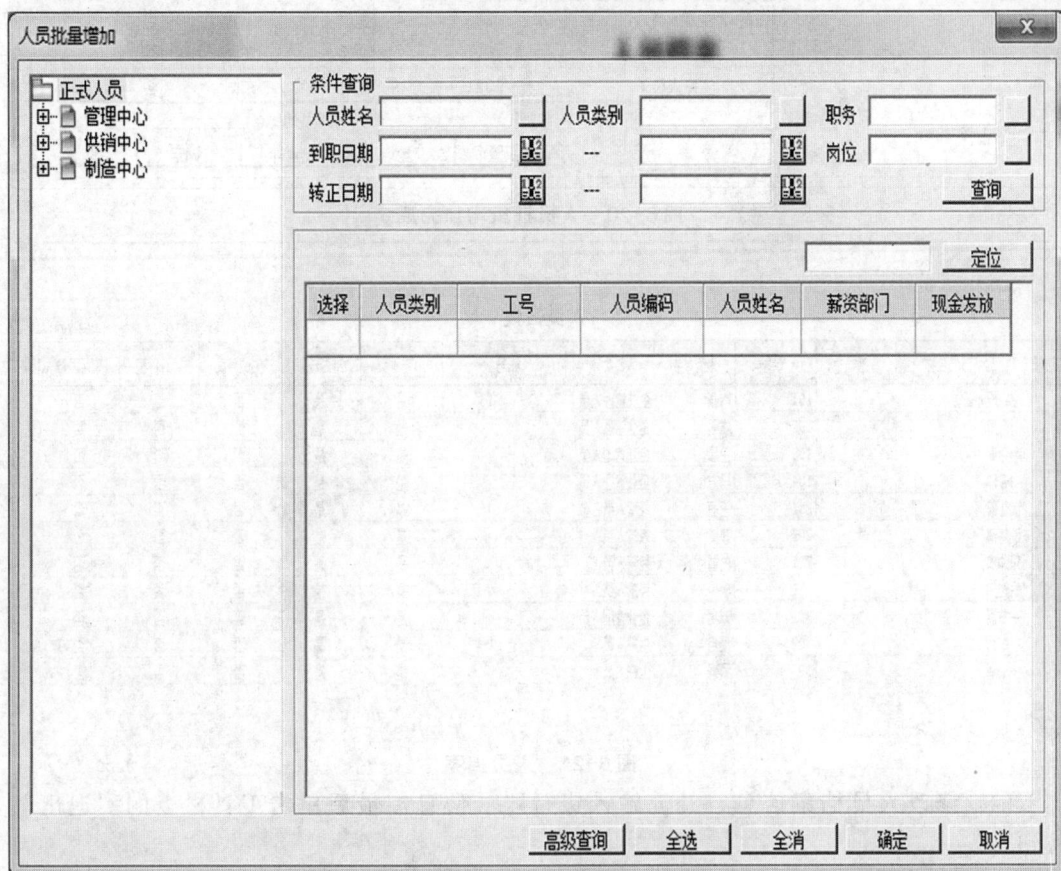

图6-19 人员批量增加

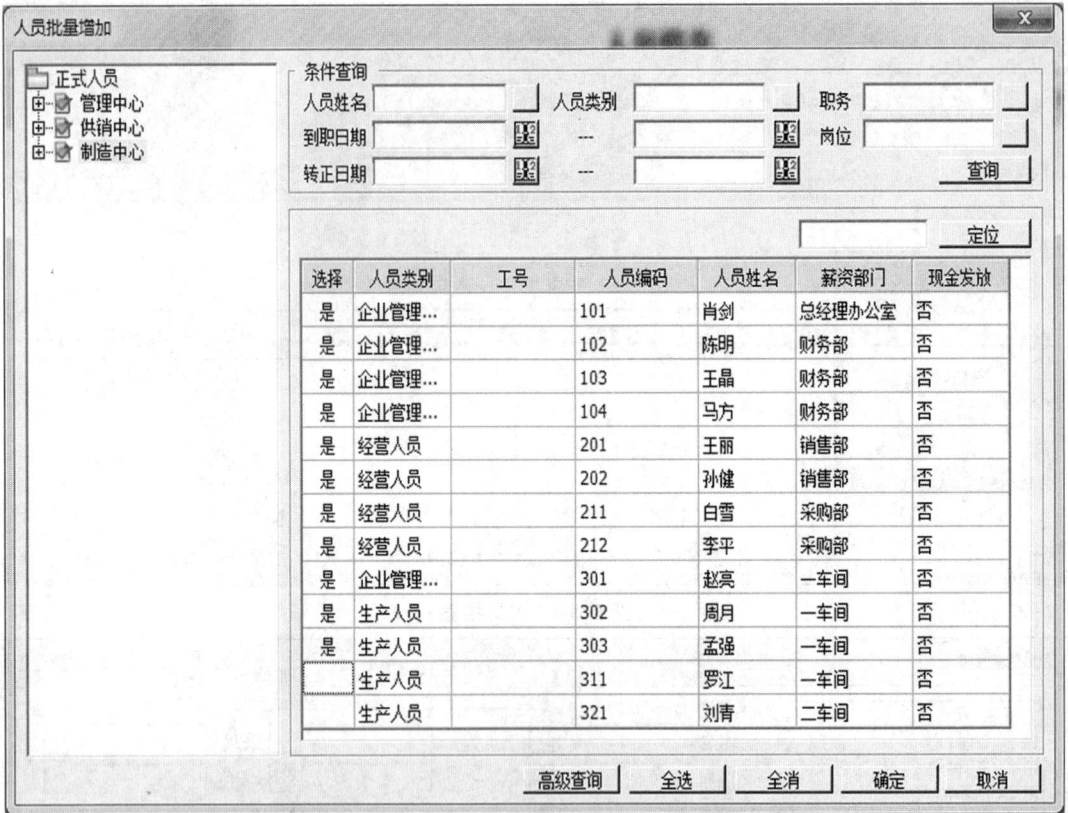

图6-20　人员批量增加完成

人员档案

总人数：11

选择	薪资部门名称	工号	人员编号	人员姓名	人员类别	账号	中方人员	是否计税	工资停发	核算计件工资	现金发放
	总经理办公室		101	肖剑	企业管理人员		是	是	否	否	否
	财务部		102	陈明	企业管理人员		是	是	否	否	否
	财务部		103	王晶	企业管理人员		是	是	否	否	否
	财务部		104	马方	企业管理人员		是	是	否	否	否
	销售部		201	王丽	经营人员		是	是	否	否	否
	销售部		202	孙健	经营人员		是	是	否	否	否
	采购部		211	白雪	经营人员		是	是	否	否	否
	采购部		212	李平	经营人员		是	是	否	否	否
	一车间		301	赵亮	企业管理人员		是	是	否	否	否
	一车间		302	周月	生产人员		是	是	否	否	否
	一车间		303	孟强	生产人员		是	是	否	否	否

图6-21　人员档案

（4）修改人员档案信息，补充输入银行账号信息。最后单击工具栏上的"退出"按钮。

（5）同理，设置"临时人员"工资类别的"人员档案"，修改人员档案信息，核算计件工资和现金发放，如图6-22所示。

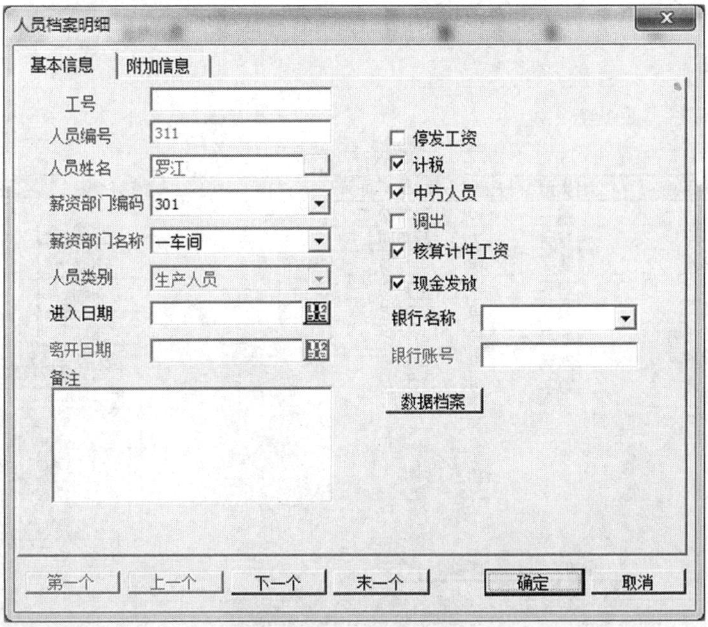

图6-22　人员档案明细

任务七　设置正式人员工资项目及工资计算公式

任务名称

设置吉林东方有限责任公司正式人员工资项目及工资计算公式。

任务材料

1.工资项目

正式人员：所有工资项目。

2.工资计算公式

请假扣款＝基本工资÷22×缺勤天数

企业管理人员和经营人员的交通补助为100元，其他人员的交通补助为50元。

养老保险金＝（基本工资+职务补贴）×0.05

任务要求

正确设置正式人员工资项目及工资计算公式。

操作示范

1.选择工资项目

操作步骤：

（1）在薪资管理系统中，打开"正式人员"工资类别，执行"设置"|"工资项目设

置"操作，打开"工资项目设置"对话框，如图6-23所示。

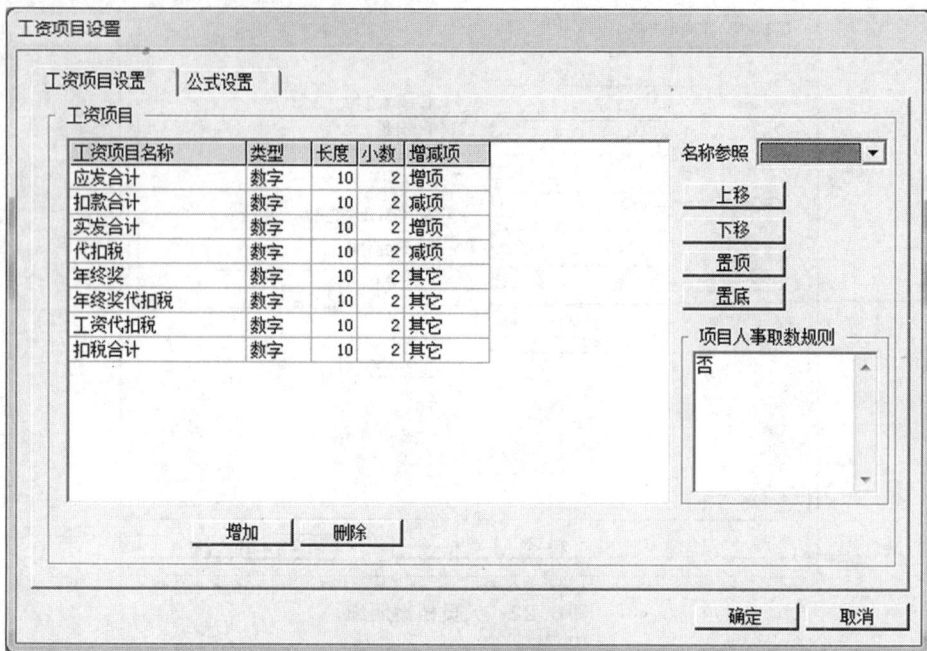

图6-23 正式人员工资项目设置

（2）打开"工资项目设置"选项卡，单击"增加"按钮，工资项目列表中增加一空行。

（3）单击"名称参照"下拉列表框，从下拉列表中选择"基本工资"选项，工资项目名称、类型、长度、小数、增减项都自动带出，不能修改，如图6-24所示。

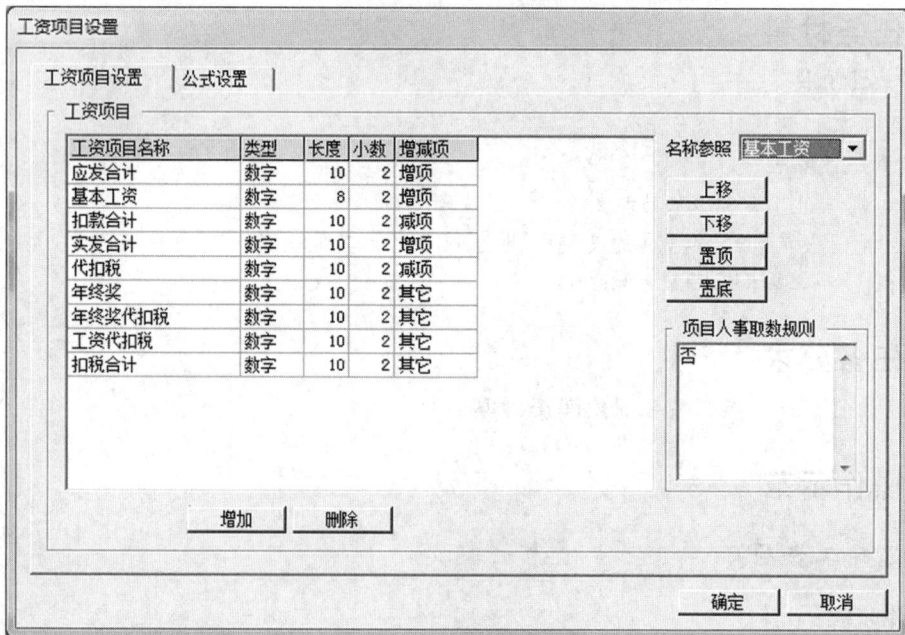

图6-24 设置工资项目

（4）单击"增加"按钮，增加其他工资项目。

（5）所有项目增加完成后，单击"工资项目设置"窗口上的"上移"和"下移"箭头按钮，按照实训资料所给顺序调整工资项目的排列位置，原则上是增项在前，减项在后，如图6-25所示。

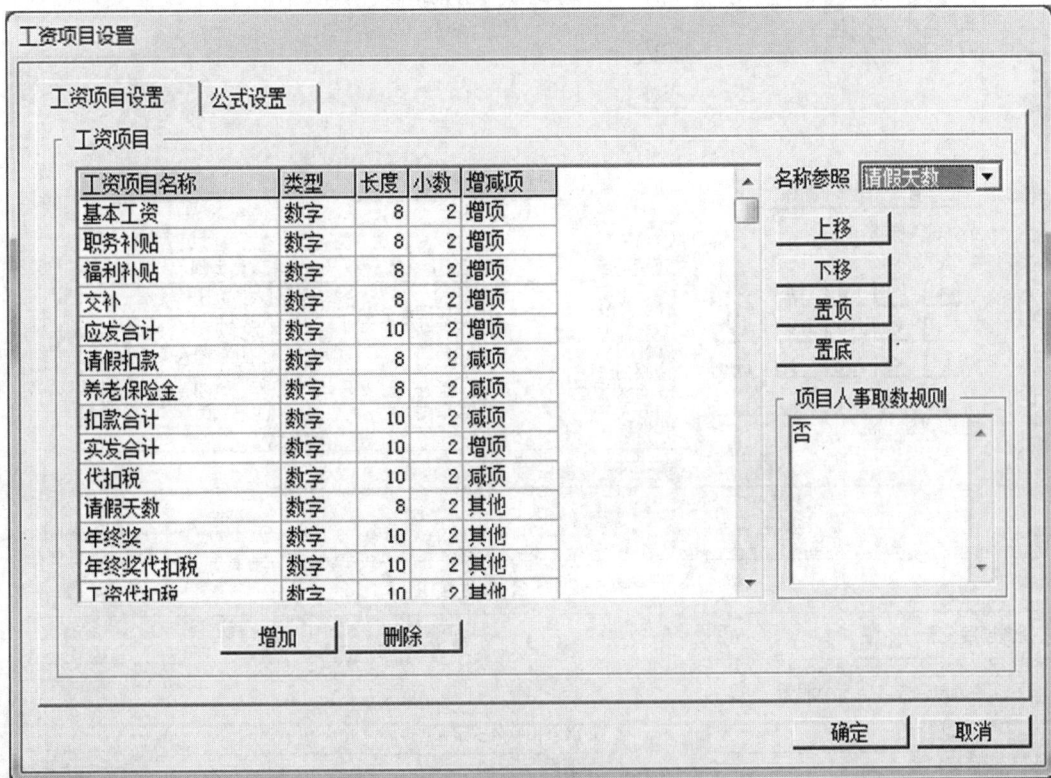

图6-25 调整项目位置

注意：

工资项目不能重复选择。没有选择的工资项目不允许在计算公式中出现。不能删除已输入数据的工资项目和已设置计算公式的工资项目。

2.设置计算公式

业务1：设置公式：请假扣款=请假天数×20

操作步骤：

（1）在"工资项目设置"对话框中，打开"公式设置"选项卡，如图6-26所示。

（2）单击"增加"按钮，在工资项目列表中增加一空行，单击该行，在下拉列表中选择"请假扣款"选项。

（3）单击"公式定义"文本框，单击工资项目列表中的"请假天数"。

（4）单击运算符"*"，在"*"后单击，输入数字20，单击"公式确认"按钮，如图6-27所示。

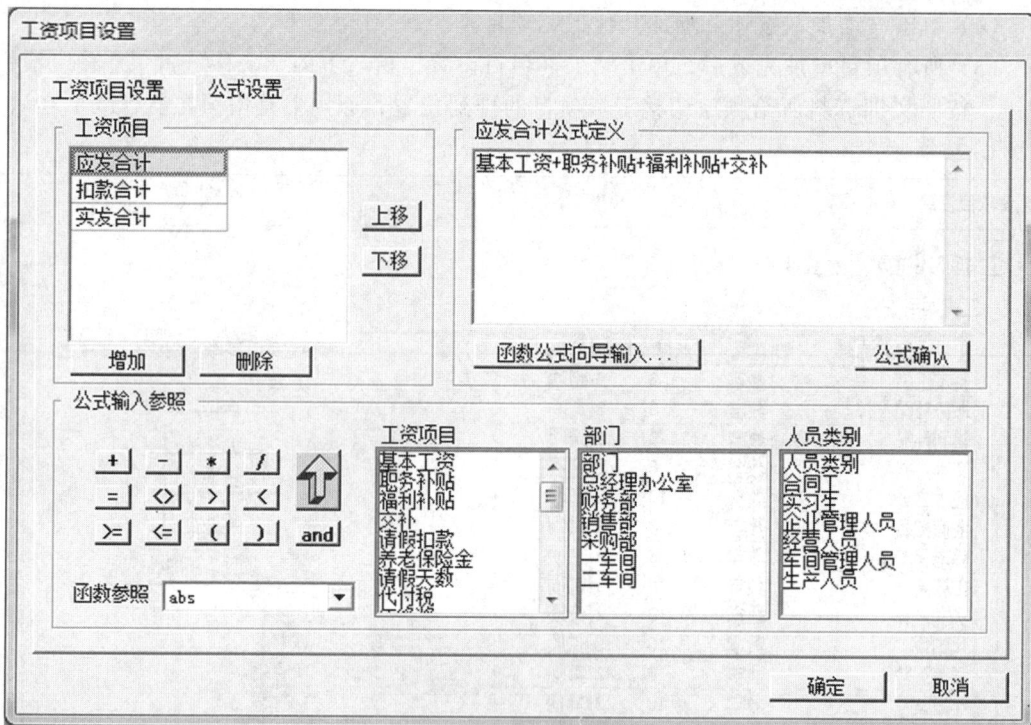

图6-26 公式设置

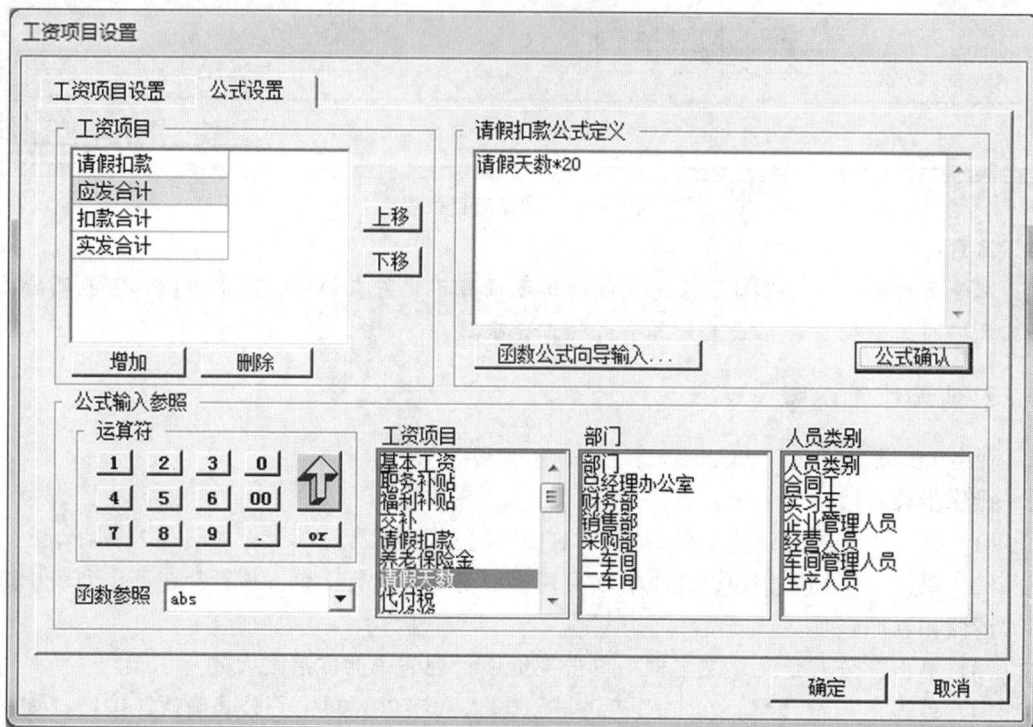

图6-27 请假扣款公式设置

（5）同理，完成"养老保险金"的公式定义，如图6-28所示。

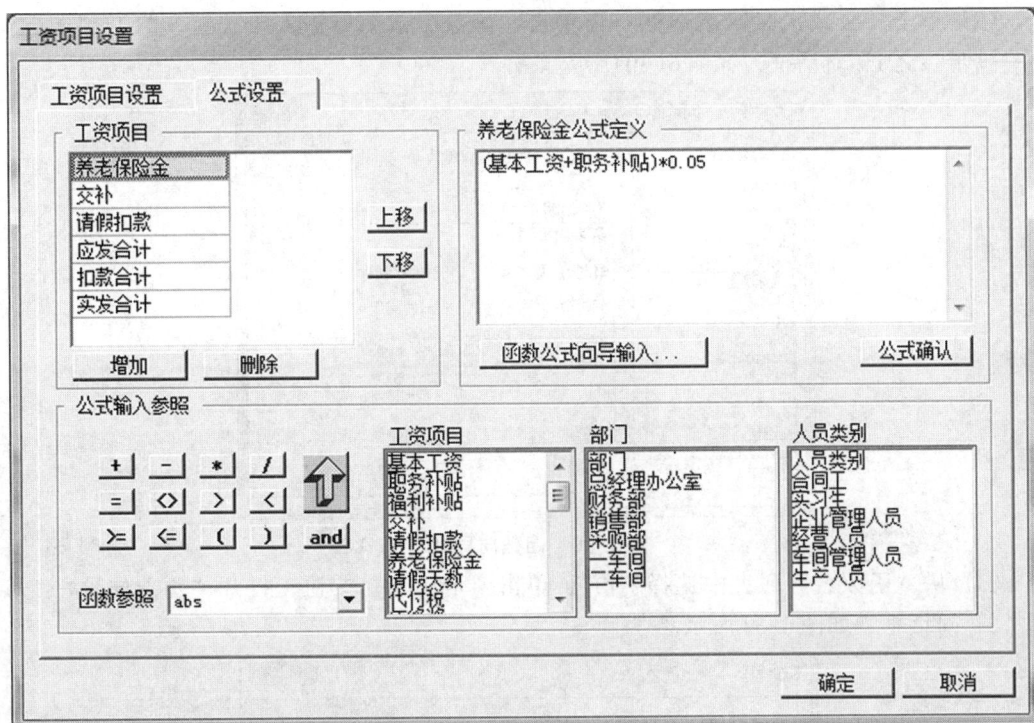

图6-28 养老保险金公式设置

业务2：设置公式：交补：iff（人员类别="企业管理人员" OR 人员类别="经营人员"，100，50）

操作步骤：

（1）单击"增加"按钮，在工资项目列表中增加一空行，单击该行，在下拉列表框中选择"交补"选项，如图6-29所示。

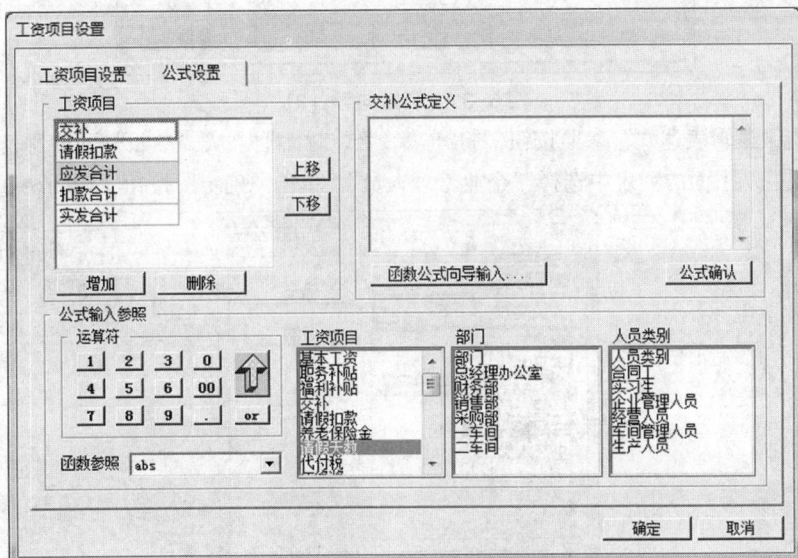

图6-29 "交补"选项

（2）单击"公式定义"文本框，再单击"函数公式向导输入"按钮，打开"函数向导——步骤之1"对话框，如图6-30所示。

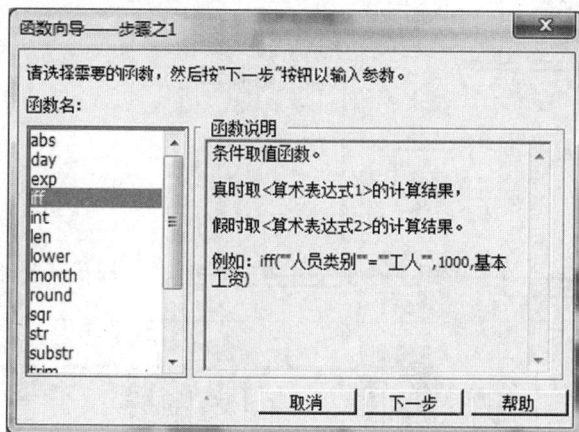

图6-30 函数向导（1）

（3）从"函数名"列表中选择"iff"，单击"下一步"按钮，打开"函数向导——步骤之2"对话框，如图6-31所示。

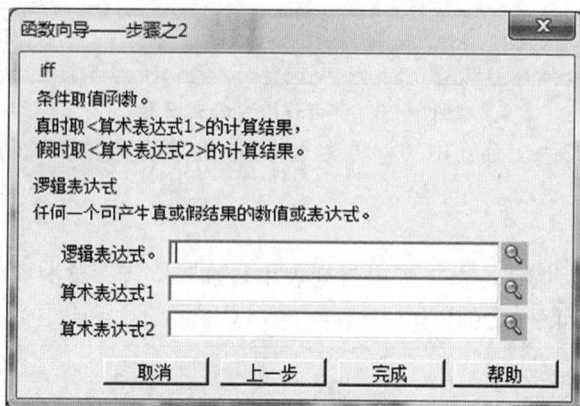

图6-31 函数向导（2）

（4）单击"逻辑表达式"参照按钮，打开"参照"对话框，从"参照"下拉列表中选择"人员类别"选项，从下面的列表中选择"企业管理人员"，单击"确定"按钮，如图6-32所示。

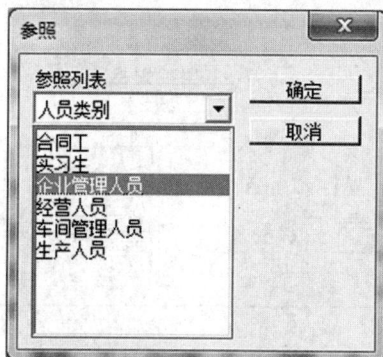

图6-32 参照

（5）在逻辑表达式文本框中的公式后单击鼠标，输入"OR"后，再次单击"逻辑表达式"参照按钮，出现"参照"对话框，从"参照"下拉列表中选择"人员类别"选项，从下面的列表中选择"经营人员"，单击"确认"按钮，返回"函数向导——步骤之2"对话框，如图6-33、图6-34、图6-35所示。

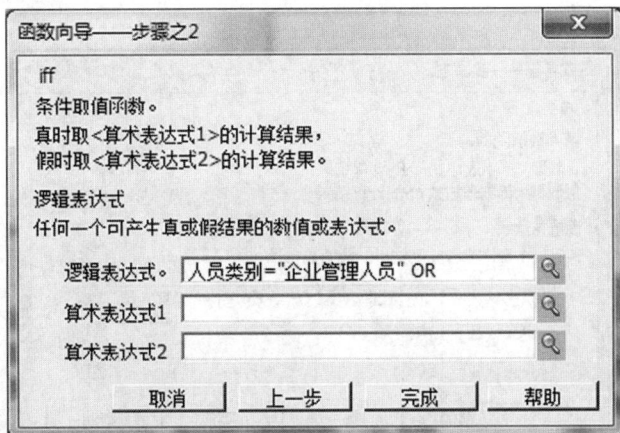

图 6-33　函数向导——步骤之 2　（1）

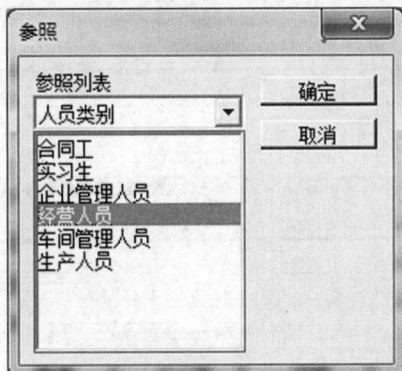

图 6-34　参照

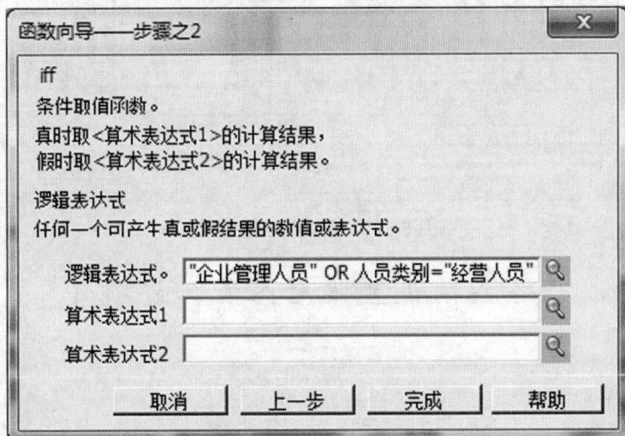

图 6-35　函数向导——步骤之 2　（2）

会计信息化实操

注意：

在 OR 前后应有空格。

（6）在"算术表达式1"后的文本框中输入"100"，在"算术表达式2"后的文本框中输入"50"，单击"完成"按钮，返回"公式设置"窗口，单击"公式确认"按钮，如图6-36所示。

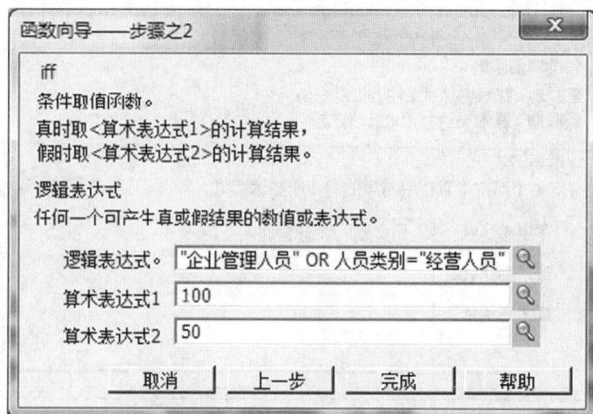

图6-36 交补公式设置

（7）单击"完成"按钮，退出公式设置，如图6-37所示。

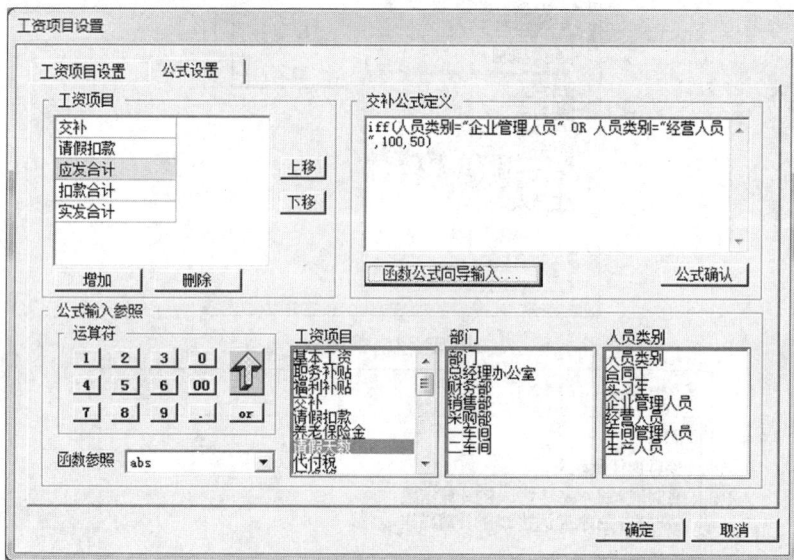

图6-37 公式设置完成

任务八 设置临时人员工资项目

任务名称

设置吉林东方有限责任公司临时人员工资项目。

![任务材料图标] **任务材料**

临时人员只有计件工资和其他固定工资项目。

![任务要求图标] **任务要求**

正确设置临时人员工资项目。

![操作示范图标] **操作示范**

操作步骤：

（1）在薪资管理系统中，打开"临时人员"工资类别，执行"设置"|"工资项目设置"操作，打开"工资项目设置"对话框。

（2）选中"计件工资"工资项目，点击"上移"按钮，将"计件工资"项目移到最上面，单击"确定"按钮，如图6-38所示。

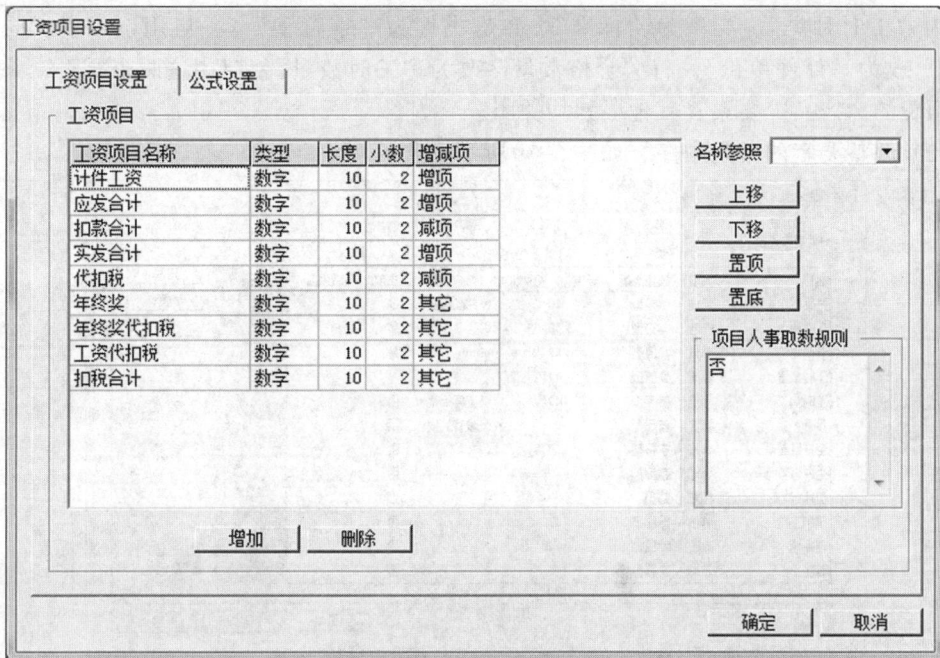

图6-38　工资项目设置

任务九　设置计件工资

![任务名称图标] **任务名称**

设置吉林东方有限责任公司计件工资方案。

![任务材料图标] **任务材料**

吉林东方有限责任公司计件工资方案见表6-4。

表6-4 计件工资方案 金额单位: 元

产品名称	工时种类	计件单价	产品编码
计算机	组装	12	006
计算机	检验	8	006

任务要求

正确设置计件工资方案。

操作示范

操作步骤:

(1) 执行"人力资源"|"计件工资"|"设置"|"计价要素设置"操作,系统自动弹出"计件要素设置"对话框。单击"编辑"按钮,启动"增加"按钮,在空行中输入名称为"工时种类"、类型为"标准"、数据类型为"字符型",并启用该要素;同时将"工价"改为"计件单价",将"合格数量"改为"工时数量",启用这两个要素,并启用系统预置的"产品"要素,其他要素均关闭。

(2) 调整要素的排列顺序,如图6-39所示。

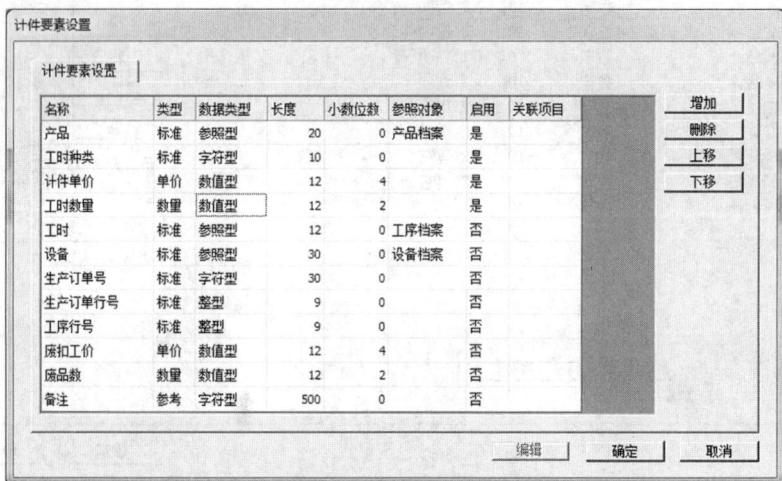

图6-39 计件要素设置

(3) 单击"确定"按钮,系统弹出提示信息对话框,单击"确定"退出,如图6-40所示。

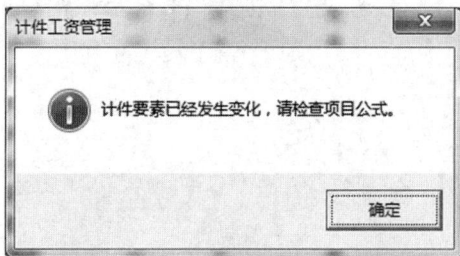

图6-40 检查项目公式提示

（4）在"人力资源"｜"计件工资"模块双击"设置"｜"计价工价设置"，打开"计价工价设置"窗口。

（5）单击工具栏"增加"按钮，逐行输入计件工资方案信息，如图6-41所示。

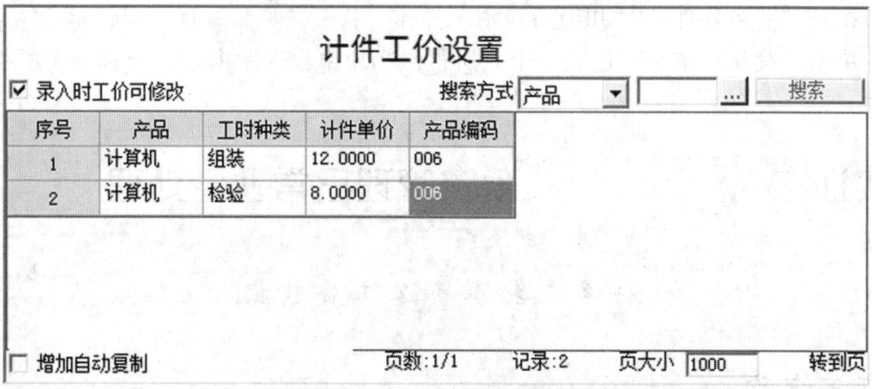

计件工价设置

☑ 录入时工价可修改　　　搜索方式 产品 ▼ [　] [...] [搜索]

序号	产品	工时种类	计件单价	产品编码
1	计算机	组装	12.0000	006
2	计算机	检验	8.0000	006

☐ 增加自动复制　　　　页数:1/1　　记录:2　　页大小 [1000]　　转到页

图6-41　计件工价设置

任务十　扣税设置

任务名称

吉林东方有限责任公司个人所得税扣税设置。

任务材料

吉林东方有限责任公司按"应发合计"计算工资薪金所得税，适用七级超额累进税率。

任务要求

正确进行吉林东方有限责任公司个人所得税扣税设置。

操作示范

1.设置个人所得税

操作步骤：

（1）执行"业务处理"｜"扣缴所得税"操作，系统弹出有关"薪资管理"操作的"继续执行"信息提示对话框，单击"确定"按钮，打开"栏目选择"对话框。

（2）默认各项设置，单击"确认"按钮。

（3）单击工具栏上的"税率"按钮，修改所得税纳税基数为"3 500"，单击"确认"按钮返回。

（4）在"个人所得税扣缴申报表"窗口中，单击工具栏上的"退出"按钮。

2.查看个人所得税

操作步骤：

（1）执行"业务处理"|"扣缴所得税"操作，打开"栏目选择"对话框。

（2）单击"确认"按钮，进入"个人所得税扣缴申报表"窗口，查看个人所得税扣缴情况。

实训二	薪资管理日常业务处理

任务 核算员工工资数据

任务名称

录入吉林东方有限责任公司2015年8月份工资数据。

任务材料

1.正式人员工资情况见表6-5。

表6-5   正式人员工资数据   单位：元

人员编号	人员姓名	基本工资	职务补贴	福利补贴	缺勤天数
101	肖剑	5 000.00	500.00	200.00	
102	陈明	3 000.00	300.00	200.00	
103	王晶	2 000.00	200.00	200.00	
104	马方	2 500.00	200.00	200.00	
201	王丽	3 000.00	300.00	200.00	2
202	孙健	2 000.00	200.00	200.00	
211	白雪	4 500.00	450.00	200.00	1
212	李平	3 000.00	300.00	200.00	
301	赵亮	4 500.00	450.00	200.00	
302	周月	3 500.00	350.00	200.00	
303	孟强	3500.00	350.00	200.00	

2.临时人员工时情况见表6-6。

表6-6   **临时人员工时数据**   单位：工时

姓 名	产 品	计 件 日 期	工 时 种 类	工 时 数 量
罗江	计算机	2015-08-31	组 装	18
刘青	计算机	2015-08-31	检 验	20

任务要求

正确核算吉林东方有限责任公司的工资数据。

操作示范

1.正式人员工资录入

业务1：输入正式人员基本工资数据

操作步骤：

（1）打开"正式人员"工资类别，执行"业务处理"|"工资变动"操作，进入"工资变动"窗口，如图6-42所示。

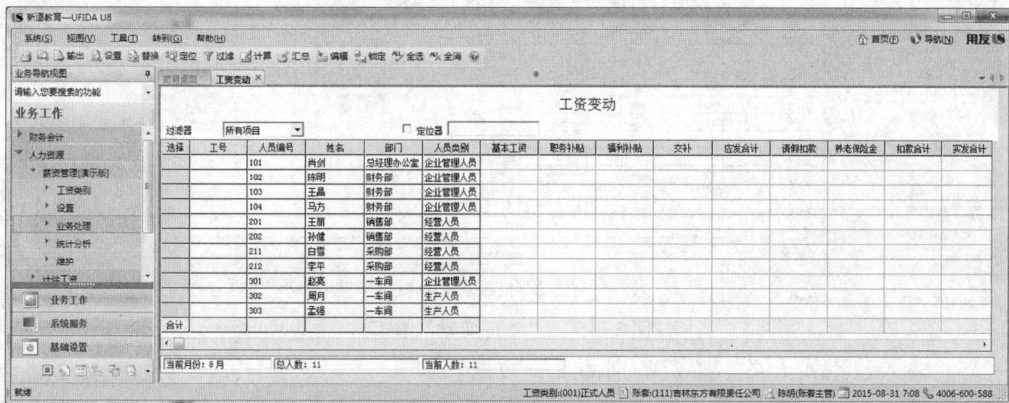

图6-42   "工资变动"窗口

（2）单击"过滤器"下拉列表框，从中选择"过滤设置"选项，打开"项目过滤"对话框，如图6-43所示。

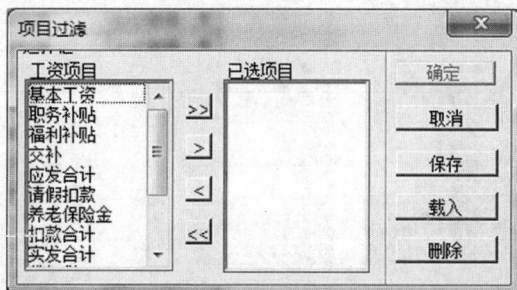

图6-43   "项目过滤"对话框

（3）选择"工资项目"列表框中的"基本工资"和"职务补贴"选项，单击">"按钮，将这两项选入"已选项目"列表框中，如图6-44所示。

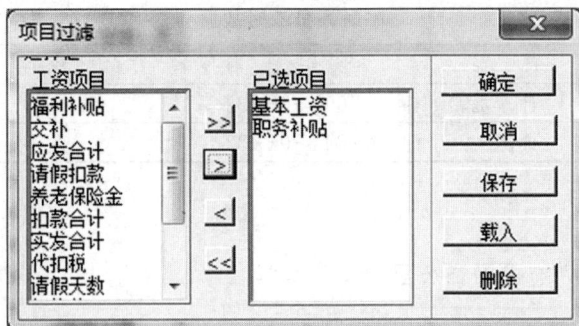

图6-44　选择项目

（4）单击"确定"按钮，返回"工资变动"窗口，此时每个人的工资项目只显示两项，如图6-45所示。

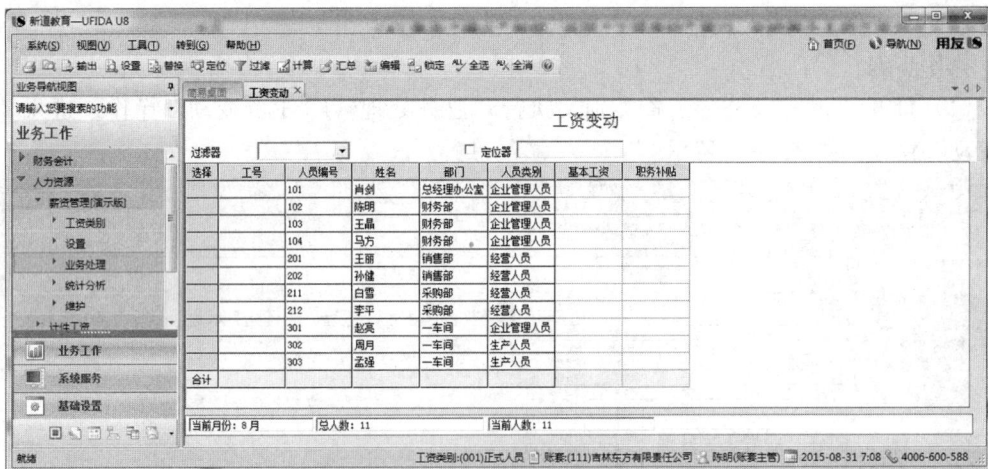

图6-45　"工资变动"窗口

（5）输入"正式人员"工资类别的工资数据。

（6）单击"过滤器"下拉列表框，从中选择"所有项目"选项，单击"计算"按钮，屏幕上显示所有工资项目和计算后的工资数据，如图6-46所示。

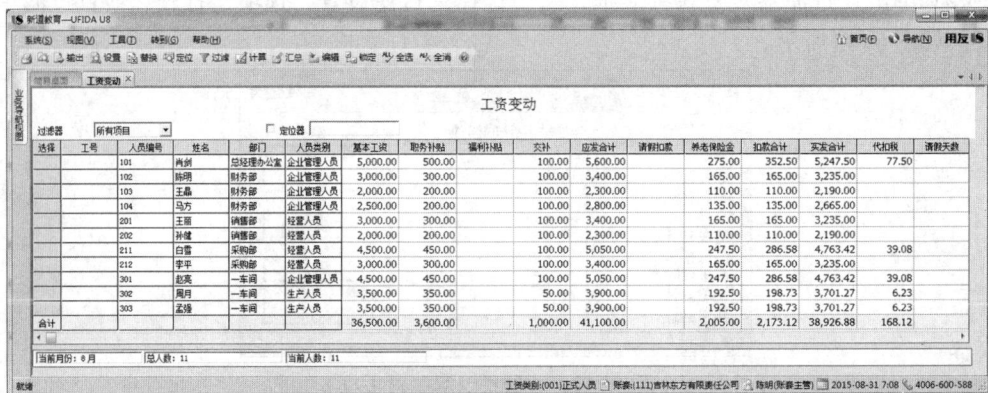

图6-46　工资变动-计算

注意：

这里只需要输入没有进行公式设定的项目，如基本工资、福利补贴，其余各项由系统根据计算公式自动计算生成。

业务2：输入正式人员工资变动数据

操作步骤：

（1）输入考勤情况：王丽请假2天，白雪请假1天。

（2）单击工具栏上的"全选"按钮，再单击工具栏上的"替换"按钮，单击"将工资项目"下拉列表框，从中选择"福利补贴"选项，在"替换成"文本框中，输入"福利补贴+200"，如图6-47所示。

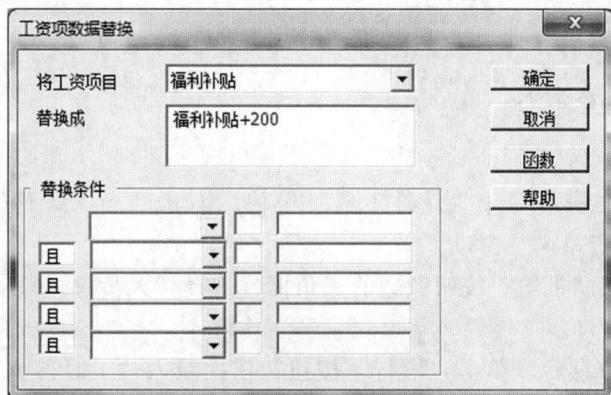

图6-47　工资项数据替换

（3）单击"确定"按钮，系统弹出"数据替换后将不可恢复。是否继续？"信息提示对话框，如图6-48所示。单击"是"按钮，系统弹出"11条记录被替换，是否重新计算？"信息提示对话框，如图6-49所示。单击"是"按钮，系统自动完成工资计算，如图6-50所示。

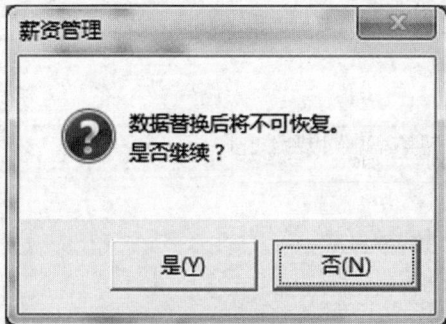

图6-48　数据替换提示

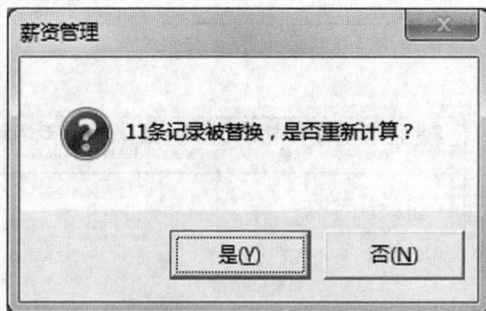

图6-49　重新计算提示

业务3：数据计算与汇总

操作步骤：

（1）在"工资变动"窗口中，单击工具栏上的"计算"按钮，计算工资数据。

（2）单击工具栏上的"汇总"按钮，汇总工资数据。

（3）关闭"工资变动"窗口。

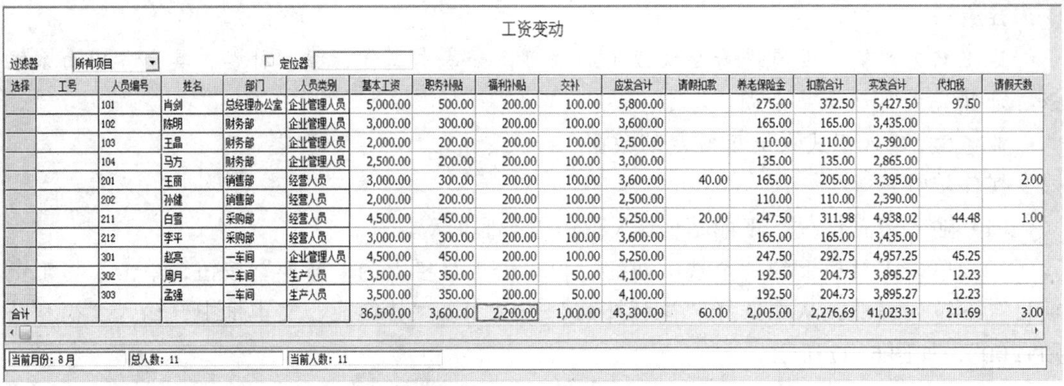

选择	工号	人员编号	姓名	部门	人员类别	基本工资	职务补贴	福利补贴	交补	应发合计	请假扣款	养老保险金	扣款合计	实发合计	代扣税	请假天数
		101	肖剑	总经理办公室	企业管理人员	5,000.00	500.00	200.00	100.00	5,800.00		275.00	372.50	5,427.50	97.50	
		102	陈明	财务部	企业管理人员	3,000.00	300.00	200.00	100.00	3,600.00		165.00	165.00	3,435.00		
		103	王晶	财务部	企业管理人员	2,000.00	200.00	200.00	100.00	2,500.00		110.00	110.00	2,390.00		
		104	马方	财务部	企业管理人员	2,500.00	200.00	200.00	100.00	3,000.00		135.00	135.00	2,865.00		
		201	王丽	销售部	经营人员	3,000.00	300.00	200.00	100.00	3,600.00	40.00	165.00	205.00	3,395.00		2.00
		202	孙健	销售部	经营人员	2,000.00	200.00	200.00	100.00	2,500.00		110.00	110.00	2,390.00		
		211	白雪	采购部	经营人员	4,500.00	450.00	200.00	100.00	5,250.00	20.00	247.50	311.98	4,938.02	44.48	1.00
		212	李平	采购部	经营人员	3,000.00	300.00	200.00	100.00	3,600.00		165.00	165.00	3,435.00		
		301	赵亮	一车间	企业管理人员	4,500.00	450.00	200.00	100.00	5,250.00		247.50	292.75	4,957.25	45.25	
		302	周月	一车间	生产人员	3,500.00	350.00	200.00	50.00	4,100.00		192.50	204.73	3,895.27	12.23	
		303	孟强	一车间	生产人员	3,500.00	350.00	200.00	50.00	4,100.00		192.50	204.73	3,895.27	12.23	
合计						36,500.00	3,600.00	2,200.00	1,000.00	43,300.00	60.00	2,005.00	2,276.69	41,023.31	211.69	3.00

图 6-50　重新计算完成

2. 临时人员工资录入

操作步骤：

（1）进入“人力资源”|“计件工资”模块，双击“个人计件”|“计件工资录入”，打开“计件工资录入”窗口。

（2）单击工具栏“批增”按钮旁边的三角框，选择“人员录入”，打开“批量增加计件工资（人员）”窗口。

（3）输入表头信息后，单击“增行”按钮，依次录入“工时种类”“产品”“工时数量”等人员计件统计数据。单击“计算”按钮，系统自动计算计件工资数据，单击“确定”按钮保存，如图6-51所示。

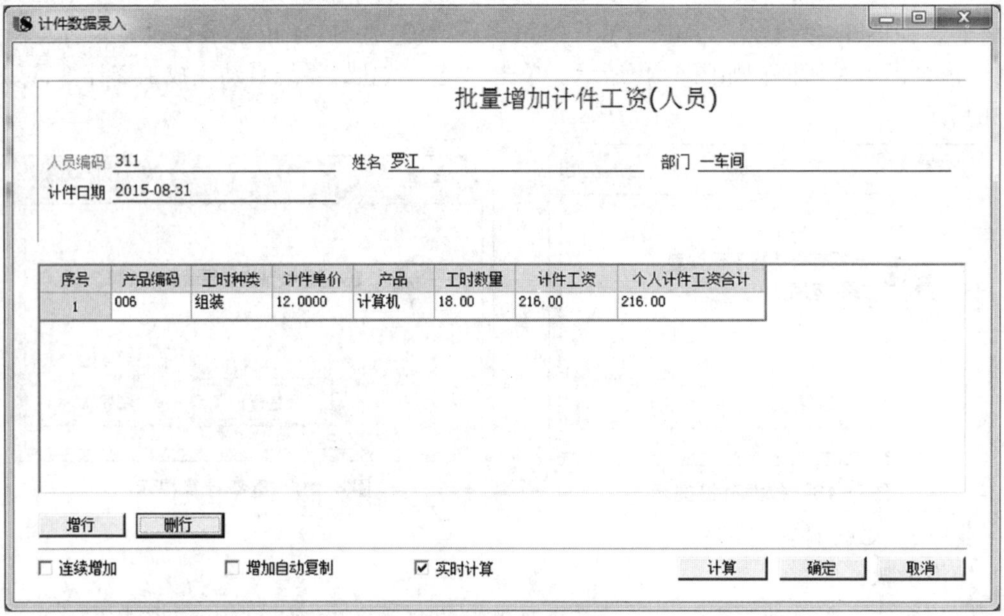

图 6-51　计件数据录入

（4）同理，录入所有人员计件工资统计数据，录入完成后单击“审核”按钮中的“全部审核”，将对所有人员的工资数据进行审核，如图6-52所示。

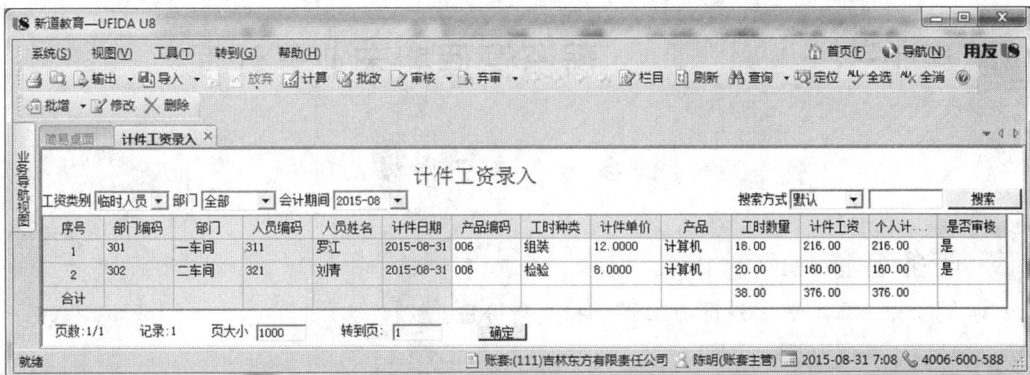

图 6-52 审核数据

（5）进入"人力资源"｜"计件工资"模块，双击"计件工资汇总"，打开"计件工资汇总"窗口。

（6）单击工具栏"汇总"按钮，完成本月计件工资数据汇总，如图 6-53 所示。

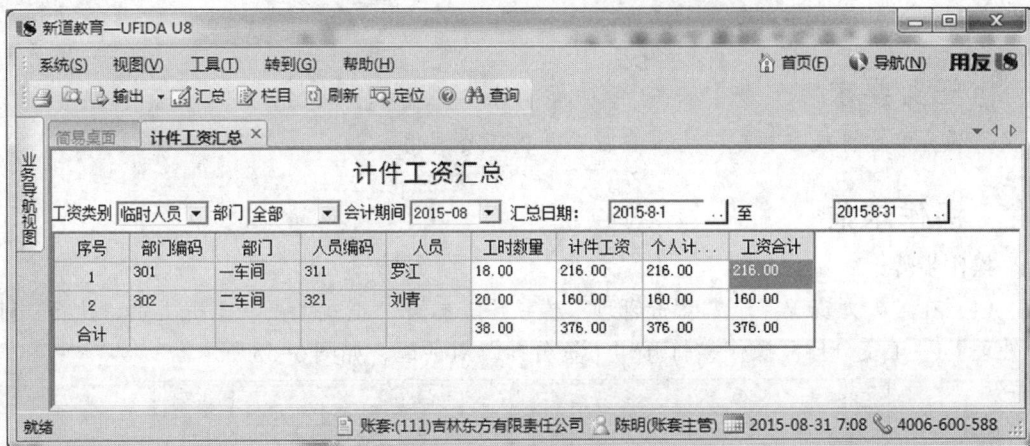

图 6-53 汇总数据

（7）在"人力资源"｜"薪资管理"模块中，打开"临时人员"工资类别，双击"业务处理"｜"工资变动"。在"工资变动"窗口中，单击工具栏"计算"按钮，计件工资数据计算结果如图 6-54 所示。

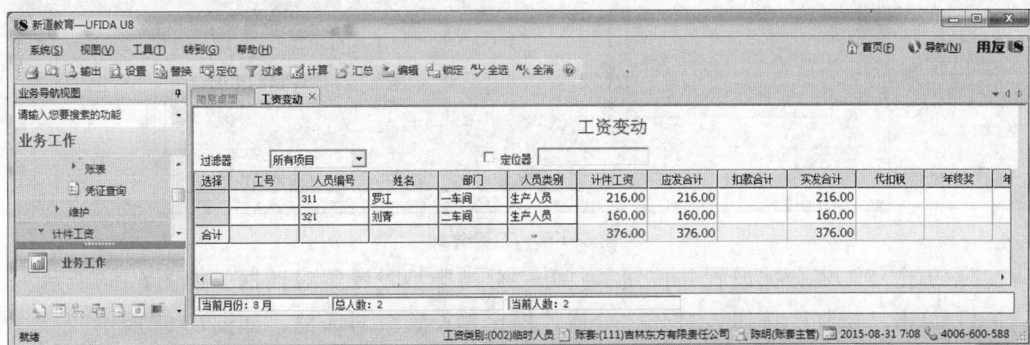

图 6-54 工资变动

| 实训三 | 薪资管理期末业务处理 |

任务一　工资分摊

任务名称

对吉林东方有限责任公司的工资数据进行分配。

任务材料

吉林东方有限责任公司月末对正式人员进行工资数据的分配，并计提各项费用，有关计提比例如下：按工资总额计提工会经费（12%），职工教育经费（1.5%），养老保险（单位20%，个人8%），医疗保险（单位8%，个人2%），失业保险（单位2%，个人1%），住房公积金（单位12%，个人10%）。

任务要求

正确分配和计提吉林东方有限责任公司的工资费用。

操作示范

操作步骤：

（1）在"人力资源"|"薪资管理"模块中，打开"正式人员"工资类别，执行"业务处理"|"工资分摊"操作，打开"工资分摊"对话框，如图6-55所示。

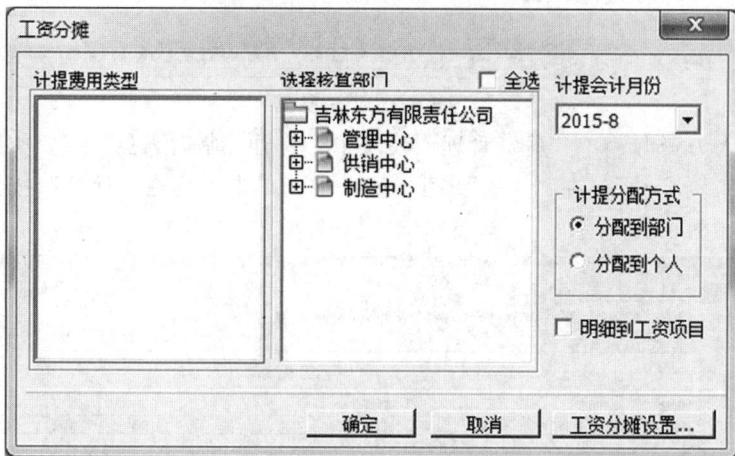

图6-55　工资分摊

（2）单击"工资分摊设置"按钮，打开"分摊类型设置"对话框，如图6-56所示。

（3）单击"增加"按钮，打开"分摊计提比例设置"对话框，如图6-57所示。

（4）输入计提类型名称为"分配工资费用"，单击"下一步"按钮，打开"分摊构成设置"对话框，参照输入部门名称、人员类别、工资项目、借贷方科目等栏目，如图6-58所示。

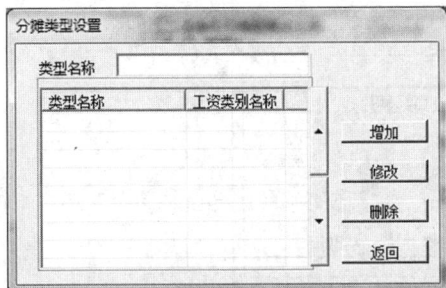

图 6-56　分摊类型设置

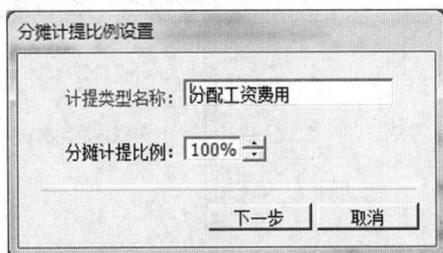

图 6-57　分摊计提比例设置

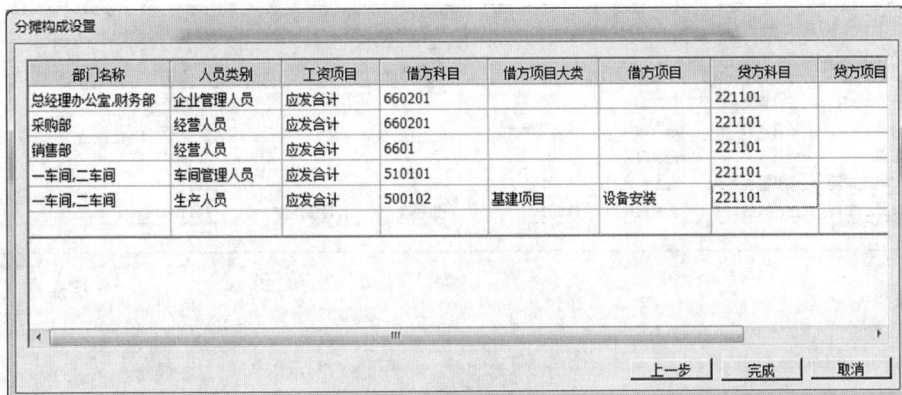

图 6-58　分摊构成设置（1）

（5）按实训资料内容进行设置。返回"分摊类型设置"对话框，继续设置工会经费、职工教育经费、养老保险、医疗保险、失业保险、住房公积金等分摊计提项目，如图6-59至图6-70所示。

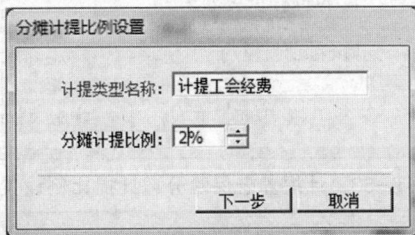

图 6-59　计提工会经费分摊计提比例设置

图 6-60　分摊构成设置（2）

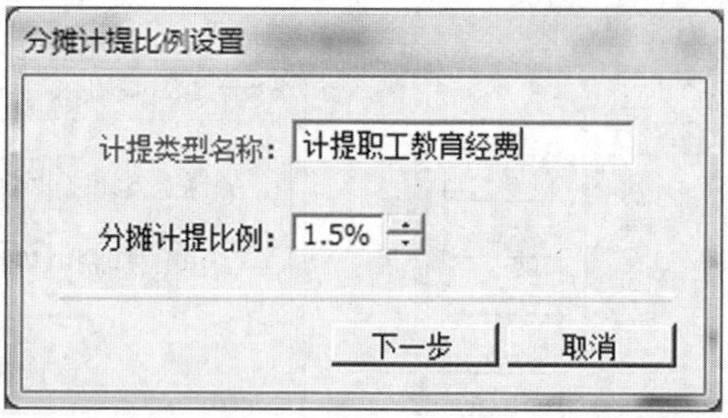

图 6-61　计提职工教育经费分摊计提比例设置

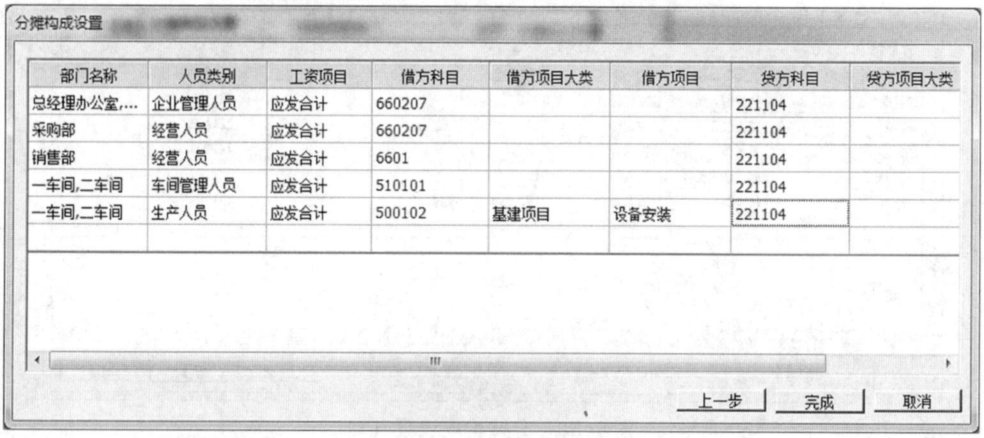

图 6-62　分摊构成设置（3）

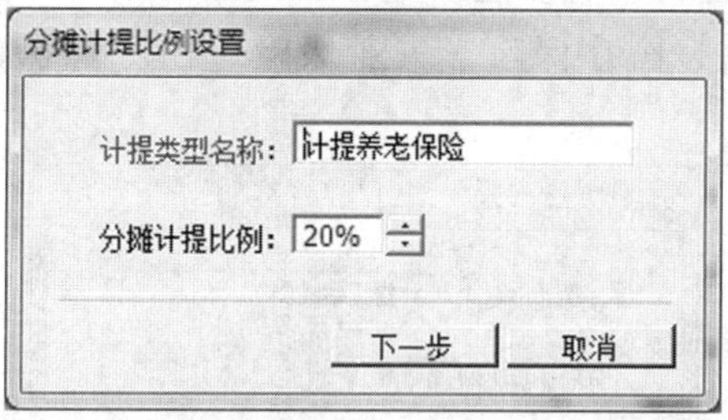

部门名称	人员类别	工资项目	借方科目	借方项目大类	借方项目	贷方科目	贷方项目大类
总经理办公室,...	企业管理人员	应发合计	660207			221104	
采购部	经营人员	应发合计	660207			221104	
销售部	经营人员	应发合计	6601			221104	
一车间,二车间	车间管理人员	应发合计	510101			221104	
一车间,二车间	生产人员	应发合计	500102	基建项目	设备安装	221104	

图 6-63　计提养老保险分摊计提比例设置

图 6-64　分摊构成设置（4）

部门名称	人员类别	工资项目	借方科目	借方项目大类	借方项目	贷方科目	贷方项目大类
总经理办公室,...	企业管理人员	应发合计	660207			221105	
销售部	经营人员	应发合计	6601			221105	
采购部	经营人员	应发合计	660207			221105	
一车间,二车间	车间管理人员	应发合计	510101			221105	
一车间,二车间	生产人员	应发合计	500102	基建项目	设备安装	221105	

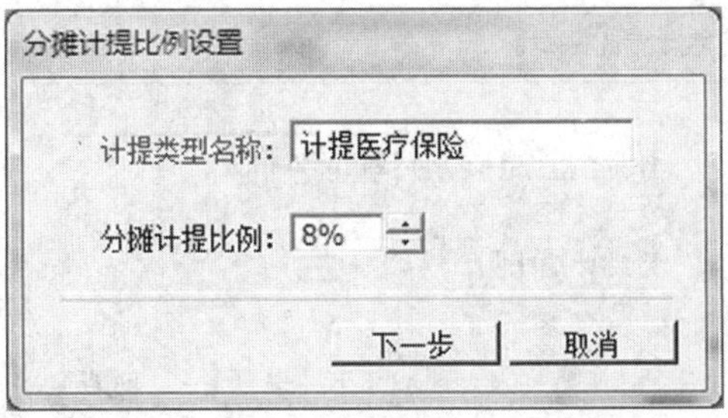

图 6-65　计提医疗保险分摊计提比例设置

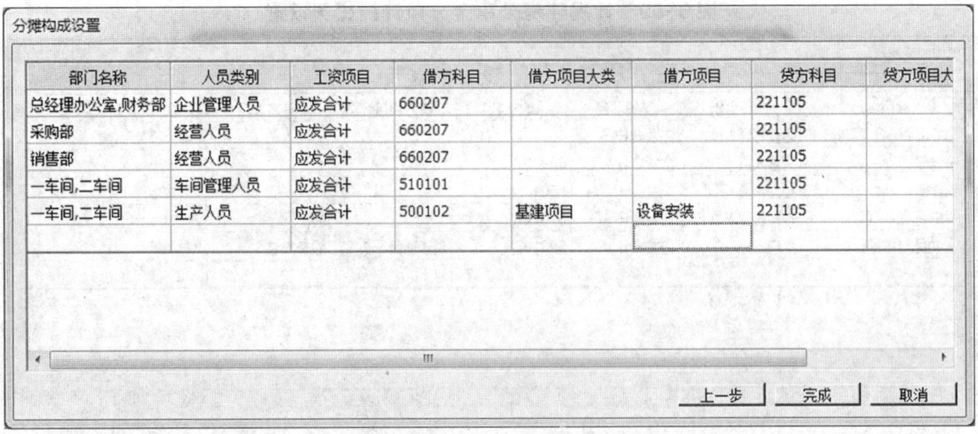

分摊构成设置

部门名称	人员类别	工资项目	借方科目	借方项目大类	借方项目	贷方科目	贷方项目大
总经理办公室,财务部	企业管理人员	应发合计	660207			221105	
采购部	经营人员	应发合计	660207			221105	
销售部	经营人员	应发合计	660207			221105	
一车间,二车间	车间管理人员	应发合计	510101			221105	
一车间,二车间	生产人员	应发合计	500102	基建项目	设备安装	221105	

上一步　完成　取消

图 6-66　分摊构成设置（5）

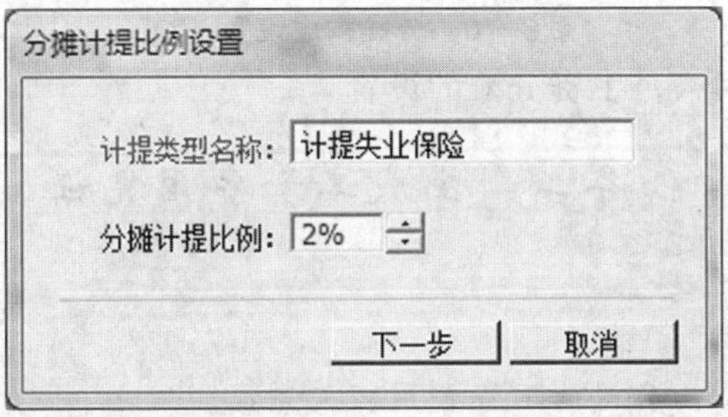

图 6-67　计提失业保险分摊计提比例设置

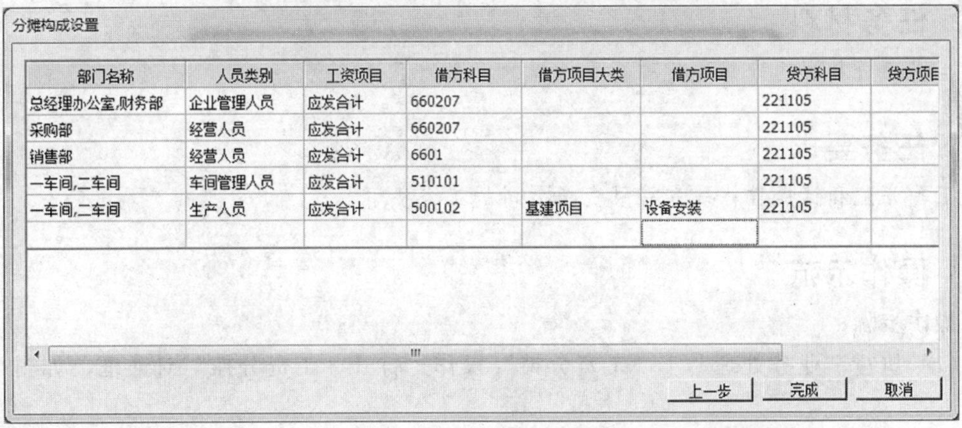

分摊构成设置

部门名称	人员类别	工资项目	借方科目	借方项目大类	借方项目	贷方科目	贷方项目
总经理办公室,财务部	企业管理人员	应发合计	660207			221105	
采购部	经营人员	应发合计	660207			221105	
销售部	经营人员	应发合计	6601			221105	
一车间,二车间	车间管理人员	应发合计	510101			221105	
一车间,二车间	生产人员	应发合计	500102	基建项目	设备安装	221105	

上一步　完成　取消

图 6-68　分摊构成设置（6）

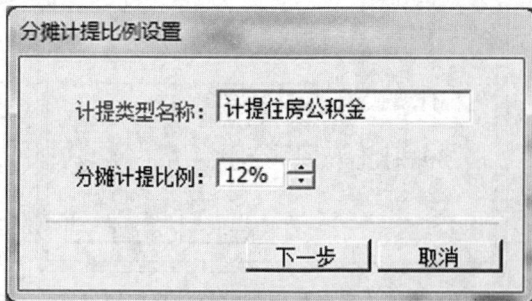

图6-69 计提住房公积金分摊计提比例设置

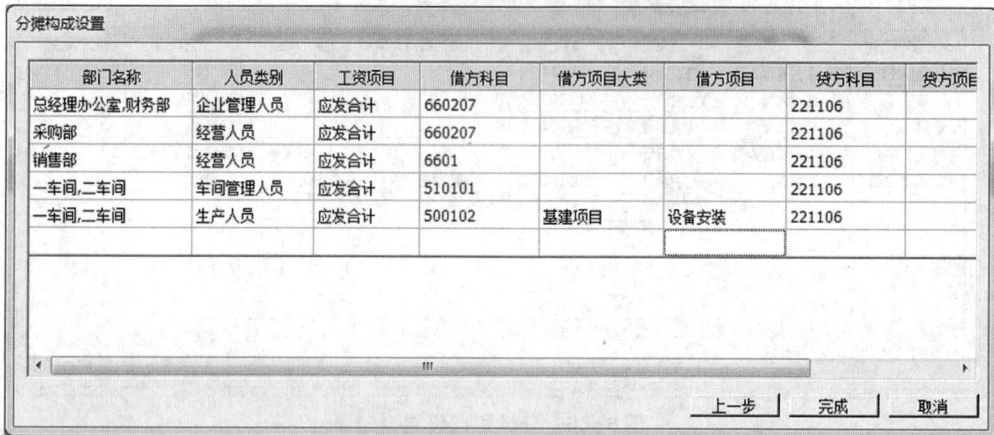

图6-70 分摊构成设置（7）

（6）同理，进行临时人员工资分摊的设置。

任务二 生成工资费用凭证

任务名称

生成吉林东方有限责任公司的工资费用相关凭证。

任务材料

生成工资数据的分配和各项费用计提的记账凭证。

任务要求

正确分配和计提吉林东方有限责任公司的工资费用。

操作示范

操作步骤：

（1）执行"业务处理"｜"工资分摊"操作，打开"工资分摊"对话框，如图6-71所示。

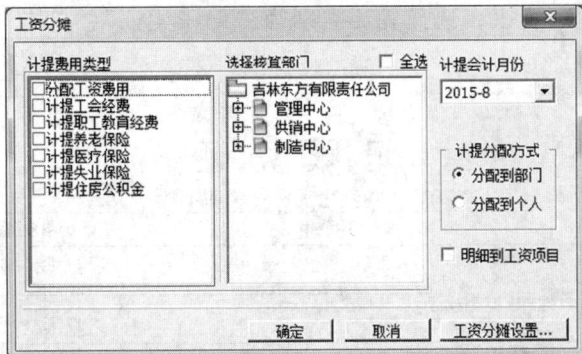

图 6-71　工资分摊对话框

（2）分别选中"分配工资费用"前的复选框，并单击"全选"复选框选中各个部门，选中"明细到工资项目"复选框，如图 6-72 所示。

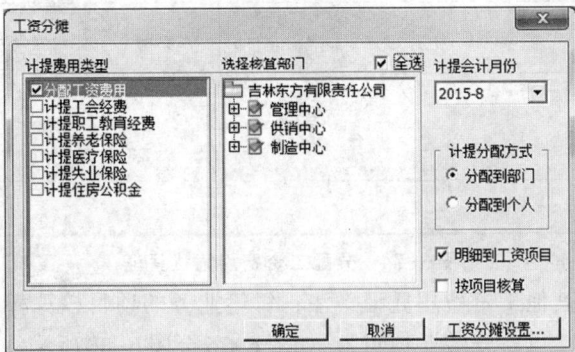

图 6-72　工资分摊

（3）单击"确定"按钮，进入"分配工资费用一览表"窗口，选中"合并科目相同、辅助项相同的分录"前的复选框，如图 6-73 所示。

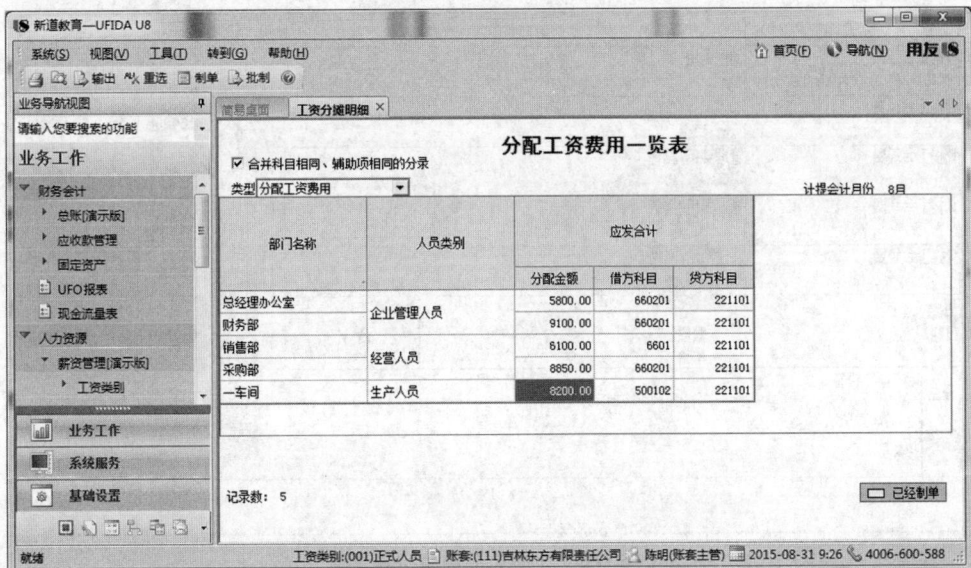

分配工资费用一览表

类型　分配工资费用　　　　　　　　计提会计月份　8月

部门名称	人员类别	应发合计		
		分配金额	借方科目	贷方科目
总经理办公室	企业管理人员	5800.00	660201	221101
财务部	企业管理人员	9100.00	660201	221101
销售部	经营人员	6100.00	6601	221101
采购部	经营人员	8850.00	660201	221101
一车间	生产人员	8200.00	500102	221101

记录数：5

图 6-73　分配工资费用一览表

（4）单击"制单"按钮，选择凭证类别为"记账凭证"，单击"保存"按钮，如图6-74所示。

图6-74 分配工资费用记账凭证

（5）同理，生成其他工资费用凭证（注：每笔业务的项目核算科目"生产成本 – 直接人工"的项目均选择"设备安装"项目），如图6-75至图6-80所示。

图6-75 计提工会经费记账凭证

记 账 凭 证

已生成					

记 字 0021 － 0001/0002　　　制单日期：2015.08.31　　　审核日期：　　　　　附单据数：0

摘　要	科目名称	借方金额	贷方金额
计提职工教育经费	销售费用	9150	
计提职工教育经费	500102	12300	
计提职工教育经费	管理费用/其他	8700	
计提职工教育经费	管理费用/其他	13650	
计提职工教育经费	管理费用/其他	13275	
票号 日期	数量 单价　　　　　　　合　计	57075	57075

备注	项 目　设备安装　　　　部 门
	个 人　　　　　　　　　客 户
	业务员

记账　　　　　　审核　　　　　　出纳　　　　　　制单 陈明

图 6-76　计提职工教育经费记账凭证

记 账 凭 证

已生成					

记 字 0022 － 0001/0002　　　制单日期：2015.08.31　　　审核日期：　　　　　附单据数：0

摘　要	科目名称	借方金额	贷方金额
计提养老保险	销售费用	122000	
计提养老保险	500102	164000	
计提养老保险	管理费用/其他	116000	
计提养老保险	管理费用/其他	182000	
计提养老保险	管理费用/其他	177000	
票号 日期	数量 单价　　　　　　　合　计	761000	761000

备注	项 目　设备安装　　　　部 门
	个 人　　　　　　　　　客 户
	业务员

记账　　　　　　审核　　　　　　出纳　　　　　　制单 陈明

图 6-77　计提养老保险记账凭证

已生成

记账凭证

记 字 0023 - 0002/0002 制单日期：2015.08.31 审核日期： 附单据数：0

摘要	科目名称	借方金额	贷方金额
计提医疗保险	管理费用/其他	46400	
计提医疗保险	管理费用/其他	72800	
计提医疗保险	管理费用/其他	48800	
计提医疗保险	管理费用/其他	70800	
计提医疗保险	应付职工薪酬/社会保险		304400
票号 日期	数量 单价 合计	304400	304400

备注 项目 部门

个人 客户

业务员

记账 审核 出纳 制单 陈明

图6-78 计提医疗保险记账凭证

已生成

记账凭证

记 字 0024 - 0002/0002 制单日期：2015.08.31 审核日期： 附单据数：0

摘要	科目名称	借方金额	贷方金额
计提失业保险	生产成本/直接人工	16400	
计提失业保险	管理费用/其他	11600	
计提失业保险	管理费用/其他	18200	
计提失业保险	管理费用/其他	17700	
计提失业保险	应付职工薪酬/社会保险		76100
票号 日期	数量 单价 合计	76100	76100

备注 项目 部门

个人 客户

业务员

记账 审核 出纳 制单 陈明

图6-79 计提失业保险记账凭证

记账凭证

记 字 0025 - 0002/0002　　　制单日期: 2015.08.31　　　审核日期:　　　　　　附单据数: 0

摘要	科目名称	借方金额	贷方金额
计提住房公积金	生产成本/直接人工	98400	
计提住房公积金	管理费用/其他	69600	
计提住房公积金	管理费用/其他	109200	
计提住房公积金	管理费用/其他	106200	
计提住房公积金	应付职工薪酬/住房公积金		456600
票号 日期	数量 单价　　　　　　合计	456600	456600

备注　项　目　　　　　　部　门
　　　个　人　　　　　　客　户
　　　业务员

记账　　　　　　审核　　　　　　出纳　　　　　　制单　陈明

图6-80　计提住房公积金记账凭证

（6）同理，进行"临时人员"类别的制单操作。

任务三　结账与反结账

任务名称

薪资核算账套结账。

任务材料

对吉林东方有限责任公司的薪资核算账套8月份数据进行结账操作。

任务要求

正确进行薪资核算账套的结账操作。

操作示范

1.薪资核算账套的结账

操作步骤：

（1）在"人力资源"｜"薪资管理"模块中，打开"正式人员"工资类别，执行"业务处理"｜"月末处理"操作，打开"月末处理"对话框，如图6-81所示。

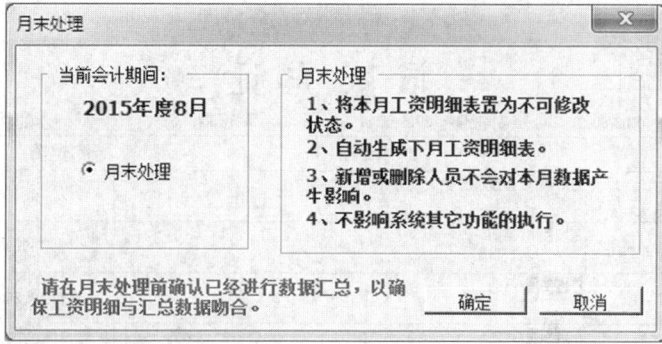

图6-81　月末处理

（2）单击"确定"按钮，系统提示"月末处理之后，本月工资将不许变动！继续月末处理吗？"，如图6-82所示。

（3）单击"是"按钮。系统提示"是否选择清零项？"，如图6-83所示。

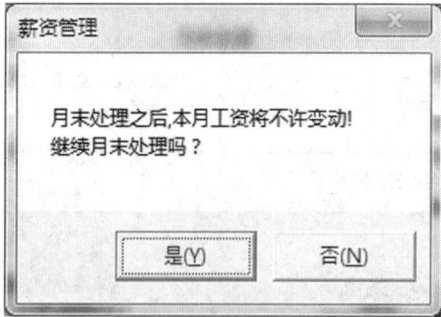

图6-82　系统结账提示

图6-83　是否选择清零项

（4）单击"否"按钮，系统提示"月末处理完毕！"，如图6-84所示。

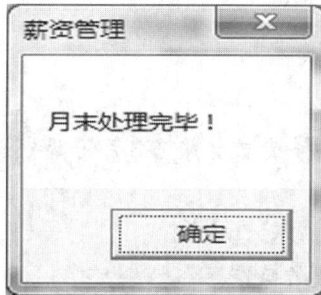

图6-84　月末处理完毕

（5）同理，进行"临时人员"类别的月末处理。

提示：

（1）月末处理只有在会计年度的1月至11月进行，且只有在当月工资数据处理完毕后才可进行。如果本月工资数据未汇总，系统将不允许进行月末处理。进行月末处理后，当月数据不允许再变动。

（2）月末处理功能只有账套主管才能执行。

（3）如果处理多个工资类别，则应分别打开工资类别，分别进行月末处理。

2.月末处理后的反结账

在进行月末处理后，如果发现还有一些业务或其他事项要在已进行月末处理的月份进行账务处理，可以由账套主管使用反结账功能，取消已结账标记。

操作步骤：

（1）关闭工资类别，双击"业务处理" | "反结账"，打开"反结账"对话框，如图6-85所示。

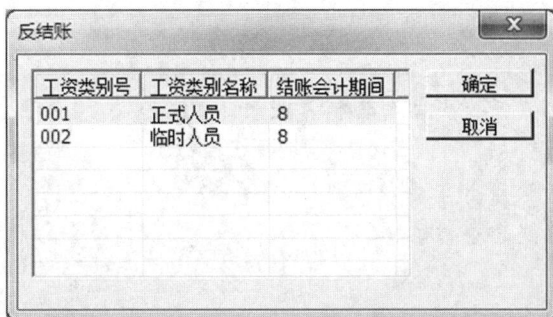

图6-85　反结账

（2）选择"正式人员"所在行，单击"确定"按钮，如图6-86所示。

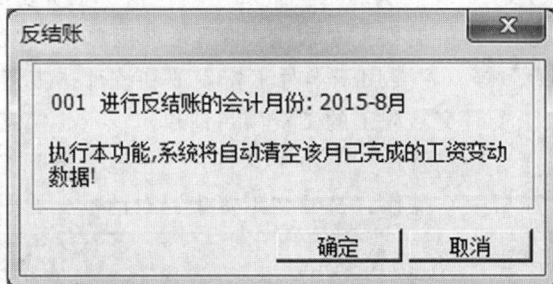

图6-86　反结账提示

（3）单击"确定"按钮，完成反结账操作，如图6-87所示。

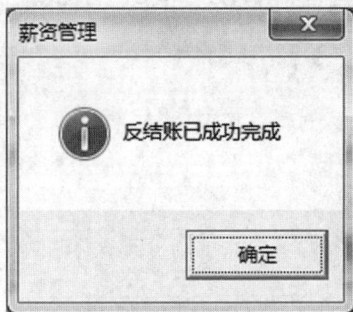

图6-87　反结账完成

有下列情况之一不允许反结账：总账系统已结账；汇总工资类别的会计月份与反结账的会计月份相同，并且包括反结账的工资类别。

本月工资分摊、计提凭证传输到总账系统且总账系统已审核并记账，需做红字冲销后，才能反结账；如果总账系统未做任何操作，只需删除此凭证即可，如果凭证已由出纳或主管签字，应在取消出纳签字或主管签字，并删除该张凭证后才能反结账。

任务四 账表处理

任务名称

薪资核算账表查询。

任务材料

查询吉林东方有限责任公司的薪资核算账表。

任务要求

正确进行薪资核算账表查询。

操作示范

操作步骤：

（1）查看薪资发放条。系统提供的工资报表主要包括"工资发放签名表""工资发放条""部门工资汇总表""人员类别汇总表""部门条件汇总表""条件统计表""条件明细表""工资变动明细表"等，主要用于本月工资发放和统计，工资表可以进行修改和重建。工资发放条是发放工资时交给职工的工资项目清单。

①在"人力资源"｜"薪资管理"模块中，打开"正式人员"工资类别，执行"统计分析"｜"账表"｜"工资表"操作，打开"工资表"对话框，如图6-88所示。

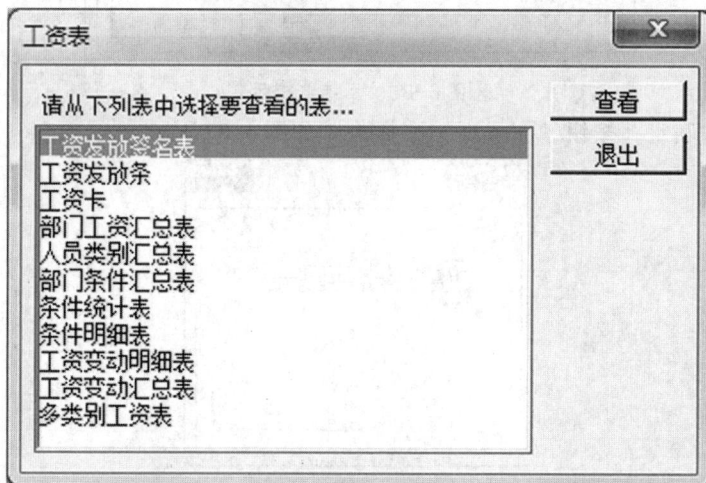

图6-88 工资表

②单击选中"工资发放条"，如图6-89所示。

③单击"查看"按钮，打开"工资发放条"对话框，如图6-90所示。

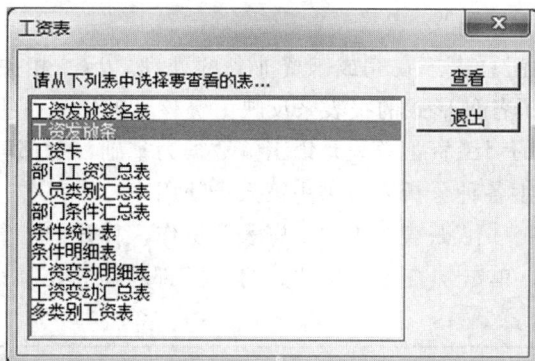

图 6-89　工资发放条

图 6-90　选择分析部门

④单击选中各个部门，并单击"选定下级部门"前的复选框，如图 6-91 所示。

图 6-91　确认分析部门

⑤单击"确定"按钮，进入"工资发放条"窗口，如图 6-92 所示。

图 6-92　工资发放条

209

⑥单击"退出"按钮退出。

（2）查看部门工资汇总表。在完成工资业务的处理之后，相关工资报表数据同时生成。用友 ERP-U8 提供了各种形式的报表来反映工资核算的结果，报表格式是工资项目按照一定格式由系统设定的。工资汇总表是以工资数据为基础，对部门、人员类别的工资数据进行分析和比较，产生各种分析表，供决策人员使用。

①执行"统计分析"｜"账表"｜"工资表"操作，打开"工资表"对话框。单击选中"部门工资汇总表"，单击"查看"按钮，打开"部门工资汇总表——选择部门范围"对话框，如图 6-93 所示。

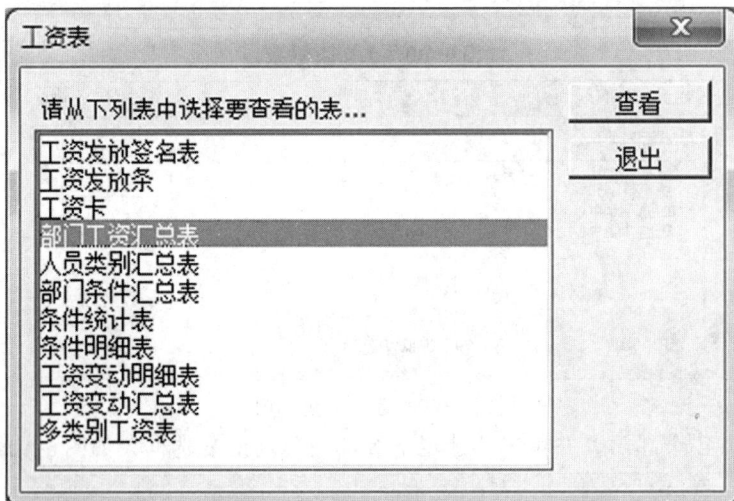

图 6-93　部门工资汇总表

②单击选中各个部门，并单击"选定下级部门"前的复选框。单击"确定"按钮，继续选择，如图 6-94 所示。

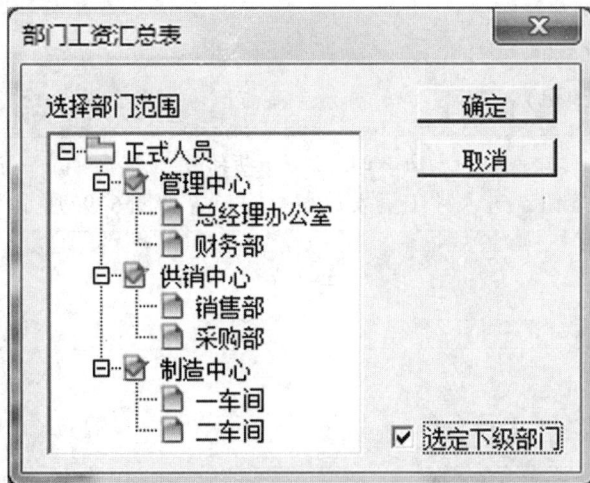

图 6-94　"部门工资汇总表"对话框

③单击"确定"按钮，进入"部门工资汇总表"窗口，如图 6-95 所示。

图 6-95　部门工资汇总表

④单击"退出"按钮退出。

（3）对财务部进行工资项目构成分析。

①执行"统计分析"｜"工资分析表"操作，打开"工资分析表"对话框，如图 6-96 所示。

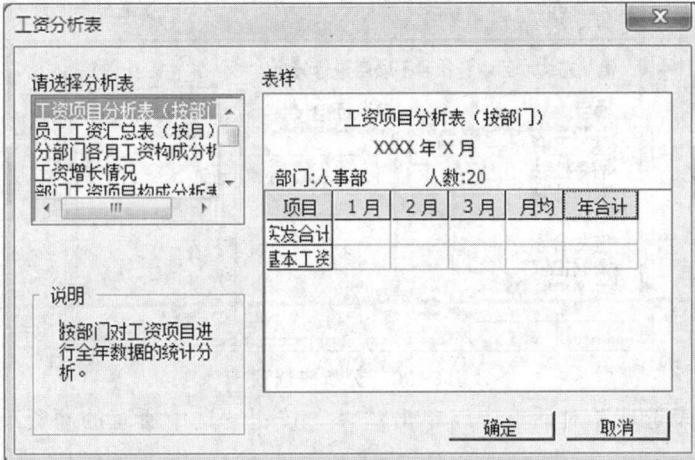

图 6-96　"工资分析表"对话框

②单击"确定"按钮，打开"请选择分析部门"对话框，如图 6-97 所示。

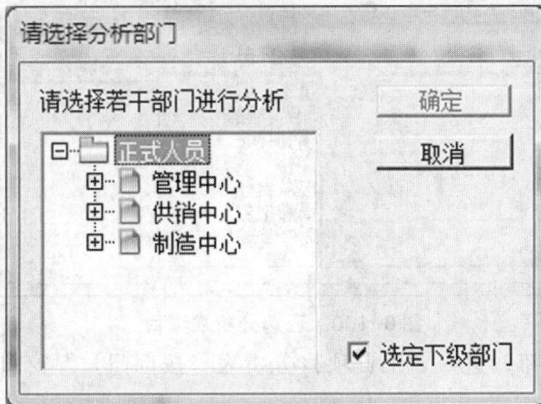

图 6-97　选择分析部门

会计信息化实操

③在"请选择分析部门"对话框中，单击选中各个部门，如图6-98所示。

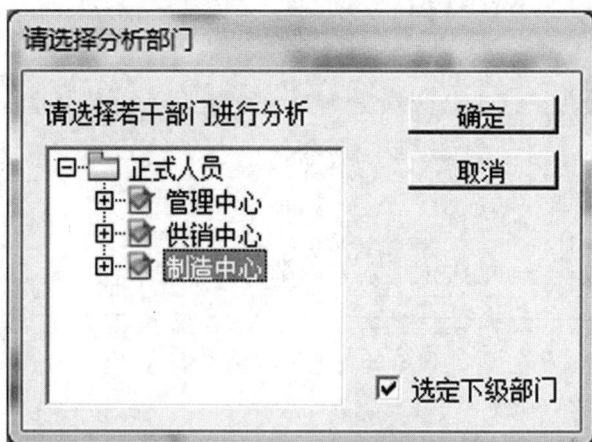

图6-98　确认分析部门

④单击"确定"按钮，打开"分析表选项"对话框，如图6-99所示。

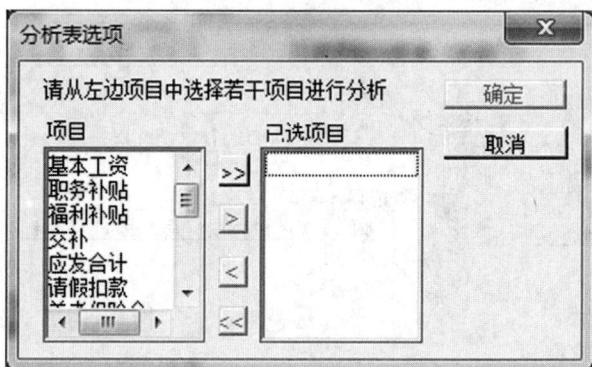

图6-99　分析表选项

⑤在"分析表选项"对话框中，单击">>"按钮，选中所有的薪资项目内容，如图6-100所示。

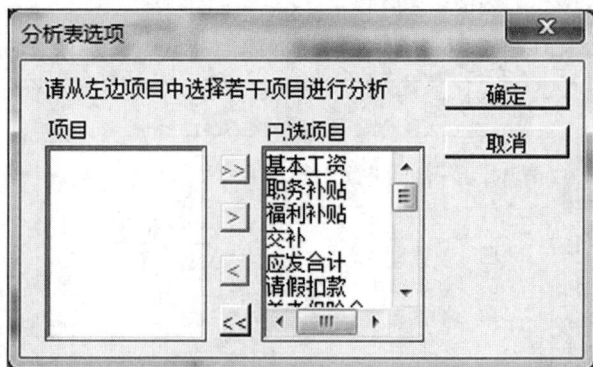

图6-100　已选分析表项目

⑥单击"确定"按钮，进入"工资项目分析表（按部门）"窗口，如图6-101所示。

工资项目分析（按部门）
2015年度8月
部门：管理中心

项目	1月	2月	3月	4月	5月	6月	7月	8月	月均	年度合计
基本工资								12,500.00	12,500.00	12,500.00
职务补贴								1,200.00	1,200.00	1,200.00
福利补贴								800.00	800.00	800.00
交补								400.00	400.00	400.00
应发合计								14,900.00	14,900.00	14,900.00
请假扣款										
养老保险金								685.00	685.00	685.00
扣款合计								782.50	782.50	782.50
实发合计								14,117.50	14,117.50	14,117.50
代扣税								97.50	97.50	97.50
请假天数										
代付税										
年终奖										
年终奖代扣										
工资代扣税								97.50	97.50	97.50
扣税合计								97.50	97.50	97.50
年终奖代付										
工资代付税										

图6-101　管理中心工资项目分析

⑦单击"部门"栏的下三角按钮，选择"财务部"，可以查看财务部工资项目构成情况，如图6-102所示。

工资项目分析（按部门）
2015年度8月
部门：财务部

项目	1月	2月	3月	4月	5月	6月	7月	8月	月均	年度合计
基本工资								7,500.00	7,500.00	7,500.00
职务补贴								700.00	700.00	700.00
福利补贴								600.00	600.00	600.00
交补								300.00	300.00	300.00
应发合计								9,100.00	9,100.00	9,100.00
请假扣款										
养老保险金								410.00	410.00	410.00
扣款合计								410.00	410.00	410.00
实发合计								8,690.00	8,690.00	8,690.00
代扣税										
请假天数										
代付税										
年终奖										
年终奖代扣										
工资代扣税										
扣税合计										
年终奖代付										
工资代付税										

图6-102　财务部工资项目分析

（4）查询8月份计提"分配工资费用"的记账凭证。

①执行"统计分析"｜"凭证查询"操作，打开"凭证查询"对话框，如图6-103所示。

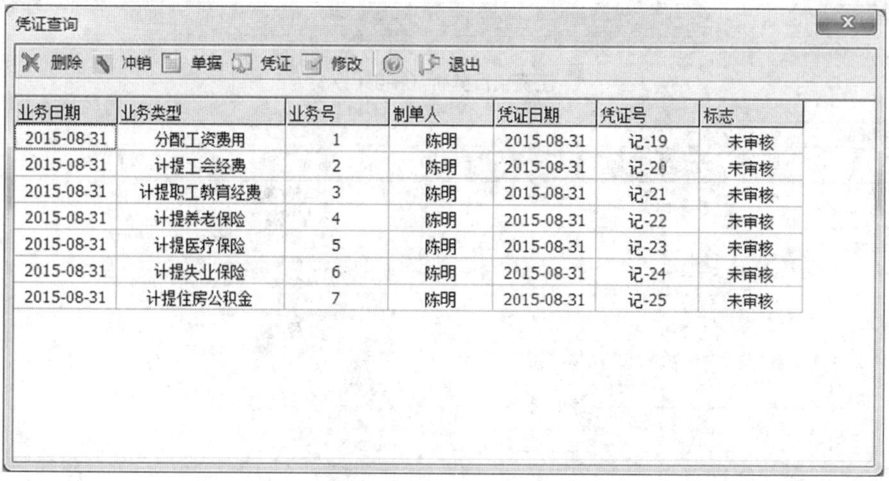

业务日期	业务类型	业务号	制单人	凭证日期	凭证号	标志
2015-08-31	分配工资费用	1	陈明	2015-08-31	记-19	未审核
2015-08-31	计提工会经费	2	陈明	2015-08-31	记-20	未审核
2015-08-31	计提职工教育经费	3	陈明	2015-08-31	记-21	未审核
2015-08-31	计提养老保险	4	陈明	2015-08-31	记-22	未审核
2015-08-31	计提医疗保险	5	陈明	2015-08-31	记-23	未审核
2015-08-31	计提失业保险	6	陈明	2015-08-31	记-24	未审核
2015-08-31	计提住房公积金	7	陈明	2015-08-31	记-25	未审核

图6-103　凭证查询

②在“凭证查询”对话框中，单击选中“分配工资费用”所在行。

③单击“凭证”按钮，打开计提分配工资费用的转账凭证，如图6-104所示。

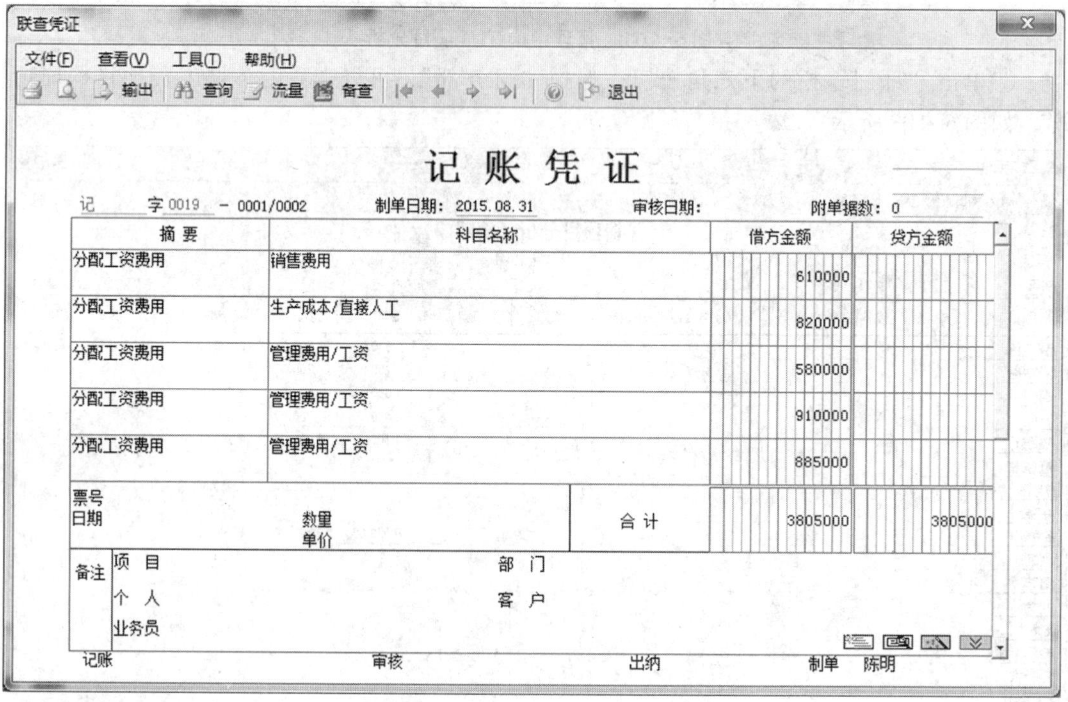

摘要	科目名称	借方金额	贷方金额
分配工资费用	销售费用	610000	
分配工资费用	生产成本/直接人工	820000	
分配工资费用	管理费用/工资	580000	
分配工资费用	管理费用/工资	910000	
分配工资费用	管理费用/工资	885000	

图6-104　分配工资费用记账凭证

④单击“退出”按钮退出。

重点难点

重点：薪资账套建立、基础档案设置、工资数据计算、工资费用分摊和计提、结账。

难点：工资数据计算、工资分摊。

同步测试

(一) 判断题

1. 在工资管理系统中，扣除个人所得税的税率可以任意修改。 （　　）

2. 在工资管理系统中，不同部门的人员编码可以重复。 （　　）

3. 管理系统月末处理后，会将本月工资明细表置为不可修改状态。 （　　）

4. 修改个人所得税税率表，应纳税所得额上限不允许变动。 （　　）

5. 用友ERP-U8工资管理系统仅提供以人民币作为发放工资的唯一货币。 （　　）

6. 工资管理系统建账完成后，所有建账参数均不能修改。 （　　）

7. 每位员工是否从工资中代扣个人所得税是由用户自由选择的。 （　　）

8. 在工资管理系统分摊类型设置中，可以设置"应付福利费"和"职工教育经费"。
（　　）

9. 工资管理系统传递到总账中的凭证，在工资管理系统中仍可以进行冲销的操作。
（　　）

10. 若进行数据替换的工资项目已设置了计算公式，则在重新计算时以计算公式
为准。 （　　）

11. 某客户实行多工资类别核算，工资项目公式设置只能在打开某工资类别情况下进
行增加。 （　　）

12. 系统提供的固定工资项目不能进行修改、删除。 （　　）

13. 工资分摊的结果可以自动生成凭证传递到总账系统。 （　　）

14. 对于计件工资的选项是在会计期间的任何时候都能启用的，但是启用后如果已经
进行月末结账，其选项就不能修改了。 （　　）

(二) 单项选择题

1. 在ERP-U8中，工资模块和总账的联系是 （　　）。

A. 工资里相关的费用数据　　　　　　　B. 工资分摊数据

C. 工资分摊后的凭证　　　　　　　　　D. 工资变动后计算出的数据

2. 以下 （　　） 不属于工资管理系统初始设置范畴。

A. 工资项目设置　　　　　　　　　　　B. 人员档案设置

C. 工资账套参数设置　　　　　　　　　D. 计件工资统计

3. 以下对工资分摊描述错误的是 （　　）。

A. 财会部门通过工资费用分配表，将工资费用根据用途进行分配，并编制转账会计
凭证，供登账处理之用

B. 分摊计提比例一旦设置好就不能修改

C. 在"计提分配方式"中，可以选择分摊到部门或分摊到个人

D. 每次分摊时可以选择不同的计提费用类型参与本次费用分摊计提

4. 某企业奖金的计算公式为"奖金=iff (人员类别 = "企业管理人员" and 部门 = "总
经理办公室"，800，iff (人员类别 = "车间管理人员"，500，450))"，如果某职工属于
一般职工，则他的奖金为 （　　） 元。

A.0   B.500   C.800   D.450

5.增加工资项目时,如果在"增减项"一栏选择"其他",则该工资项目的数据（　　）。

A.既不计入应发合计也不计入扣款合计

B.自动计入应发合计

C.既计入应发合计也计入扣款合计

D.自动计入扣款合计

6.如果只想输入"奖金"和"缺勤天数"两个工资项目的数据,最佳方法是利用系统提供的（　　）功能。

A.筛选   B.替换   C.页编辑   D.过滤器

7.如果企业需要核算计件工资,则需要（　　）。

A.在工资项目中增加"计件工资"项目

B.设置多个工资类别

C.工资系统建账时选择"是否核算计件工资"

D.在公式设置中增加"计件工资"的计算公式

8.下列（　　）情况允许工资系统反结账处理。

A.总账系统已结账

B.成本管理上月已结账

C.总账中存在工资系统本月生成的未被冲销的凭证

D.固定资产本月已结账

9.如果设置某工资项目为数字型,长度为8,小数位为2,则该工资项目中最多可以输入（　　）位整数。

A.任意   B.5   C.6   D.7

10.在工资管理系统中,人员的增减变动应该在（　　）中处理。

A.工资变动   B.人员档案   C.数据上报   D.人员类别

11.系统自动以（　　）作为新建工资类别的启用日期。

A.登录日期   B.用户自己录入的日期

C.系统日期   D.工资账套的启用日期

12.工资管理系统反结账功能在下列（　　）情况下不能执行。

A.应付款管理系统已结账   B.总账系统已结账

C.已做工资表   D.非主管人员

（三）多项选择题

1.在工资管理系统分摊类型设置中,可以设置的分摊类型有（　　）。

A.应付职工薪酬   B.制造费用   C.管理费用   D.职工教育经费

2.工资管理系统正常使用之前必须做好（　　）。

A.部门设置   B.项目大类设置   C.收发类别设置   D.人员类别设置

3.在修改了某些数据,重新设置了计算公式,或者进行了数据替换等操作后,必须调用工资变动中的（　　）功能对个人工资数据重新计算汇总以保证工资数据准确。

A.筛选   B.替换   C.计算   D.汇总

4.工资管理系统传递到总账中的凭证,在工资管理系统中可以进行(　　)。

A.冲销　　　　　　　B.删除　　　　　　　C.审核　　　　　　　D.记账

5.在工资分摊构成设置中,需要设置(　　)。

A.科目　　　　　B.工资项目　　　　　C.部门　　　　　D.人员类别

6.进行工资分摊时,需要选择的内容包括(　　)。

A.计提费用类型　　　　　　　　B.计提分配方式

C.计提会计月份　　　　　　　　D.选择核算部门

7.工资分摊计提分配方式有(　　)。

A.分配到个人　　　　　　　　B.分配到部门

C.分配到某类别人员　　　　　　　　D.分配到部门大类

8.工资系统启用后如果需要对相应的选项进行设置,在"设置"|"选项"中可以修改(　　)内容。

A.参数设置　　　　　　　　B.扣税设置

C.扣零设置　　　　　　　　D.调整汇率

9.(　　)操作必须在打开工资类别的情况下才能进行。

A.关闭工资类别　　　　　　　　B.增加人员类别

C.增加人员档案　　　　　　　　D.增加部门

10.工资管理系统传递到总账中的凭证,在总账中可以进行(　　)。

A.审核　　　　　B.删除　　　　　C.查询　　　　　D.修改

11.新建工资类别时,必须指定(　　)。

A.工资类别名称　　　　　　　　B.工资类别包含的部门

C.工资类别所属账套　　　　　　　　D.工资类别编号

12.在(　　)情况下,需要用"计算"功能对工资数据重新计算。

A.修改了税率　　　　　　　　B.重新设置了计算公式

C.修改了工资数据　　　　　　　　D.进行了数据替换

同步实训

【实训要求】

本次实训内容涉及薪资会计和账套主管两个工作岗位,采用学生分组训练的形式,每组4人,选举产生组长,分派组员岗位,阐明岗位分工及职责。

【情境引例】

(一)工资系统的参数

工资类别:多个,工资核算本位币:人民币;不核算计件工资,自动代扣个人所得税,不进行扣零。人员编码长度为默认值。

工资类别:①"基本人员",分布在各个部门。②"试用期人员",分布在各个部门。

人员附加信息:"学历"和"技术职称"。

(二)工资项目设置

除应发合计、扣款合计、实发合计、代扣税四项以外,还需设置的项目见表6-7。

表6-7 工资项目设置

工资项目名称	类 型	长 度	小数位数	增减项
基本工资	数字	8	2	增项
职务补贴	数字	8	2	增项
交通补贴	数字	8	2	增项
奖金	数字	8	2	增项
缺勤扣款	数字	8	2	减项
养老金投保	数字	8	2	减项
住房公积金	数字	8	2	减项
缺勤天数	数字	8	2	其他

1.基本人员工资项目

基本人员工资项目：基本工资、职务补贴、交通补贴、奖金、应发合计、缺勤扣款、养老金投保、住房公积金、扣款合计、实发合计、代扣税、缺勤天数。

2.试用期人员工资项目

试用期人员工资项目：基本工资、职务补贴、交通补贴、应发合计、缺勤扣款、扣款合计、实发合计、代扣税、缺勤天数。

3.计算公式

（1）基本人员计算公式

缺勤扣款＝基本工资÷24×缺勤天数

养老金投保＝基本工资×0.08

住房公积金＝（基本工资＋职务补贴＋奖金＋交通补贴）×0.10

经营人员的交通补贴为200元，其他人员交通补贴均为100元。

（2）试用期人员计算公式

缺勤扣款＝基本工资÷24×缺勤天数

交通补贴＝（24－缺勤天数）×5

4.基本人员档案（见表6-8）

表6-8 基本人员档案

人员编码	人员姓名	行政部门	人员类别	学历	技术职称	银行代发账号
101	高海英	人事部	企业管理人员	硕士	人力资源师	11022033001
201	曹玲佳	财务部	企业管理人员	硕士	高级会计师	11022033002
202	张子强	财务部	企业管理人员	本科	中级会计师	11022033003
203	陈景彤	财务部	企业管理人员	大专	初级会计师	11022033004
204	李文乐	财务部	企业管理人员	大专	助理会计师	11022033005
301	周莹	销售部	经营人员	大专		11022033006
302	张建平	采购部	经营人员	本科	市场营销师	11022033007
401	马文杰	生产车间	生产人员	本科	高级技师	11022033008
402	刘士奇	生产车间	生产人员	大专	初级技师	11022033009

本单位开户银行：

编码：05；名称：中国工商银行长春分行经开八区分理处；账号：786543239075。

注：开户银行为中国工商银行长春分行经开八区分理处。账号长度11位，自动带出8位。

5.基本人员工资数据（见表6-9）

表6-9 基本人员工资数据 单位：元

人员编码	人员姓名	行政部门	人员类别	基本工资	职务补贴	奖金
101	高海英	人事部	企业管理人员	3 000	400	300
201	曹玲佳	财务部	企业管理人员	2 500	600	300
202	张子强	财务部	企业管理人员	2 000	400	200
203	陈景彤	财务部	企业管理人员	1 500	200	100
204	李文乐	财务部	企业管理人员	1 500	100	200
301	周莹	销售部	经营人员	2 000	0	100
302	张建平	采购部	经营人员	2 000	200	100
401	马文杰	生产车间	生产人员	2 500	400	300
402	刘士奇	生产车间	生产人员	2 000	100	100

6.分摊构成设置（见表6-10）

表6-10 分摊构成设置

工资分摊类型	部门名称	人员类别	项目	借方科目	贷方科目
应付工资（100%）	人事部、财务部	企业管理人员	应发合计	管理费用——工资（660203）	工资（221101）
	供销中心	经营人员	应发合计	销售费用——工资（660103）	
	生产车间	生产人员	应发合计	生产成本——直接人工（500102）	
应付福利费（14%）	人事部、财务部	企业管理人员	应发合计	管理费用——福利费（660205）	福利费（221102）
	供销中心	经营人员	应发合计	销售费用——福利费（660105）	
	生产车间	生产人员	应发合计	生产成本——直接人工（500102）	
工会经费（3%）	人事部、财务部	企业管理人员	应发合计	管理费用——其他（660206）	工会经费（221103）
	供销中心	经营人员	应发合计	销售费用——其他（660106）	
	生产车间	生产人员	应发合计	生产成本——直接人工（500102）	

7.2017年1月9日，聘任"403李振南　男　大专　生产车间　生产人员　业务员　初级技师"为公司试用期人员，银行账号为11022033010，基本工资2 000元，奖金暂无，职务补贴100元

8.2017年1月31日，公司人事部和财务部共同参与核算职工本月工资

（1）本月财务部陈景彤和李文乐参加会计考试，每人缺勤2天。

（2）去年生产车间技术改进取得成效，相关领导决定今年每月每位生产人员增加奖金300元，包含试用期人员。

（3）个人所得税设置：个税基数为3 500，计算个税。

（4）进行工资费用分配。

【工作任务】

1.账套主管进行薪资管理系统的初始设置。

2.薪资会计进行工资业务日常处理和期末处理。

应收款管理系统

职业能力目标

专业能力：

运用应收账款管理模块完成企业核算账套的初始设置、日常业务处理、期末处理等操作；能够进行系统参数设置、基础信息设置、录入期初余额、应收单处理、收款单处理、转账处理、坏账处理、月末结账等；并对用友 ERP-U8 V10.1 使用中出现的系统运行问题进行简单维护。

职业核心能力：

能根据实训的设计需要查阅有关资料，具有团队合作精神，能完成应收款管理系统相关工作。

实训一　应收款管理系统初始设置

任务一　设置系统参数

📋 任务名称

初始设置吉林东方有限责任公司核算账套应收款管理系统参数。

📋 任务材料

根据业务需要，应收款管理系统参数应设置为：应收款核算方式"按单据"；应收账款核算类型"详细核算"；单据审核日期"依据单据日期"；受控科目制单依据"明细到客户"；坏账处理方式"应收余额百分比法"；非受控科目制单方式"汇总方式"；代垫费用类型"其他应收单"。

📋 任务要求

启用应收款管理系统并完成系统参数设置。

操作示范

操作步骤：

（1）以账套主管陈明身份登录"企业应用平台"，启用"应收款管理"系统，启用日期为"2015-08-01"，如图7-1所示。

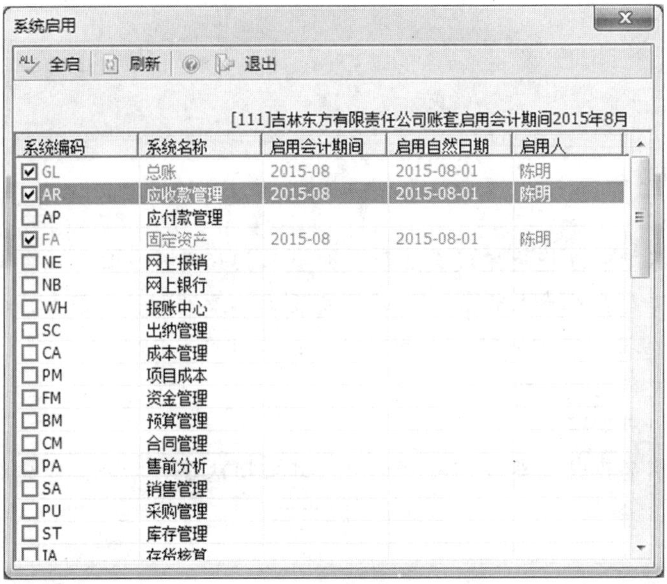

图7-1　系统启用

（2）在"企业应用平台"的"业务工作"选项卡中，选择"财务会计"|"应收款管理"选项，进入应收款管理模块。

（3）执行"设置"|"选项"操作，打开"账套参数设置"对话框。

（4）单击"编辑"按钮，按任务材料进行控制参数设置，如图7-2所示。

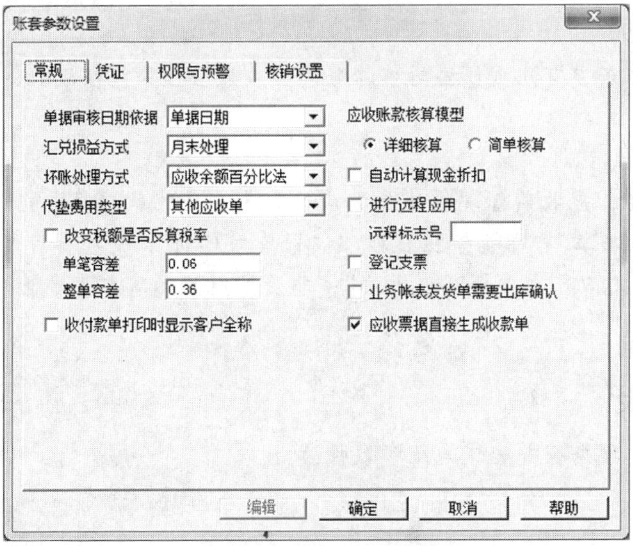

图7-2　账套参数设置

任务二　设置基础信息

任务名称

根据吉林东方有限责任公司具体业务需要，设置应收款管理系统基础信息。

任务材料

1. 根据应收款管理系统参数设置修改会计科目，分别将"1121 应收票据""1122 应收账款""2203 预收账款"更改为受控于应收款管理系统，其他内容不变。

2. 修改销售专用发票和普通销售发票的编号方式为"手工改动，重号时自动重取"。

3. 基本科目设置见表7-1。

表7-1　　　　　　　　　　　　**基本科目设置**

基本科目	编码	科目名称	基本科目	编码	科目名称
应收科目	1122	应收账款	销售收入科目	6001	主营业务收入
预收科目	2203	预收账款	税金科目	22210102	应交税费——应交增值税（销项税额）

4. 结算方式科目设置：现金（1001）；现金支票（100201）；转账支票（100201）；银行汇票（100201）；商业汇票（100201）；电汇（100201）；其他（100201）。

5. 坏账准备。

提取比率为0.5%，坏账准备期初余额为10 000元，坏账准备科目为"1231 坏账准备"，坏账准备对方科目为"6701 资产减值损失"。

6. 录入本单位开户银行。

编码：01；名称：工商银行长春分行开发区分理处；账号：831658796200。

7. 付款条件设置（见表7-2）

表7-2　　　　　　　　　　　　**付款条件**

付款条件编码	付款条件名称	信用天数	优惠天数1	优惠率1	优惠天数2	优惠率2
01	2/10, n/30	30	10	2	30	0

任务要求

完成应收款管理系统基础信息设置。

操作示范

1. 凭证科目设置

操作步骤：

单击"基础设置"|"财务"|"会计科目"，选择"应收票据"会计科目，单击"修改"，如图7-3所示。

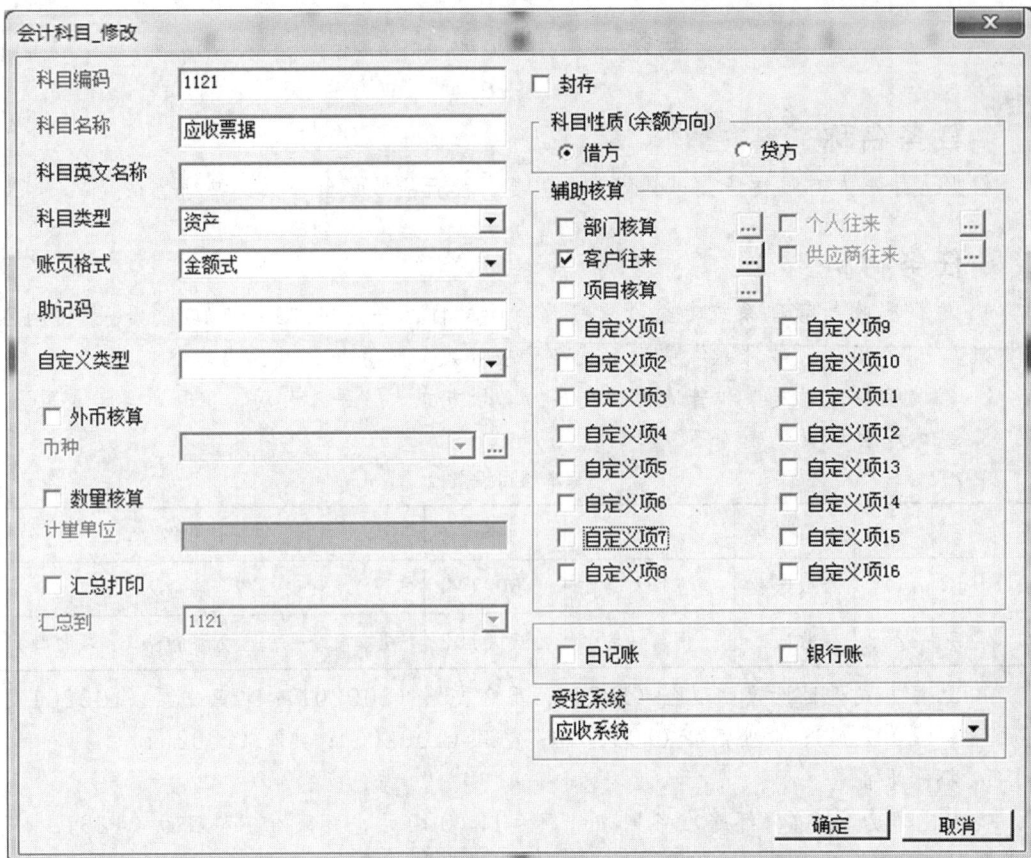

图7-3 修改会计科目

同理，完成其他会计科目的修改。

2. 修改销售专用发票的编号方式

操作步骤：

单击"基础设置"｜"单据设置"，单击"单据编号设置"｜"销售管理"，选择"销售专用发票"，进行销售专用发票编号修改，如图7-4所示。

同理，修改普通销售发票的编号方式。

3. 基本科目设置

基本科目是指在核算应收款项时经常用到的科目，可以在此处设置应收业务的常用科目。

操作步骤：

（1）单击"设置"｜"初始设置"，进入"初始设置"窗口。

（2）选中"基本科目设置"，单击"增加"，完成各个基本科目的设置，如图7-5所示。

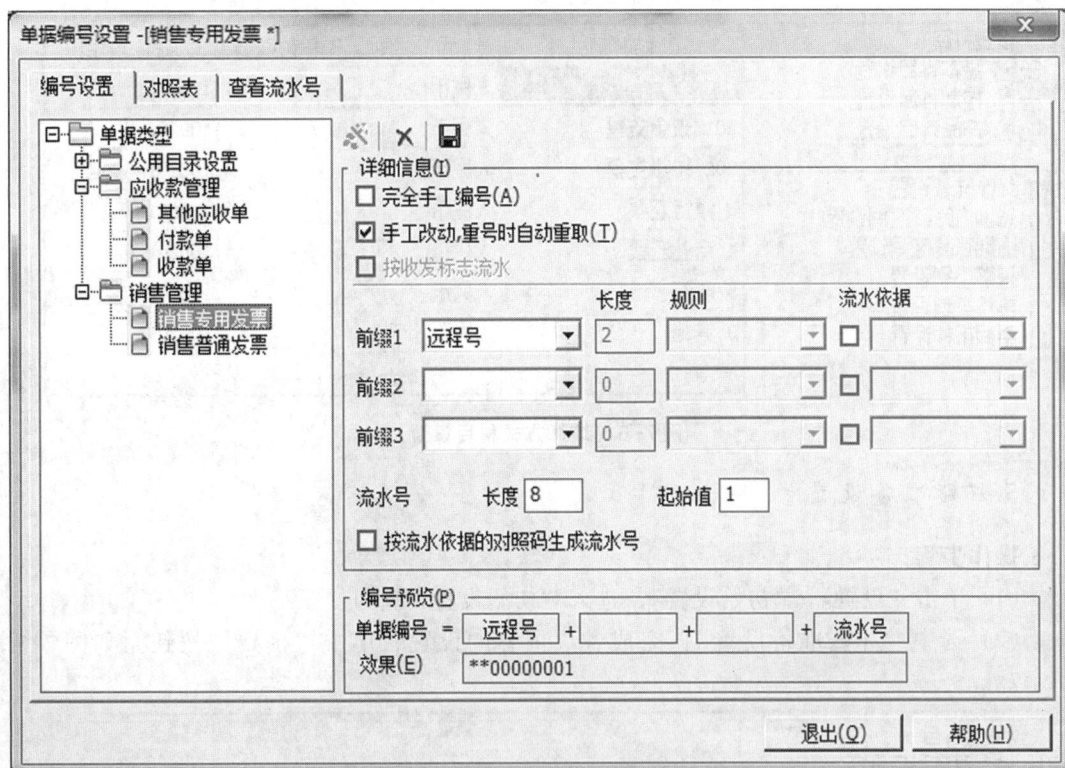

图 7-4 单据编号设置

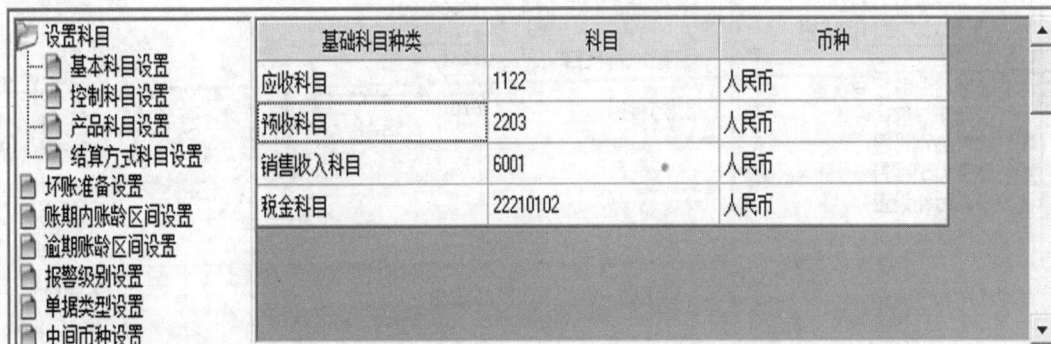

图 7-5 基本科目设置

同理，可以进行"控制科目设置"和"产品科目设置"。

4.结算方式科目设置

结算方式已在前面基础档案中设置，这里主要针对已设置完成的结算方式，为其设置一个默认的结算科目。

操作步骤：

（1）单击"设置"|"初始设置"，进入"初始设置"窗口。

（2）选中"结算方式科目设置"，完成各个结算方式科目的设置，如图 7-6 所示。

图7-6 结算方式科目设置

5.坏账准备设置

操作步骤:

(1) 单击"设置"|"初始设置",进入"初始设置"窗口。

(2) 选中"坏账准备设置",完成各项内容的设置,单击"确定"按钮,如图7-7所示。

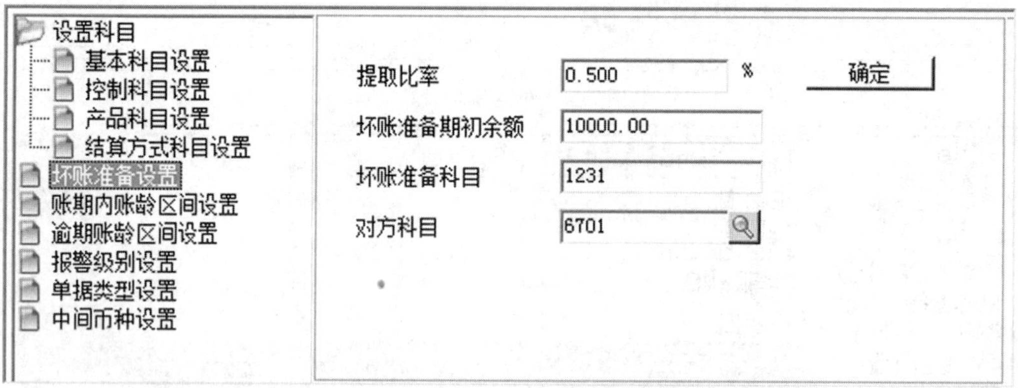

图7-7 坏账准备设置

6.录入本单位开户银行

操作步骤:

(1) 在"企业应用平台"窗口中,单击"基础设置"|"基础档案"|"收付结算"|"本单位开户银行",进入"初始设置"窗口。

(2) 单击"增加",完成本单位开户银行的设置,如图7-8所示。

7.付款条件设置

操作步骤:

(1) 在"企业应用平台"窗口中,单击"基础设置"|"基础档案"|"收付结算"|"付款条件",进入"付款条件"窗口。

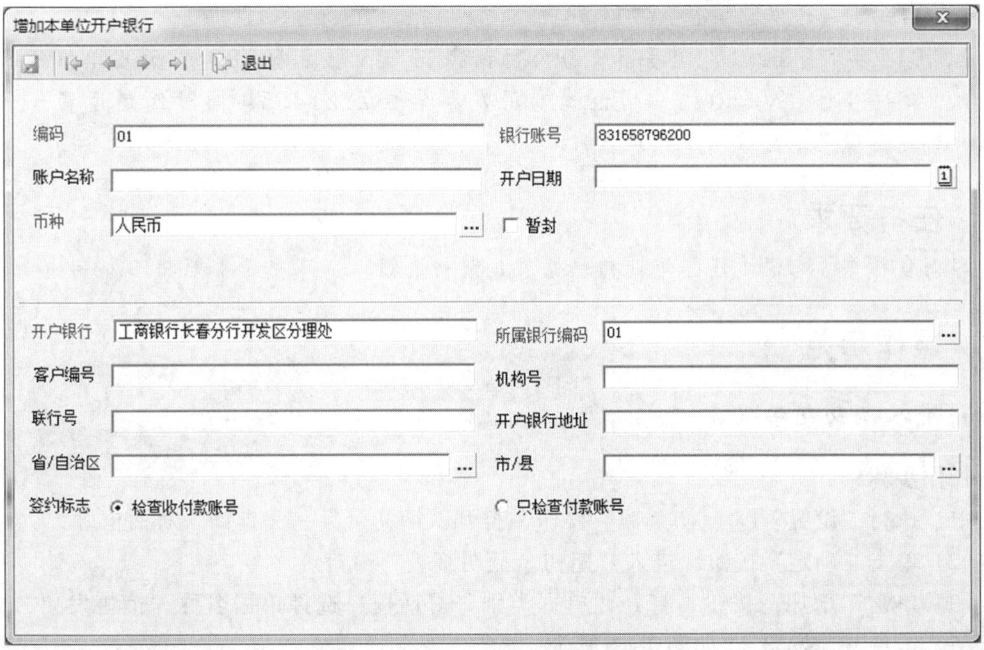

图7-8　本单位开户银行的设置

（2）单击"增加"按钮，完成付款条件的设置，如图7-9所示。

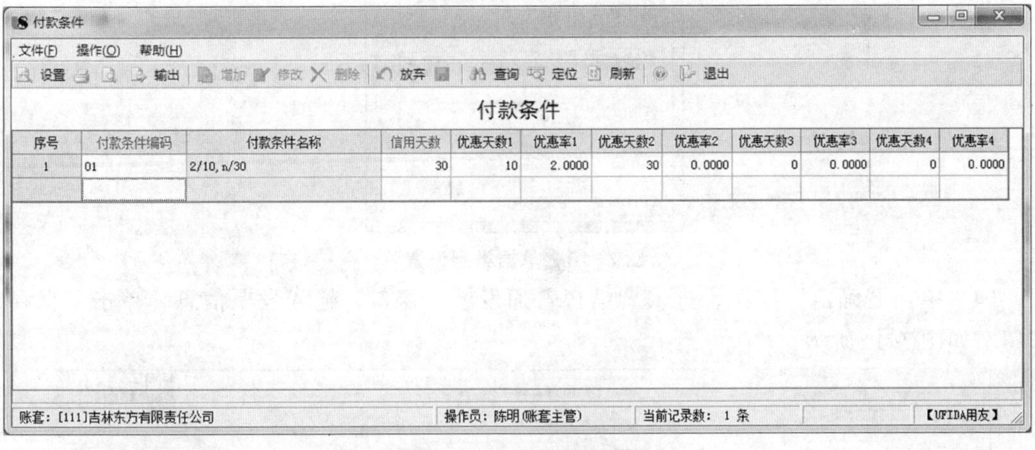

图7-9　付款条件设置

任务三　录入期初余额

任务名称

将吉林东方有限责任公司期初单据录入建立期初数据。

任务材料

本月两笔期初单据需要录入如下：

1.2015年6月25日，向华宏公司销售键盘1 992只，含税单价50元/只，价税合计99 600元，普通发票票号ZY11234。

2.2015年7月10日，向昌新贸易公司销售17英寸显示器18台，无税单价2 500元/台，价税合计52 650元，增值税专用发票票号ZY21456，同时代垫运费5 350元（代垫运费以其他应收单形式录入）。

任务要求

根据吉林东方有限责任公司期初单据录入期初余额。

操作示范

1.输入期初销售发票

操作步骤：

（1）执行"设置"|"期初余额"操作，打开"期初余额——查询"对话框。

（2）单击"确定"按钮，进入"期初余额明细表"窗口。

（3）单击"增加"按钮，打开"单据类别"对话框，选择单据名称"销售发票"，单据类型"销售普通发票"，如图7-10所示。

图7-10 单据类别设置

（4）单击"确定"按钮，进入"销售普通发票"窗口，输入发票信息，单击"保存"按钮，如图7-11所示。

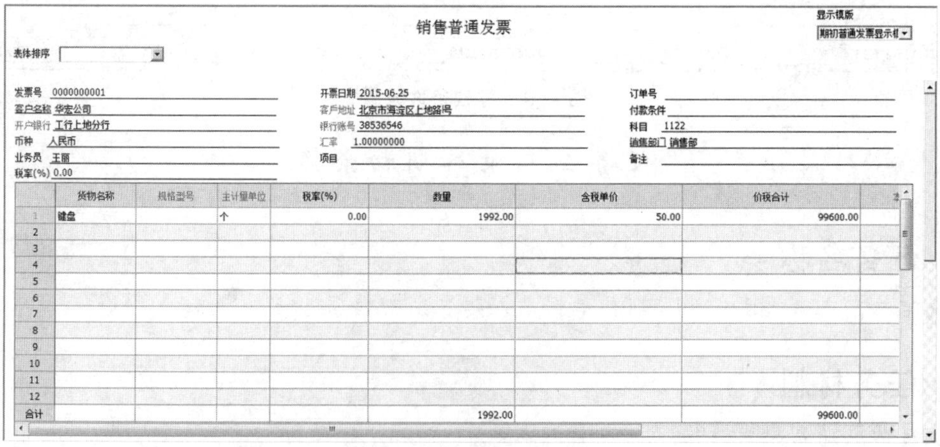

图7-11 销售普通发票

（5）同理，输入增值税发票。

2. 输入期初其他应收单

操作步骤：

（1）在"期初余额明细表"窗口中，单击"增加"按钮，打开"单据类别"对话框。

（2）选择单据名称"应收单"，单据类型"其他应收单"，单击"确认"按钮，进入"期初录入——其他应收单"窗口，如图7-12所示。

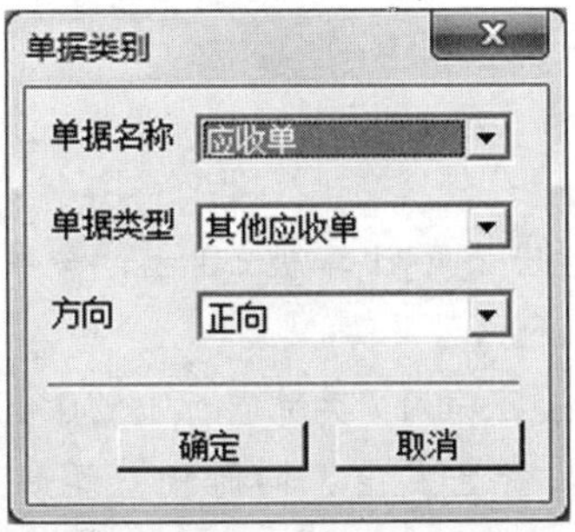

图7-12 单据类别设置

（3）输入单据日期"2015-07-10"，科目编号"1122"，客户"昌新贸易公司"，部门"销售部"，金额"5 350"，摘要"代垫运费"，单击"保存"按钮，如图7-13所示。

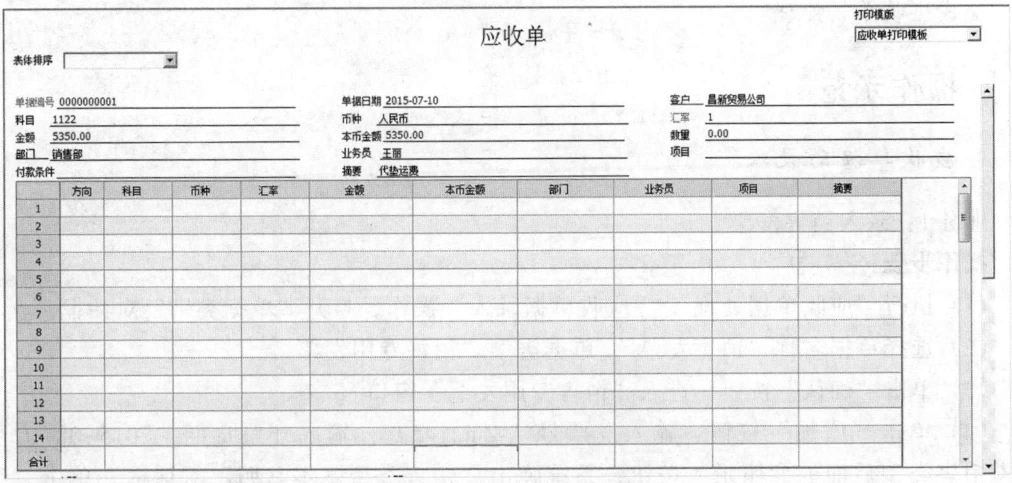

图7-13 应收单录入

（4）保存后单击"对账"按钮，会弹出"期初对账"窗口，如图7-14所示。

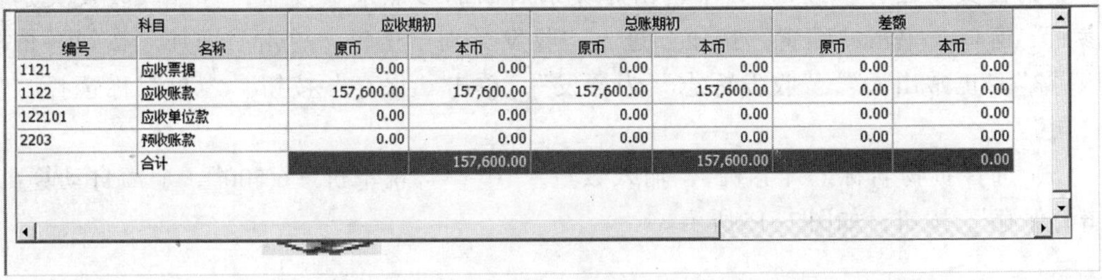

	科目	应收期初		总账期初		差额	
编号	名称	原币	本币	原币	本币	原币	本币
1121	应收票据	0.00	0.00	0.00	0.00	0.00	0.00
1122	应收账款	157,600.00	157,600.00	157,600.00	157,600.00	0.00	0.00
122101	应收单位款	0.00	0.00	0.00	0.00	0.00	0.00
2203	预收账款	0.00	0.00	0.00	0.00	0.00	0.00
	合计		157,600.00		157,600.00		0.00

图7-14 期初对账

实训二   应收款管理日常业务处理

任务一　应收单据处理

任务名称

根据应收款业务完成应收单据处理。

任务材料

1.8月2日，销售部售给华宏公司计算机10台，含税单价6 500元/台，开出专用发票，货已发出，发票号ZY21457。

2.8月4日，销售部售给精益公司17英寸显示器20台，无税单价2 500元/台，开出专用发票，发票号ZY21458。货已发出，同时代垫运费5 000元（以其他应收单形式录入）。

任务要求

完成应收单据处理。

操作示范

1.应收单据的录入

业务1：录入销售发票

操作步骤：

（1）执行"应收单据处理"|"应收单据录入"操作，打开"单据类别"对话框。

（2）选择单据名称"销售发票"，单据类型"销售专用发票"。

（3）单击"确认"按钮，进入"销售专用发票"窗口。

（4）单击"增加"按钮，输入发票号"ZY21457"，输入开票日期"2015-08-02"，单击销售类型后面的参照录入按钮，系统弹出"销售类型基本参照"对话框，单击"编辑"按钮，弹出"销售类型"窗口，单击"增加"按钮，依次输入销售类型编码"01"、销售类型名称"经销"，单击出库类别后面的参照录入按钮，打开"收发类别基本参照"窗口，单击"编辑"按钮，进入"收发类别"窗口，单击"增加"按钮，依次输入"3""正常出库"，"收发标志"为"发"，单击"保存"按钮，客户简称选择"华宏公司"。

（5）选择货物名称"计算机"，输入数量"10"，含税单价"6 500"，金额自动算出，单击"保存"按钮，如图7-15所示。

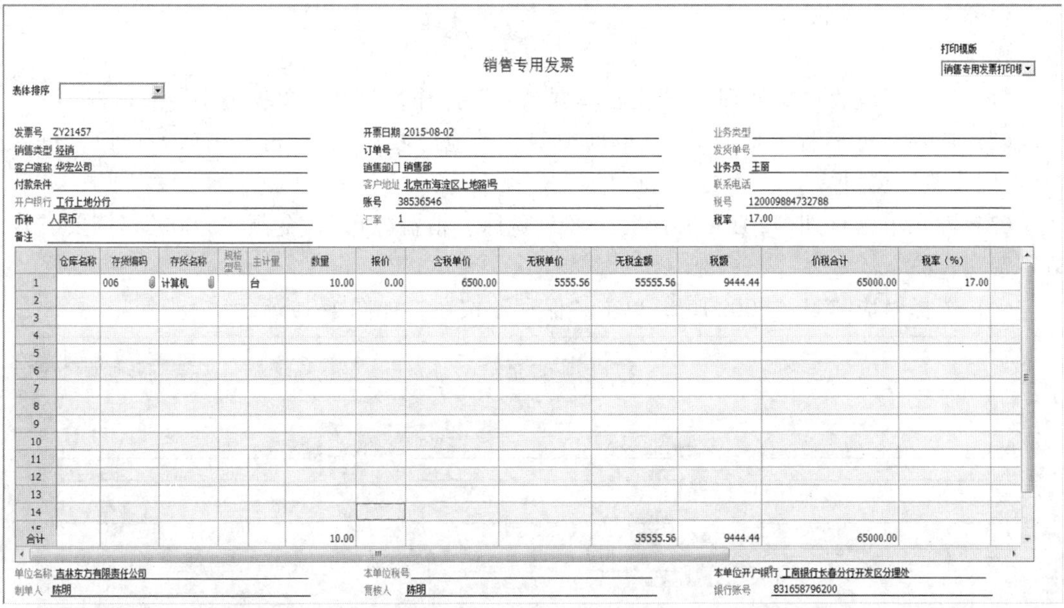
销售专用发票

打印模版 销售专用发票打印模

表体排序

发票号 ZY21457 开票日期 2015-08-02 业务类型

销售类型 经销 订单号 发货单号

客户简称 华宏公司 销售部门 销售部 业务员 王丽

付款条件 客户地址 北京市海淀区上地路8号 联系电话

开户银行 工行上地分行 账号 38536546 税号 120009884732788

币种 人民币 汇率 1 税率 17.00

备注

	仓库名称	存货编码	存货名称	规格型号	主计量	数量	报价	含税单价	无税单价	无税金额	税额	价税合计	税率（%）
1		006	计算机		台	10.00	0.00	6500.00	5555.56	55555.56	9444.44	65000.00	17.00
2													
3													
4													
5													
6													
7													
8													
9													
10													
11													
12													
13													
14													
合计						10.00				55555.56	9444.44	65000.00	

单位名称 吉林东方有限责任公司 本单位税号 本单位开户银行 工商银行长春分行开发区分理处

制单人 陈明 复核人 陈明 银行账号 831658796200

图7-15 销售专用发票

业务2：录入销售发票

操作步骤：

（1）执行“应收单据处理”|“应收单据录入”操作，打开“单据类别”对话框。

（2）选择单据名称“销售发票”，单据类型“销售专用发票”。

（3）单击“确认”按钮，进入“销售专用发票”窗口。

（4）单击“增加”按钮，输入发票号“ZY21458”，输入开票日期“2015-08-04”，单击销售类型后面的参照录入按钮，选择“经销”，依次输入单据信息，如图7-16所示。

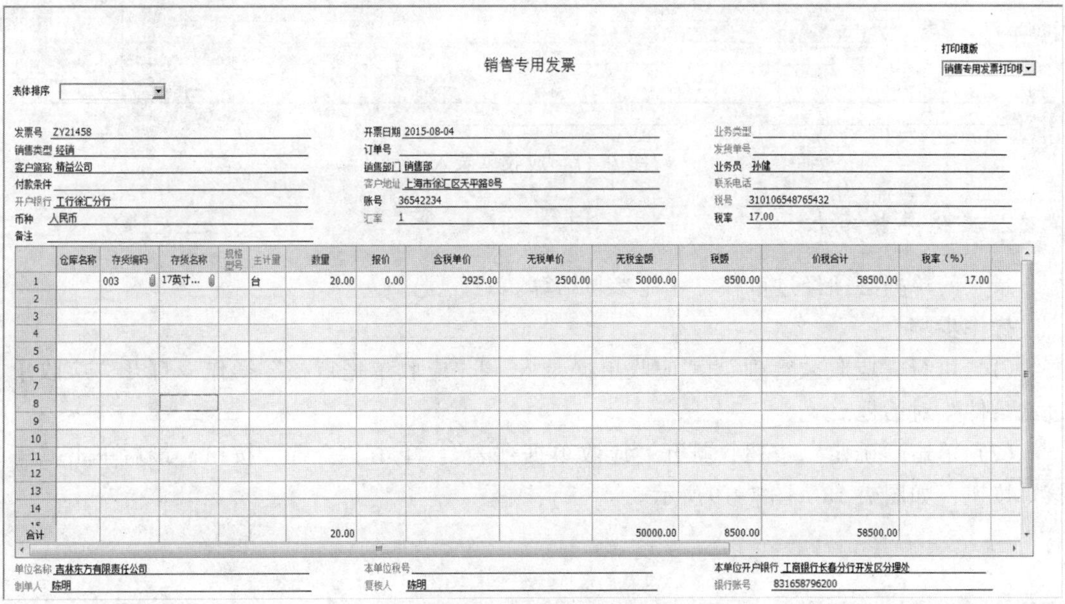
销售专用发票

打印模版 销售专用发票打印模

表体排序

发票号 ZY21458 开票日期 2015-08-04 业务类型

销售类型 经销 订单号 发货单号

客户简称 精益公司 销售部门 销售部 业务员 孙健

付款条件 客户地址 上海市徐汇区天平路8号 联系电话

开户银行 工行徐汇分行 账号 36542234 税号 310106548765432

币种 人民币 汇率 1 税率 17.00

备注

	仓库名称	存货编码	存货名称	规格型号	主计量	数量	报价	含税单价	无税单价	无税金额	税额	价税合计	税率（%）
1		003	17英寸…		台	20.00	0.00	2925.00	2500.00	50000.00	8500.00	58500.00	17.00
2													
3													
4													
5													
6													
7													
8													
9													
10													
11													
12													
13													
14													
合计						20.00				50000.00	8500.00	58500.00	

单位名称 吉林东方有限责任公司 本单位税号 本单位开户银行 工商银行长春分行开发区分理处

制单人 陈明 复核人 陈明 银行账号 831658796200

图7-16 销售专用发票

业务3：录入应收单

操作步骤：

（1）执行"应收单据处理"｜"应收单据录入"操作，打开"单据类别"对话框。

（2）选择单据名称"应收单"，单据类型"其他应收单"，单击"确认"按钮，进入"其他应收单"窗口。

（3）输入单据日期"2015-08-04"，客户名称"精益公司"，金额"5 000"，摘要"代垫运费"。

（4）选择对应科目"100201"，单击"保存"按钮，如图7-17所示。

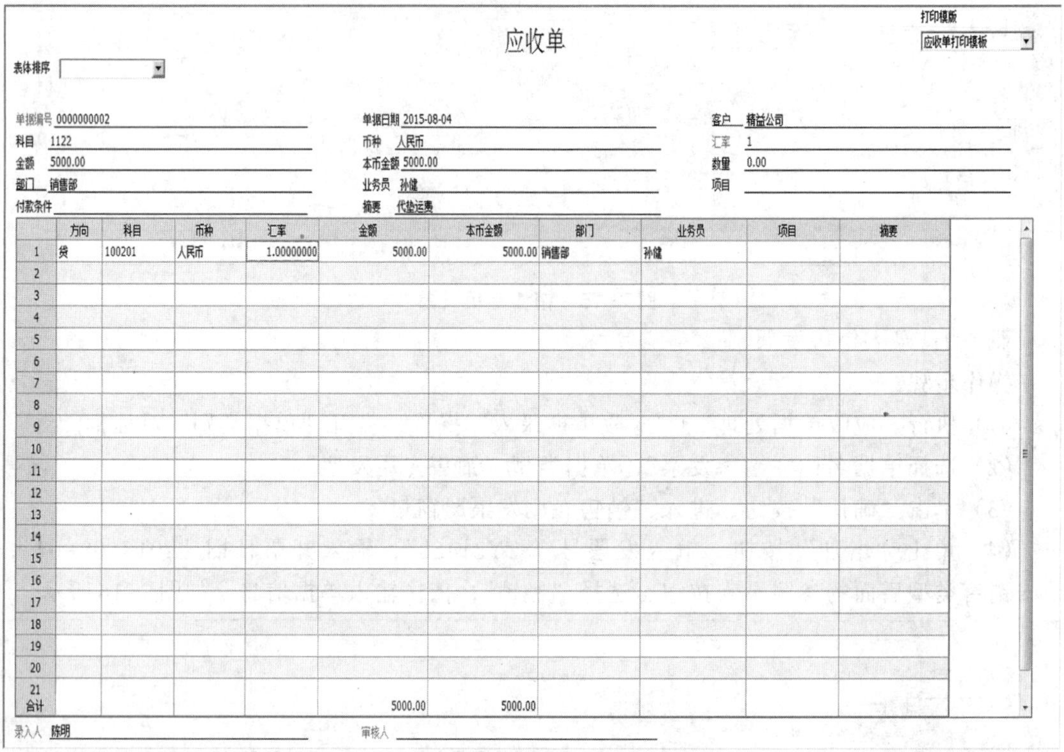

图7-17　应收单录入

2. 应收单据审核

录入的单据必须经过审核，才能参与结算。

操作步骤：

（1）执行"应收款管理"｜"应收单据录入"｜"应收单据审核"操作，打开"应收单过滤条件"对话框。

（2）单击"确定"按钮，打开"应收单据列表"，单击"全选"按钮，最后单击"审核"按钮，如图7-18、图7-19所示。

选择	审核人	单据日期	单据类型	单据号	客户名称	部门	业务员	制单人	币种	汇率	原币金额	本币金额	备注
	陈明	2015-08-02	销售专...	ZY21457	华宏公司	销售部	王丽	陈明	人民币	1.00000000	65,000.00	65,000.00	
	陈明	2015-08-04	其他应收单	0000000002	精益公司	销售部	孙健	陈明	人民币	1.00000000	5,000.00	5,000.00	代垫运费
	陈明	2015-08-04	销售专...	ZY21458	精益公司	销售部	孙健	陈明	人民币	1.00000000	58,500.00	58,500.00	
合计												128,500.00	128,500.00	

图 7-18 应收单据审核

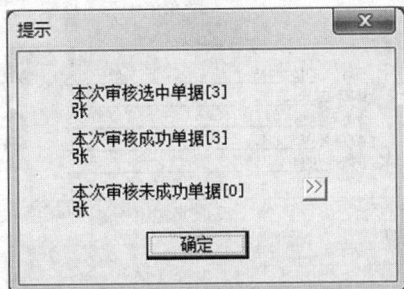

图 7-19 审核完成

任务二 收款单据处理

任务名称

根据收到的应收款，完成收款单据处理。

任务材料

1.8月5日，收到华宏公司交来转账支票一张，金额 65 000 元，支票号 ZZ001，用以归还8月2日的前欠货款。

2.8月7日，收到昌新贸易公司交来转账支票一张，金额 100 000 元，支票号 ZZ002，用以归还期初数据中前欠货款及代垫运费 58 000 元，剩余款转为预收账款。

3.8月9日，华宏公司交来转账支票一张，金额 10 000 元，支票号 ZZ003，作为预购 PIII 芯片的定金。

任务要求

完成收款单据处理。

操作示范

1. 收款单的录入

操作步骤：

（1）执行"收款单据处理" | "收款单据录入"操作，进入"收付款单录入"窗口。

（2）单击"增加"按钮。

（3）输入日期"2015-08-05"，选择客户"华宏公司"、结算方式"转账支票"，输入金额"65 000"、票据号"ZZ001"、款项类型"应收款"，单击"保存"按钮，如图7-20所示。

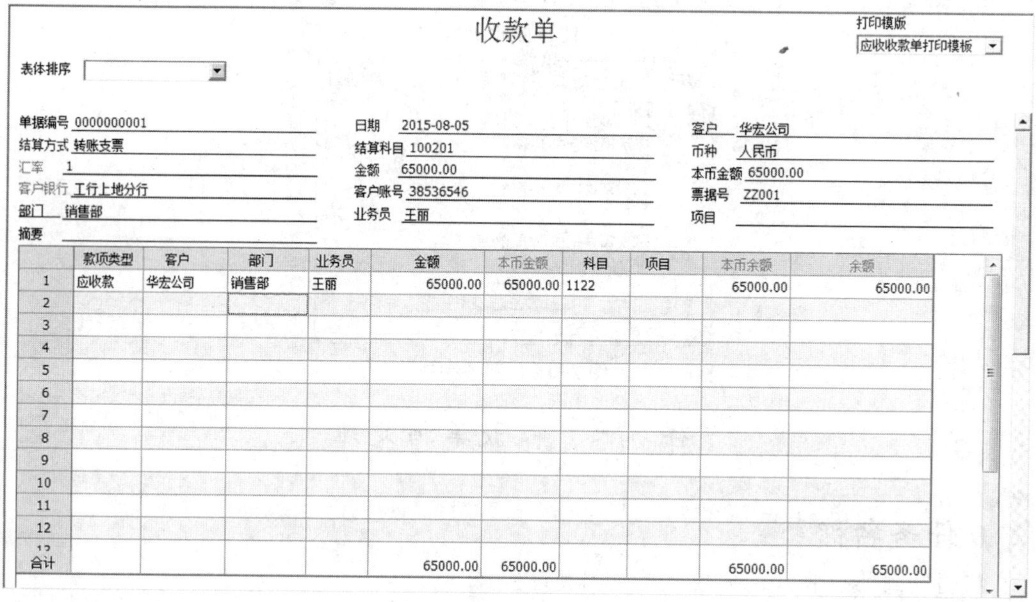

图7-20　收款单录入

（4）单击"审核"按钮。系统弹出"是否立即制单？"信息提示对话框，单击"否"按钮，暂不生成凭证。

（5）审核后，用户可点击"核销－同币种"按钮，即可实时进行手工核销，以及币种相同的发票、应收单与收款单进行勾对。

2. 归还欠款及预收款的录入

操作步骤：

（1）执行"收款单据处理" | "收款单据录入"操作，进入"收付款单录入"窗口，单击"增加"按钮。

（2）输入表头项目。输入日期"2015-08-07"，选择客户"昌新贸易公司"、结算方式"转账支票"，输入金额"100 000"、支票号"ZZ002"。

（3）输入表体项目。单击"款项类型"下拉三角按钮，选择"应收款"，金额为"58 000"，单击"保存"按钮；再增加一行，单击"款项类型"下拉三角按钮，选择"预收款"，金额自动生成，然后单击"保存"按钮，如图7-21所示。

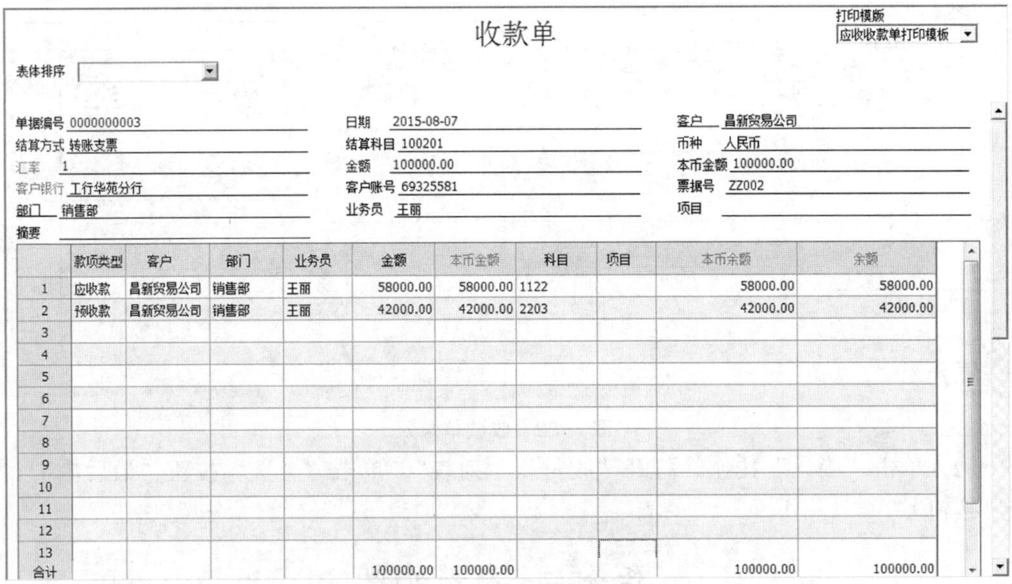

图7-21 收款单录入

（4）单击"审核"按钮，系统弹出"是否立即制单？"信息提示对话框，单击"否"按钮，暂不生成凭证，单击"退出"按钮。

3.预收款的录入

操作步骤：

（1）执行"收款单据处理"|"收款单据录入"操作，进入"收付款单录入"窗口，单击"增加"按钮。

（2）输入表头项目。选择客户"华宏公司"，输入日期"2015-08-09"，结算方式"转账支票"，金额"10 000"，支票号"ZZ003"。

（3）输入表体项目。单击"款项类型"下拉三角按钮，选择"预收款"，单击"保存"按钮，如图7-22所示。

（4）单击"审核"按钮，系统弹出"是否立即制单？"信息提示对话框，单击"否"按钮，暂不生成凭证，单击"退出"按钮。

4.收款单的审核

操作步骤：

（1）执行"应收款管理"|"收款单据处理"|"收款单据审核"操作，打开"收付款单过滤条件"对话框。

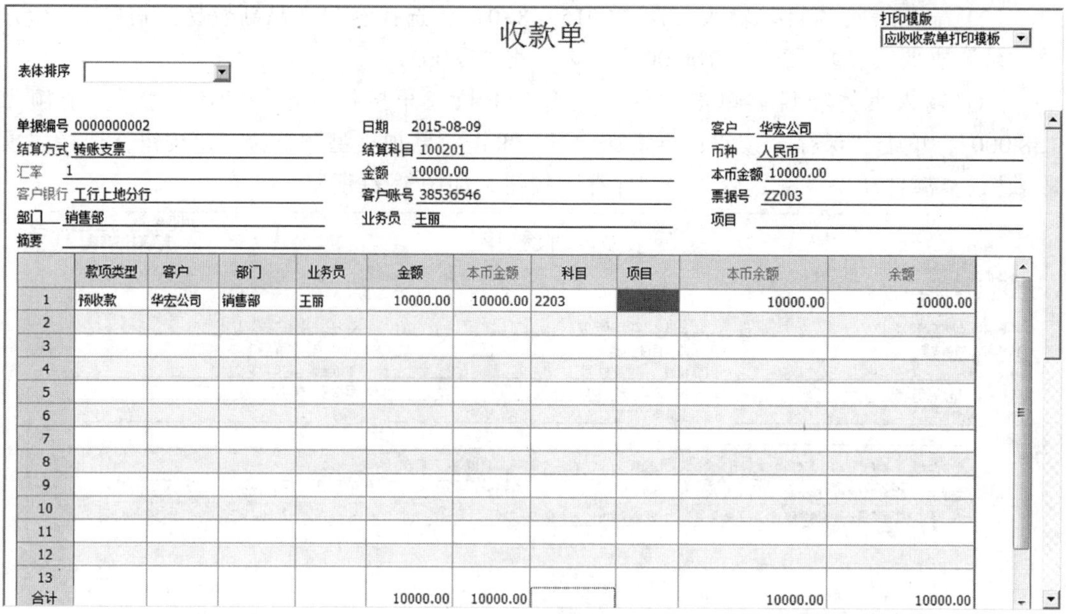

图7-22　收款单录入

（2）单击"确认"按钮，打开"收付款单列表"，单击"全选"按钮，最后单击"审核"按钮。

任务三　核销处理

任务名称

核销处理。

任务材料

将任务二中第1、2小题进行收款单据与原有单据的完全核销。

任务要求

完成单据的核销处理。

操作示范

1.任务二中第1小题进行收款单据与原有单据的完全核销

操作步骤：

（1）单击"核销处理"｜"手工核销"，打开"核销条件"对话框。

（2）单击"客户"栏参照按钮，选择"001-华宏公司"，如图7-23所示。

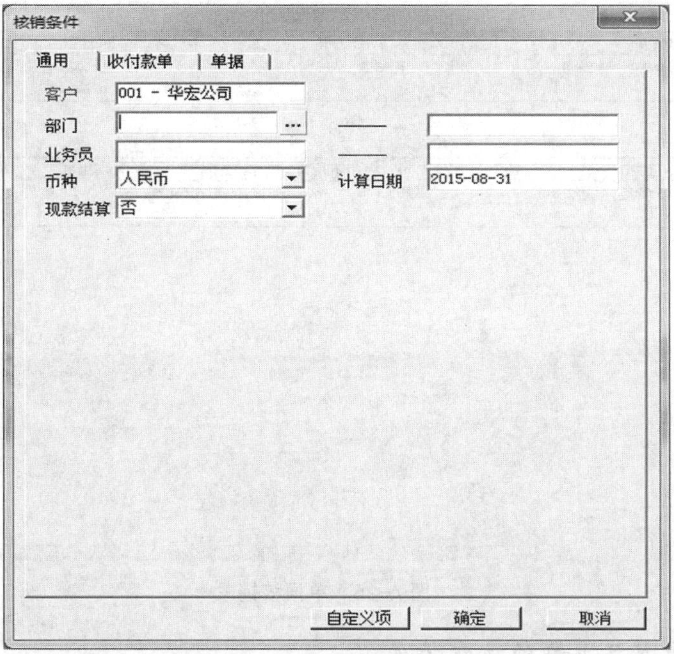

图 7-23 "核销条件"对话框

（3）单击"确定"按钮，打开"单据核销"对话框，在 8 月 2 日所在行的本次结算金额栏，输入专用发票本次结算额"65 000"后回车，单击"保存"按钮，如图 7-24 所示。

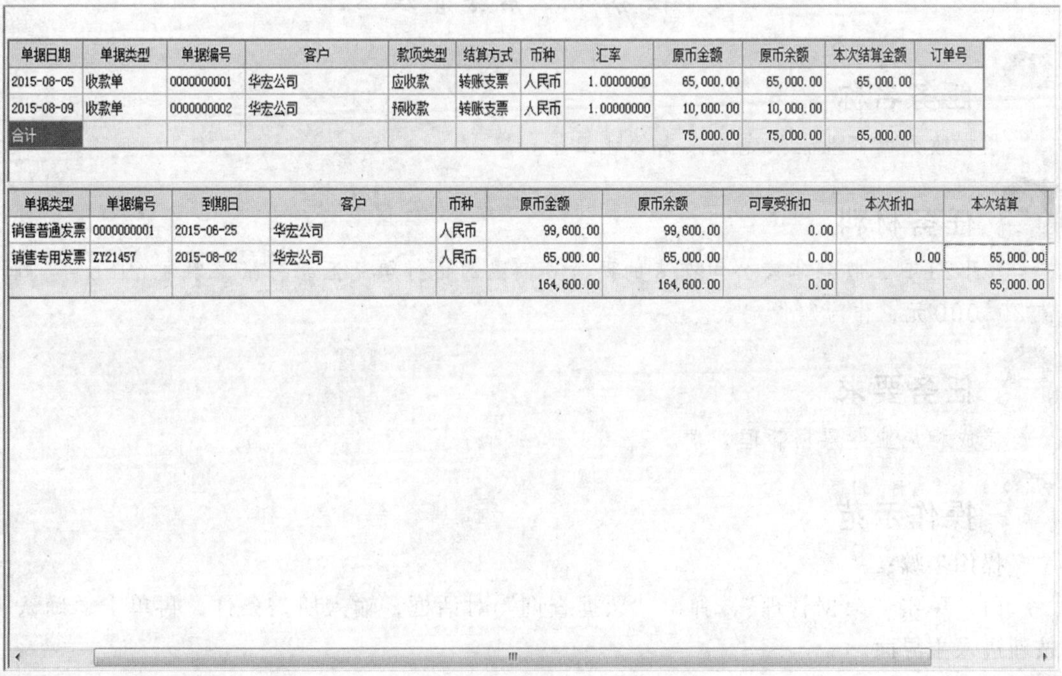

单据日期	单据类型	单据编号	客户	款项类型	结算方式	币种	汇率	原币金额	原币余额	本次结算金额	订单号
2015-08-05	收款单	0000000001	华宏公司	应收款	转账支票	人民币	1.00000000	65,000.00	65,000.00	65,000.00	
2015-08-09	收款单	0000000002	华宏公司	预收款	转账支票	人民币	1.00000000	10,000.00	10,000.00		
合计								75,000.00	75,000.00	65,000.00	

单据类型	单据编号	到期日	客户	币种	原币金额	原币余额	可享受折扣	本次折扣	本次结算
销售普通发票	0000000001	2015-06-25	华宏公司	人民币	99,600.00	99,600.00	0.00		
销售专用发票	ZY21457	2015-08-02	华宏公司	人民币	65,000.00	65,000.00	0.00	0.00	65,000.00
					164,600.00	164,600.00	0.00		65,000.00

图 7-24 "单据核销"对话框

（4）单击"保存"按钮后，核销结果如图 7-25 所示。

单据日期	单据类型	单据编号	客户	款项类型	结算方式	币种	汇率	原币金额	原币余额	本次结算金额	订单号
2015-08-09	收款单	0000000002	华宏公司	预收款	转账支票	人民币	1.00000000	10,000.00	10,000.00		
合计								10,000.00	10,000.00		

单据类型	单据编号	到期日	客户	币种	原币金额	原币余额	可享受折扣	本次折扣	本次结算
销售普通发票	0000000001	2015-06-25	华宏公司	人民币	99,600.00	99,600.00	0.00		
					99,600.00	99,600.00			

图 7-25　单据核销

2.任务二中第2小题的核销操作

同理，完成任务二中第2小题的核销操作。

任务四　票据管理

任务名称

根据收到的商业汇票完成票据管理工作。

任务材料

8月21日，收到华宏公司交来的两个月期限的银行承兑汇票一张，票号YH6656，面值20 000元，作为购货定金。

任务要求

完成相应业务票据管理处理。

操作示范

操作步骤：

（1）单击"票据管理"，弹出"票据查询"对话框，输入所需条件，再单击"确认"按钮进入主界面。

（2）单击"增加"按钮，在票据增加界面输入各栏目的相关信息，如图7-26所示。

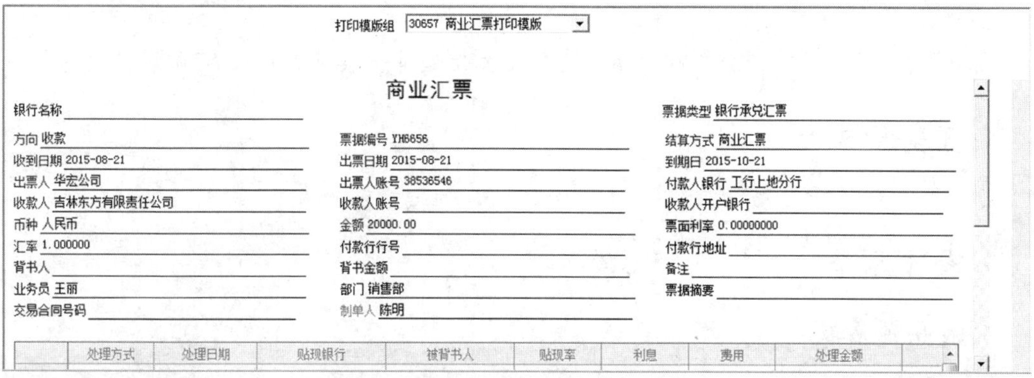
打印模版组 30657 商业汇票打印模版

商业汇票

银行名称		票据类型 银行承兑汇票
方向 收款	票据编号 YH6656	结算方式 商业汇票
收到日期 2015-08-21	出票日期 2015-08-21	到期日 2015-10-21
出票人 华宏公司	出票人账号 38536546	付款人银行 工行上地分行
收款人 吉林东方有限责任公司	收款人账号	收款人开户银行
币种 人民币	金额 20000.00	票面利率 0.00000000
汇率 1.000000	付款行行号	付款行地址
背书人	背书金额	备注
业务员 王丽	部门 销售部	票据摘要
交易合同号码	制单人 陈明	

处理方式	处理日期	贴现银行	被背书人	贴现率	利息	费用	处理金额

图7-26　商业汇票

(3) 输入完成后，单击“确认”按钮，保存当前票据，系统生成一张收款单。

(4) 执行“收款单据处理” | “收款单据录入”操作，单击“下一张”按钮，找到自动生成的这张收款单，单击“修改”按钮，在表头的“结算科目”中选择“1121 应收票据”，将表体记录中的“款项类型”由“应收款”改为“预收款”，单击“保存”按钮，如图7-27所示。

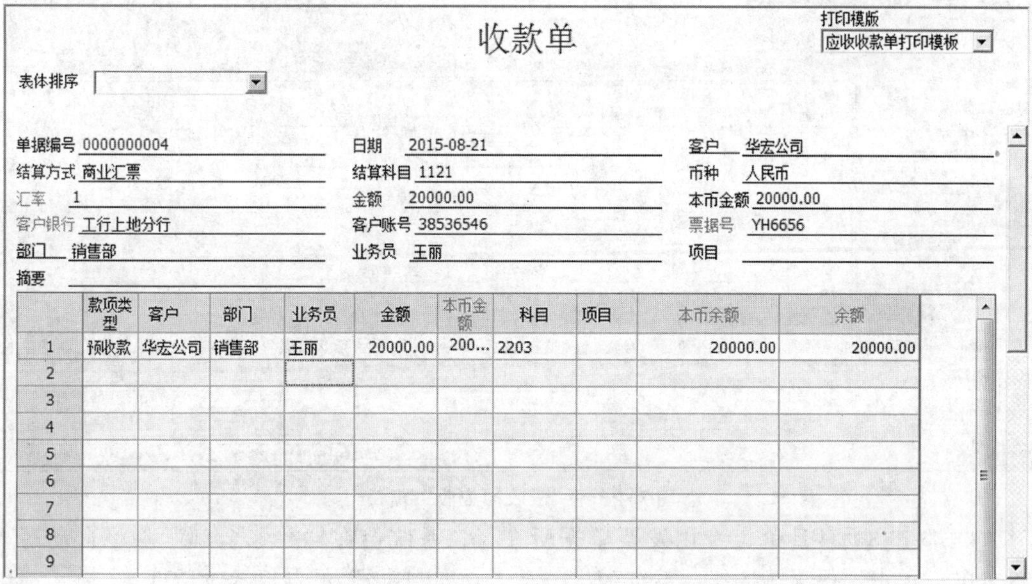
收款单

打印模版 应收收款单打印模板

表体排序

单据编号 0000000004	日期 2015-08-21	客户 华宏公司
结算方式 商业汇票	结算科目 1121	币种 人民币
汇率 1	金额 20000.00	本币金额 20000.00
客户银行 工行上地分行	客户账号 38536546	票据号 YH6656
部门 销售部	业务员 王丽	项目
摘要		

	款项类型	客户	部门	业务员	金额	本币金额	科目	项目	本币余额	余额
1	预收款	华宏公司	销售部	王丽	20000.00	200...	2203		20000.00	20000.00
2										
3										
4										
5										
6										
7										
8										
9										

图7-27　收款单录入

任务五　转账处理

任务名称

根据吉林东方有限责任公司的业务完成转账处理。

任务材料

1. 8月10日，将精益公司8月4日购买17英寸显示器的应收款58 500元转给昌新贸易公司。

2.8月11日，用华宏公司交来的10 000元定金冲抵其期初应收款项。

任务要求

完成转账处理。

操作示范

1.应收冲应收

操作步骤：

（1）执行"转账"|"应收冲应收"操作，进入"应收冲应收"窗口。

（2）选择转出客户"精益公司"，转入客户"昌新贸易公司"。

（3）单击"查询"按钮，系统列出转出户"精益公司"的未核销的应收款，如图7-28所示。

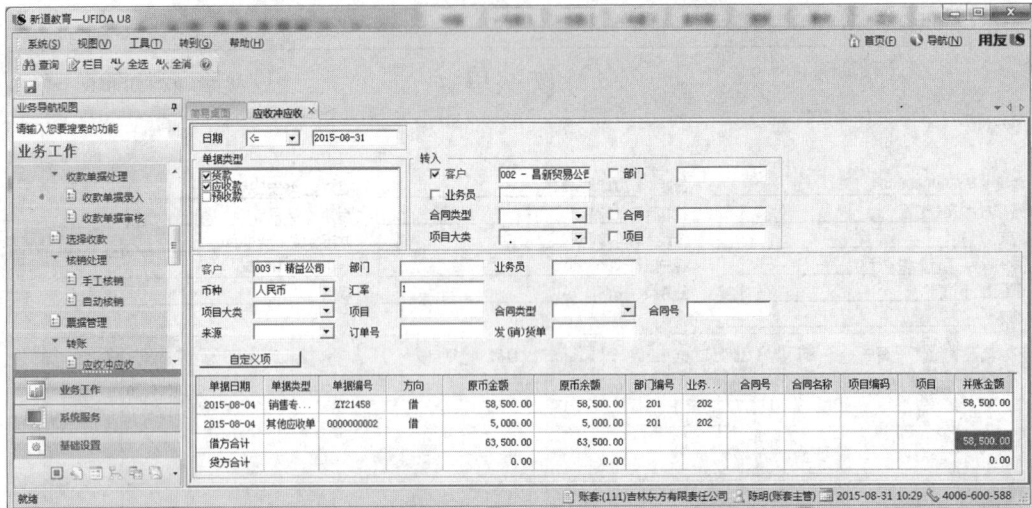

图7-28 "应收冲应收"窗口

（4）双击8月4日销售专用发票单据所在行，系统会在"并账金额"一栏自动写上"58 500"，单击"保存"按钮。系统弹出"是否立即制单？"信息提示对话框。

（5）单击"否"按钮，暂不生成凭证。

2.预收冲应收

操作步骤：

（1）执行"转账"|"预收冲应收"操作，进入"预收冲应收"窗口。

（2）输入日期"2015-08-11"。

（3）单击"预收款"选项卡，选择客户"华宏公司"。单击"过滤"按钮，系统列出该客户的预收款，输入转账金额"10 000"，如图7-29所示。

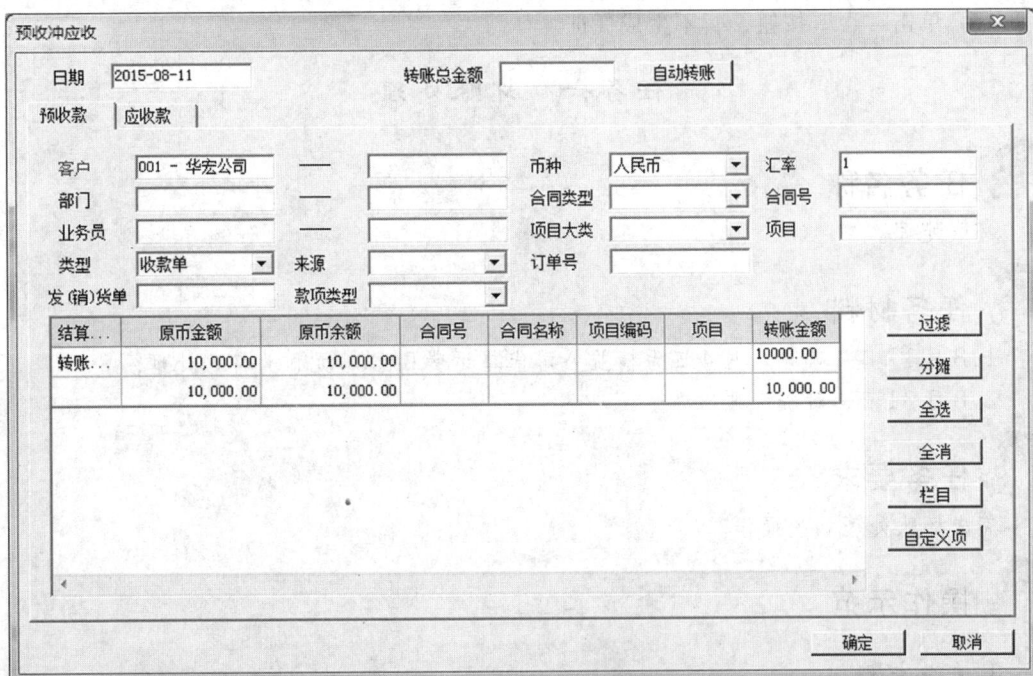

图7-29中"预收冲应收"窗口（1）

预收冲应收

| 日期 | 2015-08-11 | | | 转账总金额 | | | 自动转账 | |

预收款 | 应收款

客户	001 - 华宏公司	—			币种	人民币		汇率	1
部门		—			合同类型			合同号	
业务员					项目大类			项目	
类型	收款单		来源				订单号		
发(销)货单			款项类型						

结算...	原币金额	原币余额	合同号	合同名称	项目编码	项目	转账金额
转账...	10,000.00	10,000.00					10000.00
	10,000.00	10,000.00					10,000.00

过滤
分摊
全选
全消
栏目
自定义项

确定　取消

图7-29 "预收冲应收"窗口（1）

（4）单击"应收款"选项卡，单击"过滤"按钮，系统列出该客户的应收款，输入转账金额"10 000"，如图7-30所示。

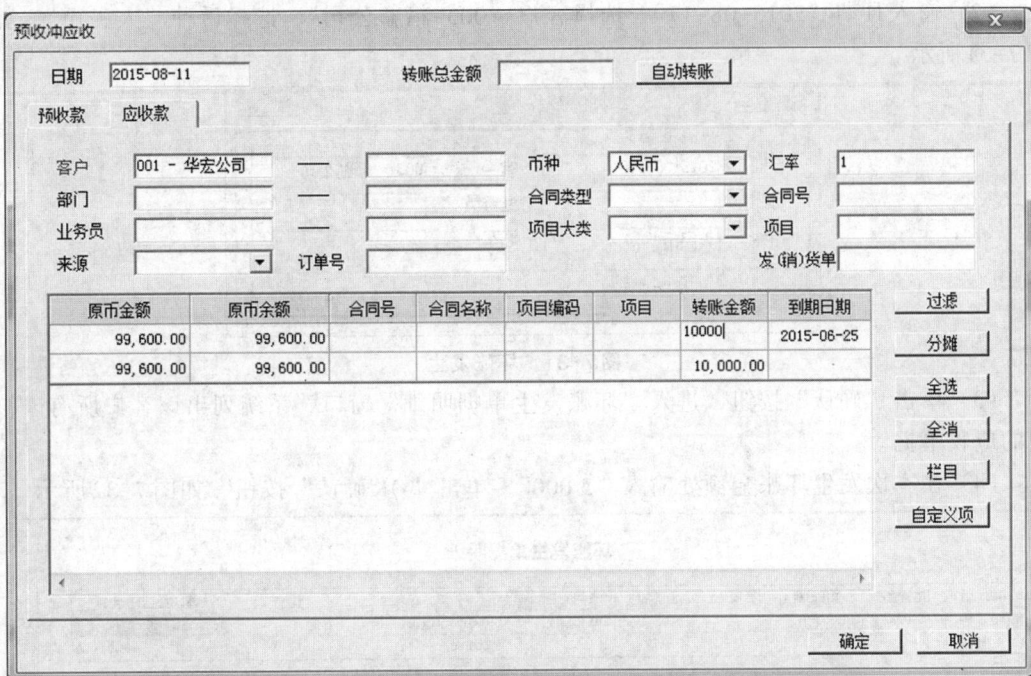

预收冲应收

| 日期 | 2015-08-11 | | | 转账总金额 | | | 自动转账 | |

预收款 | 应收款

客户	001 - 华宏公司	—			币种	人民币		汇率	1
部门		—			合同类型			合同号	
业务员		—			项目大类			项目	
来源			订单号				发(销)货单		

原币金额	原币余额	合同号	合同名称	项目编码	项目	转账金额	到期日期
99,600.00	99,600.00					10000	2015-06-25
99,600.00	99,600.00					10,000.00	

过滤
分摊
全选
全消
栏目
自定义项

确定　取消

图7-30 "预收冲应收"窗口（2）

（5）单击"确定"按钮，系统弹出"是否立即制单？"信息提示对话框。

（6）单击"否"按钮，暂不生成凭证。

任务六　坏账处理

任务名称

坏账处理。

任务材料

1.8月17日，确认本月4日为精益公司代垫运费5 000元作为坏账处理。

2.8月31日，计提坏账准备。

任务要求

完成坏账处理相关操作。

操作示范

1.发生坏账

操作步骤：

（1）执行"坏账处理"｜"坏账发生"操作，打开"坏账发生"对话框。

（2）输入日期"2015-08-17"，选择客户"003-精益公司"，选择币种"人民币"，如图7-31所示。

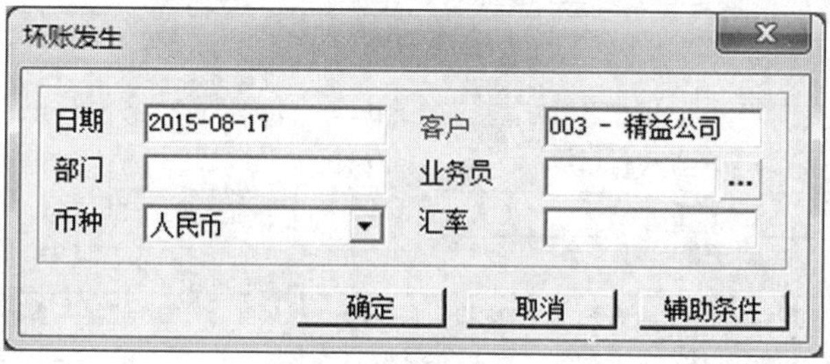

图7-31　坏账发生

（3）单击"确认"按钮，进入"坏账发生单据明细"窗口，系统列出该客户所有未核销的应收单据。

（4）在本次发生坏账金额处输入"5 000"，单击"OK确认"按钮，如图7-32所示。

坏账发生单据明细

单据类型	单据编号	单据日期	合同号	合同名称	到期日	余额	部门	业务员	本次发生坏账金额
其他应收单	0000000002	2015-08-04			2015-08-04	5,000.00	销售部	孙健	5000.00
合计						5,000.00			5,000.00

图7-32　坏账发生单据明细

（5）系统弹出"是否立即制单？"信息提示对话框，单击"否"按钮，暂不生成凭证，最后单击"退出"按钮。

2.计提坏账准备

操作步骤：

（1）执行"坏账处理"｜"计提坏账准备"操作，进入"应收账款百分比法"窗口。

（2）系统根据应收账款余额、坏账准备余额、坏账准备初始设置情况自动计算出本次计提金额，如图7-33所示。

应收账款...	计提比率	坏账准备	坏账准备余额	本次计提
106,100.00	0.500%	530.50	5,000.00	-4,469.50

图7-33　计提坏账准备

（3）单击"OK确认"按钮，系统弹出"是否立即制单？"信息提示对话框。

（4）单击"否"按钮，暂不生成凭证。

任务七　制单处理及查询

任务名称

制单处理及查询。

任务材料

生成本月凭证并进行相关查询。

任务要求

完成凭证生成。

操作示范

1.制单处理

系统在单据处理、转账处理、票据处理及坏账处理等业务处理的过程中都提供了实时制单的功能；除此之外，系统还提供了一个统一制单的平台，可以在此快速、成批地生成凭证，并可依据规则进行合并制单等处理，前提条件是所有单据必须审核完毕，否则在"制单"窗口看不到要生成凭证的记录。

操作步骤：

（1）执行"制单处理"操作，打开"制单查询"对话框。

（2）选中"发票制单"复选框，单击"确定"按钮，进入"销售发票制单"窗口，如

图7-34所示。

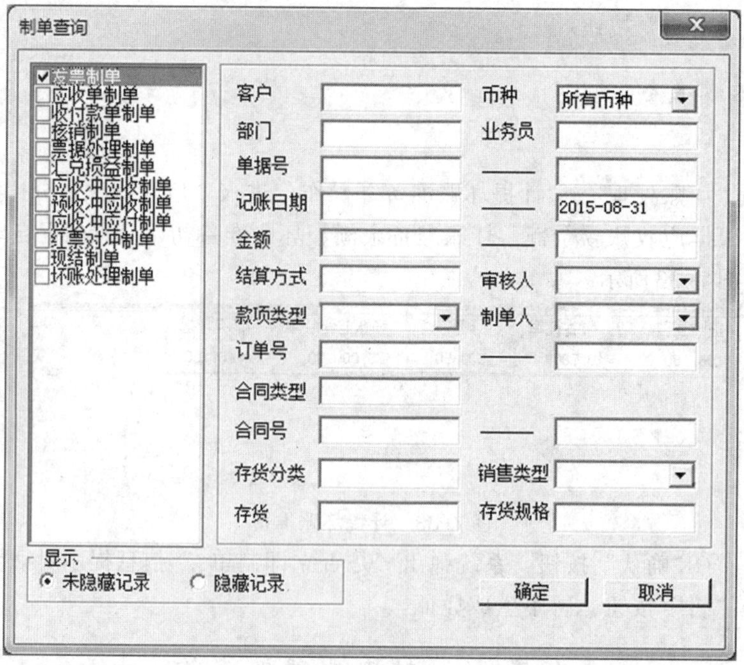

图7-34　制单查询

（3）选择凭证类别"记账凭证"，如图7-35所示。

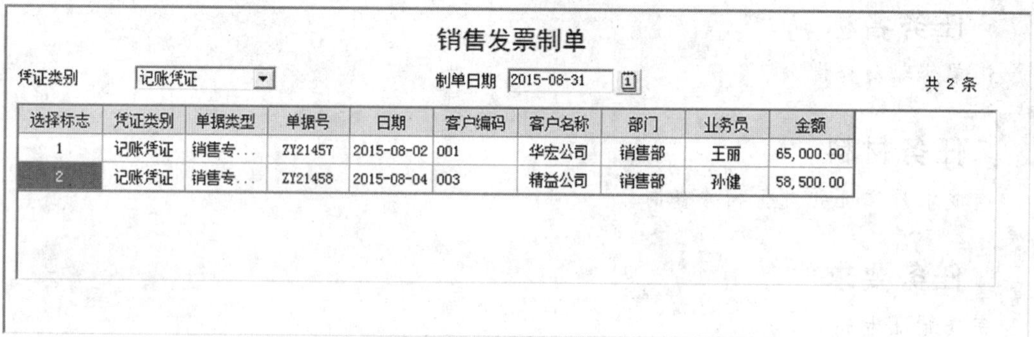

图7-35　销售发票制单

（4）单击"制单"按钮，进入"填制凭证"窗口。

（5）单击"保存"按钮，凭证左上方出现"已生成"字样，表明此凭证已传递至总账，如图7-36所示。

（6）单击"上张""下张"按钮，保存其他需保存的凭证。

（7）完成发票制单、收付款单制单、转账制单、并账制单、坏账处理制单及相关查询。

2.单据查询及账表管理

操作步骤：

（1）单据查询。单据查询包括发票、应收单、收付款单和凭证的查询。

通过凭证查询可以查看、修改、删除、冲销应收款管理子系统传到总账子系统中的凭证，同时还可以查询凭证对应的原始单据。

已生成

记 账 凭 证

记 字 0026 制单日期：2015.08.31 审核日期： 附单据数：1

摘要	科目名称	借方金额	贷方金额
销售专用发票	应收账款	6500000	
销售专用发票	主营业务收入		5555556
销售专用发票	应交税费/应交增值税/销项税额		944444
票号 日期	数量 单价 合计	6500000	6500000

备注 项目 部门

个人 客户 华宏公司

业务员 王丽

记账 审核 出纳 制单 陈明

图7-36 生成记账凭证

当一张凭证被删除后，它所对应的原始单据可以重新制单。只有在总账子系统中未审核、未经出纳签字的凭证才能删除。(其他查询略)

(2) 账表管理。业务账表查询可以进行总账、余额表、明细账和对账单的查询，并可以实现总账、明细账、单据之间的联查。

(3) 科目账表查询。科目账表查询包括科目余额表查询和科目明细表查询，并可以通过一个“总账”和“明细”的切换进行联查，实现总账、明细账、凭证的联查。

实训三 应收款管理期末处理

任务 月末结账及反结账

任务名称

完成吉林东方有限责任公司月末结账。

任务材料

月末结账及反结账。

任务要求

完成企业本月结账及反结账。

操作示范

1.结账

操作步骤:

（1）执行"期末处理"|"月末结账"操作，打开"月末处理"对话框，如图 7-37 所示。

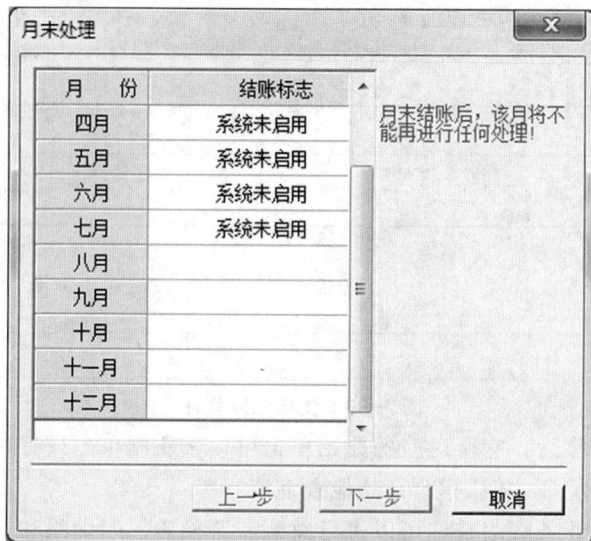

图7-37 "月末处理"对话框

（2）双击8月份的结账标志栏，如图7-38所示。

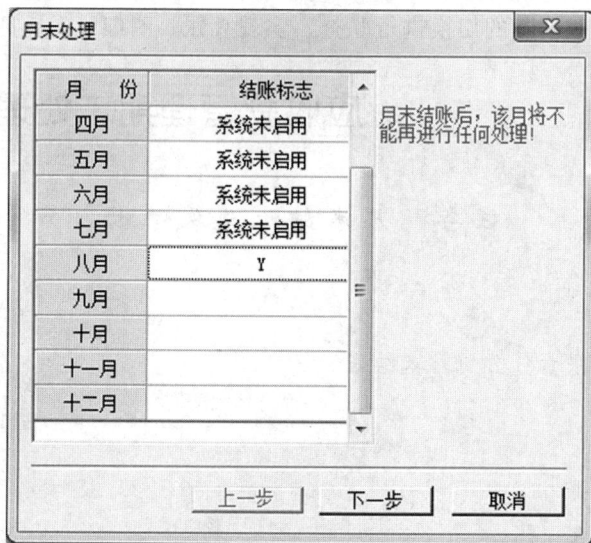

图7-38 月份选择

（3）单击"下一步"按钮，屏幕显示各处理类型的处理情况，如图7-39所示。

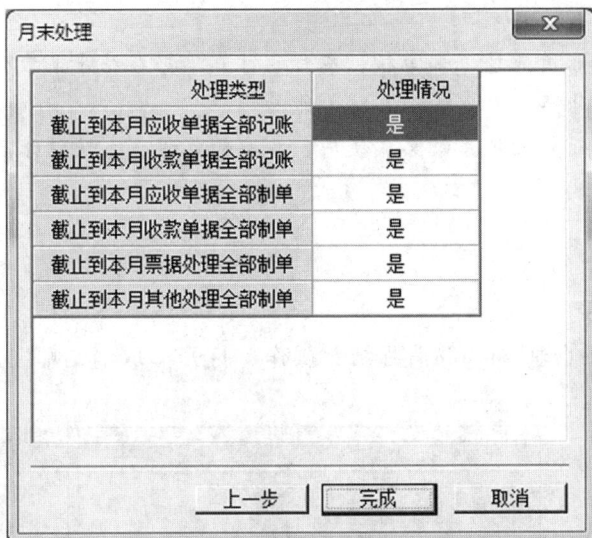

图 7-39　月末处理情况

（4）在处理情况都为"是"的情况下，单击"完成"按钮，结账后，系统弹出"8月份结账成功"信息提示对话框，如图 7-40 所示。

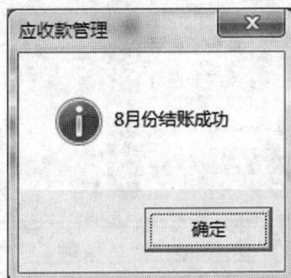

图 7-40　月末结账完成

（5）单击"确定"按钮，系统自动在对应的结账月份的"结账标志"栏中显示"已结账"字样，如图 7-41 所示。

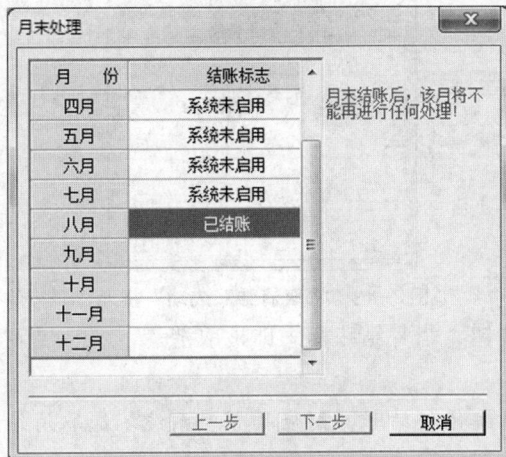

图 7-41　"已结账"提示

注意：

本月的单据在结账前应该全部审核，本月的结算单据在结账前应全部核销。

应收管理系统结账后，总账管理系统才能结账。

应收管理系统与销售管理系统集成使用，应在销售管理系统结账后，才能对应收管理系统进行结账处理。

2.取消结账

操作步骤：

（1）执行"期末处理"｜"取消月结"操作，打开"取消结账"对话框，如图7-42所示。

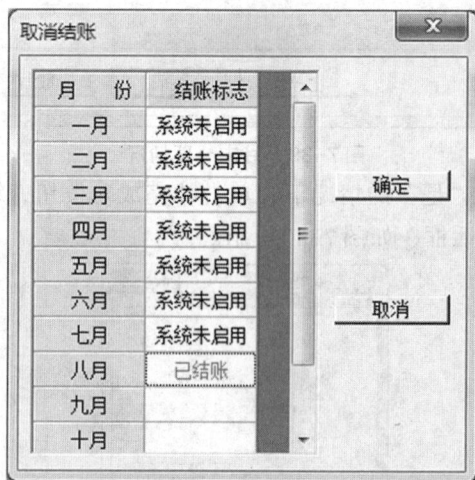

图7-42　取消结账

（2）选择"已结账"月份。

（3）单击"确认"按钮，系统弹出"取消结账成功"信息提示对话框，如图7-43所示。

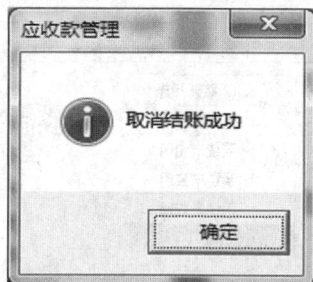

图7-43　"取消结账成功"提示

（4）单击"确定"按钮，当月结账标志即被取消。

注意：

如果当月总账管理系统已经结账，则应收管理系统不能取消结账。

重点难点

重点：期初余额录入、单据处理、核销处理。

难点：单据处理。

同步测试

（一）判断题

1.在应收款管理系统的应收冲应付的转账处理功能中，如果在转账金额中输入了数据，就不能修改。　　　　　　　　　　　　　　　　　　　　　（　　）

2.在应收款管理系统中，系统默认的代垫费用类型为"其他应收单"。　（　　）

3.在应收款管理系统中，所有账龄区间都可以根据需要修改和删除。　（　　）

4.在应收款管理系统的单据编号设置功能中，可以将收款单的编号设置为"允许手工修改"。　　　　　　　　　　　　　　　　　　　　　　　　　（　　）

5.在应收款管理系统中，通过期初余额录入功能，用户可以将正式启用的账套前的所有应收、应付业务数据录入系统中，作为期初建账的数据。　　　　（　　）

6.应收款管理系统的启用会计期间必须与账套的启用期间一致。　　（　　）

7.在应收款管理系统的制单功能中，系统默认制单日期为单据日期。（　　）

8.在应收款管理系统中，不能对专用发票进行单据格式的设计。　　（　　）

9.如果当月总账系统已经结账，那么就不能执行应收款管理系统取消结账的操作。　　　　　　　　　　　　　　　　　　　　　　　　　　　　　（　　）

10.在应收款管理系统中，期初余额的形式只能是其他应收单。　　（　　）

11.在应收款管理系统中，同币种核销时，如果结算的金额小于收款单金额与预收款的使用金额之和，则系统优先使用预收款的金额。　　　　　　　　　（　　）

12.在应收款管理系统的预收冲应收的转账处理中，无论是手工输入的单据转账金额还是自动分摊填入的转账金额，均不能大于该单据的余额。　　　　（　　）

13.在应收款管理系统中提供了两种设置产品销售科目的途径，即按单据设置和按客户设置。　　　　　　　　　　　　　　　　　　　　　　　　　（　　）

14.在应收款管理系统中，如果已经计提过坏账准备，则坏账准备的全部参数将永远不能被修改。　　　　　　　　　　　　　　　　　　　　　　　（　　）

15.在录入一笔坏账收回的款项时，应该注意不要把该客户的其他的收款业务与该笔坏账收回业务录入到同一张收款单中。　　　　　　　　　　　　　（　　）

（二）单项选择题

1.在应收款管理系统的预收冲应收的转账处理功能中，以下说法正确的是（　　）。

A.应收款的转账金额合计应该等于应付款的转账金额合计

B.红字预收款不能与红字应收单进行冲销

C.每一笔应收款的转账金额应大于其余额

D.每一笔应收款的转账金额不能大于其余额

2.在应收款管理系统的日常业务处理中，收款单中的款项类型应不包括（　　）。

A. 其他费用　　　　　B. 预收款　　　　　　C. 应收款　　　　　　D. 应付款

3. 在应收款管理系统中，月末结账时不需要满足的条件是（　　）。

A. 一次只能选择一个月进行结账

B. 总账未结账则应收款管理系统不能结账

C. 结账单还有未审核的，不能结账

D. 前一个月未结账，则本月不能结账

4. 在应收款管理系统中，录入（　　）单据类型的期初余额需要录入结算方式。

A. 销售发票　　　　　B. 预收款单　　　　　C. 应收单　　　　　　D. 应收票据

5. 在应收款管理系统中，已经传递到总账系统中的凭证可以在（　　）功能中删除。

A. 期末处理　　　　　B. 单据查询　　　　　C. 制单处理　　　　　D. 账表管理

6. 应收款管理系统可以向总账系统传递（　　）。

A. 记账凭证　　　　　B. 销售发票　　　　　C. 分析数据　　　　　D. 应用函数

7. 在应收款管理系统中，收款单据的类型主要包括（　　）。

A. 销售专用发票　　　B. 销售普通发票　　　C. 其他应收单　　　　D. 收款单

8. 在应收款管理系统中，取消坏账处理的前提条件是（　　）。

A. 坏账处理的日期在已经结账月末内

B. 坏账处理后已经制单

C. 坏账处理后尚未制单

D. 坏账处理采用直接转销法

9. 在应收款管理系统中，如果使用应收余额百分比法计提坏账准备，当坏账发生时不必完成以下（　　）操作。

A. 在"坏账发生"对话框中输入"客户"信息

B. 输入本次坏账发生金额

C. 输入应收账款余额

D. 打开"坏账发生"对话框

10. 在应收款管理系统中，坏账准备的计提方法如果是应收余额百分比法，则计提比率可以在（　　）修改。

A. 初始设置时　　　　B. 坏账收回时　　　　C. 计提坏账准备时　　D. 计提坏账准备后

（三）多项选择题

1. 在应收款管理系统中，结算单列表显示的是款项类型为（　　）的记录，而款项类型为其他费用的记录不允许在此作为核销记录。

A. 预付款　　　　　　B. 预收款　　　　　　C. 应收款　　　　　　D. 应付款

2. 在应收款管理系统中，做过以下（　　）操作，就不能修改坏账准备数据，只允许查询。

A. 坏账发生　　　　　B. 坏账收回　　　　　C. 录入期初数据　　　D. 坏账计提

3. 在应收款管理系统中，制单类型主要包括（　　）。

A. 收款单制单　　　　B. 核销制单　　　　　C. 并账制单　　　　　D. 结算单制单

4. 在应收款管理系统中，以下（　　）账套参数不能随时修改。

A.应收账款核算类型　　　　　　B.应收账款核销方式

C.坏账处理方式　　　　　　　　D.单据审核日期依据

同步实训

【实训要求】

本次实训内容涉及往来会计、出纳和会计主管3个工作岗位，采用学生分组训练的形式，每组3人，选举产生组长，分派组员岗位，阐明岗位分工及职责。

【情境引例】

（一）初始设置

1.付款条件（见表7-3）和本单位开户银行

表7-3　　　　　　　　　　　　　　　　付款条件

编码	信用天数	优惠天数1	优惠率1	优惠天数2	优惠率2	优惠天数3	优惠率3
01	30	5	2				
02	60	5	4	15	2	30	1
03	90	5	4	20	2	50	1

本单位开户银行：

编码：01；名称：中国工商银行长春分行经开八区分理处；账号：786543239075。

2.应收款管理系统基础设置

按单据核销，明细到客户，坏账处理方式为应收余额百分比法，自动计算现金折扣。

单据编码：销售发票、采购发票编码均为完全手工编号。

应收科目"1122 应收账款"，预收科目"2203 预收账款"，税金科目22210102（销项税额）。产品科目设置：甲产品510101，现金结算为1001，现金支票和转账支票为100201。

坏账准备提取比率0.5%，期初准备为0，科目为"1231 坏账准备"，对方科目为"6701 资产减值损失"。

账期内账龄区间和逾期账龄期间见表7-4：

表7-4　　　　　　　　　　　账期内账龄区间和逾期账龄期间

序号	起止天数	总天数
01	0～30	30
02	31～60	60
03	61～90	90
04	91以上	

3.应收期初余额

（1）2016年11月12日，天益公司购买甲产品3台，无税单价2 000元/台，价税合计7 020元，销售专用发票，发票号78987。

（2）2016年11月18日，明兴公司购买甲产品3台，无税单价2 000元/台，价税合计7 020元，销售专用发票，发票号78988。

（3）2016年11月22日，立邦公司购买乙产品2台，无税单价500元/台，价税合计1 170元，销售专用发票，票号78989。

（4）其他应收单。2016年11月22日，票号0060，为明兴公司代垫运费500元。

（5）预收款单。2016年12月26日，转账支票，票号7111，预收维达公司货款30 000元。

（二）日常业务

1.2017年1月5日，销售给维达公司甲产品5台，无税单价1 980元/台，增值税税率为17%，专用发票号53479，并以现金代垫运费120元。货款由预收款支付，运费暂未归还。

2.2017年1月6日，销售给上海立邦公司甲产品30台，无税单价2 000元/台；乙产品40台，无税单价500元/台；共计货款80 000元，税款13 600元，货税款合计93 600元。填制专用发票，票号78 990。

3.2017年1月11日，收到转账支票，票号ZW005，金额93 600元，支付本货款。

4.2017年1月13日，销售给明兴公司甲产品10台，无税单价2 000元/台；乙产品20台，无税单价500元/台。填制专用发票，票号78 992，未收到货款。

5.2017年1月15日，收到明兴公司货款30 000元，其他欠款款项转给上海立邦公司。

6.2017年1月18日，确认本月为维达公司代垫运费120元作为坏账处理，并于期末计提坏账准备。

7.2017年1月20日，收到维达公司120元，用于归还代垫运费120元。

【工作任务】

1.应收款管理系统初始设置。

2.应收款管理系统日常业务处理。

3.月末结账。

应付款管理系统

职业能力目标

专业能力：

运用应付款管理系统完成企业核算账套的初始设置、日常业务处理、期末处理等操作；能够进行系统参数设置、基础信息设置、录入期初余额、票据处理、付款结算、转账处理、月末结账等工作；并对用友ERP-U8 V10.1使用中出现的系统运行问题进行简单维护。

职业核心能力：

能根据实训的设计需要查阅有关资料，具有团队合作精神和严谨的工作作风。

实训一　　应付款管理系统初始设置

任务一　设置系统参数

任务名称

对吉林东方有限责任公司核算账套应付款管理系统进行参数设置。

任务材料

根据业务需要，应付款管理系统参数设置为：应付款核算方式"按单据"；应付账款核算类型"详细核算"；单据审核日期"依据单据日期"；受控科目制单依据"明细到供应商"；非受控科目制单方式"汇总方式"；采购科目依据"按存货分类"。

任务要求

启用应付款管理系统并完成系统参数设置。

操作示范

操作步骤：

（1）以账套主管陈明身份登录"企业应用平台"，启用"应付款管理"系统，启用日期"2015-08-01",如图8-1所示。

图8-1　系统启用

（2）在"企业应用平台"的"业务工作"选项卡中，选择"财务会计"|"应付款管理"选项，进入应付款管理模块。

（3）执行"设置"|"选项"操作，打开"账套参数设置"对话框，如图8-2所示。

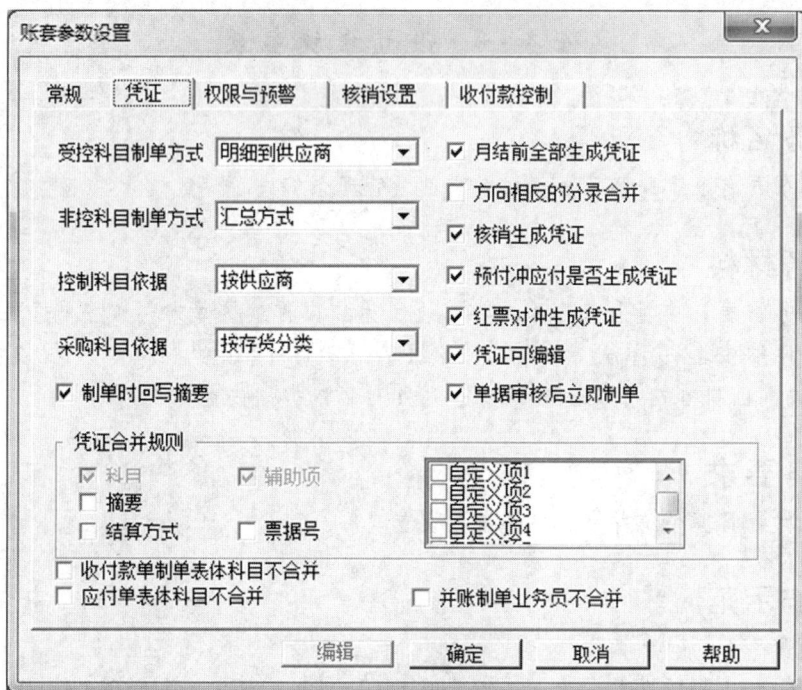

图8-2　账套参数设置

（4）单击"编辑"按钮，按任务材料进行控制参数设置。

任务二 设置基础信息

任务名称

根据吉林东方有限责任公司具体业务需要，设置应付款管理系统基础信息。

任务材料

1．修改会计科目，分别将"2201 应付票据""2202 应付账款""1123 预付账款"更改为受控于应付款管理系统，其他内容不变。

2．修改采购专用发票和编号，方式为"手工改动，重号时自动重取"。

3．基本科目设置见表8-1。

表8-1 基本科目设置

基本科目	编码	科目名称	基本科目	编码	科目名称
应付科目	2202	应付账款	采购科目	1402	在途物资
预付科目	1123	预付账款	税金科目	22210101	应交税费——应交增值税（进项税额）

4．结算方式科目设置。

现金——1001；现金支票——100201；转账支票——100201；银行汇票——100201；商业汇票——100201；电汇——100201；其他——100201。

任务要求

完成应付款管理系统基础信息设置。

操作示范

1.凭证科目设置

操作步骤：

单击"基础设置"｜"财务"｜"会计科目"，选择"应付票据"会计科目，单击"修改"按钮，如图8-3所示。

同理，完成其他会计科目的修改。

2.采购专用发票的编号方式为"手工改动，重号时自动重取"

操作步骤：

单击"基础设置"｜"单据设置"，单击"单据编号设置"｜"采购管理"，选择"采购专用发票"，进行采购专用发票编号修改，如图8-4所示。

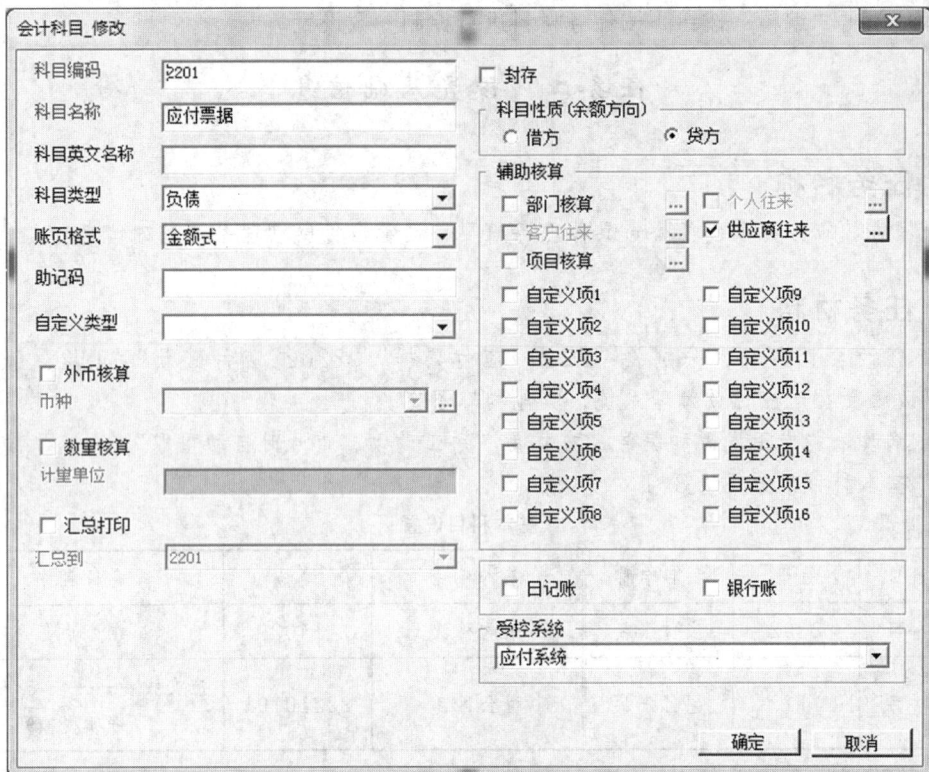

图 8-3　修改会计科目

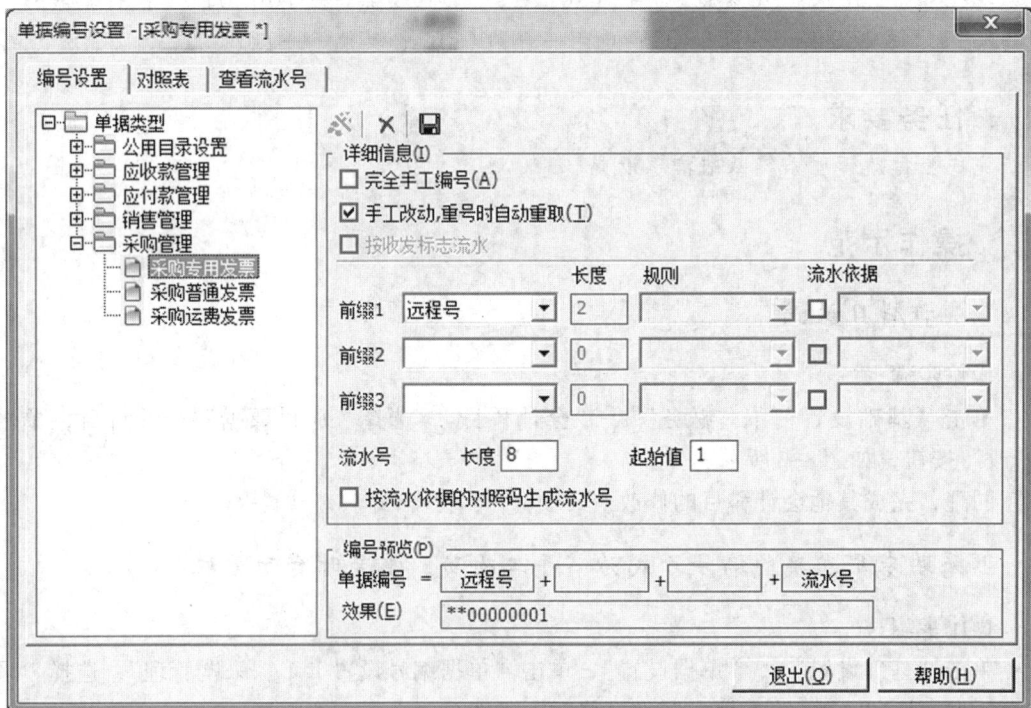

图 8-4　单据编号设置

3.基本科目设置

基本科目是指在核算应付款项时经常用到的科目，可以在此处设置应付业务的常用科目。

操作步骤：

（1）单击"设置"｜"初始设置"，进入"初始设置"窗口。

（2）选中"基本科目设置"，单击"增加"，完成各个基本科目的设置，如图8-5所示。

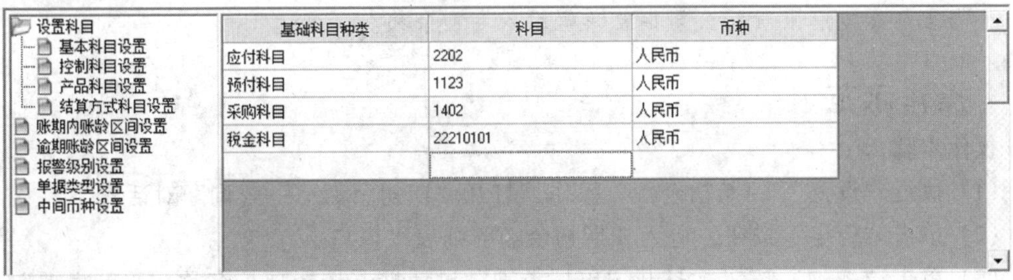

基础科目种类	科目	币种
应付科目	2202	人民币
预付科目	1123	人民币
采购科目	1402	人民币
税金科目	22210101	人民币

设置科目
　├ 基本科目设置
　├ 控制科目设置
　├ 产品科目设置
　├ 结算方式科目设置
　├ 账期内账龄区间设置
　├ 逾期账龄区间设置
　├ 报警级别设置
　├ 单据类型设置
　└ 中间币种设置

图8-5　基本科目设置

"控制科目设置"和"产品科目设置"原理同上。

4.结算方式科目设置

结算方式已在前面基础档案中设置，这里主要针对已设置完成的结算方式，为其设置一个默认的结算科目。

操作步骤：

（1）单击"设置"｜"初始设置"，进入"初始设置"窗口。

（2）选中"结算方式科目设置"，完成各个结算方式科目的设置，如图8-6所示。

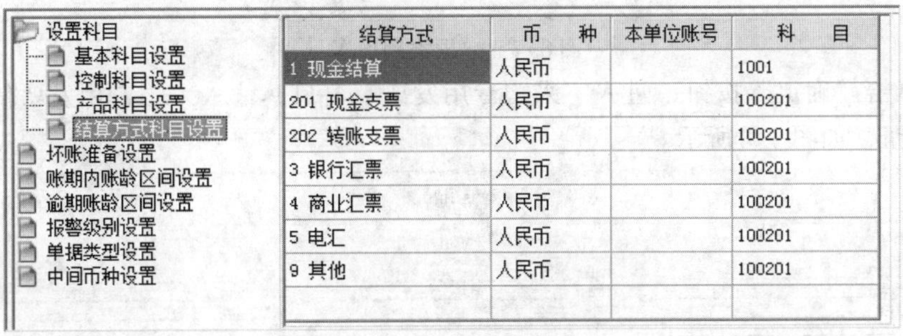

结算方式	币　种	本单位账号	科　目
1 现金结算	人民币		1001
201 现金支票	人民币		100201
202 转账支票	人民币		100201
3 银行汇票	人民币		100201
4 商业汇票	人民币		100201
5 电汇	人民币		100201
9 其他	人民币		100201

设置科目
　├ 基本科目设置
　├ 控制科目设置
　├ 产品科目设置
　├ 结算方式科目设置
　├ 坏账准备设置
　├ 账期内账龄区间设置
　├ 逾期账龄区间设置
　├ 报警级别设置
　├ 单据类型设置
　└ 中间币种设置

图8-6　结算方式科目设置

任务三　录入期初余额

任务名称

将吉林东方有限责任公司期初单据录入，建立期初数据。

任务材料

本月需要录入的期初单据如下：

1.2015年6月10日，向兴华公司购买40G硬盘1 000盒，原币单价800元/盒，原币价税合计936 000元，填制增值税专用发票，票号ZY22345。

2.2015年7月15日，向建昌公司购买键盘30只，原币单价120元/只，原币价税合计4 212元，填制增值税专用发票，票号ZY22346。

任务要求

根据吉林东方有限责任公司期初单据录入期初余额。

操作示范

操作步骤：

（1）执行"设置"|"期初余额"操作，打开"期初余额——查询"对话框。

（2）单击"确定"按钮，进入"期初余额明细表"窗口。

（3）单击"增加"按钮，打开"单据类别"对话框，选择单据名称"采购发票"，单据类型"采购专用发票"，如图8-7所示。

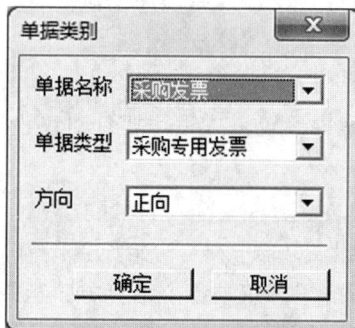

图8-7 单据类别设置

（4）单击"确定"按钮，进入"采购专用发票"窗口，输入采购专用发票信息，单击"保存"按钮，如图8-8所示。

图8-8 采购专用发票

（5）同理，录入建昌公司期初采购发票。

| 实训二 | 应付款管理日常业务处理 |

任务一　　应付单据处理

任务名称

根据应付款业务完成应付单据处理。

任务材料

2015年8月6日，采购部从兴华公司购入鼠标200个，原币单价60元/个，取得专用发票，发票号ZY33456，货税款暂欠，鼠标已验收入库。

任务要求

完成应付单据处理。

操作示范

1.应付单据的录入

操作步骤：

（1）执行"应付单据处理"｜"应付单据录入"操作，打开"单据类别"对话框。

（2）选择单据名称"采购发票"，单据类型"采购专用发票"。

（3）单击"确认"按钮，进入"采购专用发票"窗口。

（4）单击"增加"按钮，输入发票号"ZY33456"，输入开票日期"2015-08-06"，供应商选择"华宏公司"，其他默认。

（5）选择货物编码"005"，输入数量"200"，原币单价"60"，金额自动算出，单击"保存"按钮，如图8-9所示。

2.应付单据审核

操作步骤：

（1）执行"应付款管理"｜"应付单据处理"｜"应付单据审核"操作，打开"应付单过滤条件"对话框。

（2）单击"确定"按钮，打开"应付单据列表"，单击"全选"按钮，最后单击"审核"按钮，如图8-10、图8-11所示。

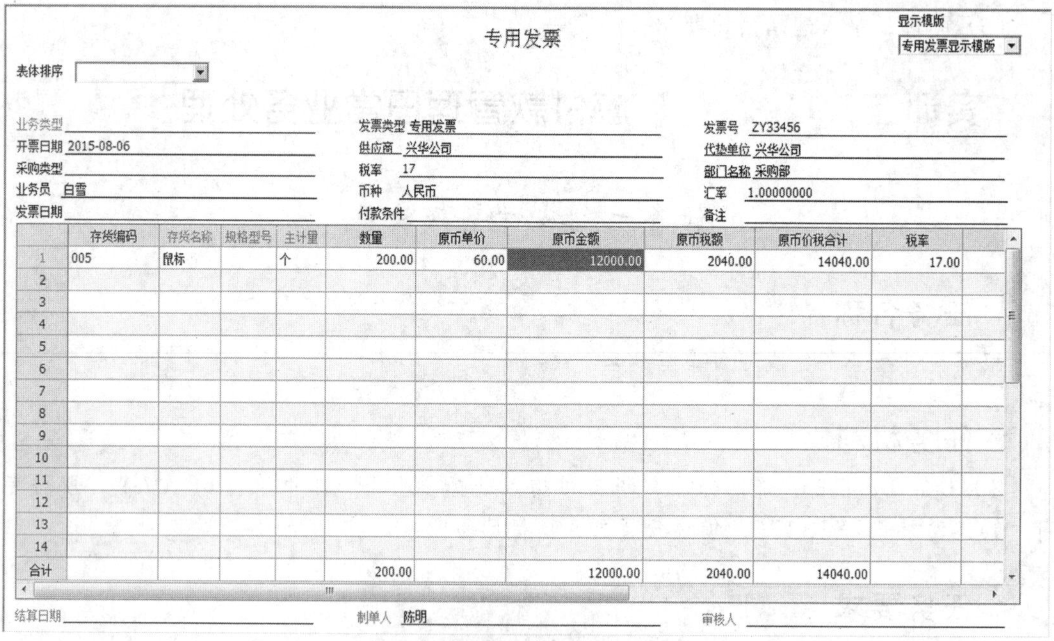

会计信息化实操

专用发票

显示模版
专用发票显示模版

表体排序

业务类型
开票日期 2015-08-06 ‖ 发票类型 专用发票 ‖ 发票号 ZY33456
采购类型 ‖ 供应商 兴华公司 ‖ 代垫单位 兴华公司
业务员 白雪 ‖ 税率 17 ‖ 部门名称 采购部
发票日期 ‖ 币种 人民币 ‖ 汇率 1.00000000
付款条件 ‖ 备注

	存货编码	存货名称	规格型号	主计量	数量	原币单价	原币金额	原币税额	原币价税合计	税率
1	005	鼠标		个	200.00	60.00	12000.00	2040.00	14040.00	17.00
2										
3										
4										
5										
6										
7										
8										
9										
10										
11										
12										
13										
14										
合计					200.00		12000.00	2040.00	14040.00	

结算日期　　　　　　　　　制单人 陈明　　　　　　　　　审核人

图 8-9　专用发票

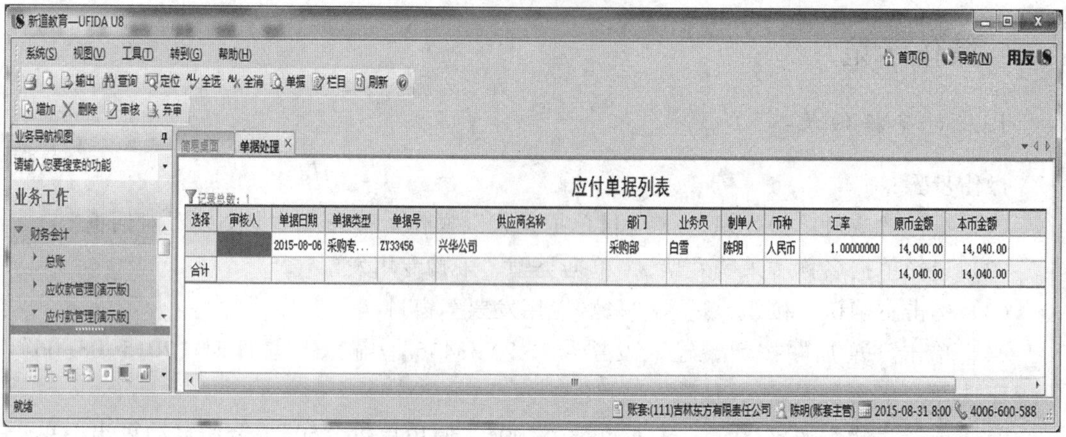

应付单据列表

选择	审核人	单据日期	单据类型	单据号	供应商名称	部门	业务员	制单人	币种	汇率	原币金额	本币金额
		2015-08-06	采购专...	ZY33456	兴华公司	采购部	白雪	陈明	人民币	1.00000000	14,040.00	14,040.00
合计											14,040.00	14,040.00

图 8-10　单据审核

提示

本次审核选中单据[1]张

本次审核成功单据[1]张

本次审核未成功单据[0]张

确定

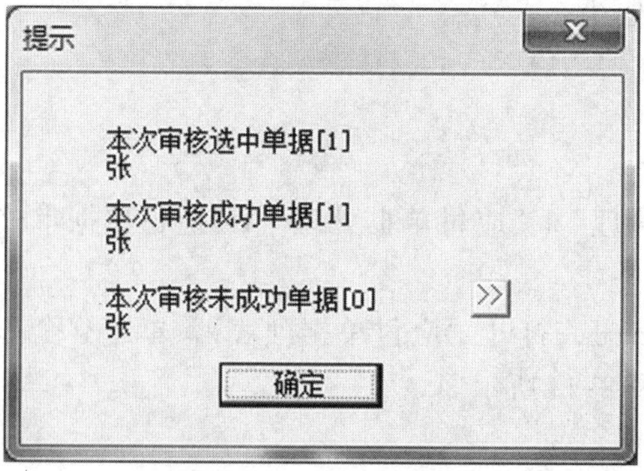

图 8-11　单据审核完成

260

任务二　付款单据处理

任务名称

根据应付款完成付款单据处理。

任务材料

2015年8月10日,支付兴华公司转账支票一张,金额1 000 000元,支票号 ZZ77880,用以归还前欠货款,余款转作预付账款。

任务要求

完成付款单据处理。

操作示范

操作步骤:

(1) 执行"付款单据处理"|"付款单据录入"操作,打开"付款单"对话框。

(2) 单击"增加"按钮。

(3) 输入日期"2015-08-10",选择供应商"兴华公司",结算方式"转账支票",金额"1 000 000",票据号"ZZ77880",款项类型选择"应付款",金额为"950 040";再增加一行,款项类型选择"预付款",金额自动生成,单击"保存"按钮,如图8-12所示。

	款项类型	供应商	科目	金额	本币金额	部门	业务员	项目
1	应付款	兴华公司	2202	950040.00	950040.00	采购部	白雪	
2	预付款	兴华公司	1123	49960.00	49960.00	采购部	白雪	
3								
4								
5								
6								
7								
8								
9								
10								
11								
12								
合计				1000000.00	1000000.00			

图8-12　付款单

(4) 单击"审核"按钮。系统弹出"是否立即制单?"信息提示对话框,单击"否"按钮,暂不生成凭证。

任务三　票据管理

任务名称

根据开出的商业汇票完成票据管理工作。

任务材料

2015年8月21日，采购部支付建昌公司两个月期限的银行承兑汇票一张，票号YH7732，面值4 212元，用于归还前欠货款。

任务要求

完成相应业务票据管理处理。

操作示范

操作步骤：

（1）单击"票据管理"，弹出"票据查询"对话框，输入所需条件，再单击"确认"按钮进入主界面，如图8-13所示。

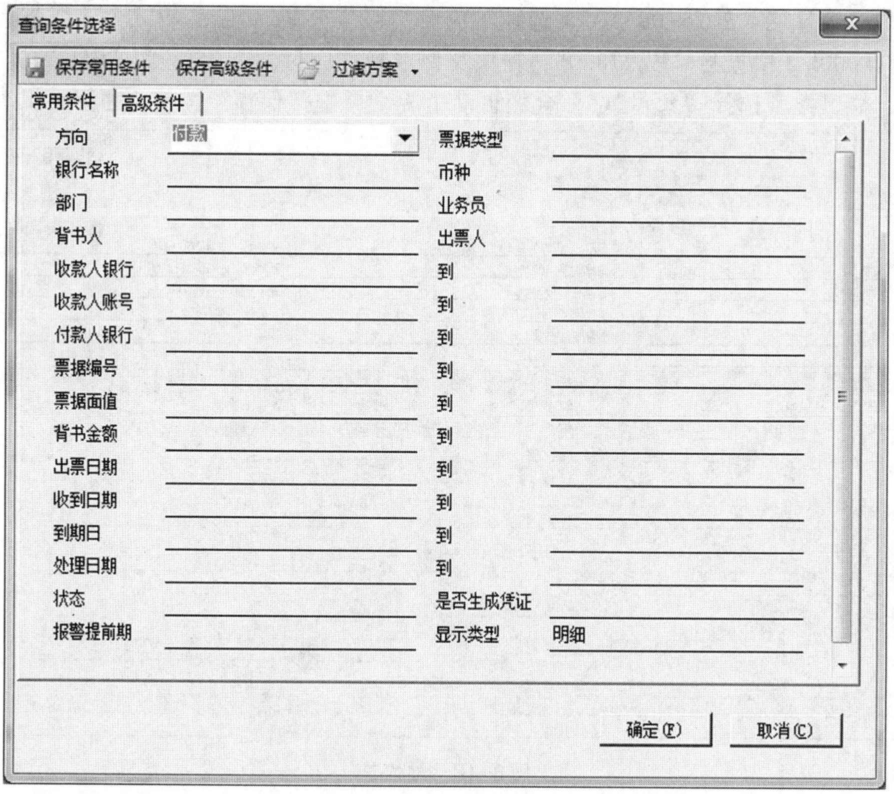

图8-13　查询条件选择

（2）单击"增加"按钮，在票据增加界面输入各栏目的相关信息，如图8-14所示。

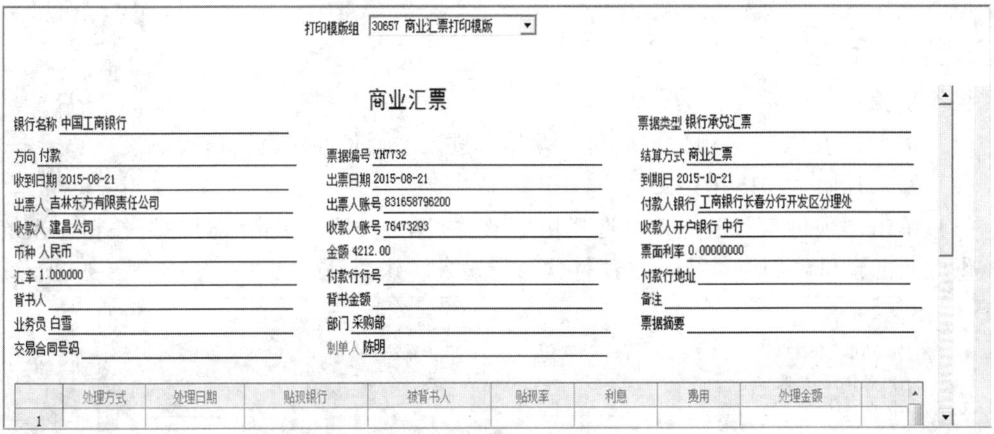

图8-14　商业汇票

（3）输入完成后，单击"确认"按钮，保存当前票据，系统生成一张付款单。

（4）执行"付款单据处理"｜"付款单据录入"操作，单击"下一张"按钮，找到自动生成的"建昌公司"这张付款单，单击"修改"按钮，在表头的"结算科目"中选择"2201 应付票据"，单击"保存"按钮，如图8-15所示。

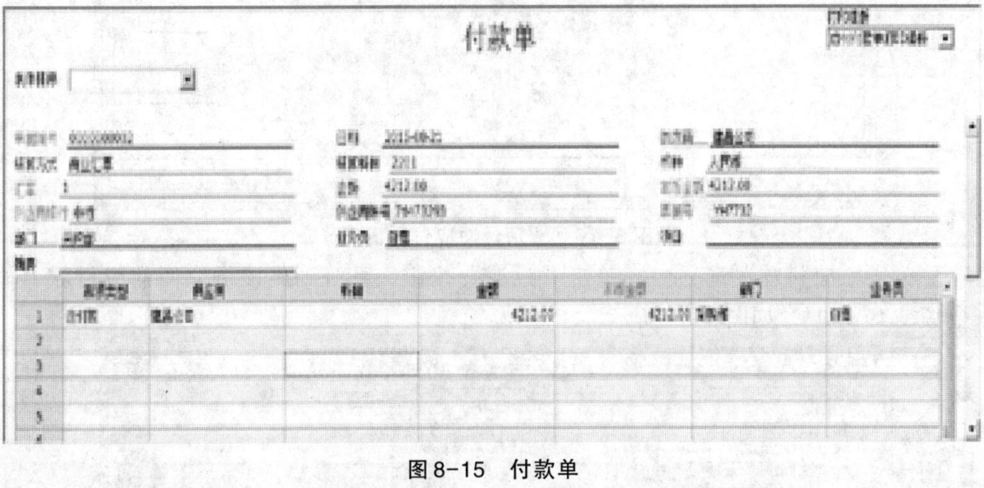

图8-15　付款单

任务四　转账处理

任务名称

根据吉林东方有限责任公司的业务完成转账处理。

任务材料

2015年8月25日，用预付兴华公司的账款49 960元冲抵其应付账款。

任务要求

完成兴华公司的转账处理。

操作示范

操作步骤：

（1）执行 "转账" | "预付冲应付" 操作，进入"预付冲应付"窗口。

（2）输入日期"2015-08-25"。

（3）单击"预付款"选项卡，选择供应商"兴华公司"，单击"过滤"按钮。系统列出该供应商的预付款和应付款，在预付款一行输入转账金额"49 960"，如图8-16所示。

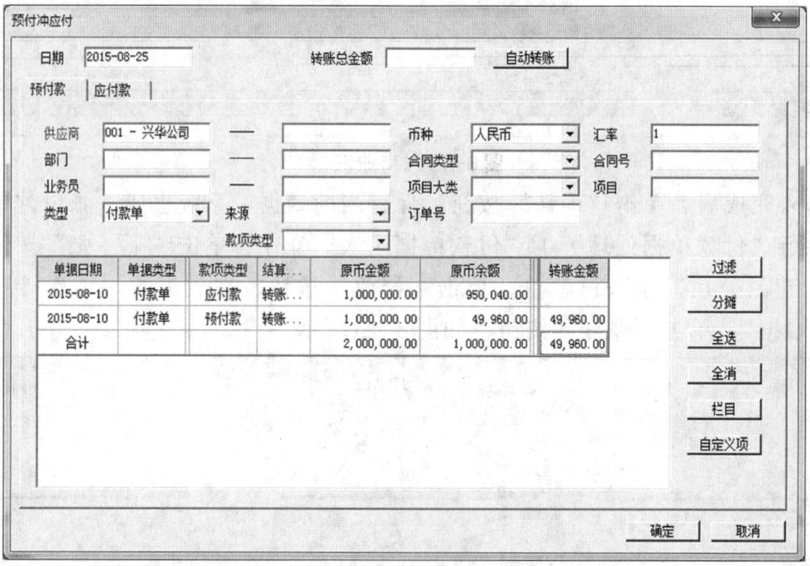

图8-16 "预付冲应付"窗口

（4）单击"应付款"选项卡，单击"过滤"按钮，系统列出该供应商的应付款，输入转账金额"49 960"，如图8-17所示。

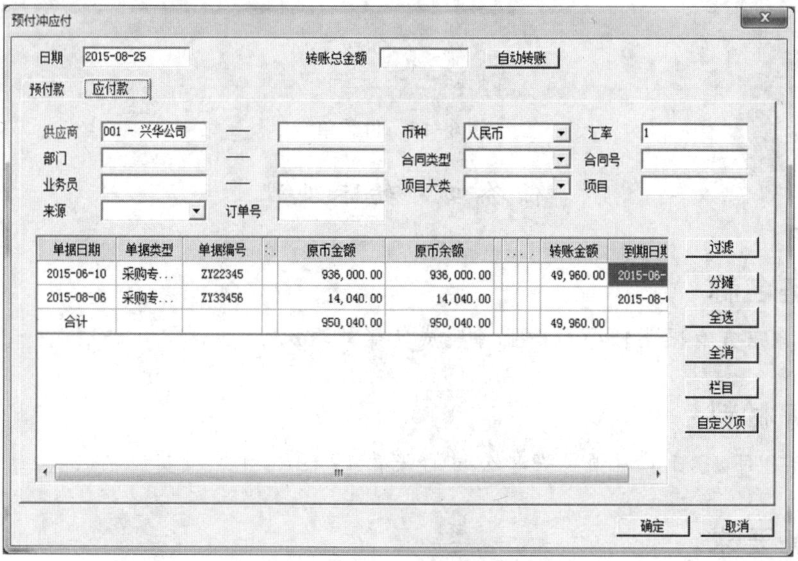

图8-17 预付冲应付

（5）单击"确定"按钮，系统弹出"是否立即制单?"信息提示对话框。

（6）单击"否"按钮，暂不生成凭证。

任务五　制单处理及查询

任务名称

制单处理及查询。

任务材料

生成本月凭证并进行相关查询。

任务要求

完成凭证生成。

操作示范

1. 制单处理

系统在单据处理、转账处理、票据处理及坏账处理等业务处理的过程中都提供了实时制单的功能；除此之外，系统还提供了一个统一制单的平台，可以在此快速、成批地生成凭证，并可依据规则进行合并制单等处理，前提条件是所有单据必须审核完毕，否则在"制单"窗口看不到要生成凭证的记录。

操作步骤：

（1）执行"制单处理"操作，打开"制单查询"对话框，如图8-18所示。

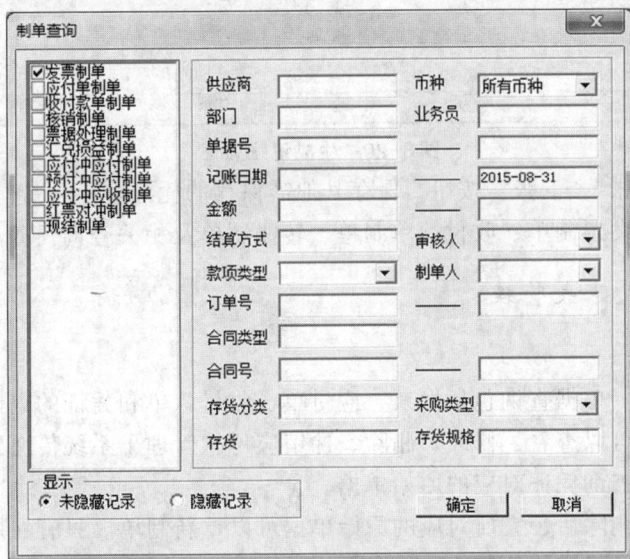

图8-18　制单查询

（2）选中"发票制单"复选框，单击"确定"按钮，进入"采购发票制单"窗口。

（3）选择凭证类别"记账凭证"，单击"全选"按钮，如图8-19所示。

采购发票制单

凭证类别   记账凭证   制单日期 2015-08-31   共 1 条

选择标志	凭证类别	单据类型	单据号	日期	供应商编码	供应商名称	部门	业务员	金额
1	记账凭证	采购专…	ZY33456	2015-08-06	001	兴华公司	采购部	白雪	14,040.00

图8-19 采购发票制单

（4）单击"制单"按钮，进入"填制凭证"窗口。

（5）单击"保存"按钮，凭证左上方出现"已生成"字样，表明此凭证已传递至总账，如图8-20所示。

记 账 凭 证

已生成

记 字 0039   制单日期：2015.08.31   审核日期：   附单据数：1

摘 要	科目名称	借方金额	贷方金额
采购专用发票	在途物资	1200000	
采购专用发票	应交税费/应交增值税/进项税额	204000	
采购专用发票	应付账款		1404000
票号 日期	数量 单价	合 计 1404000	1404000
备注 项 目 个 人 业务员	部 门 客 户		

记账   审核   出纳   制单 陈明

图8-20 生成记账凭证

（6）单击"上张""下张"按钮，保存其他需保存的凭证。

（7）完成其他发票制单、收付款单制单、转账制单及相关查询任务。

2.单据查询及账表管理

操作步骤：

（1）单据查询。单据查询包括发票、应付单、收付款单和凭证的查询。

通过凭证查询可以查看、修改、删除、冲销应付款管理子系统传递到总账子系统中的凭证，同时还可以查询凭证对应的原始单据。

当一张凭证被删除后，它所对应的原始单据可以重新制单。只有在总账子系统中未审核、未经出纳签字的凭证才能删除。

（2）账表管理。业务账表查询可以进行总账、余额表、明细账和对账单的查询，并可以实现总账、明细账、单据之间的联查。

（3）科目账表查询。科目账表查询包括科目余额表查询和科目明细表查询，并且可以通过一个"总账"和"明细"的切换实现总账、明细账、凭证的联查。

实训三　　应付款管理期末处理

任务　月末结账及反结账

任务名称

完成吉林东方有限责任公司月末结账。

任务材料

月末结账及反结账。

任务要求

完成企业本月结账及反结账。

操作示范

1.结账

操作步骤：

（1）执行"期末处理"|"月末结账"操作，打开"月末处理"对话框，如图8-21所示。

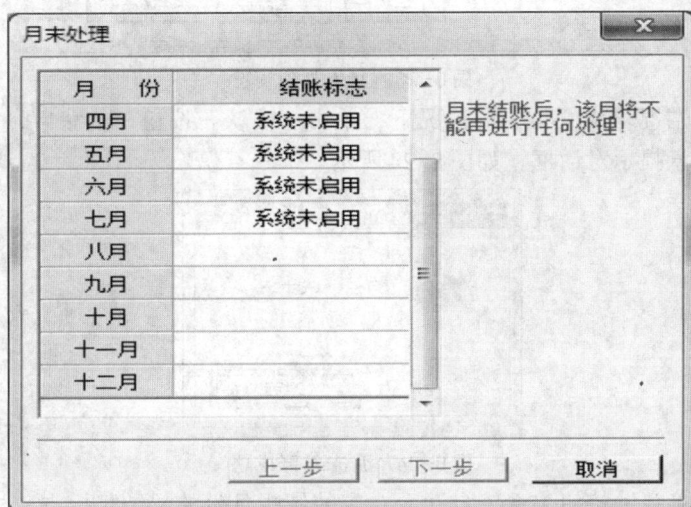

月　份	结账标志
四月	系统未启用
五月	系统未启用
六月	系统未启用
七月	系统未启用
八月	
九月	
十月	
十一月	
十二月	

月末结账后，该月将不能再进行任何处理！

上一步　　下一步　　取消

图8-21　"月末处理"对话框

（2）双击8月份的结账标志栏，出现"Y"标志，如图8-22所示。

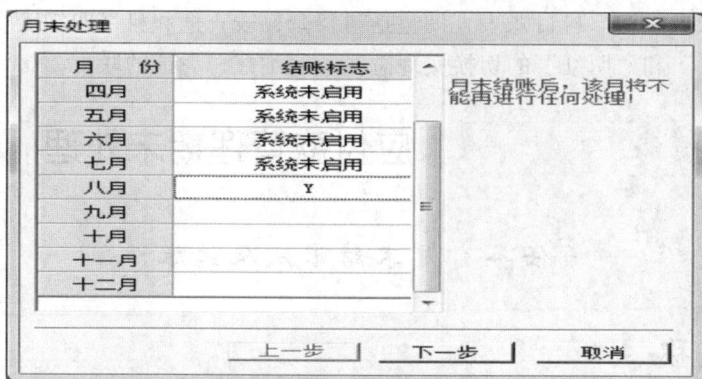

图8-22　选择月份

（3）单击"下一步"按钮，屏幕显示各处理类型的处理情况，如图8-23所示。

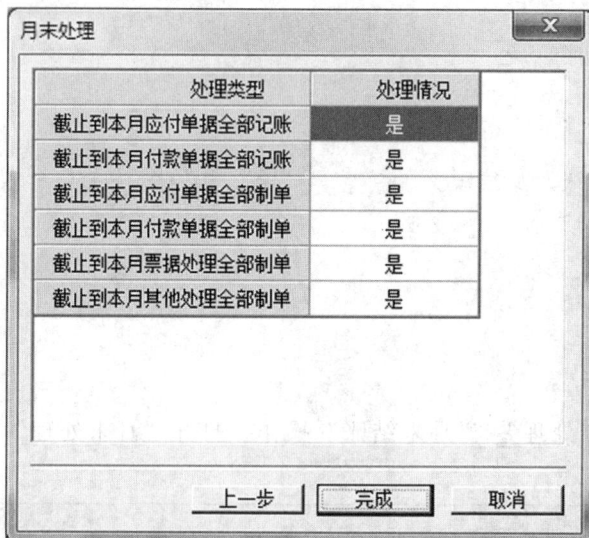

图8-23　月份处理情况

（4）在处理情况均为"是"的情况下，单击"确认"按钮，结账后，系统弹出"8月份结账成功"信息提示对话框，如图8-24所示。

图8-24　月末结账成功

（5）单击"确认"按钮。系统自动在对应的结账月份的"结账标志"栏中显示"已结账"字样，如图8-25所示。

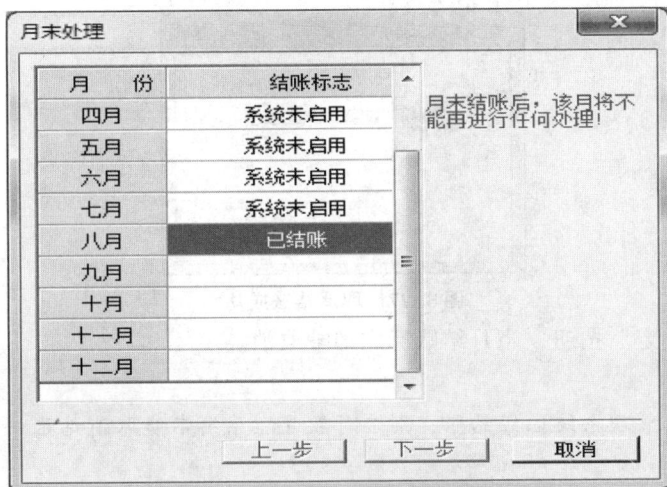

图 8-25　"已结账"提示

注意:

本月的单据在结账前应该全部审核;本月的结算单据在结账前应全部核销。

应付款管理系统结账后,总账管理系统才能结账。

应付款管理系统与采购管理系统集成使用,应在采购管理系统结账后,才能对应付款管理系统进行结账处理。

2.取消结账

操作步骤:

(1) 执行"期末处理"|"取消月结"操作,打开"取消结账"对话框,如图 8-26 所示。

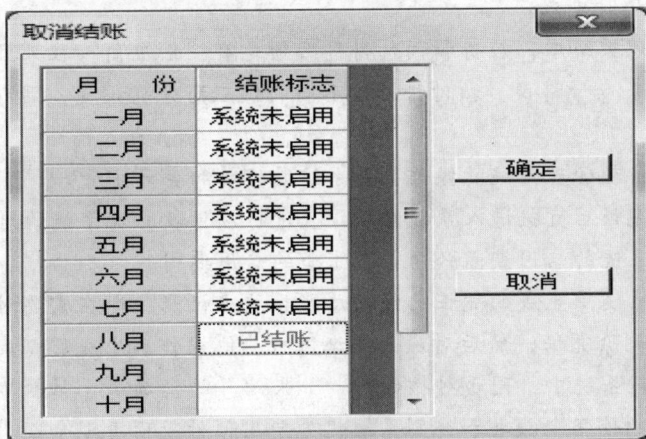

图 8-26　取消结账

(2) 选择"8月已结账"条目。

(3) 单击"确认"按钮,系统弹出"取消结账成功"信息提示对话框,如图 8-27 所示。

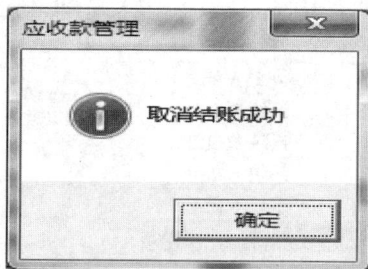

图8-27 取消结账成功

（4）单击"确定"按钮，当月结账标志即被取消。

注意：

如果当月总账管理系统已经结账，则应付款管理系统不能取消结账。

重点难点

重点：期初余额录入、单据处理、票据管理。

难点：单据处理。

同步测试

（一）判断题

1.在应付款管理系统票据管理功能中，结算金额加上利息减去费用的金额应小于等于票据余额。（ ）

2.在应付款管理系统中，在付款单录入界面执行单据审核后，可以直接进行核销处理，也可以在"日常处理"的"核销处理"中进行核销。（ ）

3.如果将总账系统与应付款管理系统集成使用，则应付款管理系统中的制单日期应该满足总账制单日期序时要求。（ ）

4.在应付款管理系统中，应付和预付科目必须是有"供应商"往来且受控于应收款管理系统的科目，如果应付科目、预付科目按不同的供应商分别设置，则可在"控制科目设置"中设置。（ ）

5.有权启用应付款管理系统的操作员是系统管理员和会计主管。（ ）

6.可以在建账完毕后直接进入系统启用设置进行应付款管理系统的启用。（ ）

7.应付款管理系统的启用期间必须等于账套的启用期间。（ ）

8.应付款管理系统中生成的凭证已经在总账系统中记账，现在需要对形成凭证的单据进行修改，则可以删除凭证，然后对原始凭证进行其他操作后生成凭证。（ ）

9.在应付款管理系统中，同币种核销时，如果结算的金额小于付款单应付款项类型金额与预付账款类型的使用金额之和，则系统优先使用预付款项类型金额。（ ）

10.在应付款管理系统中期初余额录入时，单据中的科目栏目，用于输入该笔业务的入账科目，该科目可以为空。（ ）

11.在应付款管理系统中，只要票据执行了结算或转出，就不能再进行其他与票据相关的处理。（ ）

12.在应付款管理系统的应付冲应付的转账处理功能中，每次可以选择多个转入单位。 （   ）

（二）单项选择题

1.应付款管理系统的启用期间应满足（   ）的条件。

A.启用期间必须大于账套的启用期间

B.启用期间必须小于等于账套的启用期间

C.启用会计期间必须等于账套的启用期间

D.启用期间必须大于等于账套的启用期间

2.在应付款管理系统中，不符合核销规则的是（   ）。

A.预付款大于实际结算数，余款退回

B.在核销时使用预付款

C.在核销时使用预收款

D.付款单与原有单据完全核销

3.在应付款管理系统中，以下说法错误的是（   ）。

A.单据的名称不能修改

B.已审核但未生成凭证的单据可以修改

C.单据的类型不能修改

D.已生成凭证的单据不能修改

4.应付款管理系统中所使用的"应付票据"科目不需要满足（   ）条件。

A.末级科目   B.本币科目

C.应收款管理系统受控科目   D.应付款管理系统受控科目

5.在应付款管理系统中，期初余额录入完成后应与（   ）进行对账。

A.销售系统   B.总账系统   C.UFO报表   D.采购系统

6.在应付款管理系统的日常业务处理中，预付款单中的款项类型不包括（   ）。

A.预付款   B.应收款   C.应付款   D.其他费用

7.在应付款管理系统中，不属于账套参数设置的内容是（   ）。

A.方向相反的分录是否合并   B.月末结账前是否制单

C.红票对冲是否生成凭证   D.应收款核销方式

8.在应付款管理系统的制单功能中，不能完成的操作是（   ）。

A.合并制单   B.选择凭证种类   C.查看单据   D.修改凭证摘要

9.在应付款管理系统中，应付单据审核界面中显示的单据应包括（   ）单据。

A.已核销   B.已审核   C.已制单   D.已转账

10.在应付款管理系统中，基本科目的设置不包括（   ）。

A.应收科目   B.应付科目   C.预付科目   D.预收科目

（三）多项选择题

1.在应付款管理系统中，票据管理主要是对（   ）进行日常的业务处理，所有涉及票据的开具、结算、转出、计息等日常处理都应该在票据管理中进行。

A.银行本票   B.商业承兑汇票   C.银行汇票   D.银行承兑汇票

2.在应付款管理系统的日常业务处理中，付款单的款项类型主要包括（　　）。

A.应收款　　　　　　B.其他费用　　　　　　C.预收款　　　　　　D.应付款

3.在应付款管理系统中，基本科目的设置内容主要包括（　　）。

A.商业承兑科目　　　B.销售科目　　　　　　C.采购科目　　　　　　D.银行承兑科目

4.应付款管理系统的启用会计期间应满足（　　）条件。

A.启用会计期间可以等于业务日期

B.启用会计期间必须等于账套的启用期间

C.启用会计期间可以等于账套的启用期间

D.启用会计期间可以大于业务日期

5.在应付款管理系统中，录入期初余额的单据类别主要包括（　　）。

A.其他应付单　　　　B.其他应收单　　　　　C.采购专用发票　　　　D.销售专用发票

同步实训

【实训要求】

本次实训内容涉及往来会计、出纳和会计主管3个工作岗位，采用学生分组训练的形式，每组3人，选举产生组长，分派组员岗位，阐明岗位分工及职责。

【情境引例】

（一）初始设置

1.应付款管理系统基础设置

应付科目2202，预付科目1123，采购科目1402，税金科目22210101（进项税额），现金科目1001，现金支票和转账支票科目100201。

2.应付期初余额

（1）2016年12月15日，向北京大发公司采购主原材料钢材30吨，无税单价1 100元/吨，价税合计38 610元，收到专用发票，发票号3007。

（2）2016年12月18日，向前进公司采购辅原材料油漆200桶，无税单价100元/桶，价税合计23 400元，收到专用发票，发票号3008。

（3）2016年12月23日，向光华集团采购主原材料钢材22吨，无税单价1 000元/吨，价税合计25 740元，收到专用发票，发票号3009。

（4）2016年12月12日，预付给北京大发公司货款20 000元，填制预付款单，转账支票号7450。

（二）日常业务

1.2017年1月5日，以转账支票（票据号5830）支付北京大发公司货款18 610元，剩余20 000元货款用预付款支付。

2.2017年1月7日，以商业承兑汇票一张支付前进公司货款，票据号58754，面值23 400元，到期日为2017年7月5日。

3.2017年1月10日，从光华集团采购辅原材料油漆100桶，无税单价100元/桶，价税合计11 700元，发票号3010。货款用转账支票（票据号5837）支付。

4.2017年1月12日，采用转账支票（票据号5839）支付光华集团前欠货款30 000元，剩余货款作为预付款。

  5.2017年1月15日，发现从光华集团购买的油漆因质量问题退回10桶，填制红字发票1张，票号3101，货款变为预付款。

  6.2017年1月16日，从前进公司购买主原材料钢材10吨，无税单价1 000元/吨，价税合计11 700元。

  7.2017年1月18日，将前欠前进公司货款转给北京大发公司。

【工作任务】

  1.应付款管理系统初始设置。

  2.应付款管理系统日常业务处理。

  3.月末结账。

综合实训

1.系统操作员及权限（见表A-1）。

表A-1　　　　　　　　　　　丰丰配件厂操作员一览表

编号	姓名	口令	所属部门	角色	财务分工	权限
001	莫浩为	001	财务部	账套主管	账套主管	账套主管的全部权限
002	朱千	002	财务部		会计	总账、应收款管理、应付款管理、公共目录设置中的常用摘要权限
003	张芸诚	003	财务部		出纳	总账系统中出纳签字及出纳的所有权限
004	何宇松	004	财务部		会计	薪资管理、固定资产管理的所有权限

2.丰丰配件公司建账信息（见表A-2）。

表A-2　　　　　　　　　　　丰丰配件公司账套信息

项目	账套参数
账套信息	账套号：002 账套名称：丰丰配件股份有限公司 账套路径：E：\200账套 启用会计期：2016年1月
单位信息	单位名称：丰丰配件股份有限公司 单位简称：丰丰公司 单位地址：吉林长春 法人代表：李金泽 邮　编：050000 税号：311258963968888
核算类型	本币代码：RMB 本币名称：人民币 企业类型：工业 行业性质：2007年新会计制度科目 账套主管：莫浩为 按行业性质预置科目：是

项目	账套参数
基础信息	存货是否分类：是 客户是否分类：是 供应商是否分类：是 有无外币核算：否
编码方案	科目编码：4-2-2-2 客户分类编码：2-3 存货分类编码：2-2-2 部门编码：1-2 结算方式：1-2 收发类别：1-1
数据精度	全部小数位默认为2
系统启用	启用"总账系统"日期为2016年1月1日

3.修改账套。

（1）修改供应商不分类。

（2）修改编码方案：客户分类编码（1-2-3）。

综合实训二　　　　　　　　基础设置

1.以操作员"002 朱千"的身份登录"企业应用平台"，操作日期为"2016-01-31"。

2.丰丰公司部门档案（见表B-1）。

表B-1　　　　　　　　　　　　部门档案

部门编码	部门名称	部门属性
1	人事部	行政管理
2	财务部	财务管理
3	销售部	销售管理
301	销售一部	市场营销
302	销售二部	市场营销
4	供应部	采购供应
5	生产部	生产管理
501	一车间	生产制造
502	二车间	生产制造

3.丰丰公司人员类别（见表B-2）。

表B-2 人员类别

档案编码	档案名称
1001	企业管理人员
1002	经营人员
1003	车间管理人员
1004	生产工人

4.丰丰公司人员档案（见表B-3）。

表B-3 人员档案

人员编码	人员姓名	人员类别	行政部门	性别	是否业务员
101	秦哲慧	企业管理人员	人事部	男	
201	莫浩为	企业管理人员	财务部	女	
202	朱千	企业管理人员	财务部	男	
203	张芸诚	企业管理人员	财务部	女	是
204	何宇松	企业管理人员	财务部	男	
301	吴天国	经营人员	销售一部	男	是
302	关聪力	经营人员	销售一部	男	是
303	毛念佳	经营人员	销售二部	女	是
304	冯羽	经营人员	销售二部	女	是
401	吴凤曼	经营人员	供应部	女	是
501	鲁杰文	车间管理人员	一车间	男	
502	杨德依	生产工人	一车间	男	
503	梁文杰	车间管理人员	二车间	男	
504	曾琳	生产工人	二车间	女	

5.丰丰公司客户分类（见表B-4）。

表B-4 客户分类

分类编码	分类名称
1	北京客户
2	华北客户
3	华中客户
4	华南客户

6.丰丰公司客户档案（见表B-5）。

表B-5　　　　　　　　　　　　　　客户档案

客户编码	客户名称	客户简称	所属分类	税号	分管部门	专管业务员
01	北京华旗公司	华旗公司	1	195678568821164	销售一部	吴天国
02	北京恒昌公司	恒昌公司	1	157895154965156	销售一部	吴天国
03	石家庄嘉信公司	嘉信公司	2	202157110153440	销售一部	关聪力
04	河南安琪公司	安琪公司	3	348978004879085	销售二部	毛念佳
05	广州卓越飞扬公司	卓越飞扬公司	4	506548789015498	销售二部	毛念佳

7.丰丰公司供应商档案（见表B-6）。

表B-6　　　　　　　　　　　　　　供应商档案

供应商编码	供应商名称	供应商简称	所属分类	税号	分管部门	专管业务员
01	北京开拓公司	开拓公司	00	159821549845681	供应部	吴凤曼
02	广州隆鑫公司	隆鑫公司	00	528784515498423	供应部	吴凤曼
03	广州朔日公司	朔日公司	00	544545110351656	供应部	吴凤曼

综合实训三　　　　　　总账系统初始设置

1.以操作员"002朱千"的身份登录"企业应用平台"，操作日期为"2016-01-01"。

2.设置总账系统的参数（见表C-1）。

表C-1　　　　　　　　　　　　总账系统的参数

选项卡	参数设置
凭证	制单序时控制
	支票控制
	可以使用应收、应付、存货受控科目
	凭证编码采用系统编号
	批量审核凭证进行合法性校验
权限	凭证审核控制到操作员
	出纳凭证必须经由出纳签字
	不允许修改、作废他人填制的凭证
	可查询他人凭证
会计日历	数量小数位：2
	单价小数位：2
	本位币精度：2

3.增加会计科目（见表C-2）。

表C-2   新增会计科目表

科目编码	科目名称	账页格式	辅助账类型	计量单位
100201	工行存款		日记账、银行账	
100202	建行存款		日记账、银行账	
122101	应收职工借款		个人往来	
140101	甲材料	数量金额式	数量核算	千克
140102	乙材料	数量金额式	数量核算	千克
140301	甲材料	数量金额式	数量核算	千克
140302	乙材料	数量金额式	数量核算	千克
160501	专用材料		项目核算	
160502	专用设备		项目核算	
160503	预付大型设备款		项目核算	
160504	为生产准备的工具及器具		项目核算	
190101	待处理流动资产损益			
190102	待处理固定资产损益			
221101	工资			
221102	职工福利			
221103	工会经费			
221104	职工教育经费			
222101	应交增值税			
22210101	进项税额			
22210102	已交税金			
22210103	转出未交增值税			
22210104	销项税额			
22210105	进项税额转出			
22210106	转出多交增值税			
222102	未交增值税			
222103	应交所得税			

科目编码	科目名称	账页格式	辅助账类型	计量单位
410401	提取法定盈余公积			
410402	提取法定公益金			
410403	提取任意盈余公积			
410404	未分配利润			
500101	直接材料			
500102	直接人工			
500103	制造费用			
500104	折旧费			
500105	其他			
510101	工资			
510102	折旧费			
510103	水电费			
510104	其他			
660101	广告费			
660102	工资			
660103	福利费			
660104	折旧费			
660105	其他			
660201	工资		部门核算	
660202	福利费		部门核算	
660203	办公费		部门核算	
660204	差旅费		部门核算	
660205	折旧费		部门核算	
660206	工会经费		部门核算	
660207	职工教育经费		部门核算	
660208	其他		部门核算	

4.修改会计科目（见表C-3）。

表C-3　　　　　　　　　　　　　修改会计科目表

科目编码	科目名称	辅助账类型
1001	库存现金	日记账
1002	银行存款	日记账、银行账
1121	应收票据	客户往来（无受控系统）
1122	应收账款	客户往来（无受控系统）
1123	预付账款	供应商往来（无受控系统）
1221	其他应收款	个人往来
1605	工程物资	项目核算
2201	应付票据	供应商往来（无受控系统）
2202	应付账款	供应商往来（无受控系统）
2203	预收账款	客户商往来（无受控系统）
6602	管理费用	部门核算

指定会计科目：将"库存现金（1001）"科目指定为现金总账科目；将"银行存款（1002）"科目指定为银行总账科目。

5.设置凭证类别（见表C-4）。

表C-4　　　　　　　　　　　　　凭证类别

类别名称	限制类型	限制科目
记账凭证		

6.设置结算方式（见表C-5）。

表C-5　　　　　　　　　　　　　结算方式

结算方式编码	结算方式名称	是否票据管理
1	现金	否
2	支票	否
201	现金支票	是
202	转账支票	是
3	商业汇票	否
301	商业承兑汇票	否
302	银行承兑汇票	否
4	托收承付	否

7.设置项目目录。

（1）定义项目大类（见表C-6）。

表C-6　　　　　　　　　　　　　　　　　　　项目大类

项目大类名称	项目级次
自建工程	一级

（2）指定项目核算科目（见表C-7）。

表C-7　　　　　　　　　　　　　　　　　　　核算科目

项目大类名称	核算科目
自建工程	工程物资（1605）
	专用材料（160501）
	专用设备（160502）
	预付大型设备款（160503）
	为生产准备的工具及器具（160504）

（3）项目分类定义（见表C-8）。

表C-8　　　　　　　　　　　　　　　　　　项目分类定义

项目大类名称	分类编码	分类名称
自建工程	1	自建生产线
	2	设备安装

（4）项目目录定义（见表C-9）。

表C-9　　　　　　　　　　　　　　　　　　项目目录定义

项目大类名称	项目编号	项目名称	所属分类
自建工程	01	1号生产线	1
	02	2号生产线	1

8.录入期初余额（见表C-10）。

表C-10　　　　　　　　　　　　　　　　　期初余额表　　　　　　　　　　　　　　单位：元

科目名称	期初余额	备注
库存现金	8 090	
银行存款	1 272 000	
工行存款	1 000 000	
建行存款	272 000	

续表

科目名称	期初余额	备注
应收票据	35 100	2015-12-26，销售给华旗公司硬盘 100 块，价税合计 35 100 元，收到商业承兑汇票一张，票号 035624，业务员吴天国
应收账款	608 400	2015-12-20，销售给安琪公司内存 50 条，价税合计 23 400 元，业务员毛念佳； 2015-12-23，销售给卓越飞扬公司主机 100 个，价税合计 585 000 元，业务员毛念佳
其他应收款——应收职工借款	6 000	2015-12-25，供应部吴凤曼出差借差旅费 6 000 元
原材料	1 152 400	
甲材料	550 000	5 000 千克
乙材料	602 400	7 200 千克
库存商品	1 380 000	
固定资产	4 926 000	
累计折旧	631 260	
短期借款	300 000	
应付票据	35 100	2015-12-28，向朔日公司购进甲材料，价税合计 35 100 元，采购员吴凤曼
应付账款	93 600	2015-12-31，向隆鑫公司购进乙材料，价税合计 93 600 元，采购员吴凤曼
应交税费	341 500	
未交增值税	128 000	
应交所得税	213 500	
长期借款	800 000	
实收资本	7 000 000	
利润分配——未分配利润	186 530	

（表中只列出了有期初余额的科目，试算结果为 8756730）

综合实训四　　　总账系统日常业务处理

1.以操作员"002 朱千"的身份登录"企业应用平台"，操作日期为"2016-01-31"。

2.设置常用摘要（见表D-1）。

表D-1 常用摘要

摘要编码	摘要内容
1	提取现金备用
2	报销办公费
3	生产领用材料

3.丰丰公司2016年1月发生的经济业务。

（1）1月1日，从财务部张芸诚用现金支票到工行提出8 000元现金备用，支票号为7681，进行支票登记。

　　借：库存现金　　　　　　　　　　　　　　　　　　　　8 000
　　　　贷：银行存款——工行存款　　　　　　　　　　　　　　　8 000

（2）1月3日，以现金500元支付财务部办公费。

　　借：管理费用——办公费　　　　　　　　　　　　　　　500
　　　　贷：库存现金　　　　　　　　　　　　　　　　　　　　　500

（3）1月8日，北京华旗公司购买硬盘100块，价款45 500元，增值税7 735元，收到商业承兑汇票一张，业务员吴天国。

　　借：应收票据　　　　　　　　　　　　　　　　　　　53 235
　　　　贷：主营业务收入　　　　　　　　　　　　　　　　　45 500
　　　　　　应交税费——应交增值税（销项税额）　　　　　　7 735

（4）1月10日，采购甲材料700千克，无税单价110元/千克，增值税13 090元，材料已入库，供应部吴凤曼领用工行转账支票一张支付货款，票号2963，进行支票登记。

　　借：原材料——甲材料　　　　　　　　　　　　　　　77 000
　　　　应交税费——应交增值税（进项税额）　　　　　　13 090
　　　　贷：银行存款——工行存款　　　　　　　　　　　　90 090

（5）1月13日供应部吴凤曼到广州出差，预借差旅费3 000元，以现金付讫。

　　借：其他应收款——应收职工借款　　　　　　　　　　3 000
　　　　贷：库存现金　　　　　　　　　　　　　　　　　　　3 000

（6）1月13日，二车间领用乙材料30千克，单价83.67元/千克。

　　借：生产成本——直接材料　　　　　　　　　　　　2 510.10
　　　　贷：原材料——乙材料　　　　　　　　　　　　　2 510.10

（7）1月18日，财务部张芸诚签发工行转账支票一张，票号2 964，支付广告费8 700元，不进行支票登记。

　　借：销售费用——广告费　　　　　　　　　　　　　　8 700
　　　　贷：银行存款——工行存款　　　　　　　　　　　　8 700

（8）1月20日，供应部吴凤曼出差回来报销差旅费2 850元，余款150元现金收讫。

　　借：管理费用——差旅费　　　　　　　　　　　　　　2 850
　　　　贷：其他应收款——应收职工借款　　　　　　　　　2 850

> 借：库存现金 150
>
> 　　贷：其他应收款——应收职工借款 150

（9）1月25日，一车间领用甲材料50千克，单价110元/千克。

> 借：生产成本——直接材料 5 500
>
> 　　贷：原材料——甲材料 5 500

（10）1月28日，销售给河南安琪公司主机30台，售价150 000元，增值税25 500元，收到转账支票一张，票号5648。

> 借：银行存款——工行存款 175 500
>
> 　　贷：主营业务收入 150 000
>
> 　　　　应交税费——应交增值税——销项税额 25 500

（11）1月31日，预提本月借款利息300元。

> 借：财务费用 300
>
> 　　贷：应付利息 300

（12）1月31日，财务部用工行存款支付本月电费2 800元，其中生产车间2 400元，人事部300元，财务部100元。

> 借：制造费用——水电费 2 400
>
> 　　管理费用——其他（人事部） 300
>
> 　　　　　　——其他（财务部） 100
>
> 　　贷：银行存款——工行存款 2 800

4.以"003 张芸诚"进行出纳签字，"001 莫浩为"进行审核。

5.修改"付002"号凭证，将金额修改为600元。

6.由操作员"002 朱千"进行记账。

7.冲销"转0005"号凭证，并对该凭证审核、记账。

8.查询客户往来明细账。

9.查询部门总账。

10.取消记账、恢复记账前状态（选做）。

11.在"对账"窗口按"Ctrl+H"键，然后恢复到"最近一次记账前状态"。

提醒：在做账套输出前要重新记账。

综合实训五　　　　　　　　出纳管理

1.以操作员"003张芸诚"的身份登录"企业应用平台"，操作日期为"2016-01-31"。

2.查询现金日记账。

3.登记支票登记簿。

1月18日，财务部张芸诚签发工行转账支票一张，票号2964，支付广告费，限额8 700元。

4.银行对账期初录入。

企业工行存款日记账余额为1 000 000元，银行对账单期初余额为970 000元，有企业已收而银行未收的未达款（2015年12月25日）30 000元。

5.录入银行对账单（见表E-1）。

表E-1　　　　　　　　　　　**工行存款对账单**　　　　　　　　　单位：元

日期	结算方式	票号	借方金额	贷方金额	余额
2016.01.01	现金支票	7681		8 000	962 000
2016.01.10	转账支票	2963		90 090	871 910
2016.01.18	转账支票	2964		8 700	863 210

6.银行对账。对工行存款进行自动对账，对账条件采用默认值。

7.余额调节表查询。查询余额调节表，检查调整后其余额是否相等。

综合实训六　　　总账系统期末业务处理

1.以操作员"002朱千"的身份登录"企业应用平台"，操作日期是"2016-01-31"。

2.转账定义。自定义转账，按短期借款期末余额的0.43%计提短期借款利息。

借：财务费用（6603）　　　　　　　　　　　　QM（2001，月）*0.0043

　　贷：应付利息（2231）　　　　　　　　　　　　JG（）

转账序号：0001；转账说明：计提短期借款利息；凭证类别：记账凭证。

3.计算本期应交所得税。

借：所得税费用（6801）　　　　　　　　　　　　QM（4103，月，贷）*0.25

　　贷：应交税费——应交所得税（222103）　　　　JG

4.按10%的比例计提法定盈余公积。

借：利润分配——提取法定盈余公积（410401）　　　　JG（）

　　贷：盈余公积（4101）　　　　　　　　　　　　QM（4103，月，贷）*0.1

转账序号：0003；转账说明：计提法定盈余公积；凭证类别：记账凭证。

5.对应结转（见表F-1）

表F-1　　　　　　　　　　　　　　**对应结转**

编号	凭证类别	摘要	转出科目	转入科目	结转系数
0004	记账凭证	结转销项税额	销项税额（22210104）	未交增值税（222102）	1.0

6.期间损益结转。

将本月"期间损益"转入"本年利润"。

7.转账生成。

（1）生成期末"自定义结转"的"计提短期借款利息"的凭证及"对应结转"的转账凭证。凭证生成后，由"001莫浩为"审核凭证，由"002朱千"进行记账。

（2）生成"期间损益"结转凭证。凭证生成后，由"001莫浩为"审核凭证，由

"002 朱千"进行记账。

（3）生成期末"自定义结转"的"计提应交所得税"的凭证。凭证生成后，由"001莫浩为"审核凭证，由"002 朱千"进行记账。

（4）生成"期间损益"的转账凭证。由"001 莫浩为"审核凭证，由"002 朱千"进行记账。

（5）生成期末"自定义结转"的"计提法定盈余公积"的凭证。由"001 莫浩为"审核凭证，由"002 朱千"进行记账。

8.对账。

9.结账。

10.取消结账（选做）。账套主管"001 莫浩为"在"结账"窗口选择要取消结账的月份，按 Ctrl+Shift+F6 键激活"取消结账"功能，输入账套主管口令并确定。

提醒：取消结账后必须重新结账。

综合实训七　　　　报表格式设置

1.以操作员"002 朱千"的身份登录"企业应用平台"，操作日期是"2016-01-31"。
2.自定义一张货币资金表。报表格式见表 G-1。

表 G-1
货币资金表

编制单位：丰丰配件股份有限公司　　　　年　月　　　　　　　　单位：元

项目	行数	期初数	期末数
库存现金	1		
银行存款	2		
合计	3		

制表人：莫浩为

格式说明：

①新建一张 7 行 4 列的报表。

②将 A1：D1 按行组合单元，A7：D7 按行组合单元。

③将 A3：D6 设置成细实线的网格线。

④输入报表项目。

⑤定义报表的行高和列宽。A1 的行高是 11，其他行的行高是 7。A 列的列宽是 70，C、D 列的列宽是 35，B 列的列宽是 15。

⑥设置单元属性。A1 单元设置为：宋体 18 号字，粗下划线，水平及垂直方向居中。A3：D3 单元设置为：宋体 12 号字，粗体，水平及垂直方向居中。D2 水平居右。B4：B6 水平居右。C4：D6 水平居右。A7 水平居左。

⑦定义关键字。在 B2 设置关键字"年"，在 C2 设置关键字"月"。

3.报表公式。

库存现金期初数：C4=QC（"1001"，月）

库存现金期末数：D4=QM（"1001"，月）

银行存款期初数：C5=QC（"1002"，月）

银行存款期末数：D5=QM（"1002"，月）

期初数合计：C6=C4+C5

期末数合计：D6=D4+D5

4.保存报表。

（1）在E盘下建立"综合7-报表格式设置"文件夹。

（2）将报表保存到"E：\综合7-报表格式设置"文件夹中，文件名为"自制货币资金表"。

综合实训八　　　　　　报表数据处理

1.以操作员"002朱千"的身份登录"企业应用平台"，操作日期是"2016-01-31"。

2.打开"综合实训七"中的"自制货币资金表"。

（1）插入2张表页。

（2）在第二张表页录入关键字的值"2016年1月"，重算第一页。

（3）在第一张表面录入关键字的值"2016年2月"，在第三张表页录入"2016年3月"，并重算表页。

（4）对表页按月递增排序。

（5）保存报表数据。

①在E盘下建立"综合8—报表数据处理"文件夹。

②将报表保存到"E：\综合8—报表数据处理"文件夹中，文件名"2016年1—3月货币资金表"。

3.利润报表模板生成"利润表"。

（1）新建一张报表。

（2）利润报表模板生成"利润表"，所在行业为"2007年新会计制度科目"。

（3）录入关键字的值"2016年1月"，并进行表页重算。

（4）保存"利润表"。将报表保存到"E：\综合8—报表数据处理"文件夹中，文件名"2016年1月利润表"。

4.利用报表模板生成"资产负债表"（要求同3）。

综合实训九　　　　　　薪资管理

1.以系统管理员"001莫浩为"身份登录"固定资产"系统，启用日期为"2016-01-01"。以操作员"004何宇松"的身份登录"企业应用平台"，操作日期是"2016-01-01"。

2.建立工资账套。工资账套参数如下：

工资类别个数：2个。

核算币种：人民币。

不核算计件工资。代扣个人所得税。不进行扣零处理。

3.人员附加信息设置。附加信息为"性别""学历""职称""职务"。

4.工资项目设置（见表H-1）。

表H-1　　　　　　　　　　　　　　工资项目

工资项目名称	类型	长度	小数	增减项
基本工资	数值	8	2	增项
职务补贴	数值	8	2	增项
工龄工资	数值	8	2	增项
奖金	数值	8	2	增项
加班费	数值	8	2	增项
事假天数	数值	8	2	其他
事假扣款	数值	8	2	减项

5.银行名称设置。银行名称名称为"中国工商银行"；账号长度为"11"；自动带出账号长度"8"。

6.建立工资类别。工资类别："在编人员"，包括所有部门；"临时人员"，包括"销售部"和"生产部"。

7.在编人员档案设置（见表H-2）。

表H-2　　　　　　　　　　　　　　人员档案

人员编号	人员姓名	人员类别	行政部门	性别	账号	学历	职称	职务
101	秦哲慧	企业管理人员	人事部	男	10201101001	本科	经济师	总经理
201	莫浩为	企业管理人员	财务部	女	10201101002	研究生	高级会计师	会计主管
202	朱千	企业管理人员	财务部	男	10201101005	本科	会计师	会计
203	张芸诚	企业管理人员	财务部	男	10201101003	本科	会计师	出纳
204	何宇松	企业管理人员	财务部	男	10201101005	本科	会计师	会计
301	吴天国	经营人员	销售一部	男	10201101006	本科	经济师	销售主管
302	关聪力	经营人员	销售一部	男	10201101007	大专	助手	经销人员
303	毛念佳	经营人员	销售二部	女	10201101008	本科	经济师	销售主管
304	冯羽	经营人员	销售二部	女	10201101009	大专	助手	经营人员
401	吴风曼	经营人员	供应部	女	102011010010	本科	经济师	采纳主管
501	鲁杰文	车间管理人员	一车间	男	10201101011	本科	工程师	生产主管
502	杨德依	生产工人	一车间	男	10201101012	大专	技术员	生产人员
503	梁文杰	车间管理人员	二车间	男	10201101013	本科	工程师	生产主管
504	曾琳	生产工人	二车间	女	10201101014	大专	大专	生产人员

8.在编人员工资项目设置。在职人员工资项目包括所有工资项目。

9.在编人员公式设置。

职务补贴=iff（人员类别="企业管理人员"，500，iff（人员类别="车间管理人员"，400，200））

事假扣款=（基本工资+职务补贴）/22*事假天数

10.修改所得税的计提基数，将计提基数设为"3 500"元。

11.工资数据录入（见表H-3）。

表H-3 　　　　　　　　　　2016年1月工资数据 　　　　　　　　金额单位：元

人员编号	姓名	部门	人员类别	基本工资	工龄工资	奖金	加班费	事假天数
101	秦哲慧	人事部	企业管理人员	4 500	120	150	200	2
201	莫浩为	财务部	企业管理人员	3 800	200	150	120	
202	朱千	财务部	企业管理人员	2 400	70	150		
203	张芸诚	财务部	企业管理人员	1 500	90	150		
204	何宇松	财务部	企业管理人员	2 000	70	150		1
301	吴天国	销售一部	经管人员	1 800	50	150	300	
302	关聪力	销售一部	经管人员	1 300	30	150		
303	毛念佳	销售二部	经管人员	1 800	60	150		
304	冯羽	销售二部	经管人员	1 300	30	150		3
401	吴风曼	供应商	经管人员	1 800	140	150		
501	鲁杰文	一车间	车间管理人员	1 900	130	150		
502	杨德依	一车间	生产工人	1 100	60	150	400	
503	梁文杰	二车间	车间管理人员	1900	120	150		
504	曾琳	二车间	生产人员	1100	50	150	530	

12.查看个人所得税扣缴申报表。

13.工资分摊设置（见表H-4）。

工资=应发合计*100%

职工福利=应发合计*14%

工会经费=应发合计*2%

职工教育经费=应发合计*1.5%

表 H-4　　　　　　　　　　　　　　工资分摊设置

分摊类型	部门名称	人员类型	借方科目	贷方科目
工资	人事部 财务部	企业管理人员	管理费用——工资（660201）	应付职工薪酬——工资（221101）
	供应部	经营人员	管理费用——工资（660201）	
	销售部	经营人员	销售费用——工资（660102）	
	生产部	车间管理人员	制造费用——工资（510101）	
	生产部	生产工人	生产成本——直接工人（500102）	
职工福利	人事部 财务部	企业管理人员	管理费用——福利费（660202）	应付职工薪酬——职工福利（221102）
	供应部	经营人员	管理费用——福利费（660202）	
	销售部	经营人员	销售费用——福利费（660103）	
	生产部	车间管理人员	制造费用——其他（510101）	
	生产部	生产工人	生产成本——直接工人（500102）	
工会经费	所有部门		管理费用——工会经费（660206）	应付职工薪酬——工会经费（221103）
职工教育经费	所有部门		管理费用——职工教育经费（660207）	应付职工薪酬——职工教育经费（221154）

14. 公司分摊并生成转账凭证。

15. 月末处理。清零处理的项目有加班费、事假天数。

综合实训十　　　　固定资产管理

1. 以系统管理员"001莫浩为"身份启用固定资产管理系统，启用日期为"2016-01-01"。以操作员"004何宇松"的身份登录"企业应用平台"，操作日期是"2016-01-01"。

2. 建立固定资产账套。账套参数如下：

启用月份：2016年1月。

主要折旧方法：平均年限法（一）；折旧汇总分配周期：1个月；当（月初已提月份=可使用份-1）时将剩余折旧全部提足。

资产类别编码方式：2112。固定资产编码方式：自动编码。编码方式为：类别编号+序号。序号长度：5。

与账务系统进行对账；固定资产对账科目；1601固定资产；累计折旧对账科目为"1602累计折旧"；在对账不平情况下允许固定资产月末结账。

3. 固定资产选项设置。固定资产缺省入账科目"1601固定资产"；累计折旧缺省入账科目"1602 累计折旧";月末结账前一定要完成制单登账业务。

4.部门对应折旧科目（见表I-1）。

表I-1   部门对应折旧科目

部门名称	折旧科目
人事部	管理费用——折旧费（660205）
财务部	管理费用——折旧费（660205）
销售部	销售费用——折旧费（660104）
供应部	管理费用——折旧费（660205）
生产部	制造费用——折旧费（510102）

5.资产类别（见表I-2）。

表I-2   资产类别

类别编码	类别名称	使用年限	净残值率	计提属性	折旧方法	卡片样式
01	房屋建筑物	30	1%	正常计提	平均年限法（一）	通用样式
011	行政楼	30	1%	正常计提	平均年限法（一）	通用样式
012	厂房	30	1%	正常计提	平均年限法（一）	通用样式
02	生产线	10	3%	正常计提	平均年限法（一）	通用样式
021	1号生产线	10	3%	正常计提	平均年限法（一）	通用样式
022	2号生产线	10	3%	正常计提	平均年限法（一）	通用样式
03	设备			正常计提	平均年限法（一）	通用样式
031	交通运输设备	10	5%	正常计提	平均年限法（一）	通用样式
032	办公设备	5	2%	正常计提	平均年限法（一）	通用样式

6.增减方式及对应入账科目（见表I-3）。

表I-3   增减方式及对应入账科目

增加方式	对应入账科目	减少方式	对应入账科目
直接购入	银行存款——工行存款（100201）	出售	固定资产清理（1606）
投资者投入	实收资本（4001）	盘亏	待处理固定资产损溢（190102）
捐赠	营业外收入（6301）	投资转出	长期股权投资（1511）
盘盈	待处理固定资产损溢（190102）	捐赠转出	固定资产清理（1606）
在建工程转入	在建工程（1604）	报废	固定资产清理（1606）

7.固定资产原始卡片（见表I-4）。

表I-4　　　　　　　　　　　　　　　固定资产原始卡片

卡片编号	00001	00002	00003
固定资产编号	01200001	02100002	03100003
固定资产名称	B区厂房	硬盘生产线	汽车
类别编号	012	021	031
类别名称	厂房	1号生产线	交通运输设备
使用部门	二车间	一车间	人事部/财务部（各占50%）
增加方式	在建工程转入	在建工程转入	直接购入
使用状况	在用	在用	在用
使用年限	20年	10年	10年
折旧方法	平均年限法（一）	平均年限法（一）	平均年限法（一）
卡片编号	00001	00002	00003
开始使用日期	2014-01-28	2015-03-15	2015-02-01
原值	800 000	10 000 000	180 000
累计折旧	24 640	80 000	20 000
对应折旧科目	制造费用——折旧费（510102）	制作费用——折旧费（510102）	管理费用——折旧费（660205）

8.增加固定资产。

2016年1月17日，直接购入并交付使用电脑2台，其中，销售一部1台，采购部1台，预计使用年限为5年，原值5 950元，净残值1%，采用"平均年限法（一）"计提折旧。

9.计提固定资产折旧。

10.批量制单。生成增加固定资产和计提折旧的凭证。

11.将生成的凭证审核并记账。

（1）由"003张芸诚"在总账系统中进行出纳签字。

（2）由"001莫浩为"在总账系统中进行审核。

（3）由"002朱千"在总账系统中记账。

12.对账。在固定资产系统中进行对账。

13.结账。

主要参考文献

[1] 姜明霞，胡生夕. 会计电算化实务 [M]. 2版. 大连：东北财经大学出版社，2016.

[2] 牛永芹，杨琴，程四明. ERP财务管理系统 [M]. 北京：高等教育出版社，2015.

[3] 张洪波，孙万军. 会计电算化实训 [M]. 北京：中国财政经济出版社，2015.

[4] 中华人民共和国财政部. 企业会计准则（2015年版）[M]. 上海：立信会计出版社，2015.

[5] 会计从业资格无纸化考试教学研组. 会计基础 [M]. 上海：立信会计出版社，2014.

[6] 李昕，王晓霜. 会计电算化 [M]. 3版. 大连：东北财经大学出版社，2014.

[7] 全国会计从业资格考试辅导教材编写组. 会计电算化 [M]. 北京：经济科学出版社，2014.

[8] 张莉莉. 企业财务业务一体化实训教程 [M]. 北京：清华大学出版社，2014.

[9] 邓利梅，李晟璐. 会计信息系统原理与实务 [M]. 上海：上海财经大学出版社，2013.

[10] 张立伟，赵金燕. 计算机会计实务 [M]. 大连：东北财经大学出版社，2011.